Der evangelische Landprediger

Studien zu seiner Darstellung bei Thümmel,
Lenz, Goldsmith und Nicolai

von

Kerstin Timmermann

Tectum Verlag
Marburg 2005

Der Originaltitel der Dissertation lautete:
„Viele meiner Leser werden stutzen und einen Roman zu lesen glauben". Studien zur Darstellung des evangelischen Landpredigers in Thümmels Epyllion *Willhelmine* und Lenz' Erzählung *Der Landprediger* unter besonderer Berücksichtigung der Romane *The Vicar of Wakefield* von Oliver Goldsmith und *Das Leben und die Meinungen des Herrn Magister Sebaldus Nothanker* von Friedrich Nicolai.

Coverabbildung:
Daniel Nikolaus Chodowiecki, Blatt zu Nicolai's Sebaldus Nothanker
Aus: Daniel Chodowieckis sämmtliche Kupferstiche.
Beschrieben von Wilhelm Engelmann, Hildesheim 1969, S. 81.
Die Veröffentlichung erfolgt mit freundlicher Genehmigung der Galerie
J.H. Bauer, Holzmarkt 4, 30159 Hannover.

Timmermann, Kerstin:
Der evangelische Landprediger.
Zu seiner Darstellung bei Thümmel, Lenz, Goldsmith und Nicolai.
/ von Kerstin Timmermann
- Marburg : Tectum Verlag, 2005
Zugl.: Kiel, Univ. Diss. 2004
ISBN 978-3-8288-8936-1

© Tectum Verlag

Tectum Verlag
Marburg 2005

An dieser Stelle danke ich allen, die mich auf diesem Wege unterstützt haben:

Mein besonderer Dank gilt Herrn Prof. Dr. Albert Meier für die großzügige Betreuung während des Werdegangs der Arbeit. Den Doktorandinnen und Doktoranden des Kolloquiums danke ich ebenfalls für Hinweise und Diskussionen, besonders aber Philipp Pries für das gründliche Korrekturlesen. Auch Dr. Andreas Galka gebührt mein Dank für das äußerst sorgfältige Lesen. Danken möchte ich schließlich meiner Schwester Silke, meinen Eltern und meiner Schwiegermutter für die Unterstützung, Zuversicht und Geduld.

Niemals aber wäre diese Arbeit zu ihrem Ende gekommen ohne Hendrik.

Inhaltsverzeichnis

1 Einleitung..3
2 Der Landprediger als Motiv in der Literatur im 18. Jahrhundert – ein Überblick...10
   2.1 Der Landprediger – ein literarischer Überblick.................................11
   2.2 Der Landprediger – ein historischer Überblick.................................12
   2.3 Der Landprediger – ein soziologischer Überblick.............................20
3 Moritz August v. Thümmel: *Willhelmine oder der vermählte Pedant*...........27
   3.1 Komische Epik..28
      3.1.1 Allgemeine Überlegungen...29
      3.1.2 Stilmittel..35
      3.1.3 Stilmittel in Thümmels Epyllion...39
   3.2 Luther in der Rolle Amors..43
   3.3 Das gesunkene Ansehen des Landpredigers.....................................48
      3.3.1 Anrede...51
      3.3.2 Segregation..54
      3.3.3 Der Landprediger als komischer Held......................................56
      3.3.4 Amor, Aberglaube und Aufklärung?...62
      3.3.5 Weitere Themen..65
   3.4 Die Änderungen..68
   3.5 Auswertung..79
4 Oliver Goldsmith und Friedrich Nicolai – zwei Autoren mit Wirkung...........84
   4.1 Oliver Goldsmith: *The Vicar of Wakefield*..85
      4.1.1 Parodie im Roman *The Vicar of Wakefield*..............................86
      4.1.2 Ambivalenz in der Darstellung des Landlebens........................90
      4.1.3 Der Erzähler..94
   4.2 Friedrich Nicolai: *Sebaldus Nothanker*...100
      4.2.1 Der Landprediger Sebaldus Nothanker...................................103
      4.2.2 Die Familienidylle..106
      4.2.3 Der Bruch..108
      4.2.4 Literatur als Thema der Literatur..114
      4.2.5 Volksaufklärung als Aufgabe des Buchhändlers.....................115
      4.2.6 Allgemeines..117
   4.3 Statt einer Zusammenfassung..120
5 Jacob Michael Reinhold Lenz: *Der Landprediger*.....................................121
   5.1 Zwischen Wunschbiographie, Utopie und Parodie.........................122
   5.2 Literatur und Literaturkritik...128
      5.2.1 Parodie und ihre Referenztexte...133
         5.2.1.1 Oliver Goldsmith..134
         5.2.1.2 Friedrich Nicolai..137
         5.2.1.3 Literatur als Anleitung zum Leben?............................147
         5.2.1.4 Topoi..151
      5.2.2 Literatur als Medium der Literaturkritik.................................157
   5.3 Erzähler und Erzähltechnik..159
      5.3.1 Der Erzähler..160
      5.3.2 Die Erzähltechnik...169
   5.4 Korrelation von Form und Inhalt...173
      5.4.1 Die Schäferspiele..174

- 5.4.2 Der Anhang..........179
- 5.5 Figurenkonzeption..........185
  - 5.5.1 Zwischen Affirmation und Subversion..........187
  - 5.5.2 Johannes Mannheim als Volksaufklärer?..........192
  - 5.5.3 Das Pfarrhaus als Akademie..........194
  - 5.5.4 Der Landprediger als Vermittler zwischen den Ständen..........197
  - 5.5.5 Der Landprediger als Familienvater..........198
- 5.6 Weitere Geistliche..........200
- 6 Zusammenfassung..........203
- 7 Literaturverzeichnis..........206
  - 7.1 Zitierte Quellen..........206
  - 7.2 Forschungsliteratur..........206

1 Einleitung

> Hier steht die Prämisse zur Diskussion: die Rolle des Pfarrhauses in der deutschen Kultur. So unbestritten sie auch ist – noch Gottfried Benn, der märkische Pfarrerssohn, rühmt die „unvergleichliche moralische und geistige Prägekraft des Pfarrhauses" durch die Jahrhunderte –, so wenig hat man bis jetzt etwas Wesentliches ins Auge gefaßt: das Bild, das die deutsche Dichtung davon gibt.[1]

Der Landprediger stand nie „so intensiv in der öffentlichen Debatte wie im ausgehenden 18. Jahrhundert".[2] Dieses Interesse spiegelt sich auch in der zeitgenössischen Literatur.[3] Aus der Vielzahl dieser Texte sind für die vorliegende Arbeit zwei ausgewählt worden: Moritz August von Thümmels[4] Epyllion *Willhelmine*[5] und Jacob[6] Michael Reinhold Lenz'[7] Erzählung *Der Landprediger*.

Gemeinsam ist den beiden Autoren, dass sie zeitkritische Texte verfasst haben, zu denen sowohl das Epyllion *Willhelmine* als Lenz' Erzählung vom Landprediger Johannes Mannheim gehören. Thümmel schildert die Liebesabenteuer eines naiven Landpredigers, der die Geliebte des Hofmarschalls scheinbar ahnungslos heiratet, nachdem er vier Jahre lang unter Liebeskummer gelitten hat. Die Form des Epyllions steht dabei im Dienst nicht nur der ästhetischen Spielerei, sondern auch der kritischen Auseinandersetzung mit Entwicklungen auf dem Gebiet sowohl der Literatur als auch des religiösen Lebens. Ein erster Blick auf den Stand der Forschung verdeutlicht, dass auch neuere Arbeiten die Gattung, nicht aber einzelne Werke näher untersuchen. Thümmels Epyllion wird noch in aktuellen Forschungsbeiträgen als „idyllische Variante"[8] bezeichnet. Moennighoff ordnet Thümmels Epyllion dieser „Variante" zu, ohne auf die Ausführungen von Hess-Lüttich einzugehen, der die

---

1 Minder, *Das Bild*, S. 44.
2 Haußmann, *Verbauerung*, S. 7.
3 Zwischen 1767 und 1820 sind ungefähr 30 Werke erzählender Prosa erschienen, in denen Geistliche eine mehr oder weniger wesentliche Rolle spielen. Ein Vergleich im 2. Kapitel dieser Arbeit zeigt auf, welche anderen Berufe mit welcher Häufigkeit in der Literatur dargestellt wurden.
4 Moritz August von Thümmel, Geheimer Hofrat in Coburg und „Mittelpunkt des Coburger Hofes" lebte finanziell abgesichert und hatte sich nach seiner Entlassung auf eigenen Wunsch verstärkt als Autor betätigt, cf. Sauder, *Thümmel*, S. 319 ff. Sein Epyllion *Willhelmine* war nicht nur bei den Zeitgenossen äußerst beliebt; es hat hohe Auflagen erzielt und wurde in mehreren Sprachen veröffentlicht. Zur Erfolgsgeschichte des Epyllions von Thümmel cf. Heldmann, *Thümmel*, cf. 3. Hauptteil, 5. Kapitel.
5 Zur Schreibung *Willhelmine* vs. *Wilhelmine* cf. S. 27 dieser Arbeit.
6 Zur Schreibung cf. Gesa Weinerts Aufsatz *Jacob*, S. 84: „Man kann zusammenfassend sagen, daß in den wenigen erhaltenen Belegen, in denen Lenz selbst – oder ein Familienmitglied – seinen ersten Vornamen ausschreibt, sich die Schreibweise 'Jacob' häufiger findet als 'Jakob'." Diese Feststellung erlaube aber keine eindeutige Aussage. In Anlehnung an Weinerts Feststellung wird *Jacob* in der vorliegenden Arbeit mit *c* geschrieben.
7 Lenz' Erzählung *Der Landprediger* ist bis in die neunziger Jahre des 20. Jahrhunderts hinein nur selten veröffentlicht und von der Forschung vernachlässigt worden. Jacob Michael Reinhold Lenz, der aus Weimar verwiesen wurde und als Hofmeister und Autor zu wenig verdiente, um davon leben zu können, starb auf einer Moskauer Straße. Cf. u.a. Winter, *Lenz*, S. 99.
8 Maler, *Held*, S. 41.

idyllischen Momente als Satire interpretiert.⁹ Hess-Lüttich freilich weist Satire nach, die sich nach Meinung Malers nicht mit der Rokokoform des Epyllions verträgt. Broich wiederum, der Satire zwar nur am Rande erkennt, diese aber nicht vollkommen dem ästhetischen Spiel unterordnet, vertritt eine dritte Position.

Die Forschungsergebnisse zu Lenz und seinem Werk sind ebenfalls disparat. Die Wahrnehmung seiner Erzählung *Der Landprediger* wird bis in die Gegenwart durch zeitgenössische Rezensionen und die Berücksichtigung pseudo-biographischer Details bestimmt. Lenz stellt den Landprediger Johannes Mannheim in den Mittelpunkt seiner Erzählung, die in zwei Teile und einen Anhang gegliedert ist. Dieser Landprediger repräsentiert den vermeintlich idealen Vertreter der Geistlichkeit. Private und berufliche Erfolge des Pastors allerdings werden zweifelhaft, wenn Figurenkonzeption, narrative Technik und die Korrelation von Form und Inhalt einer näheren Analyse unterzogen werden. Die Erzählung liest sich dann wie eine Gesellschafts- und – vor allem – Literaturkritik, die eine Auseinandersetzung mit Religion impliziert. Erst die jüngste Forschung setzt sich mit dem Prosawerk des Autors auseinander – ohne die Krankheit des Autors in den Vordergrund zu rücken.¹⁰ Statt in der Lebensbeschreibung des Landpredigers Johannes Mannheim eine Idylle,¹¹ Wunschbiographie des Autors¹² oder eine Utopie¹³ zu sehen, wenden sich Wurst, Gibbons, Winter den narrativen Techniken und relativierenden Momenten in der Erzählung zu. So hat Gibbons den Bezug des Textes zu Goldsmiths Roman *The Vicar of Wakefield* herausgearbeitet und dabei auf eine ironische Lesart verwiesen.¹⁴

Lenz' Erzählung weist eine Reihe von intertextuellen Bezügen auf,¹⁵ sowohl der englische Roman *The Vicar of Wakefield* als auch der deutsche Roman *Sebaldus Nothanker* werden genannt: der englische Roman als didaktisches Medium, der deutsche als einer der weniger moralischen Unterhaltungsromane. Mit dem Roman *The Vicar of Wakefield* hatten die Autoren ein Modell, das

---

9 Cf. Hess-Lüttich, *Degradation*.
10 Cf. aber die interessante Arbeit Bambergers: *Ein solch unerträgliches Gemisch von helldunkel: Krankheit und tragikomisches Genie bei J.M.R. Lenz*. Sie setzt sich mit dem Einfluss der Krankheit („manic-depressive illness") auf Leben und Suche einer literarischen Identität auseinander. (VI) Zum *Landprediger* postuliert sie: „Wie in den vielen anderen Beispielen geht es auch im *Landprediger* um die Verbindung von der Hochbegabung eines Individuums und der Anfälligkeit gegenüber Krankheit. Anders als z.B. Hot und Herz ist Mannheim kein tragischer Held. Durch den ironischen Ton dieser Erzählung wird aber sichtbar, wie ambivalent Lenz der Vorstellung gegenübersteht, daß man Krankheit und anderen [sic] Schwäche [sic] durch bewußten Vorsatz und pädagogische Maßnahmen selbst überwinden kann. Gehören die Anfälligkeiten und Leidenschaften zur Natur des Menschen oder entstehen sie durch falsche, 'ungesunde' Angewohnheiten?" (218 f.)
11 Gibbons, *Adaption*, S. 214 f.
12 Gibbons, *Adaption*, S. 216 f, Hinweis auf Scherpe.
13 Gibbons, *Adaption*, S. 216 f.
14 Gibbons, *Adaption*.
15 Cf. Schmalhaus, *Anspielung*.

vielen von ihnen allein schon aus wirtschaftlichen Gründen nachahmenswert schien. Der ein Jahr nach seiner Veröffentlichung in England auf Deutsch erschienene Roman des Engländers Oliver Goldsmith war bei deutschen Lesern überaus beliebt, nicht zuletzt durch die Erzähltechnik: Der Ich-Erzähler, ein älterer Landprediger, beschreibt mit besonderem Humor seine Umwelt und sich. Die vorliegende Analyse greift den Gedanken Didichers auf, dass Goldsmiths Roman im Kontext der Parodie geschrieben wurde, und weist parodistische Elemente in Anlehnung an Goldsmith und unter Berücksichtigung besonders des Nicolaischen Romans in der Erzählung vom Landprediger Mannheim nach.

Der Roman *Sebaldus Nothanker* von Friedrich Nicolai verbindet Thümmels Epyllion und Lenz' Erzählung. Thümmels Text erschien 1764 und war Anlass für Nicolai, seinen Roman als „Fortsetzung" zu konzipieren, wohl aus wirtschaftlichen Gründen. Lenz hat seinen Text 1777 geschrieben und veröffentlicht, also unmittelbar nach Erscheinen des dritten und letzten Bandes des *Sebaldus Nothanker*. Nicolai setzte mit seinem in drei Bänden erschienenen Werk die Lebensgeschichte des Thümmelschen Magisters fort, nicht ohne bedeutende Änderungen in der Figurenkonzeption vorzunehmen. Danach erscheint der Magister als Vertreter und Verteidiger einer aufgeklärten Religion, der Toleranz erwartet, an der mangelnden Toleranz seiner Umwelt aber immer wieder scheitert. Nicolai geht über den Toleranzgedanken hinaus, indem er das Verhältnis von Staat und Kirche bzw. Prediger zueinander thematisiert und vorwegnimmt, was annähernd zwanzig Jahre später im *Preußischen Allgemeinen Landrecht* festgeschrieben wird.[16]

Die Textauswahl bleibt willkürlich, dokumentiert aber den selbstreferentiellen Charakter der Texte. Thümmels Epyllion steht am Anfang einer Reihe unterschiedlichster Werke mit gleichem Motiv und stellt den „bequemen", anpassungsfähigen Magister dar, wie er seinerzeit realiter existiert haben mag. Bei Nicolai kämpft dieser Magister gegen kirchliche Obrigkeit und Intoleranz, und Lenz schließlich lässt den Landprediger zum vermeintlichen Idealvertreter des Landgeistlichen werden. Bei den Autoren lässt sich eine Auseinandersetzung mit dem jeweiligen Vorgänger beobachten, die sich gerade bei Lenz in der Abweichung seiner Figurenkonzeption im Vergleich mit der bei Nicolai manifestiert. Die Beschäftigung mit Literatur als Unterhaltungsmedium in den Texten rückt das Motiv des evangelischen Landpredigers in den Kontext der Literaturkritik: Die Zunahme unterhaltsamer Literatur scheint mit religiösen

---

16 Wallmann, *Kirchengeschichte*, S. 167 f. und S. 19 dieser Arbeit.
Cf. auch Haußmann, *Verbauerung*, S. 124: „Das Allgemeine Landrecht von 1791 zeigt in aller Deutlichkeit, wie und in welchem Maß der Staat die Prediger integrieren wollte. [...]
Waren die Prediger dergestalt in den Staat und seine Verwaltung eingebunden, so sicherte ihnen das ALR auf der anderen Seite weitgehende Lehrfreiheit zu; die Gewissensfreiheit bildete geradezu den ersten Grundsatz der Bestimmungen zum Kirchenwesen."

Entwicklungen korreliert. Diese Entwicklung zeigt sich auch in den Änderungen, die Thümmel vor weiteren Auflagen vorgenommen hat.[17] Die geänderte Lesart lässt Rückschlüsse auf das Verhältnis von Literatur und Religion zu.

Ähnlichkeiten zwischen dem Epyllion *Willhelmine* und der Erzählung *Der Landprediger* zeigen sich in der Figurenkonzeption im weiteren Sinne. Während Thümmels Magister müde durch die Geschichte stolpert – und damit dem Typus des Helden im komischen Heldengedicht entspricht – lässt Lenz den Landprediger Mannheim zum vermeintlichen Idealvertreter des Landgeistlichen werden, greift also zeitgenössische Diskussionen um den Landprediger auf. Mannheim ist aber nicht der ideale Landprediger, den die Forschung bisher dargestellt hat, und der müde Magister ist mehr als nur ein komischer Held. In beiden Texten fungiert der Geistliche als Medium der Kritik an gesellschaftlichen Zuständen, an Literatur, der Institution Kirche und an Geistlichen: Thümmel weicht in einigen „Vorgaben" von den Lesererwartungen ab, und auch Lenz spielt mit dem Leser und dessen Erwartungen. Diese Abweichungen, narrativen Techniken, literarischen Anspielungen und Figurenkonzeptionen werden im Folgenden analysiert, dabei liegt die Konzentration auf der Darstellung literatur- und gesellschaftskritischer Aussagen: Durch welche Techniken und Figurenkonzeptionen werden diese formuliert? Die Beantwortung dieser Fragen erfolgt im 3. (Thümmel) bzw. 5. (Lenz) Kapitel.

Im 2. Kapitel wird der Stand der Landprediger und dessen Darstellung in der Literatur des 18. Jahrhunderts skizziert. Die Autoren entschieden sich aus wirtschaftlichen und biographischen Gründen dazu, einen *evangelischen Landprediger* zur Zentralfigur ihrer Texte zu machen:[18] der 1767 in deutscher Übersetzung erschienene Roman *The Vicar of Wakefield* war beliebt und fungiert insofern als Vorbild, dessen Nachahmung finanziellen Erfolg versprach; gleichzeitig setzen sich einige der Autoren mit ihrer Sozialisation auseinander. Albrecht Schöne hat darauf hingewiesen, dass ein Großteil der Autoren im 18. Jahrhundert Pfarrerssöhne sind.[19] Nicht selten manifestiert sich ein Generationenkonflikt, der die Auseinandersetzung der Söhne mit den Vätern und die Abwendung von althergebrachten Traditionen thematisiert. Die junge Generation der Autoren hat sich vom Elternhaus und dessen Theologie abgesetzt und diese Abwendung in ihrer Literatur verarbeitet.[20] Den im Pfarrhaus aufgewachsenen jungen Autoren, unter ihnen Lenz, war auch die Beschäftigung

---

17 Zu den Änderungen cf. Heldmann, *Thümmel*, S. 193 ff.
18 Zur Bedeutung des Pfarrhauses cf. Greiffenhagen, *Das evangelische Pfarrhaus. Eine Kultur- und Sozialgeschichte*.
19 Cf. u.a. Schöne, *Säkularisation*, S. 7.
20 Schöffler, *Protestantismus*, S. 229 f.

mit geistigen Werten, die Ausbildung des Geistes und die Förderung der Bildung allgemein ein Anliegen.

Auf unterschiedliche Weise setzen sich die Texte auch mit dem Prozess der Säkularisation und dessen Folgen auseinander.[21] Die Zuordnung des evangelischen Landpredigers zum Bürgertum, der Gang der Ausbildung und die Übernahme neuer Aufgaben verweisen auf ein neues Berufsbild. Problematisch war für Landprediger allerdings die Distanz zur Stadt, denn auf dem Lande waren die Möglichkeiten zur Partizipation an bürgerlicher Kultur eingeschränkt, so dass die Landprediger mit dem Vorwurf der „Verbauerung" konfrontiert wurden.[22] Der Ansehensverlust der zum Bürgertum gehörenden Prediger spiegelt die durchaus schwierige soziale Stellung der Geistlichen als „Vorposten des Bürgertums auf dem Lande" wider.[23] Die Debatte um das gesunkene Ansehen[24] der Landprediger wurde auch in den literarischen Texten geführt: Die Autoren stellen die mehr oder weniger geglückten Versuche oder wenigstens Wünsche der Landprediger dar, sich in unterschiedlichen Formen an bürgerlicher Kultur zu beteiligen.

Die Krise des Amtes, die Rede vom gesunkenen Ansehen der Prediger, hat dazu geführt, dass Religion an Bedeutung verlor, so die Ansicht der

---

21 Eine der Arbeiten, die sich mit dem Stand der Geistlichen auseinander setzen, ist die Dissertation von Sollas. Sollas stellt in ihrer Arbeit *Goldsmiths Einfluss in Deutschland im 18. Jahrhundert* fest, dass sich die Nachahmungen in der Wahl der Motive, hinsichtlich des Stils und auch eingefügter Zusätze vom englischen Roman unterschieden. Sie dokumentieren somit damaligen Geschmack. Während Oliver Goldsmith unterhalten wolle, stände in Deutschland in der zweiten Hälfte des 18. Jahrhunderts die Belehrung neben der Unterhaltung, außerdem seien die Texte oftmals einseitig sentimental, derb.
In ihrer Dissertation *Der Einfluß des evangelischen Pfarrhauses auf die Literatur des 18. Jahrhunderts* begründet Rösch die Entstehung der deutschen Texte mit dem Argument, dass sie als Gegengewicht zu Produkten des Rationalismus verfasst worden seien; das Landpfarrhaus verbinde das Ideal ländlicher Freuden und ländlichen Familienlebens mit höchsten geistigen Interessen. In England dominiere der Puritanismus, in Deutschland der Pietismus; das protestantische Bürgertum sei sich bewusst, dass die moralische und literarische Wiedergeburt von ihm ausgehen müsse, Pfarrhaus und ländliches Familienleben stünden im Mittelpunkt, der Adel sei Ziel des Angriffs. „Die auf religiösem Untergrunde liegende sittliche Erneuerung bringt auch eine Wiedergeburt des nationalen Lebens mit sich. Denn Protestantismus und nationales Bewusstsein gehen notwendigerweise Hand in Hand, wie die Geschichte zeigt."
Die dritte Arbeit, die sich mit der literarischen Darstellung des evangelischen Geistlichen auseinander setzt, ist Neumanns Dissertation *Probleme des deutsch-Protestantischen Pfarrerstandes im Spiegel des Pfarrerromans* aus dem Jahre 1938. Sie stellt für die Literatur des Pietismus fest, dass der Geistliche als Karikatur geschildert werde, für die Aufklärung, dass „es zwei Typen des evangelischen Pfarrers" gebe, nämlich „den idyllischen Pfarrer und den Nützlichkeitsprediger." Sebaldus Nothanker lasse sie in dieser Typeneinteilung außer Acht.
Fritz Martini, *Nachhaltig geprägt*, und Robert Minder, *Das Bild des Pfarrhauses*, geben einen Überblick über die Pfarrhausliteratur. Daneben gibt es eine Reihe neuerer Arbeiten, die sich auf die Pfarrfigur bei einem Autor stützen, oder aber das Werk eines Autors analysieren, und den Pfarrstand am Rande reflektieren.
22 Cf. allgemein Haußmann, *Verbauerung*.
23 Haußmann, *Verbauerung*, S. 216. Bürgertum definiert Haußmann „als eine erst langsam sich herausbildende gesellschaftliche Formation, die sich durch eine bestimmte Kultur, bestimmte Verhaltensweisen und ein bestimmtes gesellschaftliches Ziel definiert hat." Cf. *Verbauerung*, S. 9.
24 Haußmann erläutert in seiner Dissertation den Begriff, cf. 3. Kapitel der vorliegenden Arbeit.

Zeitgenossen.²⁵ Die in der vorliegenden Arbeit dargestellten Texte zeigen auf unterschiedliche Weise die Koexistenz von Religion und Aberglaube auf, sie weisen auch auf die Fehler der Institution Kirche hin, die ein kritisches Bewusstsein der Zeitgenossen der Institution gegenüber förderten. Und sie spiegeln eine Entwicklung des literarischen Marktes wider, wenn sie die Ablösung religiöser Literatur durch weltliche thematisieren.

Das Verhältnis von Kirche und Staat zueinander spielt in den Texten ebenfalls eine Rolle. Im 18. Jahrhundert nähern sich beide einander an; die Kirche wird, wenigstens in Preußen, zu einem Teil des Staates und übernimmt Aufgaben, die ihr der Staat zuweist (nicht zuletzt pädagogische Aufgaben).²⁶ Sebaldus Nothankers Kampf gegen die Orthodoxie ist vergeblich. Gleichzeitig aber tritt Sebaldus für die ihm verwehrte Toleranz ein und nimmt damit eine historische Entwicklung vorweg: Die von ihm formulierten Forderungen sind mit dem *Preußischen Allgemeinen Landrecht* aus dem Jahre 1794 in Kraft getreten.²⁷

Eine Gemeinsamkeit der drei in der Literatur relativ häufig dargestellten Berufe *Bauer*, *Lehrer* und *Pastor* fällt auf:²⁸ Sie werden auf dem Lande ausgeübt. Landgeistliche und Dorflehrer unterrichten das Volk, eben die Bauern.²⁹ Das Interesse der Autoren an der Darstellung des Landlebens liegt somit wohl nicht *allein* im typischen Konflikt zwischen der Stadt und dem Land begründet, die Konzentration auf ländliche Sozialstrukturen steht auch im Kontext einer Beschäftigung mit der Volksaufklärung. Am Ende des 18. Jahrhunderts richtet sich die Aufmerksamkeit der Aufklärung auf das Volk, um diesem Mittel zur Verbesserung seiner Lebensverhältnisse an die Hand zu geben. Damit ist die didaktische Funktion der Pastoren angesprochen, die als Aufklärer auf dem Lande fungieren, wie auch literarische Texte darlegen.³⁰ Das Fehlen einer gleichartigen Darstellung des katholischen Geistlichen (sie folgt erst 1793³¹) fällt auf.

Die Texte können somit Aufschluss über das neue Pfarrerbild geben, das sich aus der Eignung zum „aufklärerischen Volkslehrer" ergibt: „Das neue Standesbild setzte sich zu einem guten Teil in der Pfarrerausbildung beider Konfessionen durch. Es prägte die sich bei beiden Konfessionen um diese Zeit entwickelnde neue theologische Einzeldisziplin der Pastoraltheologie [...]", die zu verstehen ist als die Propagierung sowohl eines neuen Pfarrbildes, der Pfarrer als „Volkslehrer", als auch „der für sein Wirken unerlässlichen methodischen

---

25 Haußmann, *Verbauerung*, S. 7.
26 Wallmann, *Kirchengeschichte*, S: 167.
27 Cf. Wallmann, *Kirchengeschichte*, S. 167.
28 Zur Häufigkeit der in der Literatur dargestellten Berufe cf. Schmitt, *Beruf*.
29 Siegert, *„Volkslehrer"*, S. 74, FN 4: „Volksaufklärung ist weitgehend Bauernaufklärung".
30 Cf. Cramer, *Bocksbart*, S. 6: „Das ganze Dorf, alt und jung lief zusammen, um den Helden zu sehen, der dereinst ihr Dörflein aus der Finsternis reissen würde [...]."
31 Cf. Schmitt, *Beruf*.

Voraussetzung, der 'Popularität'".[32] Auch die mit diesem neuen Standesbild einhergehende Problematik wird in den literarischen Texten thematisiert, häufig nämlich scheitern die Pastoren in ihrem Amt. Scheitern bedeutet nicht unbedingt Versagen, wohl aber den Verlust der Stelle bzw. der Möglichkeit, diese überhaupt antreten zu können.

Der Landgeistliche steht zwischen „Kanzel und Katheder"[33], ist aber auch in den Staat eingebunden. Ein historischer Überblick, der diese Zusammenhänge ausführlicher darstellt, wird im 2. Kapitel gegeben; dazu gehört auch ein kurzer Blick auf die Entwicklungen auf dem literarischen Sektor. Im letzten Drittel des 18. Jahrhunderts stieg die Zahl der unterhaltenden Texte sprunghaft an; dabei wurden beliebte und bewährte Motive und Handlungen immer wieder kopiert – was wiederum die Kritiker auf den Plan rief. Vor diesem literatur- und sozialgeschichtlichen Hintergrund werden Thümmels *Willhelmine* und Lenz' *Landprediger* interpretiert.

---

32 Siegert, „Die Volkslehrer", S. 64. Der Begriff des „popular preaching" findet sich auch bei Oliver Goldsmith, der seinen Geistlichen Dr. Primrose im *Vicar of Wakefield* als Verteidiger dieser Predigtreform auftreten lässt; Cf. Bäckman.
33 Cf. Schütz, *Die Kanzel als Katheder der Aufklärung*.

2 Der Landprediger als Motiv in der Literatur im 18. Jahrhundert – ein Überblick

> Nie standen die Landprediger so intensiv in der öffentlichen Debatte wie im ausgehenden 18. Jahrhundert.[1]

Die Zunahme unterhaltender Literatur auf Kosten der Erbauungsliteratur, ein Wandel, der sich in der zweiten Hälfte des 18. Jahrhundert vollzog, ist in der Forschungsliteratur hinlänglich dokumentiert worden.[2] Mit der Zunahme dieser Literatur setzte auch eine kritische Auseinandersetzung ein, die zunächst von didaktischen, später ästhetischen Überlegungen geleitet war und dem Publikum durchaus die Fähigkeit zu eigener Urteilsbildung absprach.[3] Zu den Organen der Literaturkritik gehörten Zeitschriften, in denen Rezensionen erschienen, aber auch literarische Werke selbst, die in Form der „[...] Satiren, Parodien, Travestien u.a. [...]"[4] dem Publikum negative Muster vorhielten. Lenz' Erzählung *Der Landprediger* ist ein Beispiel für diese Parodien. Er bezieht sich mit dieser Erzählung nicht allein auf eine Reihe von Texten, in denen evangelische Landprediger dargestellt werden, sondern auch auf unterhaltsame Literatur.

Franz Anselm Schmitt hat in seinem Lexikon *Beruf und Arbeit in deutscher Erzählung* bis Mitte des Jahres 1952 insgesamt 12.380 Titel[5] zusammengestellt, in denen 400 Berufe beschrieben werden.[6] Für das 18. Jahrhundert stellt Schmitt fest, dass die drei Gruppen der Künstler, Pädagogen und Geistlichen am häufigsten Gegenstand literarischer Betrachtungen sind:

> Zeitlich lief die Entwicklung, die unser Thema in der deutschen erzählenden Literatur aufweist, etwa parallel zu jener, die im Fortschritt der Jahrzehnte Beruf und Arbeit in Handel und Industrie, Technik und Forschung genommen haben. Es bedarf daher wohl keiner näheren Begründung, warum etwa gewisse technische Berufe erst seit einigen Jahrzehnten, künstlerische, pädagogische und seelsorgerische dagegen schon seit der Mitte des 18. Jahrhunderts in den Mittelpunkt einer Erzählung rückten.[7]

---

1   Haußmann, *Verbauerung*, S. 7.
2   Cf. u.a. Albrecht, *Literaturkritik*, Schön, *Publikum*.
3   Cf. Albrecht, *Literaturkritik*, S. 285: „Zudem verlangte der expandierende Markt der Literaturkritik eine Erweiterung der tradierten Doppelfunktion der Didaxe und Wertung ab. Rückblickend bestätigte man am Jahrhundertende: 'Je mehr der Strom der Litteratur anwuchs, desto mehr bedurfte man der HülfsMittel, die uns nach gewissen festgesetzten Regeln geordnete Uebersichten und Anzeigen der litterarischen Fortschritte unsers Vaterlandes so wohl als auch des Auslandes verschaffen sollten' [...] - oder anders ausgedrückt, das Publikum umfassend informieren und die Literaturentwicklung nach Maßgabe aufklärerischer Bestrebungen lenken sollten."
4   Cf. Albrecht, *Literaturkritik*, S. 291.
5   Schmitt, *Beruf*, beschränkt sich auf Werke, die in erster Auflage in deutscher Sprache erschienen sind, S. X.
6   Schmitt, *Beruf*, S. XIV. Schmitt hat in seinem Lexikon die Gattungen Drama, Lyrik und Verserzählung nicht berücksichtigt und auch nicht alle Berufe herangezogen. Dichterromane und Texte, in denen die Darstellung eines Berufs als „Nebenhandlung auf wenige Seiten" beschränkt ist, hat Schmitt beispielsweise unberücksichtigt gelassen.
7   Schmitt, *Beruf*, S. IX.

2 Der Landprediger als Motiv in der Literatur im 18. Jahrhundert – ein Überblick

Danach ist die Konzentration auf bestimmte Berufsgruppen auch ein Spiegelbild sozialer Verhältnisse. Charakteristisch für das 18. Jahrhundert ist die Darstellung pädagogischer oder seelsorgerischer Berufe – der Landprediger erfüllt beide Aufgaben, denn als Pastor ist er nicht nur für Seelsorge, sondern auch für Volksaufklärung zuständig. Letztere allerdings kann auf sein Privatengagement zurückgeführt werden.

2.1 Der Landprediger – ein literarischer Überblick

Bis zur Wende vom 18. zum 19. Jahrhundert sind insgesamt vier Texte erschienen, in denen der Beruf des Volksschullehrers geschildert wird. Der Erzieher wird in 14 Texten Gegenstand literarischer Reflexionen, der evangelische Geistliche in zehn literarischen Werken. Daneben finden sich 13 Texte, in denen künstlerische Berufe geschildert werden, allerdings verteilen sich diese Texte auf die Darstellung des Schriftstellers (zwei), des Schauspielers (sechs) und des Theaters allgemein (fünf).

Die Figur des evangelischen Landpredigers,[8] ein im 18. Jahrhundert beliebtes Motiv, weist Ähnlichkeiten mit der literarischen Figur des Pädagogen auf. Die folgende Übersicht zeigt die bei Schmitt genannten Texte: Bei den Volksschullehrern beginnt die Reihe mit Pestalozzis Roman *Lienhard und Gertrud. Ein Buch fürs Volk* (1781-1787); es folgen Kosmann: *Spitzbart der Zweite* (1785), Stellwag: *Spitzbart der Dritte* (1792), Heusinger: *Die Familie Westheim* (1798-1806), Caseus: *Des Dorfschulmeisters Leben und Meinung, von ihm selbst geschrieben* (1802). 1817 folgt dann Zschokkes *Goldmacherdorf*.

Bereits 1770/71 erscheint ein Text, in dem ein Erzieher ausführlich dargestellt wird: *Der neue Emil* von Feder, danach erscheinen Basedows *Agathokrator* (1771), Seybold: *Hartmann* (1778), Schummel: *Spitzbart* (1779), *Wilhelm von Blumenthal* (1780/81), *Der kleine Voltäre* (1782), Salzmann: *Karl von Karlsberg* (1783-1788), Sintenis: *Vater Roderich unter seinen Kindern* (1783), Kosmann: *Spitzbart der Zweite* (1785), Sintenis: *Theodors glücklicher Morgen* (1789), Salzmann: *Sebastian Kluge* (1790), *Constants kuriose Lebensgeschichte* (1791-1793), *Konrad Kiefer* (1796, hier fungiert ein evangelischer Pfarrer als Erzieher), Heusinger: *Die Familie Westheim* (1798-1800), Paul: *Titan* (1800-1803) und schließlich Zschokke: *Das Goldmacherdorf* (1817).

Für das 18. Jahrhundert verzeichnet Schmitt lediglich zwei Texte von Salzmann, 1790 erschien *Sebastian Kluge. Ein Volksbuch*, und 1791-1793 *Constants kuriose Lebensgeschichte und sonderbare Fatalitäten. Ein Buch fürs*

---

8 Für das 18. Jahrhundert findet sich bei Schmitt, *Beruf*, nur ein Werk, in dem ein katholischer Geistlicher geschildert wird: 1793 erschien *Der Priester, wie man ihn wünschen mag etc.* von Wolfgang Anselm vom Edling. Der Text steht im Kontext der Aufklärung. Schmitt verzeichnet den nächsten Text im Jahre 1821, Kosch dagegen erst 1843.

Volk, besonders für Handwerksburschen. Außerdem ist in der Schweiz Pestalozzis Roman *Lienhard und Gertrud* (1781-1787) erschienen. Mit großem Abstand folgt dann erst 1837 Gotthelf.

Als Dramenfigur schon seit längerem bekannt, ist der evangelische Geistliche als komische Figur in der erzählenden Literatur erst später anzutreffen. Noch zurückhaltender waren die Autoren in der Darstellung katholischer Geistlicher, ein Umstand, der auf den Unterhaltungswert hinweist, der in der Beschreibung evangelischer Geistlicher liegt. Der Unterhaltungswert ist beim evangelischen Landprediger ungleich größer: Eine Liebeshandlung wie bei Thümmel verbietet sich bei einem katholischen Priester per se; da er keine Kinder hat, können typische Motive wie Entführung einer jungen Frau, Diskussionen von Literatur und Mode, Ehe- und Alltagsleben mit Kindern nicht als authentische Lebenserfahrungen eines Geistlichen geschildert werden. Und zur Darstellung allein aus der Perspektive des Geistlichen, der diese „Abenteuer" aus dem Gemeindeleben berichtet, ist diese Figur nicht geeignet, da der moralische Aspekt den unterhaltenden überwiegen würde.

Der von Schmitt ermittelte Schwerpunkt liegt auf dem pädagogisch-seelsorgerischen Beruf mit besonderer Konzentration auf den Beruf des Pädagogen, der im 18. Jahrhundert oftmals von theologisch Ausgebildeten verrichtet wurde. Vor dem Hintergrund der Aufklärung im 18. Jahrhundert ist die Konzentration auf die Darstellung überwiegend seelsorgerisch-pädagogischer Berufe in der Literatur verständlich. Da die Ausbildung der Theologen häufig eine Wartezeit[9] beinhaltete, waren künftige Geistliche oft zunächst als Lehrer tätig, was sich auch an einigen literarischen Texten zeigt, die sowohl unter den Stichworten *Erzieher* oder *Volksschullehrer* als auch *Geistlicher* bei Schmitt zu finden sind: Entweder werden Lehrer geschildert, die Geistliche werden (oder auch umgekehrt), oder aber beide arbeiten gemeinsam, vorzugsweise auf dem Lande, um das Volk zu belehren.[10]

2.2 Der Landprediger – ein historischer Überblick

Mit der *Zwei-Reiche-Lehre* erklärte Luther die Eigenständigkeit der weltlichen Obrigkeit, verdeutlichte aber auch ihren göttlichen Auftrag, die Sorge um das Seelenheil der Untertanen. Eine Form der Staatsreligion war die Folge. Diese enge Verbindung von Kirche und Staat und religiöse Differenzen allgemein riefen seit dem ausgehenden 17. Jahrhundert Gegenströmungen hervor.

Die Aufklärung hatte einen rationalen Glauben zum Ziel, während der Pietismus unter anderem auf eine stärkere Verinnerlichung des Glaubens und

---

9 Haußmann, *Verbauerung*, S. 106 f.
10 Pestalozzis Roman fällt unter drei Stichworte.

durchgreifende Reformationen des Lebens zielte. Gemeinsam war beiden Strömungen die Reformation der Lebens- und Frömmigkeitspraxis, wobei auch die Hierarchie der Kirche in Frage gestellt wurde. Die Strömungen führten zu religiöser Toleranz in den Staaten und zum moderne Gesellschaften kennzeichnenden religiösen Pluralismus.

Neben das Bestreben der Staatskirche, die Monokonfessionalität durchzusetzen, traten Versuche der Gläubigen, Religion zu individualisieren und sich von der Amtskirche zu lösen. Wegen der politischen Bedeutung dieser Strömungen blieb das kirchliche Geschehen mit der Entwicklung von Staat und Gesellschaft verbunden. Im Zeitalter des aufgeklärten Absolutismus nahm die Kirche eine untergeordnete Stellung ein und verlor an Macht, als die Aufklärung in die rationale Phase überging und eine an Wissenschaft und rationalen Gesichtspunkten orientierte Lebensgestaltung das Leben bestimmte.[11]

Seit der Reformation war das deutsche Luthertum von internen Streitigkeiten geprägt. Landesfürsten und Reichsstädte hatten schließlich lutherischen Theologen den Auftrag gegeben, ein Lehrbekenntnis zu formulieren, das mit der Konkordienformel 1577 erstellt wurde. Die Formel berücksichtigt Positionen der am innerlutherischen Streit beteiligten Parteien, ohne die extremen Richtungen einzubinden. Gleichzeitig grenzt sich das Luthertum mit der Konkordienformel von den beiden anderen Konfessionen, Katholizismus und Calvinismus, ab. Das Konkordienbuch ist 1580 erschienen und schuf eine „Lehrgrundlage"[12], mit der sich die meisten der lutherischen Gebiete einverstanden erklärten. Das Buch ist

> eine Sammlung von Bekenntnisschriften, die in allen lutherischen Gebieten nächst der Heiligen Schrift als Richtschnur der Theologie, der Predigt und der katechetischen Unterweisung Geltung haben sollen. Das Konkordienbuch enthält: 1. die drei altkirchlichen ökumenischen Bekenntnisse Apostolikum, Nicaeno-Konstantiopolitanum und Athanasianum; 2. das Augsburger Bekenntnis samt Melanchthons Apologie des Augsburger Bekenntnisses; 3. Luthers Schmalkaldische Artikel; 4. Melanchthons Traktat von der Gewalt und Obrigkeit des Papstes; 5. Luthers Kleinen und Großen Katechismus; 6. die Konkordienformel.[13]

Allerdings folgte dem Buch nicht das erwünschte Ende der Lehrstreitigkeiten; vielmehr war es „die Eingangspforte zur klassischen Periode der lutherischen Orthodoxie."[14] Orthodoxie bezeichnet eine „theologische Richtung, die das Erbe der reinen Lehre (z.B. Luthers od. Calvins) zu wahren sucht (bes. in der Zeit nach der Reformation)."[15] Im Mittelpunkt der Orthodoxie steht der Wunsch nach dem Erhalt der „reinen Lehre", eine Forderung, die letztlich zu Konfrontationen

---

11 Im Folgenden werden die wichtigsten Strömungen dargestellt, für ausführlichere Informationen gerade auch zu den einzelnen Bewegungen des Pietismus sei auf die *Kirchengeschichte* von Wallmann verwiesen. Cf. auch Gestrich, *Kirchengeschichte*.
12 Cf. Wallmann, *Kirchengeschichte*, S. 93.
13 Wallmann, *Kirchengeschichte*, S. 93 f.
14 Wallmann, *Kirchengeschichte*, S. 94.
15 Duden Band 5.

führen muss, wenn sich verschiedene Parteien auf dieselbe Quelle stützen, diese aber unterschiedlich interpretieren.

Der Kampf um den Erhalt der reinen Lehre wurde mit der Konkordienformel also keineswegs beendet. Neben den äußeren Grund, den eigenen Wahrheitsanspruch den beiden anderen Konfessionen gegenüber zu postulieren, trat ein innerer, der verantwortlich zeichnet für die Fortdauer der Orthodoxie im Luthertum: Die lutherische Orthodoxie formulierte, durchaus im Rückgriff auf Luther, das Primat der Lehre vor dem Leben.[16] Damit war die Lehre in den Mittelpunkt der Betrachtungen gerückt.

Die lutherische Orthodoxie griff wieder auf Aristoteles zurück, Luther hatte sich von ihm distanziert, so dass schließlich metaphysisches Denken die Orthodoxie prägte; dieses Denken ist aber

> zutiefst ungeschichtlich. Am deutlichsten wird das in der Ausformulierung jenes Lehrstückes, das den Hauptertrag der lutherischen Orthodoxie bildet und die zweite große Eigenart gegenüber der Reformation deutlich macht, an der orthodoxen Lehre von der Heiligen Schrift.[17]

Die Heilige Schrift wurde zu einem wissenschaftlichen Prinzip, das keiner Kritik unterworfen werden kann, wahr ist, keine Widersprüche enthält. Damit ist die Heilige Schrift unantastbar geworden: „Das Schriftprinzip ist das verwundbarste, deshalb am sorgfältigsten ausgebaute Lehrstück der Orthodoxie. Im Zeitalter der Aufklärung ist von der historischen Bibelwissenschaft hier die Axt an das System der Orthodoxie gelegt worden."[18]

Das Konkordienbuch führte zwar nicht zum Frieden in den Lehrstreitereien, aber schon um 1600 hatte es mit Johann Arndt eine Richtung gegeben, „welche die Reformation der Lehre für abgeschlossen hält und durch die Reformation des Lebens ergänzen und vollenden will."[19] Arndts weit verbreitete Schriften zielen auf eine „Frömmigkeit der Innerlichkeit"[20], und damit hat er den reformatorischen Glauben umgestaltet. Von Arndt geht „eine große, auf praktisches Christentum gerichtete Reformbewegung aus"[21], die schließlich an den Pietismus grenzt, der um 1670 das konfessionelle Zeitalter beendet und um 1740 durch die Aufklärung zurückgedrängt wird. Diese rationalen Strömungen allerdings führen ihrerseits zu keiner alle Seiten befriedigenden Lösung – oder gar Reformation.

Philipp Jakob Spener (1635-1705), Begründer des lutherischen Pietismus, konstatierte eine Zerrüttung der evangelischen Kirche sowohl im Obrigkeits- als

---

16 Luther unterschied zwischen Lehre und Leben, Wallmann, *Kirchengeschichte*, S. 95. Ob allerdings die von der Orthodoxie herbeigeführte Konzentration auf die Lehre von Luther in dieser Weise gewünscht war, muss an dieser Stelle offen bleiben.
17 Wallmann, *Kirchengeschichte*, S. 97.
18 Wallmann, *Kirchengeschichte*, S. 98.
19 Wallmann, *Kirchengeschichte*, S. 94.
20 Wallmann, *Kirchengeschichte*, S. 101.
21 Wallmann, *Kirchengeschichte*, S. 102.

auch im Prediger- und Laienstand, deren Ursache er in einem „Mangel am wahren, lebendigen Glauben" erkannte.[22] In der Verbreitung des Wortes Gottes sah Spener ein probates Mittel zur Reform der Volkskirche, dem andere Reformgedanken untergeordnet wurden. Diese Ideen schrieb Spener 1675 nieder und veröffentlichte sie zunächst als Vorwort zu einer Schrift von Arndt, an dessen Reformideen er anknüpfte, schließlich eigenständig unter dem Titel *Pia Desideria oder herzliches Verlangen nach gottgefälliger Besserung der wahren evangelischen Kirche*.

In Erbauungsversammlungen sollte die Bibel gelesen und gemeinsam besprochen werden, die Heilige Schrift sollte, so Wallmann unter Hinweis auf Speners Vorwort, „als einzige Quelle aller Besserung kräftiger zur Wirksamkeit gebracht werden"[23]; der Pietismus ist also eine Bibelbewegung.[24]

Spener hatte sich durch das Studium der Schriften Luthers von der Diskrepanz zwischen den Ideen der Reformation und der tatsächlichen Praxis der Volkskirche, die „so wenig zur wahren Bekehrung und Gottseligkeit" beitrage, überzeugt.[25] Er wollte aber nicht die gesamte Volkskirche erwecken, sondern die Kirche durch Förderung der Frommen reformieren. Folglich konnte er, im Gegensatz zur Orthodoxie, auf die Kirchenzucht verzichten. Seit 1670 versammelten sich die Frommen zur privaten Erbauung im *Collegium pietatis*, außerhalb des öffentlichen Gottesdienstes in Speners Pfarrhaus. Solche Konventikel breiteten sich rasch aus; die Ausbreitung ist kennzeichnend für den Pietismus geworden.

Die pietistische Bewegung sah sich scharfen Angriffen durch die Orthodoxie ausgesetzt. Spener, der unter anderem Oberhofprediger in Dresden und schließlich Konsistorialrat und Propst in Berlin war, konnte sich erst hier in diesen Streitigkeiten durchsetzen, nicht zuletzt durch das „Protektorat des auf Union und Toleranz ausgerichteten brandenburgisch-preußischen Staates".[26] Speners Einfluss auf das geistliche Leben in Preußen zeigt sich im pietistischen Charakter der 1694 gegründeten Universität Halle und in der Unterbringung seiner Schüler und Freunde in wichtigen Positionen.

Seine praktische Überlegenheit über die Orthodoxie und den Durchbruch im protestantischen Kirchentum erreichte der Pietismus mit seiner bedeutendsten Ausprägung, dem hallischen, von August Hermann Francke (1663-1727) geprägten Pietismus. Der „hallische Bußkampf", jene „plötzliche, datierbare und einmalige Bekehrung",[27] geht auf Francke zurück und ist Charakteristikum der

---

22 Wallmann, *Kirchengeschichte*, S. 127.
23 Wallmann, *Kirchengeschichte*, S. 128.
24 Wallmann, *Kirchengeschichte*, S. 128.
25 Zitat bei Wallmann, *Kirchengeschichte*, S. 127.
26 Wallmann, *Kirchengeschichte*, S. 129.
27 Wallmann, *Kirchengeschichte*, S. 134.

hallischen Bewegung. Das hallische Waisenhaus, ein pädagogischer Anstaltskomplex, der aus der im Jahre 1695 von Francke gegründeten Armenschule und dem Waisenhaus hervorgegangen ist, war im protestantischen Deutschland einzigartig und den Anfeindungen durch die Orthodoxie ausgesetzt. Der preußische Staat allerdings schützte die Anstalten vor Angriffen, da er seinerseits im hallischen Pietismus einen Verbündeten in der Auseinandersetzung mit den verbündeteten Parteien der Stände und der Orthodoxie sah.

Der hallische Pietismus zeigte weit reichende Wirkungen, unter anderem in der Ausbildung der Theologen in Preußen, für die das Studium in Halle verbindlich war.[28] Schon Francke forderte eine Konzentration auf die philologische Ausbildung in den biblischen Sprachen und Exegese statt „aristotelischer Philosophie und konfessioneller Polemik".[29] Die Überlegenheit des hallischen Studiums den orthodoxen Fakultäten gegenüber zeigte sich so in der „Ausrichtung auf Frömmigkeit und Praxis".[30] Die Nachteile dieses auf Praxis konzentrierten Studiums zeigten sich freilich erst nach Franckes Tod.

Das Ende des hallischen Pietismus ist eng verknüpft mit dessen immer stärker werdendem Auftrag, Sorge für das Schul- und Kirchenwesen des aufstrebenden preußischen Staates zu tragen.[31] Die einzige „dauerhafte Sonderkirchenbildung"[32] des deutschen Pietismus stellt die Herrnhuter Brüdergemeine dar. Insgesamt hatte sich der Pietismus zur Jahrhundertwende (17./18. Jahrhundert) in nahezu allen deutschen Ländern ausgebreitet, besonders auch in Württemberg, das bis heute eine pietistische Prägung aufweist.[33]

Im Deutschland des 18. Jahrhunderts trug die Auseinandersetzung mit antideistischer Literatur zu einer historischen Theologie bei, die sich vom orthodoxen Schriftprinzip entfernte (Semler). Zeitgleich mit dem Pietismus bahnte sich auch die Aufklärung in Deutschland ihren Weg: Ein Freund Speners war Leibniz (1646 - 1716). Gemeinsam ist beiden die „Abkehr von der Streitsucht der Orthodoxie und der aristotelischen Scholastik" und die Suche „nach neuen tragfähigen Grundlagen für eine geistigen Wiederaufbau in Deutschland"; gemeinsam ist ihnen auch die Überzeugung „von der Notwendigkeit der Auseinandersetzung mit dem im westeuropäischen Denken vordringenden Mechanismus und Atheismus."[34] Durch sein Vertrauen in die Vernunft unterscheidet sich Leibniz von Spener und nähert sich so stärker der Aufklärung an, hat aber durch seine „Grundlegung einer am Gottesbegriff

---

28 Auch die Lehrer mussten in Halle studieren.
29 Wallmann, *Kirchengeschichte*, S. 135.
30 Wallmann, *Kirchengeschichte*, S. 135.
31 Cf. Wallmann, *Kirchengeschichte*, S. 137.
32 Wallmann, *Kirchengeschichte*, S. 141.
33 Wallmann, *Kirchengeschichte*, S. 137 f.
34 Wallmann, *Kirchengeschichte*, S. 150.

festhaltenden idealistischen Weltansicht die deutsche Aufklärung im ganzen doch in größerer Nähe zum Pietismus gehalten als zum Sensualismus und Mechanismus der westeuropäischen Aufklärung."[35]

Auf Leibniz geht die Unabhängigkeit der Philosophie gegenüber Theologie und Kirche zurück. Anders als bei Spinoza findet sich in der Philosophie bei Leibniz aber keine feindliche Haltung der Offenbarung gegenüber, da es Leibniz um eine Harmonisierung zwischen Vernunft und Offenbarung ging. Dieses „Axiom der Harmonie von Vernunft und Glaube hat im deutschen Denken des 18. Jahrhunderts weitergewirkt."[36]

> Ein Bündnis zwischen Philosophie und Theologie wird geschlossen. Dieses auf der Idee der Harmonie von Offenbarung und Vernunft beruhende Bündnis wird die Eigenart der deutschen gegenüber der westeuropäischen Aufklärung ausmachen. Es ist die Folge der Leibnizschen Philosophie, wenn später Hegel, die Differenz zur westlichen Aufklärung ins Auge fassend, konstatieren kann: „In Deutschland war die Aufklärung auf seiten der Theologie."[37]

Pietismus und Aufklärung drifteten schließlich ganz auseinander, als Wolff (1679-1754) in einer Rede im Jahre 1721 die Vernunft pries und damit Francke und die theologische Fakultät in Halle empörte, die ihre Reformen für gefährdet hielt. Wolffs Vertreibung aus Halle, sein beruflicher Höhepunkt in Marburg und schließlich seine Rückkehr nach Halle im Jahre 1740 belegen den Sieg der Aufklärung über den Pietismus.

Die deutsche Aufklärungstheologie ist in zwei Phasen gegliedert: die Übergangstheologie in der ersten Hälfte des 18. Jahrhunderts und die Neologie. Während erstere noch keine Probleme mit den Dogmen hatte, sondern an einer Anpassung des Überlieferten an die neuen Verhältnisse interessiert war, wird in der Neologie „die Kritik der Vernunft an der Offenbarungsüberlieferung"[38] formuliert. Verbunden mit der Neologie ist der Name Johann Salomo Semler. Er gilt als „Bahnbrecher der historischen Bibelkritik",[39] die er mit seiner „Abhandlung von freier Untersuchung des Kanon" (1771 – 1775) begründet, dem „entscheidenden Markstein zwischen der altprotestantischen und der neuprotestantischen Bibelwissenschaft".[40]

> Die Bibel wird von Semler als historisch gewachsene Sammlung der in der christlichen Kirche öffentlich anerkannten Schriften begriffen, nicht mehr als ein quasi vom Himmel gefallenes Offenbarungsbuch. [...] Doch will die Freigabe der Bibel an die kritische historische Forschung nicht als Preisgabe der Offenbarung verstanden sein.[41]

Semler versteht diese Wissenschaft als in der Tradition Luthers und der reinen Lehre stehend. Seine konservative Haltung findet später ihren Ausdruck in der

---

35 Wallmann, *Kirchengeschichte*, S. 151.
36 Wallmann, *Kirchengeschichte*, S. 153.
37 Wallmann, *Kirchengeschichte*, S. 152.
38 Cf. Wallmann, *Kirchengeschichte*, S. 156.
39 Wallmann, *Kirchengeschichte*, S. 158.
40 Wallmann, *Kirchengeschichte*, S. 157.
41 Wallmann, *Kirchengeschichte*, S. 158.

Verteidigung des Wöllnerschen Religionsediktes, wodurch Semler schließlich zum Gegenpart der Aufklärungstheologen wird.

> Der Mann, der nach seinem „Versuch einer freiern theologischen Lehrart" (1777) als Begründer einer liberalen Theologie im deutschen Protestantismus gilt, konnte gleichzeitig die Formel von der „kirchlichen Theologie" prägen, die Notwendigkeit des Hineingebundenseins jeder theologischen Arbeit in die bestehende Kirchengemeinschaft gegen allen rationalistischen Individualismus betonen. Mit seiner Unterscheidung zwischen öffentlicher und privater Religion, zwischen normativer Kirchenlehre und freier Religionsgesinnung des nur an die eigentlichen Religionswahrheiten gebundenen Individuums hat Semler die Spannungen zwischen den divergierenden Tendenzen seiner theologischen Arbeit freilich nicht gelöst, sondern nur eine Formel gefunden für die ausweglose Situation liberalen Christentums im staatskirchlich verfaßten System der Spätaufklärung. Es ist Schleiermacher gewesen, der, sonst auf Semlers Schultern stehend, gerade hier zur Einheit des Religionsbegriffs zurückgefunden hat.[42]

Ein weiterer Vertreter der Neologie ist Johann Joachim Spalding (1714 – 1804). Er „forderte in seiner 'Nutzbarkeit des Predigtamtes und deren Beförderung' (1772) die Beschränkung der kirchlichen Verkündigung auf die praktisch-moralischen Wahrheiten des Christentums unter Zurücksetzung des Dogmas."[43] In der letzten Auflage der *Nutzbarkeit* (1791) fühlte Spalding sich verpflichtet, gegen die modernen Predigten mit ihrer Ausrichtung auf ökonomische und politische Zwecke anzugehen.[44]

Im 18. Jahrhundert ist das protestantische Staatskirchentum in Preußen in „seine[r] reinste[n] Verkörperung" anzutreffen, die Kirche wurde „vollständig entmündigt und zu einem Diener der Staatsmacht degradiert."[45] Mit dem Begriff des Territorialismus wird eine Form des Kirchentums beschrieben, die Teil der Staatsgewalt ist und seit dem späten 17. Jahrhundert protestantische Länder prägte. Der Landesherr hat gleichzeitig absolutes Herrscherrecht über die *verschiedenen* konfessionellen Kirchentümer seines Landes.

Zeichnete sich sein Vorgänger noch durch eine strenge Haltung den protestantischen Geistlichen gegenüber aus, die in ihren Predigten keine Aussagen gegen die weltlichen Mächte machen durften, so war Friedrich II. toleranter. Kirche war für ihn „überhaupt nur noch ein Instrument für die Staatswohlfahrt."[46] Geistliche mussten landwirtschaftliche Kenntnisse verbreiten und Verordnungen von der Kanzel veröffentlichen, Friedrich II. mischte sich aber nicht direkt in kirchliche Angelegenheiten ein.

Nach Friedrichs Tod wurde im Jahre 1788 das Wöllnersche Religionsedikt erlassen, das zunächst dem Rationalismus Einhalt gebieten sollte. Das Edikt, das nach nur wenigen Jahren zurückgenommen wurde, regelte strikt die Glaubensfreiheit der Prediger und die öffentliche Lehre. Die vollständige

---

42 Wallmann, *Kirchengeschichte*, S. 158.
43 Wallmann, *Kirchengeschichte*, S. 159.
44 Wallmann, *Kirchengeschichte*, S. 165.
45 Wallmann, *Kirchengeschichte*, S. 167.
46 Wallmann, *Kirchengeschichte*, S. 167.

Abhängigkeit der Kirche vom Staat wird durch das Edikt besonders deutlich dokumentiert.[47]

Mit dem auf „friderizianische[n] Geist" zurückgehenden *Preußischen Allgemeinen Landrecht* aus dem Jahre 1794 wurden Kirchen und Religionsgesellschaften vollständig der preußischen Staatsaufsicht unterstellt: „Es löst jede über die Einzelgemeinde hinausgehende kirchliche Organisation auf."[48] Die Verstaatlichung ging andererseits aber mit „Erleichterungen hinsichtlich Toleranz und Glaubensfreiheit" einher:[49]

> Es [das Landrecht] bestimmt, daß keine Religionsgemeinschaft ihren Mitgliedern wider ihre Überzeugung Glaubensgesetze aufdrängen und niemand wegen vom allgemeinen Glaubensbekenntnis abweichender Meinungen von den Versammlungen der Gemeinde ausgeschlossen werden darf.[50]

Friedrich Nicolai hat in seinem Roman *Sebaldus Nothanker* diese Ideen formuliert – annähernd 20 Jahre vor dem *Preußischen Allgemeinen Landrecht*.

> Ein von Friedrich Wilhelm III. (1797 – 1840) an der Wende zum neuen Jahrhundert angefordertes theologisches Gutachten über die Verbesserung der Kirchenverfassung geht von der Feststellung aus, 'daß die protestantische Kirche unsers Landes keine Kirche in der Erscheinung und Wirklichkeit, kein organisches Ganzes, sondern nur ein Zweig der Staatsverwaltung, ein fast rein polizeiliches, höchstens ein ethisches Institut sei'. Das ist die Situation, in der Schleiermacher den Ruf nach der Trennung von Kirche und Staat erhebt. Von hier aus wird der Kampf um eine eigene Kirchenverfassung zu einem der großen Themen der deutschen Kirchengeschichte des 19. Jahrhunderts.[51]

Die einheitliche Ausbildung mit ihren auf Staatsinteressen zielenden Lerninhalten war in Preußen ganz im Sinne des Staates konzipiert.[52] Schon zu Beginn des Jahrhunderts hatten die Pietisten eine praktische Ausbildung gefordert, die im Franckeschen Waisenhaus auch verwirklicht wurde, sich aber überlebte. Die Aufklärungstheologie forderte schließlich eine Reform des Theologiestudiums, das den Nachweis der Nutzbarkeit des Predigtamtes unter dem Aspekt der „Vervollkommnung des Gemeinwesens" erbringt: „Dieser Nutzen sollte erreicht werden durch eine Ausbildung der dem Menschen eigenen Tugend, wie sie sich im alltäglichen Handeln äußert. Der Pfarrer sollte ein Tugendlehrer sein."[53] Die Vermittlung landwirtschaftlicher und medizinischer Kenntnisse durch die Geistlichen wurde ebenfalls überlegt, so dass auch Landwirtschaft und Medizin zum Ausbildungskanon der Prediger gehören müssten, während die Konzentration auf alte Sprachen und Dogmatik als unzureichend für die tatsächliche Tätigkeit der Pfarrer erkannt wurde.[54]

---

47 Wallmann, *Kirchengeschichte*, S. 168.
48 Wallmann, *Kirchengeschichte*, S. 167.
49 Wallmann, *Kirchengeschichte*, S. 167.
50 Wallmann, *Kirchengeschichte*, S. 167 f.
51 Wallmann, *Kirchengeschichte*, S. 168.
52 Cf. Haußmann, *Verbauerung*, S. 89 f.
53 Haußmann, *Verbauerung*, S 102.
54 Zu allem: Haußmann, *Verbauerung*, S. 102 f.

Haußmann erwähnt den angeblichen Zwiespalt der Universitätslehrer hinsichtlich der Reformen: Er verweist auf die Bedenken (z.B. des Professors Nösselt) gegen eine rein praktische Ausbildung, denen später Widerstand gegen das Ende der Reformen mit Wöllners Amtsübernahme gegenübertritt. Erst 1799, also nach Wöllners Absetzung, wurde eine Prüfungsordnung verabschiedet, die auf die Klagen über mangelhaft ausgebildete Kandidaten reagierte: Wichtig war nicht mehr „die Prüfung der inneren religiösen Haltung des Kandidaten [...]", die Verordnung

> verlangte lediglich den Nachweis eines guten Leumunds in Form von Zeugnissen der Universität, des Inspektors oder anderer Vorgesetzter; [...] Geprüft wurden die intellektuellen Fähigkeiten, die geistige Beweglichkeit. Eigenes Nachdenken und eigenständiges Argumentieren sollten höher veranschlagt werden als eine genaue Kenntnis theologischer Positionen in Fällen, in denen eine Auslegung strittig war.[55]

Die Umsetzung dieser Reform beanspruchte naturgemäß einige Jahre,[56] aber immerhin war Bewegung in die Ausbildungspraxis gekommen.

Haußmann hält fest, dass die Universität Halle einerseits „Ausbildungsmöglichkeiten von hohem Niveau" anbot, andererseits aber die laxen Prüfungsordnungen mit dem Primat des guten Leumunds wenig Anstrengungen von den Studenten erforderten; er unterstellt den Theologiestudenten aber, dass sie „schon aus eigenem Interesse eine möglichst gründliche Ausbildung angestrebt" haben, nämlich vor dem Hintergrund des Protektionismus, der bei der Vergabe der Stellen wesentlich war.[57] Im Anschluss an das Studium waren längere Wartezeiten üblich, während derer sich die Kandidaten weiterbilden mussten, wollten sie eine Stelle als Pfarrer bekommen. Insofern stellte die Wartezeit eine zweite Ausbildungsphase dar, die als nicht systematisierte bezeichnet werden kann.[58] Neben der Vermittlung praktischer Kenntnisse fand letztlich auch eine Auslese statt.[59]

2.3 Der Landprediger – ein soziologischer Überblick

Ein Thema der literarischen Texte stellt die Klage über die unzureichende Ausbildung der Geistlichen dar. Obwohl ein Universitätsstudium vorgeschrieben war, besuchte im 17. Jahrhundert fast nur die Hälfte der Pfarrer nach der Lateinschule tatsächlich eine Zeit lang die Universität.[60] Im 18. Jahrhundert allerdings wurde die Karriere formalisiert,[61] die Berufung von bestimmten Voraussetzungen abhängig, der Berufscharakter wurde deutlich:

---

55 Haußmann, *Verbauerung*, 103 f., Zitat S. 104.
56 Haußmann, *Verbauerung*, S. 104 f.
57 Haußmann, *Verbauerung*, S. 105.
58 Haußmann, *Verbauerung*, S. 106 f. Hinweise auf Gugerli, *Pfrund*, S. 141 ff., Schorn-Schütte, *Zwischen „Amt" und „Beruf"*, S. 16 ff.
59 Haußmann, *Verbauerung*, S. 107.
60 Homrichhausen, *Evangelische Pfarrer*, S. 252.
61 Haußmann, *Verbauerung*, S. 121.

2.3 Der Landprediger – ein soziologischer Überblick

> Jetzt wurden die Universitätsausbildung und die erfolgreich abgelegten Examina Voraussetzung für die Berufung, so daß die innere Berufung hinter der erworbenen Bildung zurücktrat. Das Pfarramt als ein Beruf unter Berufen der akademisch Gebildeten zeichnete sich ab.[62]

Für den Erhalt einer Stelle in der Kurmark waren nach Haußmann „die *Gutachten und die Abschlußprüfung der theologischen Fakultät*" wichtiger als die Konsistorialprüfung, die über die Vergabe entscheiden sollte:

> Dieses und eine Reihe weiterer Edikte wurden 1735 in von nun an maßgeblicher Weise zusammengefaßt. [...] Voraussetzungen für die Erlangung einer Pfarrstelle waren demnach ein Zeugnis über ein mindestens zwei-, seit 1804 dreijähriges Studium an einer inländischen Universität (wobei bis 1752 Halle als Studienort vorgeschrieben war [...]), ein Führungszeugnis des zuständigen Inspektors, ein Mindestalter von 25 Jahren und eine Probepredigt vor Gemeinde und Inspektor; es folgte eine öffentliche Prüfung vor dem Berliner Konsistorium, nach welcher dem Kandidaten, falls er bestand, die Ordination erteilt wurde. Diese letzte Prüfung sollte über die Vergabe einer Stelle entscheiden.[63]

Die Studenten mussten sich durch einen einwandfreien Lebenswandel auszeichnen, wollten sie überhaupt zur Prüfung zugelassen werden.[64] Bis ins 19. Jahrhundert hinein üblich war ein Gelöbnis über die Einhaltung der reinen Lehre, Treue und Fleiß in der Amtsführung und ein fortwährendes Studium.[65]

Viele Kandidaten gingen zunächst ins Lehramt, das als „Durchgangsstadium" empfunden wurde.[66] Das Lehramt konnte für die spätere Ordination maßgeblich sein, wie Haußmann an einigen Beispielen nachweist. Andere Kandidaten wurden Feldprediger.[67] In der Regel waren die Karrierechancen im Anschluss an den Feldpredigerdienst relativ gut, wie Haußmann nachweist.

Seit der Reformation hat sich die evangelische Geistlichkeit mehr und mehr dem Bürgertum zugehörig gefühlt;[68] die Teilhabe an bürgerlicher Kultur war aber besonders den Landgeistlichen, die mit ihren Familien auf dem Lande lebten, nicht so einfach möglich, ein Umstand, der die Landprediger durchaus befürchten ließ, selbst zu verbauern.[69]

> These 4: Der Begriff der „Verbauerung" kennzeichnet die öffentliche Diskussion um die Landprediger seit den 1730er Jahren. Indem der Begriff bezeichnet, was die Prediger

---

62 Homrichhausen, *Evangelische Pfarrer*, S. 256.
63 Haußmann, *Verbauerung*, S. 87.
64 Haußmann, *Verbauerung*, S. 88 f und 91.
65 Homrichhausen, *Evangelische Pfarrer*, S. 251.
66 Haußmann, *Verbauerung*, S. 109.
67 Haußmann, *Verbauerung*, S. 112, macht auf die „Militarisierung des kirchlichen Lebens" aufmerksam: H. Rudolph, *Militärkirchenwesen*, 1973, S. 30, von dem das Zitat „Militarisierung" stammt, und P. Brandt, *Kirche und Schule*, S. 145.
68 Cf. Schorn-Schütte, *Zwischen „Amt" und „Beruf"*: S. 5: „Zum Ende des 17. Jahrhunderts hatte die evangelische Geistlichkeit in allen protestantischen Gesellschaften Europas ihren sozialen und politischen Ort gefunden. Der 'Vater des Pfarrhauses' sollte zugleich Vater der Gemeinde sein, die legitime Pfarrfamilie erfüllte Vorbildfunktion für das Leben der Gemeindemitglieder, sie verkörperte zudem die real gelungene Integration des Geistlichen in das Weltliche, jenen Anspruch also, mit dem das sakrale Amtsverständnis der Alten Kirche in Frage gestellt worden war. In der sozialen Realität hatte dies zur Einbindung der evangelischen Pfarrer in das frühneuzeitliche Bürgertum geführt. Nur in England blieb der Landadel Rekrutierungspotential für die führende anglikanische Geistlichkeit."
69 Haußmann, *Verbauerung*, S. 7.

nicht sein sollen: nämlich Bauern, sagt er auch, was sie zu sein haben: nämlich Bürger. Damit wurden die Landprediger ausdrücklich – wenn auch indirekt – als mögliche Partizipanten bürgerlicher Kultur angesprochen. Der zunächst pejorativ getönte Begriff impliziert damit eine gesellschaftliche Aufwertung der Landprediger.[70]

Das Ansehen der Landprediger war schon in den Augen der Zeitgenossen gefährdet, wie Haußmann mit seinem Verweis z.B. auf Ulrich belegt.[71] Die landwirtschaftliche Tätigkeit und auch der mangelnde Umgang mit bürgerlicher, städtischer Kultur, schließlich auch psychologische Gefahren des Landlebens schienen die „Vorposten des Bürgertums auf dem Lande"[72] zu bedrohen, ihr Ansehen zu mindern und somit zu einem Verfall der Religion zu führen.[73]

Die „legitimatorische[...] Pfarrhausliteratur"[74] führt den Verlust auf politische Verhältnisse zurück. Haußmann schreibt, dass zwar „auch diese [die legitimatorische Pfarrhausliteratur] als Krisenursache den Ansehensverlust der Geistlichkeit" nennt; sie orte

> aber dessen tiefere Wurzel nicht nur in der äußeren Stellung der Prediger, sondern mehr noch im Fehlen einer Kirche bzw. in dem Umstand, daß unter dem Primat von Absolutismus und Aufklärung die Kirchenorganisation ganz und gar der Staatsorganisation untergeordnet worden sei. Denn allein Kirche verbreite Religion, allein die Kirche verleihe dem Prediger die Autorität, die das Kirchenvolk überzeuge; weil aber die Aufklärung jede Vorstellung von Kirche ausgehöhlt habe, 'verlor der protestantische Prediger vielfach den Charakter als Lehrer der übernatürlichen Wahrheit und wurde zum staatlich angestellten Volksaufklärer', und aus diesem Grund 'ging die Beteiligung des protestantischen Volkes am Gottesdienst und Abendmahl sehr zurück.' [...][75]

Diese Diskussion um die Verbauerung der Landprediger, also auch ihre Entfremdung vom Amt,[76] kam in den 30er Jahren des 18. Jahrhunderts auf und bezeichnet nicht allein „die Sorge der protestantischen Landprediger um den Ansehensverlust ihres Standes"[77], sondern auch die Ambivalenz der sozialen Stellung der Landprediger.

Als geistliche Amtsträger waren die evangelischen Geistlichen bereits im 18. Jahrhundert in das gelehrte Bürgertum integriert und hatten sich seit dem Beginn des Jahrhunderts auch wirtschaftlich an die juristisch gebildeten Amtsträger

---

70 Haußmann, *Verbauerung*, S. 217. In seiner Dissertation *Zwischen Verbauerung und Volksaufklärung* stellt Balthasar Haußmann die Auswertung unterschiedlicher Quellen dar, die die Stellung der Landprediger in der Kurmark dokumentieren. Damit ist die Dissertation nicht repräsentativ im Hinblick auf das für die vorliegende Arbeit zugrunde gelegte Textkorpus, sie vermittelt aber einen Einblick in das zeitgenössische Denken.
71 Haußmann, *Verbauerung*, S. 7. Cf. dazu auch Schorn-Schütte, *Zwischen „Amt" und „Beruf"*, S. 26: „Die Krise in den Territorien des Alten Reichs wurde von den Zeitgenossen immer wieder mit dem gesunkenen Ansehen der Geistlichkeit gleichgesetzt: eine Diagnose, die die Symptome benannte, ohne zu den tatsächlichen Ursachen vorzustoßen. Denn faktisch ist von einer in den Kategorien der 'Professionalisierung' betrachteten Weiterentwicklung des geistlichen Amtes zum geistlichen 'Beruf' auszugehen."
72 Haußmann, *Verbauerung*, S. 216.
73 Cf. Haußmann, *Verbauerung*, S. 7 ff.
74 Haußmann, *Verbauerung*, S. 15. Hierzu gehören: Baur, Werdermann, Drews, Greiffenhagen.
75 Haußmann, *Verbauerung*, S. 15 f.
76 Cf. Haußmann, *Verbauerung*, S. 7 f., der den Begriff der Entfremdung auch im Pietismus wurzelnd deutet.
77 Haußmann, *Verbauerung*, S. 7.

angenähert, letztlich das Resultat ihres Rückzuges aus unmittelbarer Beteiligung am Ackerbau. Als Akademiker auf dem Lande waren sie städtischer und bürgerlicher Kultur aber gleich fern und dem Vorwurf der „Verbauerung" ausgeliefert. Vom Landadel durch Geburt, von den Bauern durch das Studium getrennt, waren sie sozial isoliert. Diese soziale Zwischenstellung hatte auch Vorteile: Den vertrautesten Umgang mit den Bauern hatten, noch vor den Ärzten, die Landprediger; das Studium ermöglichte ihnen pädagogische Unterweisung der Bauern auch auf anderen als religiösen Gebieten, und oftmals wurden sie in ihrem Kampf gegen Aberglauben und für verbesserte Verhältnisse der Bauern durch engagierten Landadel unterstützt, mit dem sie intellektuell verkehren konnten.[78] Im Zuge der Diskussionen um Aufklärung und Volksaufklärung rückten die Landprediger damit in das Interesse der Öffentlichkeit.[79]

Durch die Orientierung an bürgerlicher, städtischer Kultur konnten die Landprediger der gefürchteten Verbauerung entgegenwirken. Die Partizipation an bürgerlicher Kultur erschöpft sich dabei nicht allein in dem konstatierten Rückzug aus der Landwirtschaft[80] und in den Freizeitbeschäftigungen wie Kaffeetrinken und Zeitungslektüre,[81] sie waren auch um eine standesgemäße Erziehung ihrer Kinder, Versorgung der Witwen und Volksaufklärung bemüht, entweder durch Taten oder durch Publikationen.[82]

Neben „sozial-kulturelle[r] Neuverortung und Aufgabenzuweisung"[83] führten theologische Entwicklungen zu einer neuen Definition des Amtsverständnisses im 18. Jahrhundert: „Aus dem Schriftexperten mit sakraler Aura und Befugnis zur Kirchenzucht wird ein Seelsorger und Lehrer."[84] Gott ist nicht mehr strafender, sondern gütiger Gott, der Pfarrer „lehrt, wie mit der von Gott gnädig eingerichteten Natur umzugehen sei"; eine „innertheologische Entwicklung im Luthertum" mit der Konzentration auf eine tugendhafte Lebensführung forderte neue Methoden zur Arbeit „an der Bauernseele".[85]

Trotz einer Annäherung der Interessen des Staates und der aufgeklärten Prediger um 1800 hatten die Pfarrer dennoch ein Sonderbewusstsein, sie fühlten sich nicht als Staatsdiener. Nach Haußmann kann „Aufklärungstheologie [...] nicht auf einen reinen Staatsutilitarismus reduziert werden".[86] Das

---

78 Cf. Haußmann, *Verbauerung*, Siegert, *„Volkslehrer"*.
79 Cf. Haußmann, *Verbauerung*, S. 7.
80 Haußmann, *Verbauerung*, S. 61 stellt für die Landprediger der Kurmark fest, dass sie im Laufe des 18. Jahrhunderts mehr und mehr dazu übergehen konnten, das Pfarrland zu verpachten.
81 Haußmann, *Verbauerung*, S. 222: „Zumindest wurden aber auch auch dem platten Lande bürgerliche Riten im Pfarrhaus eingeführt [...]."
82 Haußmann, *Verbauerung*, S. 217.
83 Haußmann, *Verbauerung*, S. 217.
84 Haußmann, *Verbauerung*, S. 217.
85 Haußmann, *Verbauerung*, S. 218.
86 Haußmann, *Verbauerung*, S. 220.

Sonderbewusstsein der Prediger um 1800 hatte „seinen Grund in der Lehre der Aufklärungstheologie von der Gottähnlichkeit des Menschen im Punkt der Tugend", Volkserziehung sei „Dienst an Gott".[87]

Als „geistliche Volkslehrer" fungierten die Landprediger durchaus. Volkslehrer ist jeder Gebildete, „der gemeinnützige Kenntnisse ans 'Volk' weitergibt und dadurch auf Einstellung und Verhalten einfacher Leute einwirkt".[88] Der Begriff „Volkslehrer", der auf die zu belehrende Gruppe der Bauern[89] verweist, wurde bis 1848 nur selten in der Bedeutung von „Volksschullehrer" verwendet – nach 1848 ist „Volkslehrer" die Bezeichnung für „Volksschullehrer":

> Daran drückt sich zum einen sicher das Standesbewusstsein eines Berufsstandes aus, der nach Einführung der Lehrerseminare sich durch bessere Qualifikation auch eine bessere Besoldung und ein höheres Sozialprestige verdient zu haben glaubte. [...] Zum anderen könnte man darin aber auch ein sprachliches Zeichen dafür sehen, dass eine Aufgabe, die im 18. Jahrhundert ganz aufklärerischer Privatinitiative überlassen war, jetzt von dem Teil der Staatsdiener ausgeübt wurde, dem der Staat sie zugewiesen hatte. Und das waren bei fortschreitender Trennung von Kirche und Staat eben nicht aus eigenem aufklärerischem Impetus und nach eigenem Programm vorgehend Pfarrer (oder gar beliebige Privatleute), sondern (nach vom Staat vorgegebenen Lehrplänen) die Volksschullehrer.[90]

Haußmann unterscheidet zwei Typen aufgeklärter Landprediger, den aktiven und den passiven:

> Der erstere stellt seine Zugehörigkeit zur Aufklärung durch seine praktische Tätigkeit unter Beweis. Der passive Typ, dem Vollmer zuzurechnen ist, bemüht sich um Anschluß an das 'gesellige Jahrhundert', indem er die Debatten der Zeit in Büchern und Zeitschriften verfolgt und sich fortwährend um geistige Flexibilität bemüht. Beiden gemeinsam ist das Bemühen um Teilhabe an der Aufklärung.[91]

Volksaufklärung war, so die Forschungsliteratur, keine von oben bestimmte Aufgabe speziell geschulter und eingesetzter Amtsträger. Volksaufklärung, die Aufklärung in erster Linie der Bauern, ging auf das Privatengagement einzelner Personen zurück: Geistlicher, Lehrer aber auch der Gutsherren.

> Daß dieser Nutzen aber vor allem in der Landwirtschaft zu stiften war, liegt auf der Hand. In ihr war nicht allein die überwiegende Mehrheit der Bevölkerung tätig, sie bildete zugleich den volkswirtschaftlich wichtigsten Erwerbszweig des achtzehnten Jahrhunderts, dessen geringe Effektivität und Verbesserungsbedürftigkeit in jeder Krise sichtbar wurde.[92]

Nicht staatliche Vorgabe, sondern privates Engagement hat die Volksaufklärung vorangetrieben. Die Landgeistlichen, die „den wichtigsten und größten Berufsstand" unter den Volkslehrern darstellten, waren potenziell ideale Volkslehrer aufgrund ihrer Ausbildung, ihrer Stellung, ihres täglichen Umgangs

---

87 Haußmann, *Verbauerung*, S. 220.
88 Siegert, *„Volkslehrer"*, S. 62.
89 Siegert, *„Volkslehrer"*, S. 74, FN 4: „Volksaufklärung ist weitgehend Bauernaufklärung;".
90 Siegert, *„Volkslehrer"*, S. 72.
91 Haußmann, *Verbauerung*, S. 201 f.
92 Böning, *Volksaufklärung*, S. XXIII.

mit den Bauern und ihrer Fähigkeiten auch als Landwirte.[93] Und weil das Volk aufgrund mangelnder Lesefertigkeit nicht ausschließlich mittels Literatur aufgeklärt werden konnte, wurden Predigt, praktisches Vorbild und Beratung die wichtigsten Instrumente der Geistlichen in der Aufklärungsarbeit.[94]

Aberglaube konkurrierte besonders auf dem Lande mit christlichen Glaubensinhalten. Bedenklich wird es, wenn der Irrglaube Ursache wirtschaftlicher Fehlkalkulationen oder vermeidbarer Krankheiten ist. In den dieser Arbeit zugrunde liegenden literarischen Texten wird Aberglaube auf unterschiedliche Weise thematisiert. Die Aussagen zum Volksglauben in den Texten verweisen einerseits auf das Nebeneinander von christlicher Religion und unchristlichen Glaubensinhalten, andererseits auf die geistige Haltung der Bauern, die den Bedarf nach Aufklärung auch dieser Volksgruppen verdeutlicht. Das Motto „Das haben wir schon immer so gemacht!" ist den aufgeklärten Aufklärern in ihrer Arbeit begegnet.[95] Dass es dabei nicht immer um Volksglauben ging, sondern auch um Risikominimierung, zeigt Haußmann in seiner Arbeit.

Mit dieser neuen Aufgabe gehen die Geistlichen über engere theologische Fragestellungen hinaus. Entsprechend lautet dann auch das Urteil, das Edith Neumann in ihrer Dissertation 1938 unter Bezug auf Lenz' *Landprediger* formuliert hat:

> Wenn Spalding den Pfarrer noch als „Depositär der öffentlichen Moral" bezeichnet und ihm damit immerhin eine gewisse ideelle Wirksamkeit zugesteht, ob sie auch von dem ursprünglichen Sinn des Pfarrberufes weit entfernt ist, wird der Durchschnittspfarrer der Popularaufklärung zum ausgesprochenen Nützlichkeitsprediger. Die Kirche sinkt herab zu einem 'Anhängsel an die Staatsverwaltung' („Der evangelische Geistliche in Geschichte und Gegenwart" von Herm. Werdermann, 1925), und der Pfarrer wird zum Beamten, der weniger für das Seelenheil als für die allgemeine Wohlfahrt zu sorgen hat. Dass wir im „Goldmacherdorf" und „Sebaldus Nothanker" dieselbe Charakteristik des Geistlichen und seines Amtes finden, bestätigt uns, daß Lenz nicht ein phantastisches und willkürliches Zerrbild entwarf, sondern auf Tatsachen fußte.[96]

Neumann verweist nicht allein auf den materiellen Wohlstand, den die Geistlichen für sich und die Bevölkerung gemeinsam mit dieser erwirtschaften wollen, sondern auch auf die soziologische Dimension, dass nämlich die Pastoren zu Beamten werden, die ihrerseits primär einer weltlichen und nicht einer kirchlichen Obrigkeit unterstellt sind.

Ziel der Volksaufklärer war auch die Verbesserung des Gesundheitswesens: Nachdem Edward Jenner 1798 die Möglichkeit zur Pockenimpfung öffentlich bekannt gemacht hatte, waren es auch und gerade Landprediger, die sich für die

---
93 Siegert, „*Volkslehrer*", S. 62 f.
94 Cf. Siegert, „*Volkslehrer*", S. 85.
95 Haußmann, *Verbauerung*, S. 204.
96 Neuman, S. 50 f.

Impfung eingesetzt haben, indem sie zunächst ihre Kinder impften, um so die Bauern von der Harmlosigkeit zu überzeugen.

Die Landgeistlichen wurden durch eigens für sie herausgegebene Zeitschriften und Bücher und durch Treffen, in denen sie sich austauschen konnten, unterstützt.[97] Nicolai schildert einen solchen Zirkel in Schleswig-Hostein, Lenz erwähnt die umfangreiche Korrespondenz des Pfarrers Mannheim, durch die er sich die notwendigen Informationen beschafft.

Propagiert wurden die Inhalte der Aufklärung also von der Kanzel, weshalb Popularität so wichtig war, denn das Volk sollte mit durchaus wichtigen Informationen konfrontiert werden. Sebaldus Nothankers Predigt, die ihn um die Stelle bringt, hält er in „enthusiastischem Feuer", seine Gemeinde ist beeindruckt. Was bei Nothanker negative Konsequenzen nach sich zieht, wird grundsätzlich erwartet von der Kirche: der Kanzelaufruf, die Verbreitung der Vorschriften in der Kirche.

In der dörflichen Gemeinschaft war die Stellung der Landprediger hervorgehoben, auch wenn sie vom Patron abhängig waren. Dieses Abhängigkeitsverhältnis hat sich im Laufe des 18. Jahrhunderts gelockert, regionale Unterschiede sind festzustellen. Ihre Ausbildung, die Bewerbung um eine freie Pfarrstelle, ihre Teilhabe an bürgerlicher Kultur bei gleichzeitigem Umgang mit den Bauern verdeutlicht aber auch die soziale Zwischenstellung der Landprediger, die sich in literarischen Figuren Thümmels, Nicolais und Lenz' manifestiert, die als Landprediger sozial zwischen Bauern und Bürgern stehen. Dabei geht es in den literarischen Darstellungen nicht allein um den Stadt/Land-Konflikt, sondern auch um eine Auseinandersetzung mit den Lebens- und Arbeitsverhältnissen evangelischer Landprediger und ihrer Familien.

Im Mittelpunkt der folgenden Ausführungen stehen die mit der Figurenkonzeption zusammenhängenden gesellschafts- und literaturkritischen Äußerungen. Inwieweit der Generationenkonflikt, also die Ablösung von der Tradition der Väter, eine Rolle spielt bei der Wahl des Motivs, inwieweit also biographische Gründe die Autoren zur Auseinandersetzung mit dem Motiv veranlasst haben, kann an dieser Stelle nicht verfolgt werden.

---

97 Cf. Siegert, „*Volkslehrer*", S. 66.

3 Moritz August v. Thümmel: *Willhelmine oder der vermählte Pedant*

> Aber noch immer schnarchte der müde Magister; ja! er würde gewiß den Endzweck seiner Reise, den so wichtigen Besuch bey dem Hofmarschall, verschlafen haben, hätte ihn nicht die käufische Stimme eines bärtigen Juden erweckt, der dreymal schon vergebens an die Stubenthüre klopfte.[1]

Der Jurist Moritz August von Thümmel,[2] der seit 1761 als Kammerjunker und später als Geheimer Rat in Diensten des Hofes Coburg-Saalfeld stand, hat mit seinem komischen Epos[3] *Willhelmine oder der vermählte Pedant* seinen ersten literarischen Erfolg erzielt, der ihm die Anerkennung von Autoren wie Ramler, Uz, Rabener sowie Lessing und das Interesse der Öffentlichkeit der nächsten 100 Jahre einbrachte, nicht zuletzt durch Nicolais „Fortsetzung" der Geschichte mit seinem Roman *Sebaldus Nothanker*.[4]

Thümmels Epyllion, entstanden wahrscheinlich im Spätherbst 1762, erschien erstmals ohne Orts- und Verlagsangabe bei der Weidmann' schen Buchhandlung Leipzig anonym unter dem Titel *Willhelmine oder der vermählte Pedant. Ein prosaisches comisches Gedicht. 1764*.[5] Vor der Veröffentlichung hatte Thümmel seinen Text mit der Bitte um Kritik einigen Freunden zugesandt – unter anderem Gellert, Friedrich Carl Bose und Christian Weiße; befolgt hat er deren Ratschläge aber teilweise erst vor der 2. Ausgabe:[6] Erst kritische Äußerungen nach der Veröffentlichung veranlassten Thümmel dazu, Luther in der Rolle eines heidnisches Gottes durch Amor zu ersetzen.[7] Auf das Urteil seiner Freunde gehen auch einige der Änderungen zurück, die eine kritische Auseinandersetzung mit der Figur des Geistlichen relativieren, ohne aber ganz auf diese zu verzichten: Thümmel kritisiert mit diesem Werk nicht nur die höfische und bäuerliche Welt, sondern auch die Geistlichkeit und die Institution Kirche; die sich in der *Reise* manifestierende ablehnende Haltung dem Katholizismus gegenüber,[8] die Thümmel während seines zweijährigen Besuchs

---

1 Thümmel, *Willhelmine*, S. 19, zitiert nach dem Abdruck der 1. Auflage, Stuttgart 1894. Diese Ausgabe schreibt den Namen durchgehend mit doppeltem Konsonanten, während die 1. Auflage recht uneinheitlich verfährt: *Wilhelmine* (cf. u.a. S. 6, 11, 21, 32) und *Willhelmine* (u.a. S. 27, 48, 66, 72, 76, 82). Die vorliegende Arbeit richtet sich nach dem Abdruck der 1. Auflage von 1894; sofern die Figur in Nicolais Roman gemeint ist, folgt sie der Schreibvariante Nicolais: Wilhelmine.
2 Geboren wurde Thümmel 1738. Nachdem er schon 1784 - nicht ganz freiwillig - aus dem Dienste ausgeschieden war, starb er 1817 in Coburg. Cf. Allerdissen, *Thümmel*, S. 413.
3 Zur Einordnung s. S. 28 ff.
4 Cf. Heldmann, *Thümmel*, S. 363 ff. zu Thümmel und Nicolai.
5 Heldmann, *Thümmel*, S. 126 und 138. Weitere, geänderte Auflagen und Übersetzungen folgten in den nächsten Jahren, cf. Heldmann, *Thümmel*, S. 211 ff; cf. auch Bobertag, *Deutsche National-Litteratur*, S. 3f.
6 Cf. Allerdissen, *Thümmel*, S. 413, Heldmann, *Thümmel*, S. 126 ff.
7 Cf. Heldmann, *Thümmel*, 3. Hauptteil, 5. Kapitel. Heldmann nimmt umfangreich Stellung zur Entstehungsgeschichte der *Willhelmine* und zu den Änderungen.
8 Cf. Allerdissen, *Thümmel*, S. 414 f.

der streng evangelisch geprägten Klosterschule Roßleben erworben haben soll,[9] findet sich schon in dem Text *Willhelmine*.

Die Bauern werden als einfältig, die höfische Gesellschaft als moralisch verdorben präsentiert. Die Geistlichen werden als ignorant und unchristlich beschrieben, mangelndes soziales Engagement und Eigennutz sind die sie bestimmenden Merkmale. An der Institution Kirche kritisiert Thümmel deren Rückständigkeit, die sich in der Beschreibung des Pfarrhauses manifestiert. Die gesellschaftliche Stellung der Geistlichen, ihr defizitäres Verhalten und die Rückständigkeit der Institution Kirche sind Themen, die bisher nicht ausführlich beschrieben worden sind, vielmehr ist die Frage, ob Thümmel Kritik an der Geistlichkeit geübt habe, in der Forschung kontrovers diskutiert worden: Hess-Lüttich und andere sehen Thümmels Text als Satire auf die gegenwärtige Gesellschaft, die sich sowohl gegen Hof- und Landadel als auch Dorfbevölkerung und Landgeistlichkeit richte,[10] Heldmann schränkt ein, dass Thümmel die Geistlichkeit gar nicht angreifen, sondern „nur die Schwächen und Fehler unzulänglicher Träger dieses Amtes" darstellen wolle,[11] ohne allerdings, und dies sei charakteristisch für Thümmels Satire, moralisierende oder pädagogische Impulse aufzuweisen:[12]

> Zusammenfassend läßt sich sagen, daß Thümmel jedenfalls nicht beabsichtigte, das geistliche Amt anzugreifen. Er durchschaute nur die Schwächen und Fehler unzulänglicher Träger dieses Amtes, wie sie sich damals freilich auf vielen Pfarrstellen breitmachten. Männer wie der Nachbarpfarrer waren in den protestantischen Kirchen offenbar so zahlreich anzutreffen, daß sie im Bewußtsein der Öffentlichkeit einen besonderen Typus innerhalb der Geistlichkeit darstellten und daß satirische Angriffe auf sie nicht ausblieben. Auch Rabener hatte schon vor Thümmel die charakteristischen Schwächen mancher Angehöriger des geistlichen Standes satirisch gerügt, und man hatte darin ein erstes Anliegen gesehen. Gegen den Verfasser der Wilhelmine freilich sollte schon bald der Vorwurf erhoben werden, er verlästere Religion und Geistlichkeit.[13]

Neben die Auseinandersetzung mit der Institution Kirche und ihren Vertretern tritt die kritische Reflexion zeitgenössischer Literatur, indem Thümmel mit dem parodistischen Medium des komischen Heldengedichts dieses selbst parodiert, so die These.

3.1 Komische Epik

In einem Brief an Christian Felix Weiße bittet Thümmel um Übersendung zweier komischer Heldengedichte:

> Es ist eine geheime Ursache dahinter, warum ich auf das Lesen dieser Gedichte gefallen bin – denn ich habe vor kurzem – lachen Sie nur nicht – selbst ein komisches

---

9 Cf. Heldmann, *Thümmel*, S. 51.
10 Hess-Lüttich, *Degradation*, Heldmann, *Thümmel*, S. 172 ff.
11 Heldmann, *Thümmel*, S. 177.
12 Heldmann, *Thümmel*, S. 179.
13 Zu den Vorwürfen, Thümmel habe Religion und Geistlichkeit verlästert, cf. Heldmann, *Thümmel*, S. 177.

Heldengedicht geschrieben. Ich habe für dasselbe eine grausam große Vorliebe, und da ich keinen Menschen um mich habe, dessen Critik ich trauen könnte, so beurtheile ich mich selbst nach den besten Mustern in dieser Art.[14]

Auch wenn Thümmel vom „komischen Heldengedicht" spricht, eine Theorie hatte er, wie ja schon die Äußerungen vermuten lassen, ebenso wenig wie andere Autoren.[15] Und noch in der gegenwärtigen Forschung variieren die Bezeichnungen für Thümmels „komisches Heldengedicht", wie die folgenden Ausführungen belegen.[16] Im Mittelpunkt der Auseinandersetzungen steht immer wieder die Frage nach der Satire- und Parodiefunktion der komischen Heldengedichte.

3.1.1 Allgemeine Überlegungen

Broich hat die Geschichte und das Wesen des komischen Heldengedichts (*mock-heroic poem*)[17] in England untersucht, dessen Existenz mit der Zeit des Klassizismus zusammenfällt. Er unterscheidet drei Phasen voneinander, die 1681 beginnen und 1800 enden. Die komischen Heldengedichte der ersten Phase (bis 1712) sind stärker satirisch ausgerichtet als die späteren der zweiten Phase (1714 – 1745), die zeitgenössische Gesellschaft wird kritisch reflektiert. Mit Popes *Rape of the Lock* und dessen Nachahmungen löst eine zweite Phase des komischen Heldengedichts die erste ab: Nach 1714 herrscht die spielerisch-galante Form vor, die Themen der Gedichte sind „klein", reine Bagatellen, wie

---

14 Cf. Heldmann, *Thümmel*, S. 127 f. Hier zitiert nach Gruner, *Leben*, S. 51.
15 Cf. Maler, *Held*, S. 3 ff. Zur Geschichte cf. Schmidt, *Vorstudien*, Heldmann, *Thümmel*. Nachdem in der ersten Hälfte des 18. Jahrhunderts zunächst die Nachahmungen fremdsprachiger Werke das klassizistische komische Epos überhaupt nach Deutschland brachten und sowohl Gottsched als auch seine Frau Werke von Boileau bzw. Pope übersetzt hatten, erschienen 1741 in Deutschland drei eigenständige Werke, darunter Rosts *Tänzerinn*. Das Prosawerk, das auf die Einteilung in Gesänge verzichtet, „galt kanonisch als das erste komische Epos in Deutschland". Cf. Heldmann, *Thümmel*, S. 114. In den nächsten Jahren traten Friedrich Wilhelm Zachariä und Johann Peter Uz als Dichter des komischen Epos hervor, wobei Zachariäs später erschienenes Gedicht *Phaeton* durch die Einführung der adligen Gutsbesitzer als Handlungsträger hervorzuheben ist, da Thümmel sich dieser in seiner *Willhelmine* ebenfalls bedient. Cf. Heldmann, *Thümmel*, S. 114 f. Vor dem Hintergrund der Arbeiten von Rochocz, *Willhelmine*, und Heldmann, *Thümmel*, wird auf eine ausführliche Darstellung der ästhetischen Charakteristika des Textes verzichtet. Eine Reihe von Autoren hat sich mit der Gattung des komischen Epos auseinander gesetzt. Allen voran ist die Arbeit von Anselm Maler zu nennen, daneben die von Ulrich Broich, der sich mit dem *mock-heroic poem* auseinander gesetzt hat. Die Monographie zu Thümmel von Horst Heldmann enthält ausführliche Angaben zu Geschichte und Charakteristika des komischen Epos. Aufschluss geben darüber hinaus Karlernst Schmidts *Vorstudien zum komischen Epos*, in erster Linie wichtig wegen der Zusammenstellung der Texte, Beekens Arbeit über die *Desillusionierung im komischen Epos* und Hans Rochocz' *Willhelmine* zu Thümmels Text.
16 Röschs Dissertation ist ein Beispiel: Sie sieht in Thümmels *Willhelmine* Ansätze zu einem deutschen Pfarrhausidyll, in dem der Pfarrer unschuldiges Opfer der Vergnügungssucht und Sittenlosigkeit des Adels sei; ein Vorbild vermutet Rösch in Thümmels Hauslehrer. Cf. Rösch, *Einfluß*, S. 53 f. Eine ausführliche Interpretation leistet sie ebenso wenig wie später Allerdissen, der in seinem Artikel *Moritz August von Thümmel* auf stereotype Formulierungen anderer Interpreten zurückgreift. Zu dieser Beurteilung s. auch Hess-Lüttich, *Degradation*, S. 266.
17 Broich, *Studien*, S. 24, übersetzt *mock-heroic poem* mit dem Begriff *komisches Heldengedicht*.

der Raub einer Locke, und die traditionellen Motive wie Musenanrufung tragen keine weitere Bedeutung, „das Epische [wurde] zu einem rein dekorativen Stilmittel".[18] Das scherzhafte Heldengedicht war vorherrschender Typus dieser Phase. Um 1745 löste dann die wieder stärker satirische Richtung die zweite Phase ab, „das epische Ideal [wurde] dann auch zum ersten Mal direkt in Frage gestellt und persifliert."[19] In der dritten Phase findet eine Entmythologisierung statt, die Wahrscheinlichkeit soll gewahrt werden: Im Rückgriff auf *Le Lutrin*, Popes *Dunciad* und andere Texte finden sich Allegorien, Menschen werden als Götter verkleidet, in Fußnoten werden die Gottheiten erläutert.[20]

In seinen *Studien* hat Broich auf den geistesgeschichtlichen Wandel hingewiesen, der für die Entstehung des komischen Heldengedichts wesentlich sei.[21] Auch Heldmann sieht die komische Epik im Kontext gesellschaftlichen Wandels, wenn er feststellt, dass das komische Epos besonders in Zeiten des Werteverfalls verbreitet gewesen sei, nämlich „unter Menschen, welche die überlieferten gesellschaftlichen Ordnungen mit kritischen Augen zu betrachten wußten".[22]

> In einer Welt, die den Sinn für heroische Werte verloren hat, bieten vor allem die fragwürdigen, zu bloßen Konventionen erstarrten gesellschaftlichen Formen, die Eitelkeit, Oberflächlichkeit und Lasterhaftigkeit der Zeitgenossen dem komischen Epos Ziele für seine satirischen Pfeile. Noch denkt man zwar nicht daran, die alten Wertetafeln gewaltsam zu zerbrechen; die Verfasser komischer Epen fühlen sich als Glieder der Gesellschaft ihrer Zeit, die sie in ihren Dichtungen schildern, nicht als Umstürzler, und sehen die Erscheinungen, über die sie sich lustig machen, als unabänderliche Gegebenheiten an; aber das ironische Lächeln, mit dem sie ihre Umwelt mustern, die Umwelt, in die sie sich selbst doch äußerlich noch völlig einfügen, stellt eine unübersehbare Regung individuellen Geistes dar und kündigt bereits die kommenden ernsteren Auseinandersetzungen an.[23]

Hinter diesen Gedanken zum vermeintlichen Wertewandel steht Kritik, die sich auf diese Änderungen oder die sie hervorrufenden gesellschaftlichen Entwicklungen bezieht – und damit ist dem komischen Heldengedicht eine kritische Absicht nicht vollständig abzusprechen.

Grundsätzlich ist das komische Heldengedicht eine Synthese verschiedener Gattungen und sowohl Parodie auf ein Epos (mehr oder weniger) als auch Satire, die sich auf die zeitgenössische Gesellschaft bezieht (mehr oder weniger). Die Autoren komischer Epen ahmen Sprache, Moral und Erzählstruktur[24] des Epos nach und rücken damit das komische Epos oder komische Heldengedicht in die Nähe der Parodie: Unbedeutende Ereignisse werden im Stil des Heldenepos dargestellt, aus der Diskrepanz zwischen

---

18 Broich, *Studien*, S. 348 f.
19 Broich, *Studien*, S. 349.
20 Broich, *Studien*, S. 326.
21 Broich, *Studien*, S. 10.
22 Heldmann, *Thümmel*, S. 108.
23 Heldmann, *Thümmel*, S. 108.
24 Broich, *Studien*, S. 118 f.

3.1.1 Allgemeine Überlegungen

kleinem Gegenstand und großem Erzählgestus entwickelt sich Komik. Sowohl Heldmann als auch Broich stellen fest, dass die Autoren komischer Heldengedichte keinesfalls Heldenepen denunzieren wollten, aber während Heldmann die Bedeutung der Parodie im komischen Heldengedicht nicht überzeugend einordnen kann,[25] kommt Broich, der zwischen „komischer" und „kritischer Parodie" unterscheidet, in seinen *Studien* zu dem plausiblen Ergebnis, dass

> beim komischen Heldengedicht überhaupt von 'rein komischen Parodien' [gesprochen werden muss], die das ernste Vorbild nicht der Lächerlichkeit preisgeben wollen, [...] die statt dessen aber meistens den in die nachgeahmte Form gekleideten neuen Gegenstand ironisieren oder verspotten.[26]

Der neue Gegenstand wird zum Objekt der Ironie. Broich sieht den kritischen Standpunkt, von dem aus die Autoren ihre Gesellschaft betrachtet haben:

> Im Gegensatz zu der Mehrzahl der Travestien und kritischen Parodien erschöpft sich also die Absicht des komischen Heldengedichts nicht darin, ein bestimmtes literarisches Werk oder eine Gattung ins Komische zu wenden. Vielmehr will das *mock-heroic-poem* eine neue Geschichte erzählen, wie etwa die vom Raub von Belindas Haarlocke oder vom Streit um ein Chorpult. Es stellt einen eigenen Gegenstandbereich dar – die zeitgenössische Wirklichkeit –, und eines seiner Hauptziele ist die wertende Stellungnahme zu dieser Welt. Es ist daher, wenn auch nur in dieser Hinsicht, eine weitgehend eigenständige Gattung und läßt sich nicht ausschließlich mit dem Begriff der Parodie erfassen.[27]

Damit ist das komische Heldengedicht sowohl Parodie auf die Heldenepen als auch Satire auf die zeitgenössische Gesellschaft.[28] Wenn Satire auch an den Rand gedrängt wird, ganz verschwunden ist sie nicht. Für das komische Heldengedicht hält Broich fest:

> Zwar ist das komische Heldengedicht auch aus einer Haltung des zweckfreien ironischen Spiels erwachsen. Diese bezog sich aber nur auf das klassische Epos, dessen Parodie ja einen vorwiegend spielerischen, nicht aber literarkritischen Charakter besaß. In bezug auf die zeitgenössische Welt dagegen standen fast alle Gedichte dieser Gattung im Dienste einer konkreten Absicht. Überdies wäre eine völlig zweckfreie Gattung von der klassizistischen Poetik nicht als höhere Form der Dichtung akzeptiert worden, gehörte es doch zum Dekorum jeder größeren Dichtung und besonders des Epos, damit auch des komisches Epos, [...] daß eine „Moral" vorhanden war. Dies leistete für die Mehrzahl der *mock-heroic poems* die Satire [...]. Auch die Mehrzahl der nicht ausgesprochen satirischen komischen Heldengedichte besitzt eine „Moral". Nur einige wenige stellen die zeitgenössische Gesellschaft auf eine rein spielerische Weise dar, sind z.B. als Komplimente auf eine bestimmte Dame der Gesellschaft konzipiert und nähern sich nicht nur in ihrem Gegenstand, sondern auch in ihrer Funktion der Gelegenheitsdichtung. [...][29]

Broich konstatiert damit eine „Doppelpoligkeit", denn das komische Heldengedicht sei einerseits Parodie des Epos und andererseits Satire auf die

---

25 Heldmann, *Thümmel*, S. 108 f., formuliert zunächst, dass „das komische Epos als Parodie des ernsten Epos verstanden werden" müsse, um dann einschränkend festzuhalten, dass sich das komische Epos von der Parodie dadurch unterscheide, dass es sich nicht gegen ein bestimmtes Vorbild richte.
26 Broich, *Studien*, S. 133.
27 Broich, *Studien*, S. 136.
28 Broich, *Studien*, S. 149.
29 Broich, *Studien*, S. 148 f.

zeitgenössische Gesellschaft.[30] Er hält aber auch fest, dass der *Lockenraub* und viele der Nachahmungen eine ambivalente Bewertung zeitgenössischer Gesellschaft leisten; Satire liege vor, wenn man mit Schiller zwischen „strafender" und „lachender" Satire unterscheide.[31]

Broich führt unter Rückgriff auf Pope und Dusch aus:

> Für den Klassizismus war also das komische Epos *per definitionem* ein satirisches Epos; und die einzige Möglichkeit, der Besonderheit des *Lockenraubs* gerecht zu werden, war, die Arten der Satire zu differenzieren. Dies geschah am deutlichsten in der Schrift des Hamburger Literaturprofessors J.J. Dusch „Von der komischen Heldenpoesie" (1758). [...]
>
> Vielleicht würde der heutige Literaturwissenschaftler trotzdem nicht geneigt sein, Gedichte wie den *Lockenraub* als Satiren zu bezeichnen. Vielleicht würde er in den hier angeführten Zitaten einen weiteren Beweis für die Unklarheit der klassizistischen literarkritischen Terminologie sehen, die sich auch bei anderen Begriffen – wie z.B. *sentiments* und *humour* – nachweisen läßt. [...] Fest steht jedenfalls, daß der Klassizismus das komische Heldengedicht fast ausnahmslos ebensosehr der Satire wie der Parodie und dem Epos zurechnete. Gerade durch diese Betonung seines satirischen Charakters und damit der der Satire zugrunde liegenden moralischen Intention konnte der Anspruch glaubhaft gemacht werden, daß das komische Heldengedicht – im Gegensatz zur epischen Travestie und zum komischen Ritterepos – eine ernstzunehmende dichterische Gattung war.[32]

Auch Heldmann sieht Satire in Thümmels *Willhelmine*.[33] In seiner Beschreibung des Magisters kommt Heldmann aber über eine stereotype Beschreibung der Figur nicht hinaus: Heldmann verweist darauf, dass der Magister dem Pedantentypus entspreche, von dem er aber in einigen Zügen abweiche;[34] gelungener sei die Charakterisierung des Gegenspielers, des Hofmarschalls.[35]

Maler dagegen grenzt in seiner Untersuchung die Epyllia des Rokoko von den komischen Heldengedichten des Klassizismus ab und sieht mit Hauser im Rokoko die „Kunst der Aristokratie und des Großbürgertums",[36] die parodistische Struktur des Epyllion ermögliche eine Auseinandersetzung mit dem Absolutismus. Das Epyllion sei eher dem Primat der Unterhaltung und des ästhetischen Spiels verpflichtet als das komische Heldengedicht.[37] Die Satire nehme einen kleinen Raum ein und diene der Enthüllung kleiner Fehler:[38]

> Es hat sich gezeigt, daß die bisher übliche Identifikation des Epyllion mit dem Komischen Heldengedicht [...] und seine typologische Unterscheidung nach den nationalen Formen der europäischen Satire eine Überlieferung voraussetzt, die wenn auch vielfach von ihr bezogen, die Epylliendichtung des Rokoko gerade nicht hinterlegt; sie findet vielmehr Gewähr in der griechisch-römischen Kleinform, in allen Varianten des mischfreudigen Grundtypus von der Absicht spielender Unterhaltung getragen, der das monumentale Pathos der Epopöe gleichermaßen anstößig ist wie der moralische Ernst der Satire. Und

---

30 Broich, *Studien*, S. 149.
31 Broich, *Studien*, S. 152.
32 Broich, *Studien*, S. 156 f.
33 Zur Form der Satire bei Thümmel cf. u.a. Heldmann, *Thümmel*, S. 172 ff.
34 Heldmann, *Thümmel*, S. 164 ff.
35 Heldmann, *Thümmel*, S. 168.
36 Maler, *Held*, S. 59.
37 Maler, *Held*, S. 17.
38 Maler, *Held*, S. 37.

> damit trägt sie eine Stilgesinnung zur Schau, die nur als Entwurf verstehbar ist gegen die heroische der höfischen Kultur [...].[39]

Kennzeichen der auf hellenistische Vorbilder zurückgehenden Epyllia seien eine starke Konzentration auf klassizistische Strenge und das geringe didaktische Interesse. Die Maschinerie grenze an Märchen, die Zweideutigkeit bleibe bestehen.[40] So werde auch der Aberglaube nicht bekämpft. Das Epyllion des Rokoko sei eine „Gesellschaftskunst":[41]

> Von der spätgalanten Gesellschaftsethik ausgehend, deren menschliche und natürliche Deutung sie betreibt, unternimmt es die Scherzepik, die heroische Ideologie des höfischen Absolutismus zu entlarven und in ein überlebtes Zeitalter zu verweisen. Diese Aufgabe bestimmt die Struktur der Gattung und trägt den Sinn des mannigfach auflösenden Spiels mit der Gestaltungstechnik, den ethischen und literarischen Schemata barocker Heldendichtung.[42]

Thümmels *Willhelmine* repräsentiere, so Maler, die „idyllische Variante" des Epyllion und habe auf andere Texte gleichen Typs gewirkt.[43] Hinsichtlich der Parodie ist Maler der Ansicht, dass diese bei Thümmel nicht wesentlich, nur zufällig sei: „Die Reste der älteren Technik haben hier, wie übrigens schon in den Gesellschaftsgedichten insbesondere Zachariäs, ornamentalen, nicht konstitutiven Sinn."[44]

Die bisherigen Einteilungen der komischen Heldengedichte nach verschiedenen Kriterien können nicht befriedigen. Nach Maler sind Parodie und Satire in Thümmels Epyllion *Willhelmine* von untergeordneter Bedeutung; er ordnet es der „idyllischen Variante" zu.[45] Heldmann, Broich, Dedner und Hess-Lüttich sehen satirische Elemente in Thümmels Text, auch wenn die Satire nicht im Vordergrund steht. Gegen die Berücksichtigung des Werkes als „idyllische" Variante spricht sich nicht allein Heldmann aus.[46]

Moennighoff hat in seiner Dissertation über Intertextualität im scherzhaften Epos vier Typen der Intertextualität herausgearbeitet. Danach ist Thümmels *Willhelmine* dem parodistischen Typ zugeordnet, der mit Zachariaes *Renommiste* einer Detailanalyse bei Moennighoff unterzogen wird. Thümmels Text, nach Gessners Idyllen erschienen, trage, wie auch andere scherzhafte Epen dieser Zeit, „Züge dieser Gattung".[47] „Das Wirken der Idylle" liegt in der Darstellung ländlicher Themen und der sprachlichen Gestaltung, nämlich der

---

39 Maler, *Held*, S. 41 f.
40 Maler, *Held*, S. 137 f.
41 Maler, *Held*, S. 212.
42 Maler, *Held*, S. 208.
43 Maler, *Held*, S. 41.
44 Maler, *Held*, S. 87.
45 Cf. Maler, *Held*, S. 41.
46 Cf. Heldmann, *Thümmel*, S. 161 und 179. Auch Hess-Lüttich, *Degradation*, der die Arbeit von Maler nicht berücksichtigt hat, ist nicht der Ansicht, dass Thümmels *Willhelmine* idyllische Züge trägt.
47 Moennighoff, *Intertextualität*, S. 61.

Wahl der Prosa.[48] Hinsichtlich der Intertextualität bemerkt Moennighoff: „Der kaum mehr erkennbare Systembezug auf das heroische Epos in diesen Texten erklärt sich aus deren interferenten Erscheinung, in der sich die Gattung des scherzhaften Epos mit der Idylle kreuzt."[49] Textbezüge zu aktuellen Werken – und nicht mehr nur zu heroischen – fänden sich erst in den späteren scherzhaften Epen – dieser Wandel gehe mit einem Funktionswandel einher, denn das primär ästhetische Spiel weiche zunehmend einer Literaturkritik.[50]

Schüsseler sieht das Gemeinsame verschiedener komischer Verserzählungen in den „Formen des Scherzhaften, dessen Tendenzen zur Selbstgenügsamkeit die sonstigen Gattungsintentionen immer mehr zurückdrängt."[51] Ohne eingehendere Analyse des Textes hält er für Thümmels *Willhelmine* fest, dass sich auch hier der „gesellschaftliche Wertewandel im 18. Jahrhundert" zeige „in einer Tendenz zu 'unverantwortlichem', spielerischem Erzählen."[52] Schüsseler sieht die Grundlage zu diesem Wandel in einem „Lebensgefühl", „dessen Grundlage [...] das Scherzhafte als Geisteshaltung ist".[53]

Dedner sieht in seiner Untersuchung der Darstellung des ländlichen Details die Hauptaussage des Textes *Willhelmine* in der „Ambivalenz der Wertung", da das Land weder positiv noch negativ eindeutig bewertet werde. Gleiches gelte für den Hof, so dass eine Ambivalenz auf doppelter Ebene entstehe, da die Bewohner des Landes in unmittelbarem Kontakt mit denen des Hofes die Unterlegenen seien, so Dedner. Bei Thümmel habe das konkrete Detail aus der bäuerlichen Welt zwar noch komische Funktion (und entspricht somit höfischer Tradition), die Komik sei aber situationsgebunden, das Konkrete habe eine ideelle Neutralität. Vor eindeutigen Interpretationen des Textes warnt Dedner, wobei die Mehrdeutigkeit für die Gattung typisch sei. Eindeutige Satire treffe den Pastor, auch der Verwalter werde satirisch angegriffen, beide aber seien Randfiguren der ländlichen Gesellschaft.[54]

Hess-Lüttich weist durch eine liteatursemiotische Analyse Satire nach. Er zeigt, „inwieweit das Objekt der Parodie durch diese satirisch degradiert wird und inwieweit durch diese wiederum das System sozialer, ethischer, ästhetischer Normen der Zeit satirisch découvriert wird."[55] Hess-Lüttich weist Satire oder „satirisch-parodistische [...] Degradation nach,[56] er sieht im Text auch Satire auf soziale Strata, Institutionen und Personen. Wie andere Autoren kritisiere

---

48 Moennighoff, *Intertextualität*, S. 61.
49 Moennighoff, *Intertextualität*, S. 61.
50 Moennighoff, *Intertextualität*, S. 141 f.
51 Schüsseler, *Unbeschwert*, S. 148.
52 Schüsseler, *Unbeschwert*, S. 148.
53 Schüsseler, *Unbeschwert*, S. 148.
54 Cf. Dedner *'Wilhelmine'*, S. 42.
55 Hess-Lüttich, *Degradation*, S. 245.
56 Hess-Lüttich, *Degradation*, S. 253.

Thümmel danach die „verbreitete Verbindung seelsorgerischen und eigenen Nutzen besorgenden Engagements".[57] „Abwiegelungsstrategien" des Autors lässt Hess-Lüttich nicht gelten.[58] Mit seiner „Kritik an der Institution Kirche und ihren Repräsentanten" stände Thümmel nicht alleine da, auch seine Zeitgenossen übten gerade im Hinblick auf den Eigennutz einiger Seelsorger Kritik.[59]

Maria Tronskaja behandelt in ihren Studien zur Prosasatire ebenfalls Thümmels *Willhelmine* und vertritt die Ansicht, dass der Magister „höchst satirisch dargestellt" werde;[60] Thümmel spitze die Satire zu, da sich der Spott nicht auf einen Pedanten, sondern einen Geistlichen beziehe, der „komisch herabgesetzt" werde.[61] Tronskaja weist diese komische Reduzierung durch den Hinweis auf Thümmels „anschauliche[...] Bilder[...] und Epitheta" nach.[62]

> So brauchte Thümmel die Form des komischen Heldengedichtes zur Verspottung des armseligen Adligen, der vom Bewußtsein seines „Heldenmutes" erfüllt ist, wie des tugendhaften Philisters, der sich einen „heroischen Liebhaber" dünkt. Die Kampfansage an die Scheinheiligkeit und Heuchelei ist gewissermaßen die Vorbereitung für den Schlag, den Thümmel ein Vierteljahrhundert später gegen die Klerikalen in seiner Reise in die mittäglichen Provinzen von Frankreich [...] führt.[63]

Diese Komik ist als Satire mit Kritik am Stand der Geistlichen korreliert und verweist auf die von Hess-Lüttich genannte Institutionenkritik, wie im Folgenden ausgeführt wird.

Thümmels Text wird im Weiteren in Anlehnung an Maler als Epyllion bezeichnet. Die Tradition und auch das ästhetische Spiel Thümmels rechtfertigen diese Zuordnung, auch wenn Thümmel sich für die Bezeichnung „komisches Heldengedicht" entschieden hat.[64] Die Parodie allerdings wird nicht als Zufallsprodukt verstanden.[65]

3.1.2 Stilmittel

Das komische Epos übernimmt die „wichtigsten Merkmale des antiken [...] Heldenepos (Versform, Einteilung in Gesänge, gehobene, oft formelhafte Sprache, mytholog[ische] Gleichnisse, Anrufungen und Eingreifen von Göttern, Kampfszenen, Klage- und Preisreden usw.) [...]"[66]. In Anlehnung an Gottsched schreibt Hess-Lüttich:

---

57 Hess-Lüttich, *Degradation*, S. 261.
58 Hess-Lüttich, *Degradation*, S. 262.
59 Hess-Lüttich, *Degradation*, S. 261.
60 Tronskaja, *Prosasatire*, S. 238.
61 Tronskaja, *Prosasatire*, S. 239 f.
62 Tronskaja, *Prosasatire*, S. 240: „Der Magister verharrt 'in einem unaufhörlichen Bückling', wird der 'gehorsame Liebhaber', der 'immer sich bückende Verliebte' und so weiter."
63 Tronskaja, *Prosasatire*, S. 240.
64 Cf. Heldmann, *Thümmel*, S. 127 f.
65 Cf. hierzu Maler, *Held*, S. 87, der das Zufällige der Parodie betont.
66 Metzler, Literaturlexikon, S. 244, „Komisches Epos".

3.1.2 Stilmittel

Aufgrund unterschiedlicher Entwicklung von Dramentheorie und Epentheorie – die von der Shakespeare-Rezeption, den Kunsttheorien Winckelmanns, Mendelsohns, Lessings, Herders usw. nicht sofort betroffen wird [...] – zwischen 1730 und 1760 scheint es legitim, noch von der poetologischen Geltung der Gottschedschen Regeln zum Zeitpunkt des Entstehungskontextes der *Wilhelmine* auszugehen.[67]

Hess-Lüttich nennt „bestimmte Topoi" wie Musenanrufung; eine „einheitliche epische Perspektive auktorialen Erzählens" mit „direkter Rede" und „Zwischenfabeln"; bestimmendes Tempus ist das Präteritum, „Tageszeitbe- und -umschreibungen", Vor- und Rückblicke kommen hinzu; es muss eine „große Handlung", oder eine „wichtige moralische Wahrheit" geschildert werden, Träger der Handlung sind „die Großen der Welt"; dem Text muss „intentional eine moralische, erzieherische, konstruktive Funktion" zu Grunde liegen; die sprachliche Gestaltung muss die „thematische und funktionale Erhabenheit" repräsentier[en]" durch „'Gesittetheit'".[68]

Auch Heldmann verweist darauf, dass sich Gesetzmäßigkeiten des komischen Heldenepos in Anlehnung an Gottsched formulieren ließen, der unter Rückgriff auf anerkannte klassische Vorbilder und Theorien der Antike Regeln für das Heldenepos aufstellte.[69] Eine Einheit des Ortes gibt es nicht, wohl aber eine der Handlung, und der durch die Erzählung abgedeckte Zeitrahmen soll nach Gottsched nicht mehr als sechs Monate betragen. An diese Vorgaben hielten sich die Autoren komischer Epen zunächst noch.[70] Die Handlungsträger sind in der Regel wichtige Persönlichkeiten wie Könige oder Helden; die Glaubwürdigkeit des Erzählten wird durch Verlegung in die Vergangenheit, die Wahl historischer oder wenigstens pseudo-historischer Stoffe und die Ablehnung der Darstellung aktueller Ereignisse erreicht. Die gehobene Sprache nicht nur der Figuren, sondern auch des Erzählers sorgt unter anderem für den „Nimbus" der Würde und Hoheit.

Das komische Epos weicht nur geringfügig von diesen Vorgaben ab: Die moralische Grundtendenz ist wegen der satirischen Gesellschaftskritik vorhanden; die alles bewegende Handlung bezieht sich in erster Linie auf unbedeutende Figuren und Ereignisse, und die Detailmalerei des Hintergrundes dient der Darstellung des Lächerlichen und Komischen des zeitgenössischen Milieus. Der unangemessen hohe Ton wirkt bei den Handlungsträgern des niederen Adels und gehobenen Bürgertums komisch. Deutlich von den ernsten Heldengedichten unterscheiden sich die komischen allerdings durch diese „Helden", die komisch sind, und durch die Kürze der Texte.

Die Autoren komischer Epen griffen Motive der Heldenepen auf und stellten sie in komische Zusammenhänge, vornehmlich das Traummotiv, das im ernsten

---

[67] Hess-Lüttich, *Degradation*, S. 246.
[68] Hess-Lüttich, *Degradation*, S. 246 f.
[69] Heldmann, *Thümmel*, S. 116 f. Zu den folgenden Ausführungen: Heldmann, *Thümmel*, S. 116 ff.
[70] Heldmann, *Thümmel*, S. 117.

3.1.2 Stilmittel

Heldenepos eine „einleitende, die Handlung oder die folgende Episode in Gang setzende Funktion" hatte, das Raub- und schließlich das Kampfmotiv.[71] Auch die komischen Epen bedienten sich des Traums als Handlungsinitiator, doch ist der Traum häufig komisch oder nichtig, so wie auch die geraubten Gegenstände (insbesondere im Vergleich mit Helena, deren Raub zum Kampf um Troja führt). Die Konfliktsituation gipfelt in dem Kampf, der wichtigsten Stelle des Heldenepos; in der Parodie[72] entstehen „Krieg, Kampf und Streit in Taten und Worten, auch in der friedlicheren Abwandlung des Wettkampfs" wegen wiederum komischer und nichtiger Dinge.[73]

Göttererscheinungen, Gottsched verweist in diesem Kontext auf den mit der Schaubühne in Zusammenhang stehenden Begriff der „Maschinen", waren in den ernsten Heldenepen selbstverständlich, und die Götter griffen immer wieder auch in das Geschehen ein. In den komischen Epen stellen sie nur noch ein Kunstmittel dar, das sich schließlich bis zur „Anwendung personifizierter Abstrakta in der Form von Allegorien, die nach Belieben für alle möglichen Eigenschaften und Tätigkeiten gebildet werden konnten [...]", entwickelte.[74]

Die klassizistischen komischen Epen sind in Gesänge oder Bücher eingeteilt, aufgrund des geringen Umfangs aber in lediglich fünf oder sechs Gesänge. Typisch ist der Beginn mit der den Gegenstand nennenden Propositio, der die Anrufung der Muse oder einer anderen Gottheit folgt (Invocatio). Im Anschluss an die Erzählung findet sich häufig die auf Popes *Lockenraub* verweisende Apotheose, die das durch die Handlung bestimmte Objekt in komischer Weise verherrlicht. Vorbilder für einen Abschluss, in dem ein ironisch übertriebenes, mitunter aber ernst gemeintes Lob des Werkes und eine Danksagung an die Muse stehen, finden sich bei Horaz und Ovid.[75] Die Handlung selbst wird im komischen Epos mitunter durch das breite Ausmalen diverser Einzelheiten zerstört, so dass der Zusammenhang nicht immer offensichtlich ist.[76]

Die für das komische Epos charakteristischen Stilmittel richten sich weitgehend nach dem Vorbild antiker Heldengedichte. Neben der Personifikation sind Adjektive, Gleichnisse und Vergleiche sowie Tageszeitbe- und -umschreibungen die wichtigsten Stilmittel. Hess-Lüttich kommt zu dem Schluss:

> Der Vergleich der *Wilhelmine* mit dieser groben Rasterkonstruktion zeigt, wie eng sich Thümmel an den Regeln der 'Epopee' orientierte. Die tradierten Topoi der *propositio* in Ich-Form wie bei Vergils *Aeneis*, der *invocatio* seiner Muse, der *musa iocosa*, ähnlich Klopstocks *Messias*, der Variation des horazischen „exegi momentum" als Schlußformel

---

71 Cf. Hess-Lüttich, *Degradation*, S. 248.
72 Cf. Begriff wird von Heldmann, *Thümmel*, S. 118, benutzt.
73 Cf. zu allem Heldmann, *Thümmel*, S. 118.
74 Heldmann, *Thümmel*, S. 119, verweist in seinen Ausführungen auf Schmidt, *Vorstudien*, S. 34 ff.
75 Cf. Heldmann, *Thümmel*, S. 120 f.
76 Heldmann, *Thümmel*, S. 120.

[...], werden aufgenommen und durch kontrastierende Elemente zugleich relativiert und degradiert.⁷⁷

Damit ist die von Moennighoff formulierte Aussage vom „kaum mehr erkennbare[n] Systembezug auf das heroische Epos"⁷⁸ widerlegt.

Einfachere Charaktere und kleine Handlungen sind für das komische Epos typisch.⁷⁹ Das komische Heldengedicht hat wirkliche Menschen und Ereignisse dargestellt, diese aber episch verkleidet. Auf diese Weise wurden nicht-epische Gegenstände im Stil der heroischen Epen präsentiert.⁸⁰ Allerdings bleibe es offen, so Broich, ob die Verkleidungen der Parodie des Epos gelten, oder ob nicht vielmehr Stilmittel gewählt wurden zur Aufwertung unpoetischer Gegenstände.⁸¹ Das Auftreten der Götter stellt einen Bruch dar, eine bewusste Infragestellung der Wirklichkeitsillusion.⁸²

Thümmel hat eine Reihe der typischen Stilmittel⁸³ verarbeitet (wenn auch nicht immer in der „erwarteten" Form) und auf diese Weise in weiten Teilen die Lesererwartungen erfüllt: Der Held ist komisch und passiv, ihm kommt Amor zu Hilfe.⁸⁴ Der kleine Gott Amor erscheint im Traum, löst gemeinsam mit Luther die Handlung aus und bringt alles zum guten Abschluss, indem er das von ihm gelegte Feuer löscht. Es gibt ein Strumpfband, ein Labyrinth und einen Fluch; erwähnt werden die Reise, die Schlacht im Gasthaus, ein Schminktisch, ein Botengang (Gang in die Unterwelt?); die Morgentoilette und die Zofe gehören zum Repertoire ebenso wie die Anrufung der Götter (in diesem Falle reduziert, wie für das Epyllion üblich), und durch die beständige Erwähnung der Zahl „3" folgt der Hinweis auf das Heldengedicht. Propositio, Invocatio, locus amoenus, Tageszeitbeschreibungen, eine kokette Schöne, zwar nicht selbst im Morgenrock, so doch in einem Brautkleid, das vom gleichen Stoffe wie der Morgenrock des Hofmarschalls ist, runden das Bild ab.⁸⁵

---

77 Hess-Lüttich, *Degradation*, S. 247.
78 Moennighoff, *Intertextualität*, S. 61.
79 Cf. Broich, *Studien*, S. 82 ff.
80 Broich, *Studien*, S. 111.
81 Broich, *Studien*, S. 112.
82 Broich, *Studien*, S. 115 f.
83 Cf. auch Schmidt, *Vorstudien*, S. 168.
84 Ein Beispiel: Als er im Wald einem vermeintlichen Holzhacker begegnet und ihn nach dem richtigen Wege fragt, lässt er sich verwirren: „Ein unschuldiges unbekümmertes Gesicht, die Larve der Heucheley, betrogen den heiligen Wanderer." (S. 23) Unsicher über die erteilte Antwort und erleichtert um sein Geld, überlässt er sich nach einem kräftigen Fluch über den Räuber „furchtsam seinem Verhängnisse", aber die Liebe führt seine „zweifelhaften Füße durch die finstere Nacht glücklich in das labyrinthische Schloß des Grafen" (S. 24).
85 Cf. auch Hess-Lüttich, *Degradation*, S. 247, der die Regelkonformität des Textes in Anlehnung an die von Gottsched formulierten Regeln zur „Epopee" erläutert. Zu den Einzelheiten stilistischer Charakteristika s. auch Heldmann, *Thümmel*, S. 180 – 193. In der zweiten Auflage ist der Hinweis auf den selben Stoff von Morgenrock und Hochzeitskleid gestrichen, S. 20.

3.1.3 Stilmittel in Thümmels Epyllion

Willhelmine wird als Kokotte beschrieben, die bei ihrer Ankunft im Dorf mit mitleidigem Lächeln den Pastor beobachtet. Der Hofmarschall ist ein geübter Verführer, der eine Geliebte verheiratet, um auf deren Hochzeit schon die nächste Beziehung zu beginnen. Die Bauern werden als dümmliche Landbewohner, der Graf von Nimmer, Patron des Magisters, als ein Nimmersatt dargestellt. Der Geistliche des Nachbarortes hebt sich durch sein Mehrwissen zwar von den Bauern ab, denn er kann ihnen mit seinem Wetterglas nützliche Hinweise für die Feldarbeit geben, die diese als Prophezeiungen missdeuten, aber auch dieser Geistliche ist fehlbar. Die Darstellung der kleinen Handlung eines kleinen Menschen, nämlich die Botengänge eines hintergangenen Pastors, entspricht ganz den Erwartungen an die komische Epik.

In einigen Punkten aber weicht Thümmel von konventionellen Werken ab. Friedrich Wilhelm Zachariä bedankte sich mit einem Brief vom 20. August 1764 bei Thümmel für das ihm gesandte Exemplar des Textes *Willhelmine* und nutzte die Gelegenheit, Thümmel einige Anmerkungen mitzuteilen.[86] Ihm gefiel das Werk zwar, aber Zachariä kritisierte Luthers Auftritt als Maschine, da diese Rolle der Ernsthaftigkeit Luthers nicht entspreche.[87] Mit dieser Kritik und jener an der Dauer von vier Jahren hat er Punkte angesprochen, die auch anderen Rezensenten, Kritikern und Lesern missfielen;[88] seiner Äußerung, dass der Besuch beim Grafen den Gang der Handlung zu stark unterbreche, pflichtete aber niemand bei.[89] Neu ist auch das Nebeneinander der verschiedenen „Lebenskreise" und damit die Aufhebung der Einheit der Handlung[90] sowie die Wahl eines Pedanten zur Hauptfigur eines komischen Heldenepos.[91] Mit der Entscheidung für die Prosaform weicht Thümmel auch sprachlich von seinen Vorgängern ab.

Im Mittelpunkt des Epyllions stehen die mit der Hochzeit verbundenen Aktionen des Magisters, Handlungen, die seine Naivität, Lächerlichkeit, seinen sozialen Stand und auch seinen mangelnden Rückhalt im Glauben deutlich werden lassen. Als Hauptmotiv fungiert die Figur des namenlosen Landpredigers, Heldmann dagegen sieht als Gegenstand und Motiv des Textes das Schicksal des jungen Mädchens Willhelmine zwischen der Verführung und der Hochzeit mit dem Pastor.[92] In seiner auf Rochocz gestützten Analyse der Stilmittel zeichnet Heldmann dieses Schicksal, das von Thümmel kunstvoll angedeutet wird, nach. Auch Heldmann sieht die in den Vordergrund gerückten

---

[86] Heldmann, *Thümmel*, S. 199 ff.
[87] Heldmann, *Thümmel*, S. 200. Cf. auch S. 210.
[88] Heldmann, *Thümmel*, S. 193 – 237.
[89] Cf. Heldmann, *Thümmel*, S. 200 f.
[90] Heldmann, *Thümmel*, S. 151, Hinweis auf Rochocz, *Willhelmine*.
[91] Heldmann, *Thümmel*, S. 166.
[92] Heldmann, *Thümmel*, S. 160 und 147.

Handlungen des Magisters und seine Liebe und begründet diese Vorrangstellung mit der Schicklichkeit im Gegensatz zu Verführungsszenen oder den „Erfahrungen der Kammerzofe", die für das komische Epos „zuviel Gewicht" besitzen.[93] Dabei übersieht Heldmann, dass diese Themen den Anforderungen an Motive des komischen Epos durchaus entsprechen. Die mit diesen Motiven einhergehende Satire zielt konkret auf die höfische, adlige oder städtische Gesellschaft, wie bereits Popes *Rape of the Lock* bewiesen hat. Gegenstand des Textes ist das Liebesabenteuer des Magisters, wie der Dichter in seiner erst später veröffentlichten Vorrede auch glauben machen will. Die Handlung nimmt ihren Ausgang im Anschluss an den Traum des Magisters.[94] Allerdings beschränken sich seine Handlungen auf blinden Aktionismus, dessen Hintergründe und Folgen der Pastor kaum durchschaut.[95]

Einen Verstoß gegen die Gesetzmäßigkeit des komischen Heldengedichts stellt die Überschreitung des zeitlichen Rahmens dar: Vier Jahre leidet der Magister wegen seiner unerfüllten Liebe zu Willhelmine.[96] Diese lange Leidenszeit steht in der Tradition der Epen und parodiert die komischen Heldengedichte mit der einer Bagatelle angemesseneren kurzen Leidenszeit: Einer „kleinen Handlung" hat Thümmel den zeitlichen Rahmen eines heroischen Epos verliehen. Den mangelnden Rückhalt im christlichen Glauben dokumentiert die vierjährige Leidenszeit auch in der zweiten Fassung. Trotz der Kritik an dem Zeitsprung über vier Jahre[97] hielt Thümmel an dieser langen Leidenszeit fest und entsprach den Kritikern insofern, als er das Gedicht umstellte und damit die „Einheit der Zeit wiederhergestellt" hat.[98]

Heldmann führt aus, dass sich hinter dem Motiv *Schicksal des Landmädchens* mit dem Entführungs- und dem Verkupplungsmotiv zwei Motive verbergen, da der Hofmarschall Willhelmine verführt und sie nach vier Jahren an den willigen, nichts ahnenden Dorfpastor verkuppelt. Mittels dieses doppelten Motivs[99] werden Dorf- und Hofwelt einander gegenübergestellt. Durch die die Einheit der Handlung zerstörende und damit eine Neuerung darstellende Nebenhandlung, nämlich die Liebesgeschichte zwischen dem Hofmarschall und Clarisse, erweitert Thümmel die Anzahl der Schauplätze insgesamt auf drei: In Anlehnung an Pope wird in deutschen Gedichten dieser Art die Adelsgesellschaft in einer deutschen Residenz dargestellt, Zachariä schilderte als erster das adlige Landleben, und Thümmel zeigt neben diesen beiden die

---

93 Heldmann, *Thümmel*, S. 153.
94 Cf. Heldmann, *Thümmel*, S. 118, zur die Handlung auslösenden Erscheinung.
95 Heldmann irrt, wenn er annimmt, dass der Magister ahnungslos ist.
96 Heldmann, *Thümmel*, S. 210 dazu: „Zweifellos bedeutete Thümmels Verfahren für die an der Theorie des Epos festhaltenden Kräfte der Zeit eine arge Regelwidrigkeit."
97 Cf. Heldmann, *Thümmel*, S. 210.
98 Cf. Heldmann, *Thümmel*, S. 212.
99 Zur Motivverwandschaft mit Rabener vgl. Heldmann, *Thümmel*, S. 149.

3.1.3 Stilmittel in Thümmels Epyllion

Landwohnung des Verwalters und das später den Hintergrund der realistischen und komischen Idyllen bildende Pfarrhaus.[100] Diese Ausweitung der Handlung auf verschiedene Schauplätze, die an den realistischen komischen Roman Englands erinnert,[101] ist neuartig für das komische Epos und ermöglicht, wie auch schon Heldmann andeutet, eine differenziertere Gestaltung des Geistlichen, „wobei der Kontrast zwischen dem unbeholfenen Benehmen des geistlichen Herrn und der Gewandtheit der höfischen Welt die Komik noch steigert".[102]

Gleichzeitig wird die Unfähigkeit des Magisters, sich seinem Gegenüber und der jeweiligen Situation angemessen zu verhalten, deutlich. Dieser Aufgabe ist er nicht gewachsen, wie ein Vergleich mit der Erzählung Lenzens und der Figur seines Landpredigers Johannes Mannheim zeigt, denn Mannheim kann sich in Gesellschaft souverän behaupten. Hess-Lüttich verweist in diesem Zusammenhang auf das kommunikative Verhalten des Magisters:

> Thümmels Sebaldus sticht heraus in Dialogen, sein kommunikatives Verhalten verfehlt das jeweilige aptum: sei es gegenüber Wilhelmine oder ihrem Vater, gegenüber den Höflingen oder dem Holzhacker. Entweder lädt er überflüssigen Schwulst ab, schweigt verschüchtert oder stellt die falschen Fragen.[103]

Thümmel orientierte sich nicht allein am englischen realistischen komischen Roman mit seinem Heldenepos, denn durch die Konzentration auf die Liebesnöte des Magisters und seine Versuche, Willhelmines Hand zu erhalten, griff er auf ähnliche Stoffe in zeitgenössischen moralischen Erzählungen, Romanen und Dramen zurück. Sein Streben nach realistischer Darstellung zeigt sich in der stark eingeschränkten Mitwirkung der für das komische Epos traditionellen Göttermaschinerie: Er hatte diese zwar beibehalten (Erscheinen im Traum, Eingreifen höherer Mächte zum Schluss), verzichtete aber darauf, eine eigenständige Handlung zu präsentieren.[104]

Thümmel hat sich in der 1763 entstandenen Rezension des epischen Prosagedichts *Daniel in der Löwengrube* von Friedrich Karl von Moser der poetischen Prosa gegenüber zwar ablehnend geäußert, er nutzte diese dennoch für sein eigenes Werk und lehnte sich damit möglicherweise an Zachariäs *Lagosiade* aus dem Jahre 1757 an.[105] Form und sprachliche Gestaltung sind bei Thümmel nicht innovativ. Werke, die Thümmel wenigstens in deutscher Übersetzung kannte, da er neben dem Italienischen auch das Englische nicht beherrschte, waren Popes *The Rape of the Lock*, Boileaus *Le Lutrin*, Voltaires *Pucelle* und sicher auch deutsche komische Epen von Zachariä und Uz.[106] Überzeugt von den Möglichkeiten der deutschen Sprache hatte sich Thümmel

---

100 Heldmann, *Thümmel*, S. 151 ff.
101 Heldmann, *Thümmel*, S. 151 ff, verweist auf Henry Fieldings *Tom Jones*.
102 Heldmann, *Thümmel*, S. 151 ff.
103 Hess-Lüttich, *Degradation*, S. 262.
104 Cf. Heldmann, *Thümmel*, S. 154 ff.
105 Heldmann, *Thümmel*, S. 126 f. und 182.
106 Heldmann, *Thümmel*, S. 128.

dazu entschlossen, seinen Freunden den Beweis zu erbringen, dass auch in deutscher Sprache komische Epen auf hohem Niveau geschrieben werden können.[107]

> Die Übergänge vom einfachen Konversationsstil, wie er auch in des Dichters Briefen begegnet, zur rhytmischen Bewegtheit sind Thümmel in der „Wilhelmine" stets gut gelungen. In den rhytmischen Partien überwiegt der Daktylus; es treten die verschiedensten rhytmischen Gefüge auf von der einfachen Reihung mehrerer Takte bis hin zum ausgebildeten epischen Vers, etwa zum Hexameter [...]. Rhythmisiert wird die Prosa, indem Thümmel durch Apokopen den Hiat vermeidet, die alten, volleren Verbformen verwendet und bei den zusammengesetzten Zeiten der Vergangenheit das Hilfsverb ausstößt. Als weiteres dichterisches Kunstmittel dient gelegentlich die Alliteration [...].
>
> Rhytmische Partien begegnen vorwiegend – jedoch nicht ausschließlich – an Stellen, wo der Dichter ein gewisses Pathos sucht, sei es bei der direkten Rede einzelner Personen, zum Beispiel des Pastors, sei es bei satirischen Ergüssen, wie sie sich etwa mit den Tageszeitschilderungen verbinden, sei es auch bei eingeschobenen Betrachtungen: überall dort, wo nicht schlechtweg [sic] erzählt wird, sondern wo es Thümmel bewußt auf die Erzielung einer bestimmten Wirkung angelegt hat.[108]

Thümmel weicht somit in mehreren Punkten vom komischen Heldengedicht und den Lesererwartungen[109] ab: Zum Helden wählt er statt eines jugendlichen Liebhabers einen passiven *Geistlichen*, dessen langjährige Liebesgeschichte jeden *zeitlichen Rahmen* überschreitet. Thümmel hat die Einheiten insgesamt missachtet: Der Schauplatz wechselt, und die sich anbahnende Liebesgeschichte um den Hofmarschall und Clarisse weist auf eine weitere Handlung hin. Mit der Wahl *Luthers als Maschine* in der komischen Epik hat Thümmel die Regeln der Gattung so weit überschritten, dass er nach entsprechender Kritik in der zweiten Auflage Luther durch Amor ersetzt.[110]

Das Werk ist ganz im Sinne der ästhetischen Spielerei und frivolen Andeutungen gehalten: Der Erzähler des Textes *Willhelmine* singt ein Abenteuer, wie er schon im ersten Satz verkündet. Die in einem deutschen Land in der Gegenwart angesiedelte Handlung gliedert sich in sechs Gesänge und wird in einem „bewußt nach bestimmten Regeln" geformten Werk erzählt.[111] Dass nicht alle sprachlichen Eigenheiten des Werkes auf bewussten Wortgebrauch des Autors zurückzuführen sind, erläutert Rochocz.[112] Die Verwendung typischer Stilmittel verweist auf den Kontext der komischen Heldengedichte, auch wenn Thümmel den „alten Stilmittel[n] durch originelle

---

107 Heldmann, *Thümmel*, S. 126, Heldmann stützt sich auf Gruner, *Leben*, S. 49/50.
108 Heldmann, *Thümmel*, S. 182 f.
109 Cf. hierzu Heldmann, *Thümmel*, S. 193 ff.
110 Zu den Rezensionen und zeitgenössischen Briefwechseln, die Luthers Erscheinen und den zeitlichen Rahmen neben einigen anderen Punkten kritisieren, sei auf Heldmann, *Thümmel*, S. 193 – 237 verwiesen.
111 Heldmann, *Thümmel*, S. 180, verweist auf Rochocz, *Willhelmine*, Beeken, *Desillusionierung*, Kind. Heldmann weist nicht auf bestimmte Phänomene hin, sondern fragt nach deren Bedeutung für Thümmels Sprachkunst. Auch in dieser Arbeit wird auch Rochocz et al. verwiesen.
112 Heldmann, *Thümmel*, S. 183, Rochocz, *Willhelmine*, S. 232 – 260. Heldmann kritisiert, dass Rochocz sich nicht den Stand der damaligen Sprachentwicklung ausreichend vergegenwärtige und deshalb mitunter zu falschen Schlüssen komme.

Neuschöpfung Leben" verleiht.[113] Ob es sich bei der Verwendung dieser Stilmittel um Ornamente handelt, die keine eigene Bedeutung tragen,[114] um Parodie, deren Objekt der Kritik nicht mehr Epen des klassischen Altertums sind, sondern komische Heldengedichte der Gegenwart,[115] oder um eine verfeinerte Verwendung der Stilmittel, kann erst durch einen genauen Vergleich des Textes mit zeitgenössischen Werken anderer Autoren entschieden werden. Die Beschreibung des Pfarrhauses und des Helden dienen einer subtilen kritischen Auseinandersetzung mit der Institution Kirche durch Verwendung typischer Stilmittel.

Charakteristisch für die komische Dichtung sind also Form und sprachliche Gestaltung, Stilmittel wie Personifikation, Gleichnisse und Tageszeitbeschreibungen, die Darstellung der kleinen Welt mit „kleinen" Personen, Traum- und Kampfmotive und der knappe Zeitrahmen.[116] Mit der Wahl Luthers konnte Thümmel sowohl ästhetisch als auch kritisch wirken, indem der komische Held mit Luther verglichen wird und so die Komik deutlich hervortritt. Dieser Vergleich ist auch funktional, da Kritik an der Institution Kirche und ihrer Vertreter geübt wird. Gleichzeitig steht die Traumszene in einem realistischen Kontext, der, wie auch die Überschreitung des Zeitrahmens, die Institutionenkritik noch verstärkt. Mit der Wahl der Prosa schließlich hat Thümmel das ästhetische Spiel vollendet: Der Wechsel zwischen Anpassung und Überschreitung der Konventionen verführt dazu, das Werk entweder als „idyllische Variante" oder als Satire bzw. Parodie zu lesen.

3.2 Luther in der Rolle Amors

Luther in der Rolle eines heidnischen Gottes stellt einen Verstoß gegen das Dekorum und die Lesererwartungen dar, weshalb schon Weiße seinem Freund Thümmel vor der ersten Veröffentlichung den Rat gegeben hatte, Luther als Traumerscheinung zu ersetzen.[117] Thümmel hielt aber an Luther fest; er verwies in einem Brief an Weiße auf ein Gedicht von Uz, in dem Morpheus von Schäferinnen verklagt wird, weil er sie im Traum „zu willigen Dienerinnen der Liebe" macht.[118] Morpheus verteidigt sich damit, dass er nur seine Aufgabe erfülle: Im Traum sollten die spröden Schäferinnen ihre unbewussten, am Tage

---

113 Cf. Rochocz, *Willhelmine*, S. 210, z.B. durch die „Verlebendigung lebloser Dinge". Cf. hierzu auch Hess-Lüttich, *Degradation*.
114 Maler, *Held*, S. 87.
115 Rochocz, *Willhelmine*, S. 249 f., verweist auf einige Begriffe des Textes, die im Kontext allgemeiner Parodie stehen könnten, legt sich aber nicht fest.
116 Cf. auch Heldmann, *Thümmel*, S. 105 – 125 und 180 – 193.
117 Heldmann, *Thümmel*, S. 136.
118 Heldmann, *Thümmel*, S. 136 f. und 155.

verdrängten Wünsche kennen lernen.[119] Eine Morpheus ähnliche Funktion übernimmt Luther in Thümmels *Willhelmine*.

Heldmann verweist auf Rochocz, wenn er das „Hereinwirken der Überirdischen" bei Thümmel sowohl als Zugeständnis an die herkömmliche Gestaltung erklärt als auch mit der Möglichkeit, den Schluss wirkungsvoll zu gestalten; die „überirdische Handlung" trage somit „nur noch episodischen Charakter". Unter Hinweis auf Thümmels „Streben nach Realistik" erklärt Heldmann, dass Thümmel beim Auftritt der Geister andeute, sie könnten nur der Phantasie der handelnden Personen entsprungen sein, ein für das komische Epos durchaus neues Mittel.[120] Heldmann verweist nicht nur darauf, dass Luther einem evangelischen Geistlichen als „natürliches Vorbild"[121] dient, sondern auch auf die autoritäre Struktur, die für den passiven Magister wichtig ist, er führt diesen Gedanken aber nicht weiter aus:

> Freilich erscheint ihm nicht die Geliebte selbst, sondern der ehrbare D. Martin Luther, dessen Autorität großes Ansehen bei ihm genießt, während gleich anschließend Amor, für den sich dies besser schickt, Ratschläge für die Werbung erteilt.[122]

Indem Luther ihn autorisiert, seinen Gefühlen zu folgen, bleibt der Magister gegenüber der Kirche gehorsam – ohne sich über mögliche moralische Vergehen Willhelmines Gedanken machen zu müssen – und gleichzeitig seinen Bedürfnissen treu. Auch hier wieder manifestiert sich des Magisters Passivität, da er ohne Anweisung selbst in persönlichen Dingen nicht tätig wird und über Willhelmines Vorleben am Hofe gar nicht erst nachdenkt. Tatsächlich fungiert der Reformator als Autorität, deren Meinung und Erlaubnis für den gehorsamen Magister notwendig sind und ihn erst zur Handlung, dem Werben um Willhelmine, veranlassen.

Auch Allerdissen betont Thümmels Entfernung vom engeren komischen Epos durch Verwendung der Elemente des realistischen komischen Romans und insbesondere durch die Umfunktionierung der Geister- und Göttererscheinungen, von denen nur noch Amor und die Traumerscheinung Luthers übrig seien: Amor setzt die Handlung in Gang und führt sie zu einem guten Ende, während Luthers Auftritt

> eine andere, ganz modern anmutende Funktion [übernimmt]: das Vorbild des glücklich verheirateten Reformators ist zunächst einmal Projektion der unausgesprochenen Wünsche des Pfarrers, dann aber auch ermutigender Hinweis auf den einzuschlagenden Weg.[123]

Hess-Lüttich verweist auf die zeitgenössische Rezeption der *Willhelmine*, die „die Satire durchaus als die heftige Attacke verstanden" habe, als die sie

---

119 Zu allem: Heldmann, *Thümmel*, S. 155 und auch 137.
120 Heldmann, *Thümmel*, S. 154 f.
121 Heldmann, *Thümmel*, S. 155.
122 Heldmann, *Thümmel*, S. 156.
123 Allerdissen, *Thümmel*, S. 415.

intendiert sei, nämlich als Institutionenkritik.[124] Auch die von der Literaturwissenschaft übernommenen „Abwiegelungsstrategien des Autors" werden durch das Gesamtwerk Thümmels nicht gedeckt,[125] wozu er sowohl Heldmanns Aussagen als auch die Interpretation Allerdissens rechnet, „[...] der die Institutionen-Satire individual-psychologisch als Projektion sexueller Wünsche eines Pastors umdeutet."[126] Hess-Lüttich führt aus:

> In seiner Kritik an der Institution Kirche und ihren Repräsentanten stand Thümmel keineswegs allein. Die verbreitete Verbindung seelsorgerischen und eigenen Nutzen besorgenden Engagementes war durchaus im öffentlichen Bewußtsein und Zielscheibe auch anderer Satiriker (cf. Rabeners Sammlung!). Wie weitgehend das erste dabei Funktion des zweiten war, legt Thümmel in Verben und Attributen bloß: der „Leichensermon" ist „theur bezahlt", Sebaldus Predigten sind „unleidliche Reden", der „schlafenden Gemeinde" am Sonntage „vorgewinselt"; die Frage der Heirat ist eine der Karriere und Berechnung, ob eher „die Tochter des Kirchenraths" oder die „Ausgeberin des Präsidenten" (p 142) ihm zu jener Pfründe zu verhelfen vermöchten, die „seit dreyhundert Jahren die Schwindsüchtigen fett gemacht hatte" (p 177) und in der „ohne Ernst und Andacht und in dem gleichgültigen Tone für alle weltlichen Obrigkeiten" gebetet wird (p 164).[127]

Die Darstellung Luthers als Traumfigur hat zunächst eine *ästhetische* Funktion, denn durch Luthers aufmunternde Worte und den Hinweis auf die „Eroberung" Katharinas wird der Vergleich zwischen dem Magister und Luther provoziert und der Magister dadurch als *komischer* Held beschrieben, über den der Titel keine zuverlässige Auskunft gibt.[128] So wie Luther einst Katharina von Bora aus dem Kloster „befreite", erlöst der Magister Willhelmine von ihrem flatterhaften Leben am Hofe. Der Vergleich des Magisters mit Luther verdeutlicht die Diskrepanz zwischen Reformator und kleinem Landgeistlichen, der per se eine Respektsperson und auch Vertreter moralischer Werte ist. Immerhin gelingt ihm die „Befreiung" Willhelmines vom Laster am Hofe. Dieser Unterschied führt zu der für das komische Heldengedicht typischen Komik, denn beide werden tätig, Luther allerdings handelte aus religiöser Motivation bei der Formulierung seiner Bedenken an der Auslegung des Glaubens, und natürlich hatte seine Handlung tief greifende Folgen. Der Magister dagegen handelt nur aus emotionalem Antrieb, und die Wirkungen seiner Handlung, deren Erfolg im Übrigen entschieden von Willhelmine und dem Hofmarschall abhängt, reicht kaum über das Dorf hinaus.

Aus diesem in der öffentlichkeitswirksamen Handlung begründeten Unterschied resultiert nicht allein die Komik auf Kosten des Magisters, er deutet auch auf den Machtverlust der Institution Kirche hin, denn eine Reformation ist nicht möglich, der Magister kein Reformator. Damit erfüllt Luthers Erscheinen

---

124 Hess-Lüttich, *Degradation*, S. 262.
125 Hess-Lüttich, *Degradation*, S. 262.
126 Hess-Lüttich, *Degradation*, S. 267.
127 Hess-Lüttich, *Degradation*, S. 261 f.
128 Heldmann, *Thümmel*, S. 131: Thümmel habe Weiße um einen Titelvorschlag gebeten, der dem Leser den Inhalt nicht sofort erschließt.

als Traumfigur in einem Epyllion neben der ästhetischen Funktion die der *Institutionenkritik*.[129] Die Macht der Kirche, ihr Einfluss auf gesellschaftlich relevante Zusammenhänge durch die Geistlichen, ist gebrochen, weil die Kirche hinter gesellschaftlichen Änderungen zurückbleibt. Als Institution, von der Impulse für die Aufklärung des Volkes ausgehen können, scheidet die Kirche aus, was sich sowohl in der Beschreibung des altmodischen Pfarrhauses als auch im mangelnden Engagement und der unzureichenden (biblischen) Bildung der Geistlichen zeigt. Schon die Aussage über die Lesegewohnheiten der Studenten enthüllt diese neuen weltlichen Interessen, die später auch Meppen Bocksbart teilen wird, der eine absurde Predigt nach einer Stelle aus seinem Lieblingsroman konzipiert.

Die Institution Kirche hat an Einfluss verloren (schließlich fordert Amor den Magister zu *höfischer* Dreistigkeit als Mittel zum Zwecke auf)[130] und die Geistlichkeit ist für die Ausübung des Amtes nicht qualifiziert. Luther stellt damit nicht allein die „Projektion der unausgesprochenen Wünsche des Pfarrers" und für diesen eine Figur der Autorität dar, sondern symbolisiert die sich zersetzende Macht und Einflussmöglichkeit der lutherischen Kirche sowohl intern als auch im gesellschaftlichen Umfeld, nicht zuletzt aufgrund mangelnder Ausbildung. Der Erzähler weist direkt auf die mangelnden Prüfungsleistungen des Magisters hin, dabei die Prüfer ebenfalls kritisierend, die um ihrer Bequemlichkeit willen auf eine fundierte Prüfung verzichten – nicht zuletzt mit Blick auf die künftige Tätigkeit des Kandidaten als „Landprediger", deren soziale Stellung durch diese Aussagen kritisch beleuchtet wird.

Neben die schon von Hess-Lüttich erwähnten Punkte der Institutionenkritik treten weitere, wenn Luther den langweiligen, in seiner schmutzigen Hütte dahin dämmernden Magister auffordert, um Willhelmine zu werben, und der Magister brav seinem Traum folgt – und sich alle seine Wünsche erfüllen. Dieser Gehorsam ist korreliert mit einem Mangel an eigenständigem Denken. Gehorsam als Voraussetzung für die Erfüllung des Dienstes und damit verbunden die Subordination bei gleichzeitigem Fehlen eigenständigen Denkens wird durch die Wahl Luthers angedeutet. Die Kritik richtet sich gegen die Institution Kirche, deren Machtverlust subtil angedeutet wird – bisher ist diese Lesart in der Forschungsliteratur nicht diskutiert worden.

Kritisiert wird auch der Katholizismus. Die Kritik am Zölibat bleibt in der zweiten Auflage vorsichtig formuliert stehen, und auch an anderer Stelle hat Thümmel einen Seitenhieb auf den Katholizismus gemildert: Der Hinweis des

---

129 Zur Kritik an der Institution Kirche s.a. Hess-Lüttich, *Degradation*, S. 261 f.
130 Die Verdrängung christlicher Werte durch heidnische wird im Text häufiger angedeutet: Amor vertreibt den Schatten Luthers, wie weltliche Lektüre der Kandidaten geistliche vertreibt. An der Hochzeitstafel steht man vor dem Werk des „Furier": „Ehe man sich setzte, bewunderte man seinen Geschmack in einer minutenlangen Stille, und faltete dabey die Hände." S. 35.

Hofmarschalls auf die „Versammlung der Cardinäle", die sich nach dem Konklave im Überfluss laben, (21) ist einem Vergleich mit dem Überfluss am „Hofe eines geistlichen Fürsten" gewichen. (3/26)[131]

Der Mantel[132] der Traumfigur Luther ist von Motten und – stärker noch – vom Aberglauben zerfressen:

> Sein alter getreuer Mantel, wie ihn die Schloßkirche zu Wittenberg sehen läßt, hieng ihm über die Schultern – aber er floß ihm nicht mehr wie ehmals ehrwürdig am Rücken herab; denn der Aberglaube hatte davon mehr Stücken gerissen, als die alles verderbende Zeit und die Zähne der Motten: Und noch vor kurzem raubte ein unternehmender Schulmeister den halben Kragen des Mantels; In enthusiastischem Hochmuthe glaubte er schon die Kräfte seiner Eroberung, den Zuwachs neuer Verdienste und den Antheil an Luthers unerschrockenem Geiste zu fühlen – Freudig und dumm geht er zurück in sein Dorf, schimpft ungerochen den Pabst, und nun versucht er es auch zuversichtlich an seinem Gerichtsherrn. Doch siehe da! der arme Betrogene wird bald von seinem eigenen Gevatter, dem Schöppen, ins Trillhaus geführet, von allen den jauchzenden Jungen verfolgt, die nun Feyertage auf eine ganz Woche bekommen. (10)

Thümmel verweist mit diesem Traumbild zunächst auf eine literarische Kritik, denn erbauliche Literatur wird durch unterhaltsame ersetzt. Luther wird von Amor, der den Lesern als konventionelle Figur des komischen Heldengedichts bekannt war, abgelöst. Die Anspielung auf die Lektüregewohnheiten der Studenten nimmt diese Andeutung auf: Ovid verdrängt Cyprian, christliche Literatur wird durch weltliche verdrängt.

Auf die Bedeutung Luthers verweist neben einer möglichen Stilisierung (denn auch so kann die Rolle Luthers verstanden werden), der Umgang des Magisters mit Luthers Schriften, aus denen der Pastor zwar mit „Thränen" und „verliebten Seufzer[n]" (Ursache ist sein Liebeskummer) für seine Predigten zitiert, mit denen er aber „die gähnenden Bauern zu rechter Zeit wieder" zu erwecken versteht. Luthers Leistung – eine neue Richtung der Religion begründet zu haben, die sich von den Dogmen der katholischen Kirche abwendet – ist allerdings eine andere Richtung entgegengetreten: der Aberglaube, der dem Mantel noch mehr zugesetzt hat als Motten und natürliche Zersetzung. Aberglaube ist damit der größte Feind der Religion. Luther ist für die Ewigkeit, so scheint es, allein durch die bildende Kunst erhalten. Luthers Auftritt im Epyllion ist somit ästhetisch *und* kirchenkritisch begründet.

Die Verdrängung des ehrbaren Reformators ist auch ein Hinweis auf die Verdrängung christlicher Werte durch heidnische, konkret: moderne, französische, höfische, indem nämlich ein heidnischer Gott den christlichen Reformator, dessen Reputation durch den Aberglauben ohnehin schon gelitten

---

131 Thümmel, *Wilhelmine*, zitiert wird nach der von Bobertag, *Deutsche National-Litteratur*, besorgten Ausgabe, der sich auf die 3. Ausgabe bezieht, da sie „die hervorragende Stellung einer Ausgabe letzter Hand" einnehme, cf. S. 4. Die Zahl vor dem Schrägstrich zeigt an, dass es sich um 3. Auflage handelt.
132 Im Zusammenhang mit dem Mantel hat Thümmel noch eine Episode über die Meinungsfreiheit eingefügt.

hat, verdrängt. Der Mantel symbolisiert das gelehrte Ansehen Luthers; die Zersetzung durch Mottenfraß und Aberglauben weist damit in eine kritische Richtung, die auf die gegenwärtige Gesellschaft zielt: Der Schatten (in der klassischen Mythologie der Verstorbene) wird von Amor verdrängt, das Weltliche verdrängt das Religiöse.

Dieser zweifache Verdrängungshinweis mündet in eine Parodie auf das komische Heldengedicht: Luther, „jener große Verfolger des Pabsts" (9), erscheint dem „eingeschlummerten Dorfpfarrn", (9) „lebhaft erschien er ihm, wie ihn für alle künftige Zeiten Lucas von Kranach gemalt hat." (10) In der Funktion der die Handlung auslösenden Erscheinung tritt Luther mit seinem zerrissenen Mantel an die ursprünglich heidnischen Göttern zugedachte Stelle.

3.3 Das gesunkene Ansehen des Landpredigers

Der Magister fungiert als Antiheld, seine Beschreibung dient der Komik. Die Figur des Pedanten, auch des Geistlichen, war dem damaligen Lesepublikum geläufig, allerdings nicht als Held eines Epyllions oder komischen Heldengedichts.

> Viel Gemeinsames haben die Personen des komischen Gesellschaftsepos mit denen der Moralischen Wochenschriften und der Komödie der Aufklärung.[133]

Heldmann verweist in diesem Zusammenhang auf die kokette Schöne, den Stutzer, den Renommisten, den Gutsbesitzer und den Pedanten:[134]

> Die Gestalt des hochmütigen, auf seine eingebildete Gelehrsamkeit pochenden, mit Kleinigkeiten sein Leben hinbringenden, in Gesellschaft hilflosen, von allen zum besten gehaltenen Schulmeisters oder Poeten, die seit der Renaissance so häufig in der Literatur auftritt und verspottet wird, mußte dem höfischen Jahrhundert, dem Pedanterie ein Greuel war, besonders verlachenswert erscheinen. In den polemischen komischen Epen, die als Waffen in den literarischen Fehden dienten, konnte man sich gar nicht genug darin tun, den jeweiligen Gegner als Pedanten anzuschwärzen. Aber auch in den Werken, die keine polemischen Ziele verfolgten, ließ man den Pedanten auftreten. In Uzens „Sieg des Liebesgottes" gehört der dilettantische und zugleich pedantische Dichterling Cleanth selbst zur adligen Gesellschaft. Auch der pedantische Hofmeister des jungen Grafen Hold in Zachariäs „Schnupftuch", von Strom, ist von Adel und weiß übrigens seines Zöglings guter Herr zu werden. Dagegen sind in Zachariäs auf dem Lande spielenden komischen Epen die Pedanten arme, auf der untersten Stufe der gesellschaftlichen Leiter stehende, vom Adel und von der Dienerschaft verachtete Schulmeister oder Hauslehrer, die der bürgerliche Dichter mit gutmütigem Spott, in dem ein gewisses Mitgefühl schwingt, zeichnet. Thümmels „Wilhelmine" schließlich macht den pedantischen Pfarrer zu einer Hauptgestalt [...].[135]

Indem Thümmel einen Geistlichen zum Helden eines Epyllions machte, rief er den Unmut einiger Zeitgenossen hervor.[136] Die Wahl eines evangelischen Landpredigers als Figur eines Epyllions ist mit Kritik an diesem Stand, der ja

---

133 Heldmann, *Thümmel*, S. 123.
134 Heldmann, *Thümmel*, S. 125.
135 Heldmann, *Thümmel*, S. 125.
136 Cf. u.a. Heldmann, *Thümmel*, S. 206 ff.

mehr und mehr in das Interessenfeld der Gesellschaft rückte, korreliert. Die Beschreibung des Magisters mittels der für das komische Epos charakteristischen Epitheta ornantia, seine Träume, Aktionen, aber auch die Begegnungen des Magisters mit anderen Figuren deuten auf eine über das ästhetische Spiel hinausgehende Lesart.

Bei Thümmel fungiert erstmals ein Geistlicher als Hauptfigur im komischen Epos.[137] Dass der Magister keine Vorbildfunktion erfüllt, jedenfalls nicht in der ersten Auflage, geht schon aus der Wahl des Magisters zum komischen Helden hervor.[138] Den Zeitgenossen erschien diese literarische Figur durchaus als authentisch,[139] als Pedantentypus entspricht er den Vorstellungen aber weniger:[140]

> Er trägt zwar den akademischen Titel eines Magisters, tut sich aber darauf nichts zugute und ist überhaupt nicht sehr stark von seiner eigenen Gelehrsamkeit eingenommen. [...] Eingebildeter Stolz ist ihm fremd und sein Ehrgeiz beschränkt sich auf sein materielles Fortkommen. Sein eingezogenes Leben im Schmutze seiner Wohnung, die für die Hochzeit zu säubern es der „herkulischen Arbeit" eines Dutzends Bedienter bedarf (29^{4-6}), seine Ängstlichkeit und Vorsicht am falschen Platze (24^{15-26}, 39^{18}- 40^3), im parodierenden Stil des komischen Epos gehalten, passen in die zeitgenössische Vorstellung von Pedanterie. Andrerseits vermag der Seelenhirte seine ihm durch persönlichen Umgang vertrauten Schäflein durchaus von der richtigen Seite zu nehmen, wie das „segnende Compliment" ($28^{14/15}$) beweist, mit dem er das Schlafzimmer des Grafen von Nimmer verläßt. Ganz unpedantisch ist auch die echte, nicht etwa nur pathetische Beredsamkeit, die der Magister entfaltet, als der Wein seine Zunge enthemmt und seine Zurückhaltung beseitigt hat. Die Liebe zu Wilhelmine bestimmt sein Handeln völlig; diese Liebe hat ihre Wurzeln ausschließlich in seiner Empfänglichkeit für sinnliche Reize. Seine blinde Verliebtheit und sein komisches Verhalten in Liebessituationen erinnern eher an eine typische Gestalt der Schäferdichtung, den „blöden Schäfer" [...], doch wird das Wesen des Dorfpfarrers auch diesem Typus nicht voll gerecht. Andrerseits hat der Dichter seinen Helden aber auch nicht als Charakter von vollendeter Individualität zu gestalten vermocht. Der heutige Leser wird deshalb an dem geistlichen Herrn auch nicht so viel Freude haben wie an dessen schöner Braut. Manche Zeitgenossen dagegen empfanden den Magister als besonders lebenswahre Gestalt, „ein treuherziger, einfältiger, verschämter Landgeistlicher, ganz dem Charakter gemäß, den diese Leute, im allgemeinen genommen, haben, und ihrer ganzen Ausbildung und Lage nach haben können", wie Friedrich von Blankenburg rühmte [...].[141]

Das Verhalten des Landpredigers passt nicht zu seinem geistlichen Amt, der ihm zustehende Respekt wird ihm nicht entgegengebracht, und gerade im Vergleich mit seinem Kollegen, dem Prediger des Nachbardorfes, wird deutlich, dass sein Ansehen gesunken ist. Der mangelnde Zugang zu bürgerlicher Kultur, die Übernahme landwirtschaftlicher Arbeiten und geringe Kontakte zu anderen gebildeten Bürgern bei gleichzeitiger Beschränkung auf den Umgang mit Bauern trugen zum Ansehensverlust der Landprediger bei. Diese Entwicklung zeigt sich auch in Thümmels Text: Kleidung und Figurenanrede verdeutlichen

---

137 Heldmann, *Thümmel*, S. 166: Rückgriff auf Rochocz, *Willhelmine*, erstmalig ein Pedant.
138 Nach Maler repräsentiert der komische Held den antihöfischen Typus.
139 Heldmann, *Thümmel*, S. 220 f. über Blanckenburg und die Darstellung deutscher Charaktere.
140 Cf. Heldmann, *Thümmel*, S. 166, dort Hinweis auf Rochocz, *Willhelmine*, S. 136/137 und Graber (war ihm aber nicht zugänglich).
141 Heldmann, *Thümmel*, S. 166.

zum einen den Kontrast zwischen der Stadt und dem Land, zum anderen die soziale Rolle, die der Geistliche in der Gesellschaft einnimmt. Bis in die Mitte des 20. Jahrhunderts waren Geistliche, zumal auf dem Lande, privilegiert.[142] Entsprechend groß war die Kritik an Thümmels scherzhaftem Heldengedicht, in dem der „kleine Held" ein Landprediger ist.

Die These vom gesunkenen Ansehen lässt sich an verschiedenen Beispielen nachweisen. Die Charakterisierung des namenlosen Magisters erfolgt durch Adjektive, Figurenanrede und Beschreibungen, die sowohl Passivität als auch mangelndes aufklärerisches Bewusstsein und gesunkenes Ansehen des Landpredigers verdeutlichen – und gleichzeitig typische Stilmittel des Epyllions sind.

Die Beschreibung des Helden steht natürlich im Zeichen der Komik. Gerade die Kombination einander widersprechender Eigenschaften oder die Kritik an der Nachahmung modischer Strömungen zielt in diese Richtung. Uz hat den „französisierenden modischen Stutzer Selimor"[143] zum Helden seines komischen Gedichts gewählt[144] und entsprechend die Selimor charakterisierenden Attribute: Selimor ist stolz, dreist, spricht kühn und flattert umher, er seufzt und ist auch kriegerisch. Die Zusammenstellung der Worte steht dabei im Dienste der Komik.[145] Der Vergleich zwischen Uz' Werk und Thümmels *Willhelmine* zeigt einige Ähnlichkeiten, die auf die Verwendung typischer Motive zurückgeführt werden können: Sowohl Selimor als auch der Magister lallen, sind dreist und müde. Beiden „Helden" kommt Amor zur Hilfe, in beiden Texten schwankt die Geliebte. Diese Ähnlichkeiten dürfen bei einer Interpretation nicht als Nachahmung oder direkte Anlehnung verkannt werden.[146] Schon Heldmann hat darauf hingewiesen, dass Thümmel hinsichtlich der Verwendung von „Beiwörtern" von seinen Vorgängern abweicht:

> Das einfachste Charakterisierungsmittel, das individualisierende Beiwort, dient Thümmel, der es viel häufiger anwendet als seine Vorgänger, zur Darstellung des Verhaltens und der Stimmung der einzelnen Personen in der jeweiligen Situation. Das sterotype [sic] schmückende Beiwort dagegen tritt völlig zurück.[147]

Während beispielsweise Uz, dessen Werke Thümmel mit Sicherheit kannte,[148] mit seiner Beschreibung auf Gesellschaftskritik als Kritik an der Nachahmung französischer Mode zielt,[149] übt Thümmel auch Kritik am Stand der Geistlichkeit

---

142 Zu den Privilegien cf. Haußmann, *Verbauerung*, S. 58 f.
143 Schmidt, *Vorstudien*, S. 166.
144 Cf. Uz, *Sieg*, S. 10 und 11.
145 Cf. hierzu Hess-Lüttich, *Degradation* zu Thümmel. Bei Uz, *Sieg*, S. 10: „Und seufzte kriegerisch zu seiner Weste."
146 Cf. auch Schmidt, *Vorstudien*, S. 32, der davor warnt, sich auf einen Vergleich von zwei Werken zu beschränken, da auf diese Weise „Allgemeingut einer bestimmten Quelle" zugeschrieben würde.
147 Heldmann, *Thümmel*, S. 170.
148 Heldmann, *Thümmel*, S. 129.
149 Cf. Schmidt, *Vorstudien*, S. 166 f., der auf die Überarbeitung des Textes hinweist, die nur Reste der Satire enthalte.

– und dies in einem das ästhetische Spiel überschreitenden Maße, wie die gehäufte Verwendung der Beiworte nahe legt, deren Konnotation auf den Bereich „Schlaf" verweist,[150] Geistliche und Kirche werden somit des „Verschlafens"[151] und der Rückständigkeit beschuldigt.

Der Magister bleibt wie sein Kontrahent (der Hofmarschall) namenlos, also unpersönlich,[152] fungiert als Repräsentant des geistlichen Standes und der Institution Kirche und als Kontrastfigur zum Hofmarschall. Als Repräsentant der Kirche wird der Magister als passiv, ungelehrt, naiv und an höfischer Mode interessiert dargestellt, der Mangel christlichen Denkens fällt auf. In der Opposition zum Hofmarschall zeigt sich der Konflikt zwischen der Stadt und dem Land. Dem amoralischen Treiben am Hofe wird das Hinterwäldlerische des Pfarrhauses gegenübergestellt, wobei der Kontrast zwischen Palast und Hütte auch die Rückständigkeit des Pfarrhauses und die Unangemessenheit des Interesses an höfischer Mode betont. Der Magister wird als naiver, weltfremder, verschlafener, passiver und wenig gelehrter Mann beschrieben, also durch Attribute, die sowohl zum komischen Helden als auch zum Pedantentypus passen.

Die Diskrepanz zwischen ländlicher Einfalt und höfischem Treiben, zwischen Naivität und Frivolität wird nochmals verdeutlicht, wenn der Hofmarschall den Palast in die Hütte holt, denn aus einem Pfarrhaus wird auch durch höfisches Treiben und groß angelegte Putzaktionen eine Stätte weltlicher Lustbarkeiten. Die Frömmigkeit des Magisters erschöpft sich in kleinen Gebeten, dem Verfassen der klagenden Jahrgänge und einiger Predigten, die, sofern sie den Tischreden Luthers entnommen sind, die Bauern erweckt. (9 und 10) Eine seinem Stande angemessene Verteidigung des Glaubens gegen die Verführungen des Hofes ist für den wankelmütigen Landpastor gar nicht denkbar, und auch die lächerliche Ängstlichkeit verdeutlicht, dass der Pastor den Rückhalt im Glauben verloren und den Verführungen einer Schönen nichts entgegenzusetzen hat.

3.3.1 Anrede

Um bei der Referenz auf den Namenlosen den monotonen Gebrauch des Begriffs *Magister* zu vermeiden, wechselt der Erzähler zwischen Substantiven wie *Magister, Pedant, Pfarrherr, Dorfpfarrer* oder auch *heiliger Wanderer* und *Schwarzrock, rappenfärbichter Herr*, in einem anderen Kontext stehen die

---

150 Schmalhaus, *Anspielung*, S. 51, weist auf Heinz Schlaffer, *Musa iocosa*, S. 80 f. hin, der das erotische Motiv des schlafenden Mädchens erwähnt.
151 Cf. S. 58 dieser Arbeit.
152 Erst in der 2. Auflage gibt Thümmel dem Magister den Namen *Sebaltus*, der bei Nicolai dann zu *Sebaldus* wird.

Begriffe *Verliebter, Liebhaber, Verlobter, Ehmann, Vermählter*. Die Wahl der jeweils zugeordneten Adjektive entspricht in der Regel der der Substantive, was letztlich zu einem Stereotyp führt: So stehen neben der auf den akademischen Abschluss hinweisenden Bezeichnung Magister Adjektive wie *studierter, armer*, aber auch *entzückter, klagender, froher*. Neben den konkreten Berufsbezeichnungen stehen Adjektive, die stärker auf den religiösen Bereich deuten: *exemplarischer, hoffender* (in Liebesdingen), *armer, frommer, betender, heiliger, ehrwürdiger*, während der verliebte Mann charakterisiert wird durch Epitheta ornantia wie *leidender, schwerfälliger, gehorsamer, ungeduldiger, dankbarer und getrösteter*.[153] Das „Sakrale" des Geistlichen findet sich unter der Zuweisung dieser Stereotypen ebenso wenig wie in der Bezeichnung „Magister". Die überwiegende Zahl der vom Erzähler verwendeten, auf den Magister verweisenden Substantive sind weltlicher Konnotation (*Magister, Pedant*), seltener wird auf den geistlichen Bereich verwiesen.[154]

Der Magister ist als Pedant gezeichnet, ohne diesem Typus jedoch voll zu entsprechen. Der durch die Beschreibung vermittelte Eindruck geringen Ansehens wird besonders deutlich im Vergleich mit der zweiten Fassung, die den Magister Sebaltus als geliebten und geachteten Mann im Dorfe darstellt, um dessen Wohlbefinden sich die Dorfbewohner sorgen; allerdings bleibt der Geistliche den Bauern gegenüber verschlossen, der Kontrast zum adligen Stand erhalten, wie ein Vergleich der Figurenanrede verdeutlicht.

Die Stellung des Landpredigers in der Gesellschaft, von der er in weiten Teilen ja isoliert ist, lässt sich besonders deutlich aus der Figurenanrede ableiten. Scheint die Kleidung zunächst noch Zeichen des geistlichen Standes zu sein, das dem Träger gehörigen Respekt verschaffen soll, so zeigt sich, dass das Ansehen im Sinken begriffen ist: Seine „ehrwürdige Krause" (24) flößt die „schuldige Achtung" (24) ein, und in der Residenz ist er der „ehrwürdige Fremde". (17) Der Hofmarschall aber „empfieng [...] den Pastor mit offner Stirne und satyrischer Mine, die sein schlauer Diener verstund, der hinter dem Rücken des armen Magisters die galante Falschheit wiederlächelnd bewunderte". (20) Diese „satyrische Mine" steht in ebenso krassem Gegensatz zu den vom Hofmarschall gewählten Anreden *mein lieber Herr Pastor, Herr Pastor* oder dem Lob *erbaulicher Prediger*, (20 f.) wie die Anrede des Räubers, bei der er „[e]hrerbietig" den Hut abnimmt: „Wer Sie auch sind – ehrwürdiger lieber Herr, so beklage ich Sie doch herzlich", (23) da er schließlich den Magister ausraubt. Die Kleidung ist damit ein Symbol, das seine Bedeutung verloren hat.

---

153 Cf. dagegen Heldmann, *Thümmel*, S. 170: „Das sterotype [sic] schmückende Beiwort dagegen tritt völlig zurück."
154 Cf. Hess-Lüttich, *Degradation*, S. 249, der mit Blick auf die Epitheta auf einen Verstoß „gegen Konventionen der Kompatibilität der Seme" hinweist.

3.3.1 Anrede

Das größte Vertrauen in den Pastor setzt dessen Patron. Der Graf von Nimmer empfängt diesen mit *werther Herr Pastor*, und wird immer persönlicher: *lieber Herr Pastor, mein Freund* und schließlich *mein Lieber*. Als Patron stellt er seinem Pastor mitfühlend eine Kutsche zur Verfügung (27 f.) und vertraut auch auf die Moral des Pastors, wenn er seine Tochter gerne zur Hochzeitsfeier des Magisters gehen lässt (glaubt er ihre Tugend doch bei ihm sicher). Auf gesellschaftliche Kontakte mit diesem tugendhaften Landgeistlichen legt der Patron seinerseits allerdings keinen Wert. Zwar darf seine Tochter zur Hochzeitsfeier gehen, nach seinem Verständnis aber bleibt der soziale Kontakt der Geistlichen auf den Kreis „seine[r] Confratres vom Lande [...]" beschränkt. (28)

Willhelmine steht zwischen dem Leben auf dem Lande und dem am Hofe, zwischen Achtung vor dem Geistlichen und Anpassung an das Repräsentative, Spielerische, Kokette. Und so wählt sie die gleichen Worte wie der Graf („werther Herr Pastor", 14), dessen Anrede ja durchaus freundlich und voller Achtung dem Geistlichen gegenüber ist, sie erinnert aber an den Hofmarschall, wenn sich in ihrem Verhalten dem Pastor gegenüber das Bewusstsein ihrer Überlegenheit spiegelt und sie ihre Wirkung auf ihn „mit zufriednem Mitleiden" (14) beobachtet.

Thümmel lenkt das Augenmerk der Leser auch auf politische Zusammenhänge in der dörflichen Struktur, in der der Machterhalt wichtiger als möglicher Wissenszuwachs ist, was sich am Schulmeister bewahrheitet, der, im festen Glauben an Meinungs- und Denkfreiheit, diese in seinem Dorf propagieren will – und sowohl an der politischen Macht als auch der Dummheit der Bauern scheitert:

> Und noch vor kurzem raubte ein unternehmender Schulmeister den halben Kragen des Mantels [Luthers]; In enthusiastischem Hochmuthe glaubt er schon die Kräfte seiner Eroberung, den Zuwachs neuer Verdienste und den Antheil an Luthers unerschrocknem Geiste zu fühlen – Freudig und dumm geht er zurück in sein Dorf, schimpft ungerochen den Pabst, und nun versucht er es auch zuversichtlich an seinem Gerichtsherrn. Doch siehe da! der arme Betrogene wird bald von seinem eigenen Gevatter, dem Schöppen, ins Trillhaus geführt, von allen den jauchzenden Jungen verfolgt, die nun Feyertage auf eine ganze Woche bekommen. (10)

Heldmann dagegen sieht die Bestrafung des Schulmeisters als durch den „Dichter" gerechtfertigt:

> Diese Episode ist kennzeichnend für Thümmels Haltung: Kritik und Satire kommen, wie er meint, nur den überlegenen, freien Geistern zu, die sie in richtiger Weise zu gebrauchen und auf das rechte Maß zu beschränken wissen. Gegen die Bestrafung des engstirnigen Schulmeisters, des unvorsichtigen Narren, hat der Dichter gar nichts einzuwenden.[155]

Hier wird die Meinung des Erzählers zu der des Autors gemacht. Der Erzähler schildert die geistige Enge des Dorflebens und kritisiert den „dummen" Lehrer,

---

155 Heldmann, *Thümmel*, S. 178.

der diese Enge verkennt, den gehorsamen Schöppen, der den Verwandten einsperrt, und die Landbevölkerung, vertreten durch die Jungen, die in der Inhaftierung die Ausweitung ihrer Freiheit, nicht Beschränkung dieser erkennen.

Dass die Bauern über Polizeibefehle spotten oder Willhelmines Schicksal am Hofe – wohl als einzige Gruppe – erkennen und nicht nur ahnen, spricht für ihre praktische Intelligenz. Ihre „idyllische" Heimat hinterfragt Thümmel satirisch, wenn er den strengen Winter, die harte Arbeit und ihre Abhängigkeit von oben auch im Krieg darstellt.[156]

Der Hofmarschall ist der Verführer der vermeintlichen Unschuld Willhelmines, die als Kokotte den Landprediger verführt – der sich allerdings gerne verführen lässt. Der Schwarzrock wird dem Hofmarschall mit Schlafrock gegenüber gestellt, dessen kritische Ansicht über die Kirche sich in der Äußerung manifestiert, er wolle die Hochzeit ausrichten. Dabei vergleicht er die Gesellschaft des Hofes mit der des Landes. (20 f.)

3.3.2 Segregation

Haußmann[157] beschreibt die soziale Segregation der Landprediger, die durch ihr Studium vom Umgang mit den Bauern und durch ihre Geburt vom Adel getrennt sind und somit auf Kontakte untereinander beschränkt bleiben. Am Beispiel der Figurenkonzeption des Magisters lässt sich die soziale Zwischenstellung des Landpredigers aufzeigen; die „Einsamkeit der verrußten Klause" (9) des Magisters steht im Kontext dieser Segregation, die sich auch in der Figurenanrede[158] manifestiert.

Im Gegensatz zu den Bauern hat der Magister als einziger den „feinen Verstand", (5) Willhelmines Reize zu erkennen. Der „feine Verstand" verweist damit allerdings auch auf die feineren Sinne des Pastors, nicht unbedingt auf seine geistigen Fähigkeiten, denn er ist „schwerfällig", wie nicht allein der Hinweis auf seine mehr schlecht als recht bestandene Examensprüfung und die Trägheit bei Clarisse belegen. (17 und 26) Zwar hebt sich der Magister von den Bauern durch sein Studium ab – er lebt in sozialer Isolation mitten unten ihnen – als Intellektueller wird er aber nicht charakterisiert. Dieser Standesunterschied bleibt auch in der geänderten Fassung, in der der Magister von seinen Gemeindemitgliedern geliebt wird, kennzeichnend für den Magister.

Die Beschreibung des Pfarrhauses, in Thümmels Epyllion ambivalent,[159] verdeutlicht die soziale Stellung des Landpredigers. Das Pfarrhaus ist bei Thümmel, anders als in den späteren Beschreibungen u.a. bei Goldsmith,

---

156 Cf. Dedner, *'Wilhelmine'*, S. 33 f.
157 Cf. Haußmann, *Verbauerung*.
158 Ausnahme: Die Dorfbewohner werden in der ersten Auflage nicht dargestellt.
159 Zur Ambivalenz des Gedichtes allgemein cf. Dedner, *'Wilhelmine'*.

Nicolai, Lenz, Lafontaine, zunächst negativ konnotiert: Es ist ein dunkler, schmutziger, ungeselliger Ort, von dem keinerlei kulturelle Anstöße ausgehen; diese Rückständigkeit wird mehrfach im Text verdeutlicht. Als Gegenpol zum Palast steht das Pfarrhaus für die ländliche Lebensweise und erfüllt so das typische Motiv Stadt/Land[160]. Die bei Thümmel mehrfach erwähnte Schmutzigkeit des Pfarrhauses verdeutlicht den Kontrast zwischen Hof und Hütte: Willhelmine lebt am „prächtigen" Hofe, (18) dem das „altfränkische" (18) Pfarrhaus gegenüber gestellt wird, und am Tag ihrer Trauung denkt Willhelmine hinsichtlich ihrer Schönheit: „Was für unruhige Tage hast du mir nicht verursacht! und itzt begräbst du mich sogar in einer schmutzigen Pfarre?" (34). Auch als der Pfarrer nach seiner Rückkehr „seine berostete Pfarre zu einem Palaste verwandelt" vorfindet, wird die mangelnde Reinlichkeit thematisiert, nun aber vom Erzähler, der die Opposition zwischen Hof und Pfarrhaus noch verstärkt, indem er darauf hinweist, dass während der Abwesenheit des Magisters zwölf Bedienstete des Hofmarschalls „die herkulische Arbeit unternommen [haben], Stuben und Kammern zu säubern", (29) die Reinlichkeit des Pfarrhauses also vom Hof verordnet ist. Bis in die Küche des Pastors hat der Hof Einzug gehalten; eingeschüchtert vom Koch „in der heiligen Küche", zieht sich der Magister „in sein ruhiges Museum" (29)[161] zurück, das ihm während der Ausschweifungen des Festes ebenfalls als Rückzugsmöglichkeit dient („Itzt gieng der ungeduldige Ehmann in seine einsame Studierstube [...], 39), wobei die Einsamkeit in diesem Kontext als Gegensatz zur Gesellschaft steht. Das Wirken höfischer Bediener im Pfarrhaus führt sowohl die Übernahme höfischer Traditionen durch bürgerliche Gesellschaftskreise als auch die Ausmaße höfischer Aktivitäten ad absurdum: Die Vorstellung von zwölf Bediensteten, die das Pfarrhaus reinigen, erscheint durch das Bild der Enge und Bedrängnis ebenso lächerlich wie der Koch, der nach entbehrlichen Gerätschaften verlangt. (29) Gleichzeitig fungiert das einsame Pfarrhaus als Zuflucht für Willhelmine und – in deren Hoffnungen – auch für die anderen Zofen, das Pfarrhaus ist somit „Gegenstück" zum „amoralischen" Hof.

Den höfischen Werten selbst nicht abgeneigt, nimmt der Pastor die Unterschiede zwischen Hof und Hütte wahr, die von ihm konstatierte Rückständigkeit allerdings stellt seine Aussagen in einen religiösen Zusammenhang:

---

160 Heldmann, Hess-Lüttich, *Degradation*, S. 256: „Die Opposition sozialer Straten [sic] – etwa Hofwelt und Landleben, Adel und Bauern – ist vor Thümmel als handlungsstrukturelles Kompositionsprinzip der Gattung kaum genutzt worden. Von Loens Roman *Der redliche Mann am Hofe* (1740) vielleicht abgesehen, nutzen Christian Felix Weißes *Lottchen am Hofe* und eben die *Wilhelmine* dieses Prinzip innerhalb der epischen Gattung m.W. erstmals systematisch."
161 Bei Thümmel wohl schon mit der doppelten Bedeutung, die heute nicht mehr gegeben ist: Studierzimmer bzw. Ansammlung von Wissen.

3.3.2 Segregation

> Ach welch eine Liebe für mich muß nicht in der Brust meiner Willhelmine erwacht seyn, da sie sich so eilig entschließt, den prächtigen Hof zu verlassen, um einem armen Dorfprediger zu folgen, dessen altfränkische Wohnung – wer weiß wie manche Reformation überlebt hat. (18)

Die pathetische Ausrufung mündet in eine Aussage über den Zustand des Pfarrhauses, das diversen Reformationen Stand hielt. Dass es dabei nicht allein um die Opposition Land/Hof, das modische Desinteresse eines Landpredigers oder dessen Bequemlichkeit hinsichtlich einiger Renovierungen geht, verdeutlicht die Parenthese, die die nur angedeutete Alliteration der vorhergehenden Zeilen vervollständigt. Die emotionale Befindlichkeit des Pastors wird in einem pathetischen Ausruf mit angedeuteter Rhetorik formuliert, während die Feststellung von der Vergeblichkeit der Reformationen ganz unpathetisch, dafür aber stilistisch korrekt getroffen wird.[162]

Der Erzähler, nicht eine der Figuren, bestätigt die Rückständigkeit des Pfarrhauses, indem er die Tür des Hauses erwähnt, als er den Eintritt eines Gastes beschreibt: „Itzt lief er gebückt in die Pfarre hinein; gebückt, als ob sein kleiner Körper befürchtete, an die altväterische Hausthüre zu stoßen, die gothisches Schnitzwerk verbrämte." (31) Das Pfarrhaus wird als statischer Ort beschrieben, der weder gesellschaftlichen Entwicklungen angepasst wurde noch Neuerungen zeitigt. Der Mangel an kulturellen Aktivitäten, wie sie in anderen Texten dem Pfarrhaus zugeschrieben werden, stellt die Diskrepanz zwischen Pfarrhaus und Hof dar. Dabei hätte eine im Dienste der Aufklärung erfolgte Auseinandersetzung mit Kultur dem Kontrast keinen Abbruch getan, wie auch Lenz zeigt. Die Diskrepanz dient neben der Betonung der Opposition auch der Kritik an der kulturellen Rückständigkeit des Pfarrhauses. Der Umgang des Magisters bleibt auf Kollegen beschränkt, jedenfalls aus der Sicht des Grafen von Nimmer, und die klagenden Jahrgänge bieten die einzige intellektuelle Tätigkeit des Pastors. (Cf. S. 9) Das Pfarrhaus wird in Thümmels Epyllion einerseits als Ort des Rückzugs in die Idylle beschrieben: Es ist Gegenpol zum Palast mit dem angedeuteten amoralischen Treiben. Andererseits ähnelt dieses „Asyl"[163] in seiner Schmutzigkeit und Rückständigkeit kaum dem positiven Gegenbild.

3.3.3 Der Landprediger als komischer Held

Sowohl zur Beschreibung des Pfarrhauses als auch zur Figur des Pedanten und komischen Helden passt die Passivität des Magisters. Schon der erste Satz des Textes zielt in diese Richtung: „Ich singe das Abentheuer, das ein Dorfpfarr, der Liebe wegen, erdulden mußte, ehe sie ihn mit dem erseuften Besitze seiner

---

[162] Heldmann, *Thümmel*, S. 183, hat darauf hingewiesen, dass „[r]hytmische Partien" meistens angewendet werden, wenn Thümmel Pathos zum Ausdruck bringen will.
[163] Auch Lenz stilisiert das Pfarrhaus zum Asyl, allerdings für Kultur suchende junge Männer.

3.3.3 Der Landprediger als komischer Held

Geliebten belohnte." (3) Typisch für das scherzhafte Heldengedicht allgemein und seine parodistische Absicht sind der Hinweis auf den Gesang und den Sieg, hier angedeutet durch die Belohnung. Der Geistliche wird durch fehlendes Engagement und Beeinflussbarkeit charakterisiert. Er *leidet* unter Liebeskummer („erseufzter Besitz"), *erduldet* ein Liebesabenteuer und wird schließlich von der Liebe mit dem Besitz der Geliebten *belohnt.* Auch der zweite Satz des Textes weist auf die Passivität hin:

> Feindlich empörten sich die langsam athmende Schwermuth, die fröhliche Thorheit, die Intrüge des Hofs und der bäurische Blödsinn wider die ruhigen Tage des Pastors; doch seine Standhaftigkeit siegt' endlich durch die Hülfe des Amors, und sein ausgestandenes Leiden verschönert seinen Triumph. (3)

Ironisch verweist der Erzähler auf die unspektakulären Ereignisse im Leben eines Landgeistlichen, dessen Herausforderungen vornehmlich in den sozial bedingten Verhaltensmustern seiner Gemeindemitglieder begründet liegen, nicht in religiösen Problemen oder erzieherischen Maßnahmen. Folglich erzielt er auch keinen religiösen oder priesterlichen Sieg über das Verhalten der Gemeindemitglieder, sondern einen privaten, indem Amor seine Standhaftigkeit unterstützt. Die Standhaftigkeit ist damit nicht das Resultat eines unerschütterlichen Glaubens, sondern Beharrlichkeit in der Verfolgung eines in erreichbare Nähe gerückten privaten Zieles. Dabei übernimmt Amor, abstrakt als Liebe und zugleich im Sinne des komischen Epos den kleinen heidnischen Gott verkörpernd, die die Handlung auslösende Funktion.[164] Auch das ursprünglich wohl für eine junge Hofdame gedachte und erst im Jahre 1771 gedruckte Gedicht *An ein Fräulein, bey Ueberschickung der Wilhelmine*[165] weist die Liebe als Motor der Handlungen aus.

Dass Thümmel diese kritische Aussage in der zweiten Auflage zurückgenommen hat, bestätigt diese Aussage von der Kritik ex negativo. Die sich bereits im ersten Satz der ersten Auflage manifestierende Passivität des Magisters wird in der dritten Auflage sehr subtil zum Ausdruck gebracht:

> „Einen seltnen Sieg der Liebe sing' ich, den ein armer Dorfprediger über einen vornehmen Hofmarschall erhielt, der ihm seine Geliebte vier lange Jahre entfernte, doch endlich durch das Schicksal gezwungen wurde, sie ihm geputzt und artig wieder zurückzubringen." (S. 3/10)

Wiederum ist es ein Sieg der Liebe, aber diesmal gewinnt der arme Dorfprediger über den vornehmen Hofmarschall, wenn auch nur durch die Macht des Schicksals. In der ersten Auflage siegte die Standhaftigkeit des Magisters, unterstützt durch Amor, über „die langsam athmende Schwermuth, die fröhliche Thorheit, die Intrüge des Hofes und d[en] bäurische[n] Blödsinn". (S. 1/3) Damit hat sich die Zahl der Gegner des Magisters verringert: Es bleibt somit noch die Opposition Geistlichkeit/Hofwelt, und seine durch Amor gestärkte

---

164 Cf. Heldmann, *Thümmel,* S. 118.
165 Cf. Heldmann, *Thümmel,* S. 139: Veröffentlichung des Druckes: Anth. d. D. 2, 1771, S. 238/239.

Standhaftigkeit in Liebesdingen ist durch das Schicksal ersetzt worden, was letztlich der Entmythologisierung des Textes dient.[166] Mit Ironie stellt der Erzähler die Ahnungslosigkeit und Unterlegenheit des Magisters bloß, der nämlich die vom Hofmarschall abgegebene Willhelmine mit offenen Armen empfängt.

Entsprechend findet die geistige Passivität ihren Ausdruck in mit *Schlaf* konnotierten Beschreibungen:[167]

> eingeschlummerter Dorfpfarr, 9; träumender Magister, 10; wiederkäuete noch dreymal diesen glücklichen Traum, und er hatte ihn im frischen Gedächtniß, als er aufwachte, 11; werthester Träumer, 13; um auf Befehl des Traums die Schöne aus dem Wagen zu heben, 13; und riß endlich Vater und Liebhaber aus ihrer Betäubung, 14; so betäubte der schreckliche Knall die Ohren des zitternden Pastors, 15; Wie wohl that es, daß ich meinem prophetischen Traume zu folge, mich so dreust und munter bezeigte, 17 f.; eh' unser Verliebter einschlafen konnte, 18; Aus Mattigkeit fiel er endlich in die Arme des Schlafs, 18; Bald träumt' er, 18; stieß sich an den schlafenden Scheitel, und erwachte in einem plötzlichen Schrecken, 18; Alle berühmten Schläfer der Residenz, alle Hofjunker und Staatsräthe waren erwacht. [...] Aber noch immer schnarchte der müde Magister; ja! er würde gewiß den Endzweck seiner Reise, den so wichtigen Besuch bey dem Hofmarschall, verschlafen haben, hätte ihn nicht die käufische Stimme eines bärtigen Juden erweckt, der dreymal schon vergebens an die Stubenthüre klopfte. 19; der betäubte Magister, 19; der schläfrige Christ, 19; Halb träumend, 19 Der hochbeschneyte Weg ermüdet seine Knie, 23; Müdigkeit, 23; [...] so müssen Sie Ihren ermüdeten Körper einer abgelegenen Schenke - einer Spitzbubenherberge vertrauen, 23; [...] ach entfernt mich doch eilig von diesem Fußsteige, der meine Gebeine umsonst ermüdet, 23; ermüdete Füße, 26; Also schlafen Sie sanft!, 27; [...] aber seine Worte verwandelten sich in gähnenden Mißlaut, 27; Der Haushofmeister beherbergte den gähnenden Magister, 27; verspäteter Pfarrherr, 27; politisches Gähnen, 39.

Die auf den Magister verweisenden Begriffe des Paradigmas Schlaf stehen hauptsächlich im Kontext des Berufslebens, nur selten wird der „Verliebte" mit diesen Begriffen beschrieben. Diese offensichtliche Korrelation von Amt und Schläfrigkeit, Müdigkeit und Traum wird nicht mehr thematisiert, nachdem der Pastor die ihm gemachten Auflagen zur Eheschließung erfüllt hat: Auf der Hochzeitsfeier entlockt sich der ungeduldig auf die Hochzeitsnacht wartende Ehemann noch ein „politisches Gähnen", (39) um die Gäste endlich zum Gehen zu animieren, bleibt aber auch damit erfolglos.

Nicht nur Willhelmine macht ihre Entscheidung vom Traum des Magisters abhängig (immerhin reflektiert sie noch stärker als ihr Bräutigam): Sie sieht „ihren dringenden Feind", den werbenden Magister, „erstaunt" an, (15) nachdem ihr aber ihr Vater und der Magister „das Wunder des Traums entdeckten", erkennt sie „in allen die sichtbaren Wege des Himmels und ihren Beruf, und durch die Beredtsamkeit des Pastors bekehrt, entfernte sie allen Zwang des Hofs von ihren offenherzigen Lippen", um ihm ihr Jawort zu geben. (15) Ihr Schwanken verrät ihren Wunsch, das Leben am Hofe nicht aufzugeben, gleichzeitig aber auch ihren Pragmatismus, sieht sie in der Ehe mit dem

---
166 Cf. Sauder, *Epikureer*.
167 Dedner, *'Wilhelmine'*, S. 39, verweist darauf, dass sowohl der Pastor als auch der Gutsherr „wiederholt in der wenig vorteilhaften Situation des Aufwachens" geschildert werden.

3.3.3 Der Landprediger als komischer Held

Magister doch die Möglichkeit, ihrer zweifelhaften Stellung am Hofe auf geschickte Weise zu entsagen. Auch dürfte ihr kaum entgangen sein, dass der Hofmarschall in Clarisse bereits eine neue Gespielin entdeckt hat, sie über kurz oder lang also eine Zuflucht suchen muss. Einfluss auf ihre Entscheidung für das Leben auf dem Lande haben an Aberglauben grenzende Argumentationsmuster wie das „Wunder des Traums" oder die „sichtbare[n] Wege", weniger ihre Gefühle. Bemerkenswert ist auch die Überzeugungskraft der „Beredtsamkeit" des Magisters, entlarvt diese doch seine rhetorischen Fähigkeiten, die inhaltslos sein können.[168]

Auch der Magister folgt seinem Traum und erklärt sich alltägliche Begebenheiten mit Aberglauben, statt Urteile mit Mitteln der Vernunft oder des christlichen Glaubens zu fällen.

Heldmann verkennt den Pastor, wenn er feststellt, dass weder der Vater noch die Bauern oder der Pastor von Willhelmines Schicksal etwas erahnen.[169] Zur Feinfühligkeit[170] des Magisters steht diese Ignoranz, mit der er seinen Ahnungen begegnet, in Widerspruch – im Dienste der Kritik. Sowohl die Worte Luthers als auch der Traum in der nächsten Nacht in der Residenz geben ihm Hinweise, die der Magister geflissentlich übersieht, sein Unbewusstes aber meldet sich: Als er endlich in Schlaf fällt, „bemächtigten sich ängstliche Ahndungen seines Gefühls", er träumt, dass er nach einem hohen Flug in „einen bodenlosen Abgrund" stürzt. (18) Das während der Hochzeitsfeier stattfindende Devisenspiel des Rokoko[171] verdeutlicht die Ignoranz und das Nicht-sehen-Wollen:

> Nach ihr ergriff, aus verliebter Ahndung, der Magister ein schneeweißes Herz, worein eine witzige 3 geätzt war. Bedächtlich öffnet' er es, und fand diese wenigen Worte: Ich liebe einen um den andern - Wer hätt' es diesem falschen Herzen ansehen sollen, rief er voller Verwunderung, und klebte mühsam die beyden Hälften wieder zusammen . (S. 37)

Die „verliebte Ahndung" lässt ihn nach der „3" greifen, die er bewusst gar nicht sieht, wie sein erstaunter Ausruf ja impliziert. Der Pastor ist blind vor Liebe, und so kann und will er auch die Hinweise auf Willhelmines Schicksal gar nicht wahrnehmen. Der Magister erscheint auf diese Weise komisch, was seiner Rolle als Held im komischen Heldengedicht entspricht. Dabei grenzt sein Liebeswahn, in welchem er annimmt, Willhelmine habe sich in kürzester Zeit in ihn verliebt, an den Aberglauben, mit dem die Bauern im Kollegen des Pastors einen „neuen Propheten" erkennen, wenn er von seinem „prophetischen Traume" spricht, der Auslöser der Handlungen ist. (18)

---

168 Auch seine Predigt im Anschluss an das Gespräch mit dem Verwalter ist bewegend, seine Fähigkeiten sind also während seiner Leidenszeit verschüttet.
169 Heldmann, *Thümmel*, S. 148.
170 Dass der Magister nicht stumpfsinnig ist, beweist sein feiner Verstand, mit dem er Willhelmines Reize wahrgenommen hat. Auch seine guten Predigten weisen seine Fähigkeiten aus.
171 Cf. Heldmann, *Thümmel*, S. 163, führt die einzelnen Bedeutungen der Lose aus.

3.3.3 Der Landprediger als komischer Held

In der Rolle des Pedanten ist der kirchliche Würdenträger eine lächerliche Figur, wenn er passiv, naiv, weltfremd und ängstlich durch sein Leben und das Abenteuer stolpert. Häufig ist die Komik das Resultat mangelnder Reflexion, wie nach dem Traum, wenn er Luthers Worte zu Willhelmines Vergangenheit am Hofe nicht hinterfragt, oder mit „Vertraulichkeit" die Anfrage des Hofmarschalls aufnimmt. Als dieser ihn auffordert, die Komtesse Clarisse zur Hochzeit zu bitten, verspricht der Magister „gern und ohne Anstand", dieser Aufforderung zu folgen, ohne zu bedenken, dass er damit sowohl die Tugend der jungen Komtesse gefährdet als auch sich selbst erniedrigt:

> Die alles vermögende Liebe hatt itzt den gelehrten Magister zu einem gemeinen Bothenläufer erniedrigt, und er mußte, welche sonderbare Bedingung - als sein eigner Hochzeitbitter noch ein zweytes Jawort erbetteln, ehe sie ihn glücklich zu machen versprach". (S. 23)

Mit grenzenloser Naivität übersieht er das „satyrische Lächeln" des Hofmarschalls bei der Begrüßung ebenso, wie er dessen wahre Absicht verkennt. Naivität manifestiert sich auch in seiner Annahme, Willhelmine erobert zu haben.

Gerade im Vergleich mit anderen Figuren (z.B. Hiob) und deren tatsächlichen Schicksalsschlägen zeigen sich sowohl Lächerlichkeit als auch die Zersetzung des Glaubens:

> Und wenn er die ganze Woche hindurch in der Einsamkeit seiner verrußten Klause getrauert hatte, dann winselte er am Sonntage der schlafenden Gemeinde unleidliche Reden vor, und selbst bei dem theuer bezahlten Leichensermon verließ ihn seine sonst männliche Stimme. Vier Jahrgänge hatte er also beschlossen. Mit zitternden Händen geschrieben und auf einen Haufen gesammelt, lagen sie in einem verriegelten Schranke [...]. (9)

Paradox an der Situation ist die Tatsache, dass das Leiden selbstverschuldet ist, denn Berechnung und Unentschlossenheit (5) sind die Ursachen für seine missliche Situation; das Leiden der Hinterbliebenen, denen er als Pastor nach Todesfällen Trost zusprechen soll, ist dagegen trauriges Schicksal. Zwar wird der Magister als ein „frommer, schüchterner Mann" (5) beschrieben, aber die Frömmigkeit stellt er nicht unter Beweis: Weder findet er während seines Liebeskummers Trost in der Religion für sich (oder auch andere), noch hat er den Verführungen des Hofes eine eigene Position entgegenzustellen.

Das Tischgebet, liebe Gewohnheit für den Pastor, lässt er ausfallen, statt der Gesellschaft den Vorschlag zu einem gemeinsamen Gebet zu machen: „Erschrocken dachte zwar der Magister daran, doch durft' er es itzo nicht wagen, sich wider die Gewohnheiten des Hofes zu empören". (14) Instruiert durch Amor verhält sich der Magister „so dreust und munter wie ein Kammerjunker" (11) und wagt es nicht, ein Gebet zu sprechen, weil er unreflektiert die Maßstäbe des Hofes akzeptiert – ohne mit ihnen vertraut zu sein. Auch beim Hochzeitsmahl tritt an die Stelle des Tischgebetes eine andächtige

Bewunderung: An der Hochzeitstafel steht man vor dem Werk des „Furier": „Ehe man sich setzte, bewunderte man seinen Geschmack in einer minutenlangen Stille, und faltete dabey die Hände." (35) An die Stelle christlichen Gebetes ist die Bewunderung modischen Geschmacks getreten, bei der man, in alter Gewohnheit, die Hände faltet.

Inwieweit der Pastor sich durch höfisches Gebaren beeindrucken lässt, zeigt seine ängstliche Disposition, denn erschrocken reagiert er nicht nur auf das fehlende Tischgebet bei Willhelmine:

> Mit Husten und Scharrfüßen suchte der Supplicant den Eingang zur Rede; aber als Ceremonienmeister trat der bellende Melampus ihm entgegen - nöthigte ihn stille zu stehen, und zerstreute die hervorquellenden Worte, daß sie ungehört vom Hofmarschall sich an den Spiegeln zerstießen, und ihr Wiederhall den bethenden Pfarrherrn in Angst und Schrecken versetzte. (20)

Vor Angst vergisst der Pastor die Privilegien seines Standes, und so kann der Hofmarschall ganz über ihn verfügen. In einer ähnlichen Situation wird sich Johannes Mannheim durch sein ausgeprägtes Selbstbewusstsein einen Platz in der Gesellschaft behaupten und diese souverän unterhalten – ganz im Gegensatz zur lächerlichen Figur des Magisters bei Thümmel.

Die ängstliche Disposition des Magisters wird schon beim ersten Anblick Willhelmines offensichtlich: Der Magister steht in ständiger Verbeugung vor ihr, hustet, sagt kein Wort und wagt es nicht, sie, die Kokotte vom Hofe, anzusehen: „Lange getraute er sich auch nicht, sie anzublicken; denn ihr hüpfender Busen, von keinem ländlichen Halstuche bedeckt, war ein zu ungewöhnlicher Anblick für ihn, und setzte seine Nerven in ein fieberhaftes Erzittern." (14) Willhelmine, ganz dem Typus entsprechend, nimmt dies „[m]it zufriednem Mitleiden" wahr. (14) Seine Unerfahrenheit in Liebesdingen steht im Gegensatz zur Freizügigkeit seiner Angebeteten, deren Aufforderung, sie zu küssen, er zunächst recht unbeholfen folgt. (16) Dieser Gegensatz stellt Weltfremdheit und Naivität des Landpredigers heraus und verweist gleichzeitig auf die moralische Diskrepanz zwischen höfischem Treiben und ländlicher Einfalt.

Auf die Auskünfte des Räubers, dieses sei der „falsche Holzweg", reagiert er ebenso erschrocken, wie auf die „donnernden Flüche" des Kochs in „der heiligen Küche", so dass er sich nicht „getraute", in seinem eigenen Haus etwas zu essen zu bestellen, (23 und 28) und mit „starkem ungeduldigem Herzklopfen" wartet er darauf, dass sich der Morgenhusten des Grafen legt. (27)

Der Verlust der christlichen Basis zeigt sich im bedenkenlosen Umgang mit Willhelmines „Vorleben", Clarissens Tugend, dem fehlenden Tischgebet oder der ängstlichen Disposition des Magisters. So forscht der Magister trotz Ahnungen nicht nach, wie es Willhelmine am Hofe ergangen sein könnte; er holt nicht nur die Erlaubnis vom Hofmarschall für Willhelmines Ehe ein (die ohnehin überflüssig ist, da Willhelmine schon alles mit ihrem Gönner verabredet hat), sondern lässt sich für dessen unmoralische Wünsche einspannen, ohne mögliche Folgen zu bedenken und ihnen gesittetes Verhalten entgegenzusetzen. Da der Magister die Comtesse auf Geheiß des Hofmarschalls einlädt, verrät er mit dieser Einladung das in ihn gesetzte Vertrauen des Grafen: „Der priesterlichen Aufsicht überlassen, ist ihre Tugend sicherer, als unter meinem eigenen Dache." (27) Für den alten Grafen gelten noch klare Rollenverteilungen, nach denen der Pastor als Hüter der Moral fungiert.

3.3.4 Amor, Aberglaube und Aufklärung?

Das Spiel mit Stilmitteln und Themen komischer Epik wird in Thümmels Epyllion verknüpft mit subtiler Kritik: „Wie wohl that ich, daß ich meinem prophetischen Traume zu folge, mich so dreust und munter bezeigte, wie die vornehme Welt es verlangt." (17 f.) Seine Bereitschaft, modische Sitten gegen traditionelle Riten auszutauschen und seine Naivität, die ihn daran hindert, Zusammenhänge zu durchschauen, wenden sich nicht gegen einen Stutzer, sondern gegen einen Geistlichen, der den Glauben gegen Mode und Aberglauben einzutauschen scheint. Das zeigt sich auch im Fehlen der Tischgebete. Thümmels Epyllion nimmt das typische Thema des Aberglaubens mehrfach auf: Die Ahnungen, Träume und unterschiedlichen Erklärungen eines Phänomens in Abhängigkeit des Bildungsstandes verweisen, wie auch das Heidnische, immer wieder auf Aberglauben und unreflektierte Handlungen, und auch die Wiederholung der Zahl „3" (ebenfalls Stilmittel komischer Dichtung)[172], steht im Kontext magischen Denkens.[173]

Der Brand der Küche des Pfarrhauses deckt die Denkmuster der Stände auf:

> Kaum war die lärmende Versammlung der Götter- und Menschengestalten zum Dorfe hinaus, so geboth Amor: das Feuer sollte verlöschen - und es verlosch. Zwar verkannte der blinde Pöbel die Hülfe des Amors, und jauchzend dankten die Bauern ihre Rettung einem schwarzen Dämon, der es gewagt hatte, aufs priesterliche Dach zu steigen, wo er, dem Feuer zum Opfer, eine arme geraubte Najade der Elbe, in den schwarzen Abgrund hinunter stieß, daß ihre zerschmetterten Glieder in einer schmutzigen Küche ein unbekanntes Grabmaal bedeckte. (42)

Die Erklärungsmodelle für das, was sich ereignet, variieren zwischen volkstümlichen Anschauungen, verliebten Wahnvorstellungen und poetologischen Versatzstücken. Thümmels Gedicht zeigt somit den „Denkweg" von den „Erscheinungen" zu den „Begriffen und Grundsätzen".[174] Die Bauern als „blinder Pöbel" vermuten im Feuerlöscher einen „schwarzen Dämon", während Gebildete, mit denen sich der Erzähler durch die Herabwürdigung der

---

[172] Cf. Schmidt, *Vorstudien*, S. 168.
[173] Nur einmal im Zusammenhang mit dem Hofmarschall, ansonsten Magister, Willhelmine, Pastor des Nachbardorfes.
[174] Cf. Sauder, *Epikureer*.

3.3.4 Amor, Aberglaube und Aufklärung?

Bauern auf eine Stufe stellt, Amor in der Gestalt des Feuerlöschers erkennen.[175] Der Volksglaube hat eine Entsprechung in der Hinwendung zu spielerischen Figuren klassischer Herkunft in der Welt des höfischen Glanzes. Amor ist nicht mehr Allegorie, sondern Parodie auf das komische Heldengedicht. Damit ist Amor ein literarisches Versatzstück, das nur Gebildeten, also den Lesern dieser Gattung, zugänglich ist, während das Volk zum Aberglauben als Erklärungsmodell greift. Auch Heldmann hat sich ähnlich geäußert:

> Bei einigen anderen Gestalten scheint wenigstens die Möglichkeit offengelassen, sie als Geister aufzufassen; die Ironie, mit der sie der Dichter in ihrer Rolle als überirdische Wesen zeichnet, läßt aber erkennen, daß er vielmehr das beständige Auftreten und Einwirken übernatürlicher Mächte in manchen früheren komischen Epen verspotten wollte.[176]

Heldmann verweist auf den Holzfäller, jenen „boshaften Genius" und den Schornsteinfeger beim Löschen. Er fährt fort: „In dieser Szene stehen nebeneinander die Tendenz, das Wunderbare durch Ironie zu zersetzen, und das Bestreben, das vorgegebene Pathos in subjektive Komik aufzulösen."[177] Heldmann vergleicht das Verfahren Thümmels mit dem Fieldings, Thümmels sei aber „feiner und künstlerischer", da er „vorgibt, selbst an das Übernatürliche zu glauben, und die möglichen Erklärungsversuche mit komischem Ernst ablehnt."[178]

Die übrigen allegorischen Figuren fungieren im Sinne der Charakterisierungen der entsprechenden Figuren, sie sind nicht mehr handlungsstrukturell eingefügt.[179] Hess-Lüttich verweist im Zusammenhang mit der Maschinerie ebenfalls auf die Ebene des Realen und geht noch einen Schritt weiter: Bei Thümmel

> werden die anthropomorphisierenden Allegorien durch seine Wahl begleitender Adjektive, Modal- und Lokaladverbialen und Verbalkomposita gleichsam entmythologisiert, wird die mythologische Dimension des Epos phänomenologischer Kritik ausgesetzt. Sauder hat anhand der *Reise* Thümmels antispekulativen, nicht-ontologischen, phänomenologischen Denkstil herausgearbeitet und auf die Nähe zu John Locke hingewiesen: „Thümmels Denkweg führt nicht von den Begriffen und Grundsätzen zu den Erscheinungen, sondern von diesen zu jenen" [...].
>
> Der satirischen Zersetzung des Transzendentalen dient insbesondere die 'Maschinerie', die das epische Pathos der Mythenwelt Homers und Vergils bemüht, um das ständige Eingreifen übernatürlicher Mächte in menschliche Alltäglichkeiten zu versinnlichen. Da wird der Holzfäller zum „boshaften Genius" (p 162), der Schornsteinfeger zum „schwarzen Dämon" (p 189) und der Eimer Elbwasser, mit dem er einen Brand löscht, zur „armen geraubten Najade der Elbe" (ibid.). Zwar unterscheidet sich Thümmel in der Verwendung des epischen Konstruktionsprinzips der 'Maschinerie' von Zachariä und Uz, die sich enger an die traditionelle Form hielten, aber auch etwa Fielding, der in seiner unverhüllten Absicht der Satire auf den Aberglauben übernatürlichen Ereignissen stets betont nüchtern-triviale Begründungen nachschiebt [...], indem er fast ganz auf *proprie-*

---
175 Cf. Rochocz, *Willhelmine*, und Hess-Lüttich, *Degradation*: Schornsteinfeger auf dem Dach als schwarzer Dämon, ein Eimer Wasser als geraubte Najade.
176 Heldmann, *Thümmel*, S. 156.
177 Heldmann, *Thümmel*, S. 156.
178 Heldmann, *Thümmel*, S. 156 f.
179 Allerdissen, *Thümmel*, S. 415, Hess-Lüttich, *Degradation*, S. 252.

3.3.4 Amor, Aberglaube und Aufklärung?

> Signale im Sinne Quintilians [...] verzichtet und etwaige „natürliche" Erklärungsmöglichkeiten des Realen weit von sich weist.[180]

Als kleiner Gott ist Amor Handlungsauslöser und somit klassisches Motiv des Heldenepos, als Allegorie verweist auch er auf die Psyche des Magisters bzw. verdeutlicht dessen Charakterisierung, wie es Allerdissen für andere allegorische Figuren feststellt.[181] Nach Hess-Lüttich und seiner Deutung der „anthropomorphisierenden Allegorien"[182] tritt auch die Liebe als „handelnder Akteur" auf.[183] In diesem Zusammenhang wundert es nicht, dass der Magister, mit Blick auf die Hochzeitsnacht, ungeduldig auf den Aufbruch seiner Gäste wartet und schließlich Amor – und nicht den christlichen Gott – um Hilfe bittet: Das Heidnische löst, wie schon die fehlenden Tischgebete signalisieren, das Christliche selbst im Leben der Geistlichkeit ab. Amor fungiert in dieser Situation nicht ausschließlich als Gott der Liebe, an den sich der sehnsüchtige Magister wendet, er symbolisiert auch die Hinwendung zu weltlichen Werten allgemein. Gleichzeitig fungieren die Maschinen als kritisches Medium: Da sie „kaum mehr wie im klassischen Epos handlungsstrukturell verfugt, sondern episodisch eingestreut [sind]; ihre Funktion ist es nicht mehr, notwendiges Konstruktionselement des epischen Baus zu sein [...], sondern sie sind als satirische Arabeske von iconischer Ornamentik."[184]

> Sieht man vom Dr. Luther der ersten Fassung ab, so bleibt als 'Maschine' im Sinne des transzendenten Bewegers nur der kleine Amor übrig, der jedoch auch nur zweimal handlungsstrukturelle Funktion gewinnt: im Schlußmotiv, wo er die Gäste vertreiben hilft, und im Traum, wo er überdies auch noch als Traumgesicht Sebaldus' aufgefaßt werden könnte (cf. Rosenbaum 1894, p XI). Die Funktionsänderung dieses epischen Instruments ist Ausdruck der satirischen Intention des Autors.[185]

Die Ahnungen des Magisters, sein mangelnder Rückhalt im Glauben und die Erklärungsmodelle des Volkes stellen Formen des Aberglaubens dar, denen weder rationale noch christliche Argumente, Beweise oder Überzeugungen entgegentreten. Neben die Kritik an den Geistlichen tritt die Parodie des Epos,[186] genauer: des komischen Heldengedichts. In der Figur des evangelischen Landpredigers lassen sich Kritik an der Institution Kirche und am komischen Heldengedicht kombinieren.

---

180 Hess-Lüttich, *Degradation*, S. 251.
181 Allerdissen, *Thümmel*, S. 415.
182 Hess-Lüttich, *Degradation*, S. 251.
183 Hess-Lüttich, *Degradation*, S. 250.
184 Hess-Lüttich, *Degradation*, S. 252.
185 Hess-Lüttich, *Degradation*, S. 266.
186 Hess-Lüttich, *Degradation*, S. 255.

3.3.5 Weitere Themen

Thümmels Magister, als Landprediger in Thüringen noch keinen Vorstellungen zur Volksaufklärung verpflichtet,[187] weicht in seinen Amtshandlungen von den bei Goldsmith, Nicolai und Lenz dargestellten Landpredigern ab und erinnert an den komischen Geistlichen, wie ihn z.B. Cramer geschildert hat.[188] So einleuchtend diese Zuordnung vor dem Hintergrund des Komischen ist, so auffällig ist die Änderung, die Thümmel in der Figurenkonzeption zur zweiten Auflage vorgenommen hat, in der der Magister zwar immer noch als komischer Landprediger geschildert wird, aber die Aussage, „außer Sonntags, wo sein Amt ihm gebot, schien seine Sprache verloren" einer Aufwertung der Figur dient, die auch den Tätigkeitsbereich des Magisters betrifft.[189] Eine „erbauliche Predigt", nach der die „buntschäckige Gemeinde mit gesättigter Seele und hungrigem Magen" wieder nach Hause eilt, hält der Pfarrer erst, nachdem ihm die Ehe mit Willhelmine sicher ist. Die Formulierung, die im nächsten Satz durch eine weitere Antithese noch gesteigert wird („rappenfärbichter Herr" und „sechs Schimmeln"), deutet auf die Qualifikationen des Magisters als Seelsorger hin, wenn auch „nur" für die Bauern,[190] so bleibt die Qualität des Gottesdienstes doch abhängig von der Erfüllung privater Bedingungen – beziehungsweise einer Motivation, die keineswegs rationalen Kriterien genügt.

Heldmann vergleicht den Magister in seiner Amtsführung mit dem Kollegen aus dem Nachbardorf, der Willhelmine und den Magister traut,[191] und vermutet, dieser sei Feldprediger gewesen, was ihn nicht auszeichne, und entsprechend sei der um Willhelmine werbende Magister zu seinem Amt auch besser geeignet als der mit Wetterglas und Aberglaube arbeitende Kollege. Damit überschätzt Heldmann die Figur des Magisters, denn die Bauern schlafen im Gottesdienst ein, während die Nachbarn wegen der ihnen vermittelten Kenntnisse in den Gottesdienst des Kollegen gehen. Nicht bibelfest, aber doch schlau genug, sich mit neuen Methoden Zugang zur Gemeinde zu verschaffen, repräsentiert der ehemalige Feldprediger den „neuen Geistlichen", der sich wenigstens teilweise der Volksaufklärung zugewandt hat, indem er den Bauern für sie nützliches Wissen vermittelt: Er erstellt mit seinem Wetterglas für ihre landwirtschaftliche Arbeit wichtige Prognosen.[192] Dafür bewundern sie ihn als „neuen Propheten", (33) greifen also auf das ihnen bekannte Erklärungsmodell der Bibel zurück,

---

187 Cf. dagegen Preußen, u.a. Cowan, *Representations*.
188 Cramer, *Meppen Bocksbart*.
189 Cf. Seite 11 der 3. Auflage. Wenige Zeilen zuvor allerdings werden noch die Worte der 1. Auflage angeführt, wonach der Pastor „unleidliche Reden" vorwinselt.
190 Auch der Graf von Nimmer geht gerne, wie die Zofe sagt, in die Kirche, S. 26 f.
191 Heldmann, *Thümmel*, S. 176.
192 Der Pastor klärt die Bauern aber nicht auf, sie bleiben dem Aberglauben verhaftet, was sich darin zeigt, dass sie in dem Geistlichen mit seinem Wetterglas eine ihnen aus der Bibel bekannte Figur sehen, sie also alle Erklärungsansätze miteinander kombinieren. Johannes Mannheim, der Landprediger in Lenz' Erzählung, versucht, Verbesserungen durch Verständnis zu erreichen.

ohne Zusammenhänge zu hinterfragen.[193] Sie bessern sich und kommen regelmäßig zum Gottesdienst ihres Pastors, der weder die Bibel noch die Bauern versteht. (33)

Dieser Prediger fungiert als Volksaufklärer, der den Bauern für sie nützliche Kenntnisse vermittelt. Statt ihnen aber die Funktion des Wetterglases zu erklären, teilt der Geistliche den Bauern nur die Auslegung seiner Wetterbeobachtungen mit (inwieweit er diese verstanden hat, bleibt offen). Durch diese Distanz kann er sein Ansehen als Respektsperson retten, die Bauern zum Kirchgang motivieren und ihre Besserung erzielen.

Thümmel zeigt „die damals als typisch für den Bauernstand betrachteten Eigenschaften" wie Unbeholfenheit, Arglosigkeit, Gefühllosigkeit, Schadenfreude, Gehässigkeit und Aberglaube[194] – Eigenschaften, denen der moderne Geistliche nichts entgegenzusetzen hat. Mangelnde theologische Ausbildung und fehlender Bezug zu den Bauern kennzeichnen die beiden Landprediger und ihren Gottesdienst. Im vorliegenden Text bleibt die Vermittlung wichtigen Wissens für die tägliche Arbeit Mittel zum Zweck für den Pastor, Zugang zu den Bauern zu finden. Auf diesem Wege erreicht der Landprediger des Nachbardorfes zwar, dass sich die Bauern „bessern", (33) aber eine wirkliche Aufklärung findet ebenso wenig statt wie ein sich auf biblische Texte stützender Gottesdienst.[195]

Ganz im Sinne des aufklärerischen *prodesse et delectare* werden bei beiden Pastoren Nützlichkeit und Unterhaltung miteinander vermischt. Dabei erinnert die Unterhaltung durch die Tischreden Luthers, mit denen der Magister seine Gemeinde weckt, an das im ersten Gesang beschriebene Marionettenspiel: Im Vordergrund steht die Unterhaltung, die Vermittlung moralischer Grundsätze ist sekundär und abhängig vom Bildungsstand der Bauern. In diesem Sinne bleibt die Nützlichkeit der Predigt auf das Aufwecken der Bauern beschränkt, die des Marionettenspiels auf den Unterhaltungswert.[196]

Die allgemeinen Anforderungen an einen Landgeistlichen erwähnt Thümmel mit dem Hinweis auf sonntägliche Predigten, Begräbnisse, die „klagenden Jahrgänge" und die Seelsorge im weiteren Sinne. In der dritten, weniger satirisch ausgerichteten Auflage fehlt diese Stelle:

> [...] und an der Hand seiner Geliebten verließ er itzt sein trauriges Kirchspiel. Wer weiß, wie viele nicht indessen dieß Dorf und die Welt ohne seinen Abschied verlassen, und wie viele darinnen ankommen, die bey ihrer Geburt weder von dem Lächeln einer Melpomene, noch von dem stärkenden Anblick des Pastors, begrüßt werden! (17)

---

193 Zu den Bauern cf. Heldmann, *Thümmel*, S. 175 f.
194 Heldmann, *Thümmel*, S. 175 f.
195 Die Besserung kann sowohl moralisch als auch wirtschaftlich interpretiert werden.
196 Cf. Heldmann, *Thümmel*, S. 158, sieht im Puppenspiel die Möglichkeit, die Bauern satirisch darzustellen in ihrer Primitivität und „kleinliche[n] Genugtuung" über das Schicksal der Großen.

Für das komische Heldengedicht typisch ist der Vergleich mit antiken Vorbildern oder wenigstens der Hinweis auf diese. Mit ironischem Unterton verweist Thümmel auf die Nutzlosigkeit priesterlicher Seelsorge, die sich um Geburt (Taufe) und Tod (Leichenpredigt) kümmert, nicht aber um das Leben. Die Ursache der Traurigkeit kann sowohl in der Abreise des Geistlichen als auch in der allgemeinen Situation auf dem Lande begründet liegen, die von Dedner formulierte Neutralität zeigt sich auch an dieser Stelle.

Thümmel greift auch das Thema der Vergabe einer Pfarrstelle auf, wenn er den Magister als Mann beschreibt, der die Wahl seiner Ehefrau mit beruflichem Fortkommen korreliert. Die Gier des Magisters ist nicht nur mitverantwortlich für seine Aktivitäten, sondern auch für sein anfängliches Zögern, denn außer Stolz hält ihn auch die „Begierde nach einem bequemlichen Leben" davon ab, um Willhelmine zu werben. (5) Auch das Pfründenwesen, damals in der Öffentlichkeit diskutiert, wird von Thümmel thematisiert: „Als Superintendent konnt' er alsdann eines langen ruhigen Lebens genießen, von den Truthähnen seiner freygebigen Diöces, und den Complimenten gemeiner Pfarrherrn gemästet." (5) Die Bequemlichkeit des Magisters wurzelt damit nicht allein in seiner Persönlichkeit, sondern in gesellschaftlichen Strukturen. Dedner weist darauf hin, dass eine Satire gegen das Protektionswesen der absolutistischen Gesellschaft nicht gestützt werde, da Thümmel „die kurz angedeutete satirische Tendenz" verharmlose durch den Vergleich mit dem Jungen, der zwischen Brot und Erdbeere wählen muss.[197] Tatsächlich kritisiert Thümmel, er relativiert diese Kritik aber sofort wieder, so dass sie Teil eines ästhetischen Spiels wird. Die Kritik Thümmels geht auch auf das Patronat über, wenn der mehr oder weniger fern der Gemeinde seinen kleinen Freuden fröhnende Patron keine Macht dem Sittenverfall entgegensetzt.[198] Thümmels Text präsentiert einen Patron, der sich durch Gönnerhaftigkeit und Ignoranz auszeichnet, was sich letztlich auf die ganze Gemeinde, den Pastor eingeschlossen, auszuwirken scheint.

Die menschlichen Empfindungen führen den Magister – und natürlich auch Willhelmine – in die bürgerliche Institution der Ehe, die als Gegensatz zum amoralischen Leben am Hofe und der Einsamkeit im Pfarrhaus fungiert.[199] Die Ehe als Zuflucht für die von ihren „Amanten" (22) verfolgte Willhelmine und den unter seinem Liebeskummer leidenden Pastor qualifiziert sich damit als Ideal des Zusammenlebens auch für Geistliche: Das Bürgerliche ist die Heimat der Sittlichkeit. Auch die Korrelation von Amts- und Berufsleben verweist auf

---

[197] Dedner, *'Wilhelmine'*, S. 37.
[198] Haußmann, *Verbauerung*, u.a. S. 166: Die Macht des Patronats hat im Laufe des 18. Jahrhunderts abgenommen.
[199] Luthers Worte beinhalten neben dieser Gesellschafts- und Institutionenkritik auch Kritik am Zölibat.

diese Konnotation, denn zu guter theologischer Leistung ist der Magister erst in der Lage, nachdem ihm privates Glück in Aussicht gestellt worden ist:

> Feindlich empörten sich die langsam athmende Schwermuth, die fröhliche Thorheit, die Intrüge des Hofs und der bäurische Blödsinn wider die ruhigen Tage des Pastors; doch seine Standhaftigkeit siegt' endlich durch die Hülfe des Amors, und sein ausgestandenes Leiden verschönert seinen Triumph. (3)

Die Standhaftigkeit ist nicht Resultat festen christlichen Glaubens, sondern Zeichen für die Hartnäckigkeit, mit der die Befriedigung privater Bedürfnisse betrieben wird.

Unterhaltend ist die Beharrlichkeit des Pastors in erotischen Dingen allemal. Haußmann hat in seiner Arbeit über kurmärkische Landprediger darauf hingewiesen, dass die Bauern wohl dann empfindlich reagierten, „wenn dem Pfarrer unzüchtiges Verhalten nachgesagt werden konnte. 'Die Ehre des Pfarrhauses war beinahe ausschließlich über die Sexualität ihrer Bewohner antastbar.'"[200] Insofern dient die Beschreibung eines der Liebe hinterherlaufenden Landpredigers nicht allein der Unterhaltung, sondern auch der Darstellung des gesunkenen Ansehens.

Erziehung der Bauern zu selbständigem Denken, Vermittlung wirtschaftlicher oder landwirtschaftlicher Kenntnisse, Bekämpfung des Aberglaubens, Unterweisung im Katechismus oder Unterhaltung in literarischen Konventikeln liegen beiden Geistlichen in Thümmels Text fern. Die beiden Landprediger, unzureichend ausgebildet, werden durch mangelndes seelsorgerisches Engagement charakterisiert; typisch für damalige Satire war der Hinweis auf die Vergabepraxis der Pfarrstellen und die Pfründe.[201] Die von Heldmann im Zusammenhang mit dem Aberglauben erwähnte Szene mit dem neuen Propheten und seinem Wetterglas zeigt die Leichtgläubigkeit der Bevölkerung – und damit den Verlust religiösen Fundaments.

3.4 Die Änderungen

Thümmels *Willhelmine* war überaus beliebt und hat schon 1766 eine zweite, allerdings überarbeitete Auflage erfahren,[202] in der Thümmel besonders die Kritik am Geistlichen zurückgenommen hat.[203] Wohl aus diesem Anlass hat er dem Magister einen Namen (Sebaltus) gegeben, und auch Luther wurde gestrichen, wozu nicht allein Freunde rieten,[204] sondern auch Rezensionen Anlass gaben. Späteren Kritikern fallen zunächst die aus den Änderungen

---

200 Haußmann, *Verbauerung*, S. 186; Haußmann zitiert hier Wahl, *Karrieren*, (Ts 1995), S. 309.
201 Cf. auch Hess-Lüttich, *Degradation*, S. 261 f.
202 Heldmann, *Thümmel*, S. 211. Für eine ausführlichere Darstellung der Auflagen und Übersetzungen cf. Heldmann, *Thümmel*, Dritter Hauptteil, Fünftes Kapitel: „Das Urteil der Mitwelt und die Umarbeitung" und auch im Vierten Hauptteil Ausführungen, S. 363 ff.
203 Cf. auch Rochocz, *Willhelmine*, S. 284 f., der „eine Hebung des Helden" ausmacht und gleichzeitig eine Verschärfung der sich auf den Adel beziehenden Satire.
204 Cf. Heldmann, *Thümmel*, S. 210 f. u.a.

resultierenden Nachteile auf, die sich in erster Linie auf die sprachliche Gestaltung des Epyllions beziehen.[205]

Schon der Titel deutet eine Akzentverschiebung zugunsten der Kammerjungfer an: *Willhelmine. Ein prosaisches komisches Gedicht*.[206] Hat Thümmel ursprünglich einen Freund um einen Titelvorschlag gebeten,[207] so lässt der Untertitel der ersten Auflage (*oder der vermählte Pedant*) noch Rückschlüsse auf den Inhalt, wenigstens aber eine der Hauptfiguren zu, der geänderte Titel dagegen richtet das Interesse potenzieller Leser auf die junge Frau und die Textart, ohne den Geistlichen in Erwähnung zu bringen. Tatsächlich zeichnen sich die geänderten Auflagen durch eine vorsichtigere Konzeption der Figur des Geistlichen aus, was sich schon in der „Vorrede der zweiten Auflage" von 1766 manifestiert, in der sich Thümmel gegen Angriffe von Seiten der Rezensenten zu verteidigen suchte und eine Erklärung für seine Änderungen lieferte:

> Die Wilhelmine könnte in dieser neuen Auflage ganz wohl ohne Vorrede erscheinen, weil der Verfasser nicht viel über dieses kleine unwichtige Gedicht zu sagen hat. Durch den Beifall, womit ihn einige Personen beehrten, denen er vorzüglich zu gefallen wünschte, hat er seine Absicht vollkommen erreicht. - Indessen ist ihm auch nicht unbekannt geblieben, daß ihn verschiedene andere lieber beschuldigt hätten, als ob er mit dieser Kleinigkeit etwas Böses wider die Religion und ihre Diener im Sinne führe, und diesen zu ernsthaften Kunstrichtern hält er sich für verbunden, öffentlich zu sagen, daß keiner von ihnen vielleicht selbst mehr Ehrerbietung gegen die Religion und Hochachtung gegen vernünftige Geistliche haben könne als er; wie würden sie sich wundern, wenn der Verfasser hier die ehrwürdigen Namen einiger großen Geistlichen hersetzen wollte, die dieses Gedicht, bei allen seinen ersten Fehlern, mit Vergnügen gelesen und kein Geheimnis daraus gemacht haben. Da sich aber der Verfasser auf einen witzigen Einfall, dem ein zu strenger Eifer vielleicht ein verdächtiges Gepräge geben könnte, nicht so viel zu gute thut, um ihn nicht ohne Barmherzigkeit auszustreichen, so hat er, auf den Rat eines unsrer trefflichsten Dichter, diesen Anstoß durch einige Veränderungen zu heben gesucht. Der Ruhm eines guten Christen gilt ihm mehr, als das Lob eines glänzenden Genies, aber er macht freilich keine Umstände, ebenso herzhaft über Kobers Kabinettsprediger und seinesgleichen zu lachen, als er einen Cramer und Schlegel mit stillem Ernste und gerührtem Herzen liest. Er würde von dieser seiner Gewohnheit nicht abgehen, wenn er gleich selbst die Würde eines Priesters bekleidete, so wenig als er jetzt, da er an einem Hofe lebt, sich Bedenken macht, über einen allzu galanten Hofmarschall, einen müßigen Staatsrat und einen affektierten Kammerjunker seinen Scherz zu treiben. [...][208]

Der Dichter kokettiert mit seinen Fähigkeiten, indem er mitteilt, dass sogar „unser trefflichster Dichter"[209] sein „unwichtiges" Werk gelesen und ihm Ratschläge gegeben habe, die er befolgte. Als Grund für seine Änderungen nennt er den Ruhm eines Christen, der ihm wichtiger als das Lob eines Genies sei, und bekennt damit, dass die Änderungen ein Zugeständnis an die Kritik darstellen. Letztlich müsse zwischen unterhaltender und ernster Literatur

---

205 Cf. Heldmann, *Thümmel*, Dritter Hauptteil, Fünftes Kapitel, Rochocz, *Willhelmine*, S. 282 ff.
206 Cf. auch Heldmann, *Thümmel*, S. 211.
207 Heldmann, *Thümmel*, S. 131.
208 In: Deutsche National-Litteratur, 136. Band, S. 7 f.
209 Gemeint ist Uz, so Heldmann, *Thümmel*, S. 215. Heldmann fasst zusammen, dass Thümmel die Anregungen „weitgehend berücksichtigt [hat], vor allem Uzens".

unterschieden werden. Unter dem Hinweis, als Priester ebenso zu handeln wie jetzt als am Hofe lebender Autor, verschiebt er den Schwerpunkt des Gedichtes auf die Höflinge, die *auch* Gegenstand seines Scherzes seien. Ebenso können Geistliche kritisiert werden, diese Aufgabe allerdings wolle er den Priestern überlassen. Tatsächlich sind die Höflinge von den Änderungen weniger stark betroffen als der Magister und Willhelmine. Der Verfasser gibt also vor, nicht die Absicht gehegt zu haben, den Klerus anzugreifen.

Interessant ist die Formulierung, dass er „mehr Ehrerbietung gegen die Religion und Hochachtung gegen vernünftige Geistliche" habe als einige Kunstrichter, denn in der Tat greift Thümmel mit seinem Gedicht die Religion nicht an; seine Kritik richtet sich gegen unvernünftige Geistliche, wie sie ja der passive, manipulierbare Magister repräsentiert, der seinen christlichen Glauben leichten Herzens gegen mythologische Inhalte und höfisches Verhalten austauscht. Auch sein Kollege mit dem Wetterglas stellt mit seiner „modernen" Art der Predigt weniger den optimalen, vernünftigen Landpastor dar, denn ihm fehlt die biblische Grundlage.

In einem 1771 unter dem Titel *An ein Fräulein, bey Ueberschickung der Wilhelmine*[210] veröffentlichten Gedicht legt Thümmel die Gründe dar, die ihn angeblich veranlassten, das scherzhafte Heldengedicht überhaupt zu schreiben. Thümmel hat das Gedicht einer jungen Frau gemeinsam mit dem gedruckten Buch der *Willhelmine* übersandt, aber auch seinen Freunden eine Abschrift zukommen lassen.[211] Heldmann zitiert neben der Fassung des Erstdrucks (B) von 1771 eine ungedruckte (A), die erhalten ist „in einer Abschrift innerhalb eines nur teilweise erhaltenen Briefes Thümmels an einen unbekannten Freund",[212] und die beide hier vollständig nach Heldmann zitiert werden, um darzulegen, inwieweit Thümmel sich der öffentlichen Meinung beugte:

A	B
Worzu kann nicht der Müsiggang	
Uns arme Sterbliche verleiten!	
An einem Hofe voller Zwang	In einem Städtgen voller Zwang
Dem Sitz verjährter Kleinigkeiten	Den [!] Sitz verjährter Kleinigkeiten;
Wo Witz u. Scherze zu verbreiten	Wo Lust und Scherze zu verbreiten
Es keinem Dichter noch gelang	Es keinem Dichter noch gelang,
Wagt ichs aus Einsamkeit - und sang:	Wagt ich' s, aus Einsamkeit, und sang.
Der Gott, der über alle Herzen	Der Gott, der über alle Herzen
Mit unumschränckter Macht, früh	Mit unumschränkter Macht, früh
oder spät regiert	oder spät regiert,
Der im Gefolg von leichten Scherzen	Der im Gefolg von leichten Scherzen,

---

210 Cf. Heldmann, *Thümmel*, S. 139: Veröffentlichung des Druckes: Anth. d. D. 2, 1771, S. 238/239.
211 Heldmann, *Thümmel*, S. 139.
212 Heldmann, *Thümmel*, S. 140.

3.4 Die Änderungen

Bald Helden, bald Pedanten führt	Bald Helden, bald Pedanten führt;
Der Jugend Freund, der Gott der Liebe	Der Gott der Jugend und der Liebe,
Der Herr der freudigsten Natur	Der Herr der freudigsten Natur,
Den ich Dir gern, nach meinem Triebe	Den ich dir gern, nach meinem Triebe,
So reitzend wie er ist, beschriebe	So reitzend wie er ist beschriebe,
Erlaubte mir Dein Mund es nur,	Erlaubte mir Dein Mund es nur;
Der war es, der mir Lust und Feuer	Der war es, der mir Lust und Feuer
Zu diesem Heldenlied verlieh	Zu diesem Heldenlied verlieh.
Es zeigt mir dies Abentheuer	Er zeigte mir ein Abentheuer,
Ich spielt es kühn auf meiner Leyer	Ich spielt es kühn auf meiner Leyer,
Und ohne Kunst und ohne Müh	Und ohne Kunst und ohne Müh,
Zum Spotte der Pedanterie.	Zum Spotte der Pedanterie.
Doch hab ich auch erhabnre Thoren	Doch hab ich auch erhabnre Thoren,
Geputzt und reich und dum[m] und hochgebohren,	Schön, reich, geputzt und hochgebohren
Die Lieblinge der großen Welt,	Die Lieblinge der großen Welt,
Dem schwarzen Helden zugesellt	Dem schwarzen Helden zugesellt,
Den ich zu meinem Spott erkohren;	Den ich zum Gegenstand erkohren.
Und - So entstand dies lachende Gedicht	Und so entstand dies lachende Gedicht;
Itzt schenck ich es der Welt und untersuche nicht	Ich übergabs der Welt, und untersuchte nicht
Ob ich auch Danck dafür verdiene;	Ob ich auch Dank dafür verdiene.
Belohnest Du mich nur mit einer heitern Mine[!]	Belohnest du es nur mit einer frohen Miene,
Du meine Freundin! Die der jüngsten Muse gleicht	Du meine Freundinn, die der jüngsten Muse gleicht,
So ist mein ganzer Wunsch erreicht.	So ist mein ganzer Wunsch erreicht.

Der Dichter gibt also vor, das Werk *Willhemine* aus Langeweile, wiederum ein Topos, am Hofe geschrieben zu haben, und angeregt dazu wurde er durch Amor, der ihm das Abenteuer zeigte, das der Dichter im Sinne des komischen Epos zum Spott der Pedanterie singt. Als Pedanten hat er sich e i n e n schwarzen Helden ausgesucht,[213] dem er außerdem Hofleute an die Seite stellt, über die er sich lustig macht.

In der veröffentlichten Version dieses Gedichtes allerdings nimmt Thümmel die Schärfe zurück: Das müßige *Hofleben* mit seinen Zwängen ist einer *Stadt* mit ihren Zwängen gewichen, die *dummen* Lieblinge der Welt sind nun *schön*, und der schwarze Held ist nicht mehr zum *Spotte*, sondern zum *Gegenstand* des Gedichtes auserkoren.[214] Deutlich wird Amors „unumschränkte Macht", mittels

---
[213] Außerdem wird in der Formulierung „schwarzer Held" deutlich, dass der Magister Gegenstand des Gedichtes ist.
[214] Cf. auch Heldmann, *Thümmel*, S. 141 zu diesen allgemeinen Äußerungen. Heldmann merkt an, dass Thümmel nur noch einen Typus trifft mit dem Spott, „wogegen niemand etwas einwenden konnte; hätten doch die ärgsten Pedanten den ihnen gemachten Vorwurf der Pedanterie entrüstet zurückgewiesen."

derer er alle Menschen regiert und sowohl Helden als auch Pedanten antreibt. Typisch für die Gattung ist Amors Macht.

Objekte der Kritik sind laut ursprünglicher Fassung des Gedichts typische Figuren der Gattung und ein evangelischer Geistlicher, der durch Passivität charakterisiert wird. Der Landprediger wird auf diese Weise subtil zum Gegenstand der Kritik, deren Rücknahme durch einen Vergleich beider Fassungen deutlich wird; es ist aber eine subtile Rücknahme – so wie die Kritik des Epyllions insgesamt äußerst subtil ist.

Die Änderungen zwischen der veröffentlichten und der privaten Fassung des Gedichts dienen der Milderung der Kritik an Geistlichkeit und Kirche, die schließlich auch zu einer überarbeiteten Fassung der *Willhelmine* führte. Aus dem Gedicht und dem Vorwort wird bei aller Rücknahme der Kritik jedoch deutlich, dass in deren Mittelpunkt die Geistlichkeit steht, wobei sie in der 1. Fassung stärker auf die Kirche als Institution verweist, während der Geistliche in den geänderten Auflagen primär als Person Gegenstand der Kritik ist. Schon Heldmann hat darauf hingewiesen, dass die Änderungen sowohl der Aufwertung Willhelmines als auch der des Magisters dienen.[215]

Hinsichtlich des zeitlichen Rahmens hat sich Thümmel nicht von Freunden und Rezensenten beeinflussen lassen, auch in der zweiten Fassung bleibt Willhelmine vier Jahre am Hofe.[216] Dieser für das komische Epos lange Zeitraum illustriert das Amüsement am Hofe, dem Willhelmine nicht leicht entsagen will, (15) nur um sich auf dem Lande einzurichten, gleichzeitig wird der Konflikt zwischen der Stadt und dem Land angedeutet. Nach der schon aus der ersten Auflage bekannten Propositio und Invocatio und der leicht geänderten Einführung mit locus amoenus wird der Magister beschrieben: „Der Pastor des Dorfes allein, der gelehrte Sebaltus, hatte seit vier unglücklichen Jahren die ländliche Munterkeit verloren, die sonst auch auf seiner offnen Stirne gezeichnet war." (S. 3/11) Der Magister ist nicht mehr ein namenloser Pedantentypus, er wird als Persönlichkeit gestaltet. Ländliche Munterkeit und Offenheit kennzeichnen ihn als unverdorbenen, gesitteten und beliebten Mann.

Trotz dieser im Vergleich zur ersten Fassung positiven Darstellung des Geistlichen leidet er noch vier lange Jahre, während derer er der schlafenden Gemeinde wie schon in der ersten Auflage unleidliche Reden vorwinselt. Allerdings ist ihm jetzt die Sympathie seiner Gemeinde wenigstens teilweise sicher, da die „klügsten der Gemeinde" (S. 3/11) den Grund seines Kummers hinterfragen:

---

215 Heldmann, *Thümmel*, S. 214.
216 Heldmann, *Thümmel*, S. 212: Die „Einheit der Zeit" sei durch die Umstellung erreicht. Dennoch bleibt der Rahmen der erzählten Zeit vergleichsweise groß, vier Jahre werden nach der Änderung retrospektiv überbrückt.

3.4 Die Änderungen

> „Was fehlt unserm Magister?" fragte einer den andern: „wir lieben ihn ja, er ist der Vornehmste im Dorf, und er wird auch nicht etwa, wie dieser und jener, von einem hochmütigen Junker geplagt, denn der unsere lebt, Gott sei es gedankt, ferne von uns, und verbraust seine Renten in Frankreich." (S. 3/11)

Die Ursache erfahren sie aber nicht, denn „[...] der tiefsinnige Pastor verbarg seine Sorgen der Neugier, und außer Sonntags, wo sein Amt ihm gebot, schien seine Sprache verloren." (3/11) Die „am Rande der dörflichen Welt"[217] stehende Figur des Magisters avanciert damit wenigstens ansatzweise zu einem Mitglied der Gemeinschaft, die ihrerseits eine Aufwertung erfahren hat.[218] Dennoch lebt der Magister als Vornehmster im Dorfe in sozialer Isolation und winselt der Gemeinde etwas vor:

> Wenn er die ganze Woche hindurch in der Einsamkeit seiner verrußten Klause getrauert hatte, dann winselte er am Sonntage der schlafenden Gemeinde unleidliche Reden vor, und selbst bei dem theuer bezahlten Leichensermon verließ ihn seine sonst männliche Stimme. (3/11)

Da Thümmel einzelne Szenen des Werkes umgestellt hat, weiß auch der Leser nicht, worin der Kummer des Magisters begründet liegt; das Geheimnis löst der Traum auf, in dem ihm Amor erscheint und ihm die Erfüllung seines Wunsches andeutet. Amor verweist auf Willhelmine, und das Erröten der „verfallnen Wangen des Pastors" (S. 3/12) deutet die Ursache der priesterlichen Sorgen an. Mit wenigen Worten erzählt Amor die Umstände, die zur gegenwärtigen Situation geführt haben, um sich dann über Sebaltus lustig zu machen:

> O, wie traurig hast du diese Zeit ihres Hofdienstes hinschleichen lassen! Vergieb es mir, liebster Magister, daß ich hier deiner Unthätigkeit spotte! Hast du denn nie gehört und gelesen, wie oft die entschlossene und geschäftige Liebe Klöster gestürmt, Mauern erstiegen und sich nachgiebige Nonnen unterthan gemacht hat, die zu einem ewigen frommen Müßiggange verdammt waren; (S. 3/12)

Indem Thümmel Luther durch Amor ersetzt hat, löst sich die subtile Art der Kritik auf und lässt die verbleibende in weniger scharfem Lichte erscheinen. Nicht mehr die Kirche selbst wird angegriffen, sondern ein einzelner Geistlicher, über den Amor spottet, weil der Pastor während der vier Jahre nicht tätig geworden ist. Während in der ersten Auflage mangelndes Engagement und Gehorsam den Magister charakterisieren, wird in der dritten Auflage durch Luthers Fehlen nicht mehr auf die Autoritätsstruktur innerhalb der kirchlichen Institution verwiesen, sondern allein der Magister als defizitär bloßgestellt.

Indem Thümmel von der Institutionenkritik abzulenken versucht, gestaltet er den Magister persönlicher, wozu auch der Name gehört. Mit der Streichung Luthers vermied Thümmel einen scharfen Ton, gleichzeitig konnte er dem Vorwurf, Luther herabzuwürdigen, ausweichen, denn dies schien nicht seine Absicht zu sein. Der Aufwertung des Magisters dienen auch Entschärfungen in

---

217 Dedner, 'Wilhelmine',S. 42.
218 Wie die Aussage über die „klügsten der Gemeinde" andeutet, gibt es unter den Bauern einige klügere, die sich Gedanken machen können. Cf. auch Heldmann, Thümmel, S. 214, zur Aufwertung der Bauern.

der Figurenkonzeption des Magisters selbst. Zeichnet sich der Leser der ersten Fassung gleich zu Beginn das Bild eines passiven, bequemen und unentschlossenen Geistlichen, gefangen in der autoritären Institution Kirche, so präsentiert die zweite Fassung Sebaltus als vornehmsten, studierten und geliebten Mann im Dorf. (3/11) Sukzessive treten die negativen Seiten des Magisters hervor: Seine Passivität, über die Amor sich lustig macht, sein mangelnder Rückhalt im Glauben und seine Lächerlichkeit, die sich, ohnehin schon vorsichtig enthüllt auch in der ersten Fassung, nur noch zwischen den Zeilen manifestiert. Sowohl in der ersten als auch in der dritten Auflage wird der Magister als stereotyper Pedant mit einzelnen Zügen charakterisiert. In der dritten Auflage werden diese negativen Seiten des Magisters unauffälliger beschrieben und eingeschränkt, so dass eine Aufwertung in der Figurenkonzeption wahrnehmbar ist.

Thümmel hat beispielsweise eine an eine Homer-Parodie erinnernde Formulierung durch eine weniger gelungene ersetzt: „Wie eilte nicht der rappenfärbichte Herr, den sechs Schimmeln vorzukommen, um auf Befehl des Traums die Schöne aus dem Wagen zu heben." (13) In der späteren Auflage heißt es dann: „Mit weiten Schritten und fliegendem Mantel eilte der hagere Magister den sechs Schimmeln vorzukommen, um seine Schöne aus dem Wagen zu heben." (S. 3/18) Gehorsam und Lächerlichkeit des Magisters sind gegen das Auftreten eines sicheren Mannes ausgetauscht worden, dessen fliegender Mantel Energie und Entschlossenheit demonstriert und allenfalls noch lustig, aber nicht lächerlich ist.

Auch an anderer Stelle fungiert die Dienstkleidung, die Standeszugehörigkeit zum Ausdruck bringt und Respekt dem Träger gegenüber gebietet, als Gegenstand des Witzes. In der ersten Auflage nimmt der Magister als „dankbare[r] Schwarzrock" (cf. S. 35) Willhelmine aus der Hand des Hofmarschalls entgegen, wodurch der Magister vor dem Hintergrund des Mehrwissens der Leser natürlich zur lächerlichen Figur wird, die als „Schwarzrock" den geistlichen Stand repräsentiert. In der dritten Auflage ist diese Komik abgewandelt worden, indem der Pastor als „dankbarer Magister" (cf. S. 38) bezeichnet wird. Die Kritik an der seelsorgerischen Tätigkeit der Geistlichen ist ebenfalls nicht in die überarbeitete Fassung übernommen worden.

Thümmel hat eine Szene umgestellt. An diesem Beispiel lässt sich eine subtile Aufwertung – und damit Kritik in der ursprünglichen Fassung – verdeutlichen. Nachdem ihn der Hofmarschall und Willhelmine verlassen haben, geht der Verwalter in der ersten Fassung zunächst zum Magister, um ihm freudig von seinem Glück zu berichten, und dann weiter, „sein häusliches Glück den Gevattern, und der Versammlung der Schenke zu verkündigen." (7) Sein häusliches Glück liegt in der ersten Auflage in der Tatsache begründet, dass ein

Hofmarschall Willhelmine als Kammerjungfer an den Hof geholt hat. Damit werden Naivität und Unerfahrenheit des Vaters, der sich über das vermeintliche Glück seiner Tochter freut, ebenso kritisiert wie später auch die des Magisters, der Willhelmine ohne weitere Gedanken aus den Händen des Hofmarschalls empfängt. Die Bauern dagegen reagieren kritischer, denn sie hören dem Verwalter zu, als er von seinem Glück berichtet: „Er that es mit vertraulicher Beredsamkeit, und man hörete ihm zu mit sichtbarem Erstaunen und stämmte die Hände in die Seiten und schüttelte mit bedenklichen Minen die Köpfe." (8) Die Körpersprache der Bauern drückt ihre kritische Haltung dem Hofmarschall und Willhelmines Schicksal gegenüber aus.

Die Beschreibung des Puppentheaters in dieser Wirtshausszene mit historischen Tyrannen charakterisiert die Bauern augenscheinlich als moralisch nicht einwandfrei[219]: „Doch wer kann sie alle zählen –, die Wüthriche, die hier fallen; und wo wollte ich Worte hernehmen, die blutigen Scenen zu beschreiben, die die gerührten Zuschauer mit lautem Lachen beehren?" (8) Zwar sind auch die Bauern durch das Theater „gerührt", eine Besserung aber tritt nicht ein, vielmehr lachen sie schadenfroh über das Unglück anderer.[220] Die moralische Besserung durch das Theater kann nur bei entsprechendem Verstand oder ausreichender Bildung erfolgen, Bauern bedürfen einer anderen Vermittlungskategorie. Sie verfügen aber über die Anlage zur „Rührung", entsprechend können sie auch die wahren Hintergründe für Willhelmines Abreise erfassen.

In der dritten Auflage dagegen findet sich die Wirtshausszene erst im zweiten Gesang. Der Leser erfährt im ersten Gesang zunächst nur, dass der Magister Kummer hat, die Traumszene stellt klar, dass es Liebeskummer ist, und im Anschluss an den Traum werden die Einzelheiten um Willhelmines Leben am Hofe dargelegt. Der Verwalter geht wiederum in die Schenke, aber nun nach der Abreise seiner Tochter mit dem Landprediger: „Noch halb berauscht von dem Besuche seiner Tochter und dem seltenen Weine, den er bei vollen Gläsern getrunken, ging nun der alte Verwalter aus, sein häusliches Glück den Gevattern und der Versammlung der Schenke zu verkündigen." (3/21) Das häusliche Glück besteht also in der Verlobung seiner Tochter mit dem Pastor, die Reaktion der Bauern auf seine Erzählung und das Theatergeschehen ist allerdings die gleiche wie in der ersten Fassung auf die Bekanntgabe, dass Willhelmine als Kammerjungfer an den Hof geht: Sie schütteln bedenklich ihre Köpfe. Hier nun kann das Bedenken darin begründet liegen, dass ihr allseits geliebter Herr Pastor die Kammerjungfer Willhelmine aus den Händen des Hofmarschalls empfangen

---

[219] So Heldmann über die „primitiven Bauern"; *Thümmel*, S. 158. Dedner, *'Wilhelmine'*, S. 40 f., verweist am Beispiel der Puppenspielszene, die ja umgestellt wird, auf die Gefahr einer „pointierende[n] Interpretation".
[220] Cf. auch Heldmann, *Thümmel*, S. 176.

will. Die Bauern, so wird subtil verdeutlicht, wissen mehr als Willhelmines einfältiger Geistlicher oder Vater.

Dedner, der den Weg des banalen Details aus der bäuerlichen Lebenswelt von niedrig-komischer zu idyllisch-verklärender Funktion verfolgt, warnt allerdings vor allzu pointierenden Interpretationen. Er hält sowohl die „spöttisch-zynischen wie [die] idyllisch-verklärenden Interpretationen für möglich. (53) Ein Vergleich der obigen Szene in der ersten und zweiten Fassung zeige, wie stark eindeutige Interpretationen den Sinn des Gedichtes verzerrten:

> Die Leichtigkeit, mit der hier eine Szene scheinbar ihre Funktion ändert und von der satirisch-zynischen auf eine fast schon idyllisch-behagliche Ebene überwechselt, zwingt zunächst zur Skepsis gegenüber allen Interpretationen, die eine allzu eindeutige Aussage aus dem Gedicht herauslesen wollen.[221]

Bei Thümmel rufe, ganz in höfischer Tradition stehend, „das konkrete Detail aus der sozialen Unterschicht vor allem komische Wirkungen" hervor, allerdings weise die Komik nicht über die jeweilige Situation hinaus und lasse auch keine Schlüsse über eventuelle satirische Intentionen Thümmels zu.[222] Während Pastor und Gutsbesitzer nicht zur engeren Gesellschaft des Dorfes gehören und als Randfiguren der dörflichen Welt hin und wieder von satirischen Spitzen getroffen werden, stehe das „konkrete Detail aus dem engeren dörflichen Lebensbereich [...] weder im negativen noch im positiven Sinne im Kontext eines ideellen Zusammenhanges, und eigne sich deshalb als Versatzstück in verschiedenen und scheinbar konträren Situationen."[223] Diese „ideelle Neutralität des Konkreten" habe außerdem zur Folge,

> daß sich in dem Gedicht zwischen der konkreten Darstellung des Bäuerlichen und den mehrfach verwendeten antihöfischen topoi kein innerer Zusammenhang herstellt. Auch wo Thümmel an den Formelbereich der laus ruris anknüpft, gebraucht er deren Motive nicht in ihrem herkömmlichen eindeutigen Sinn. Ruhig waren etwa in dem Eingangszitat die Hüttenbewohner nicht aufgrund ihres naturnahen und gottgefälligen Lebens, sondern weil die Begebenheiten der großen Welt in ihren normalen Lebensablauf nicht direkt eingriffen und die Ruhe der dörflichen Welt nicht ernsthaft erschütterten. In ähnlicher Doppeldeutigkeit hatte Thümmel auch die Puppenspielszene gestaltet. Die Verknüpfung des Handlungsablaufes mit den Reaktionen der Zuschauer verlieh der Szene zweifellos eine burleske Tönung. Zugleich aber entsprach der Aspekt, unter dem sich hier Weltgeschichte präsentierte, der Aussage der mehrfach gebrauchten antihöfischen topoi, die vom sinnlosen Getriebe der Gesellschaft und von der bedrohten Existenz des einzelnen Höflings und Städters sprechen. [...][224]

Das „Versatzstück" zielt damit weniger auf die positive oder negative Darstellung des Verwalters und des Magisters, sondern dient der Komik auf Kosten der Bauern, und, in ihrer Doppeldeutigkeit, der Kritik am „sinnlosen Getriebe der Gesellschaft".

---

221 Dedner, 'Wilhelmine', S. 41.
222 Dedner, 'Wilhelmine', S. 41 f.
223 Dedner, 'Wilhelmine', S. 42.
224 Dedner, 'Wilhelmine', S. 42.

So einleuchtend diese Darstellung auch ist, Thümmel hat die Szene umgestellt und auf diese Weise eine Aufwertung nicht nur des Verwalters, sondern auch des Magisters erreicht, denn die Freude des Alten gilt nun nicht mehr der vermeintlichen Karriere seiner Tochter, sondern ihrer Ehe mit dem Pastor. Wieder zeigt sich die vermeintlich ideelle Neutralität des Konkreten, denn auch in der zweiten Fassung drückt die oben beschriebene Körpersprache der Bauern[225] deren Vorbehalt aus, der sich dieses Mal allerdings gegen Willhelmine zu richten scheint: Der allseits geliebte Pastor heiratet nun die Kammerjungfer, die der Hofmarschall einst an den Hofe geholt hatte. Die Bedeutung einzelner Passagen des Gedichtes ergibt sich aus dem jeweiligen Kontext, und im vorliegenden Falle ist es Thümmel gelungen, ohne wörtliche Änderungen,[226] allein durch Kontext und Vorgeschichte, zwei Figuren aufzuwerten; die ideelle Neutralität des Konkreten vermag unter diesem Aspekt nicht zu überzeugen.

Von den Änderungen betroffen war auch die Figur der Willhelmine.[227] Als Braut des Pastors dient diese Aufwertung letztlich auch einer Aufwertung seiner Figur: Die Diskrepanz zwischen unwissendem Magister und koketter Willhelmine war zu groß, als dass diese Beziehung legitimiert werden konnte.[228] Neben Amors Andeutungen, übrigens mit den aus der ersten Fassung bekannten Worten Luthers, finden sich weitere Hinweise auf Willhelmines Leben als Mätresse am Hof, mitunter allerdings eingeschränkt. Sie lässt sich mit „gefälligen Händen" vom Hofmarschall umarmen und zärtlich küssen: „Und eine ganz sapphische Empfindung strömte durch ihr dankbares Herz, und trieb ihren wallenden Busen empor, daß der blankrote Atlas zu knistern anfing, der ihn unter der Hälfte umspannte", (S. 3/26) und wenig später rauscht sie mit „einer bedeutenden Röte" zu den übrigen Zofen. (S. 3/26) Die Zofen ihrerseits bedauern Willhelmine, die gewillt ist, ihre Stellung am Hofe aufzugeben, um „nur von Bauern bewundert" das Leben einer Pfarrersfrau „in einer dunkeln geistlichen Hütte" zu führen, insgeheim aber „wünschte sich jede, bald auch so beweinet zu werden, und in den sichern Armen des weiblichen Schutzgottes, des Hymen, den Wechsel des falschen Hofes zu verlachen." (S. 3/27, cf. auch 1. Fassung.)

An Willhelmines Verhalten und Einstellung hat Thümmel wenig geändert:[229] der „blankrote" Atlas umspannte den Busen in der ersten Fassung „weit unter die Hälfte", (21) und ihr Hochzeitskleid ist in der dritten Auflage nicht mehr von dem Stoff des Schlafrocks des Hofmarschalls, den dieser bei dem Besuch des Magisters trägt. (20)

---

225 Auch Dedner, 'Wilhelmine', S. 41, weist darauf hin, dass diese Szene in beiden Fassungen vorhanden ist.
226 Cf. Dedner, 'Wilhelmine', S. 41.
227 Cf. Heldmann, Thümmel, S. 213 f.
228 Cf. Heldmann, Thümmel, S. 214, Rezensionen.
229 Cf. Dedner, 'Wilhelmine', S. 43 f. zu den kleineren Änderungen in den verschiedenen Fassungen.

Der Anklang an die „bürgerliche Moral"[230] findet sich in Willhelmines Besserung moralischer Sitten. In der ersten Fassung vergleicht der Erzähler den Magister mit einem Windhund, Willhelmine mit einer Häsin und den Hofmarschall mit einem Rammler. Nach der Trauung deutet der Erzähler den Triumph des Magisters an: „Und nun besaß der Beglückte seine Beute, die ihm kein Sterblicher wieder entreissen konnte." (34) Willhelmine dagegen bedauert, durch ihre Schönheit begehrenswert und damit verfolgt zu sein und schließlich in „einer schmutzigen Pfarre" begraben zu werden. Der Erzähler ist nun bemüht, durch ein „Gleichnis" „ihren Eigensinn und seine gierige Liebe deutlicher zu machen" (34):

> So überholt ein unermüdeter Windhund die abgemattete Häsin, wenn er sie von der Seite ihres verliebten Ramlers gestört, und durch Büsche und Sümpfe verfolgt hat - und so fällt sie - die arme Häsin, und sieht noch, mit sterbenden Augen, manchen stattlichen Jäger sich um ihr Wildpret versammlen - Einer betrachtet es noch mit spottenden Minen, ein anderer befühlt es, und da dächte sie, wenn Häsinnen denken könnten, gewiß: Welch ein trauriges Verdienst ist es - schmackhaft zu seyn" Würde wohl meine kurzes Leben, durch hundert Reviere gejagt, noch endlich unter dem Biss' eines dürren Windhundes verfliegen, wenn ich keine Häsin wär' und kein besser Fleisch besäß', als ein Maulwurf. (34 f.)

Mit diesem Vergleich wird keiner der drei Betroffenen in positivem Lichte dargestellt, die Assoziationen fungieren als Charakterisierungen, und so hatte Thümmel diese Passage im Zuge seiner „Entschärfung" in der dritten Auflage durch eine Szene ersetzt, die Willhelmines moralische Besserung darlegt. Schon die obige Alliteration ist in der dritten Auflage weniger gelungen, indem *Beute* durch den angemesseneren Begriff *Braut* ersetzt wird: „Und nun besaß der Beglückte seine Braut, die ihm kein Sterblicher wieder entreißen konnte." (3/37)

Der Hinweis auf Willhelmines Vorleben und des Magisters Triebhaftigkeit ist gestrichen worden, und auch das Gleichnis wurde ersetzt, wobei nicht einmal mehr auf Willhelmines „Eigensinn" und seine „gierige Liebe" verwiesen wird. Der Pastor triumphiert und Willhelmine verwünscht mit den aus der ersten Auflage bekannten Worten ihre Schönheit, die ihr soviel Unruhe verursacht hat und sie nun in einer „schmutzigen Pfarre" begraben wird:

> Aber ihr weiser Freund und Ratgeber entdeckte kaum diesen unzufriedenen Gedanken in ihrem bekümmerten Gesicht, als er durch einen ernsthaften Blick gen Himmel geschlagen, ihr denselben verwies, sie mit ihrem Schicksal versöhnte, und ihr eine kleine tugendhafte Thräne ablockte (3/38).

Aus der Schar der am Pfarrhaus eintreffenden Hochzeitsgäste fällt schon in der ersten Fassung ein „einzelner vernünftiger Mann" auf, der nicht zur höfischen Gesellschaft passt und keine weitere Funktion hat.[231] Dieser weise Freund Willhelmines hat in der dritten Auflage die Rolle eines Mentors übernommen,

---

230 Dedner, *'Wilhelmine'*, S. 44.
231 Dedner, *'Wilhelmine'*, S. 44, verweist darauf, dass Thümmel der Kritik Uz' an dieser Funktionslosigkeit entsprach und die Rolle des Mannes ausarbeitete. Cf. auch Heldmann, *Thümmel*, S. 213.

der Willhelmine vom negativen Einfluss des Hoflebens und den Vorzügen des Landlebens zu überzeugen versucht hatte und daher über ihre Ehe mit dem Landgeistlichen entsprechend froh ist. Die „kleine tugendhafte Thräne", die er ihr ablockt, ersetzt eine „reitzende" in der zweiten Fassung,[232] damit hat ein „Kernbegriff der Empfindsamkeit" ein „Leitwort des Rokoko" ersetzt,

> die Spielfreude verwandelt sich in bürgerlichen Ernst. Das entspricht den Veränderungen, die Gessner, dem Bericht Hottingers zufolge, mit seinem Hirtenroman 'Daphnis' vorgenommen hatte. [...] In beiden Fällen werden die Dichter durch ihre Kritiker veranlaßt, die Haltung ästhetischer Distanz aufzugeben und ihren Werken eine eindeutigere bürgerliche Moral zu verleihen. [...][233]

Willhelmines moralisches Empfinden, dokumentiert in der „tugendhaften" bzw. „reitzenden" Träne, ist das Resultat des Umgangs mit einem „vernünftigen Mann" und steht damit im Kontext der damaligen Diskussionen um Erziehung und Vernunft. Als Lehrer Willhelmines fungiert der vernünftige Mann am Hofe, seinerseits Außenseiter, und nicht der Geistliche, dem die Aufgabe durchaus zugestanden hätte; diese Textstelle dient dazu, Willhelmine zu einer besseren Figur zu gestalten, und dies war ohne große Probleme möglich, indem die bisher „funktionslose" Figur des „vernünftigen Mannes" die Mentorenrolle übernommen hat.

Indem Thümmel die offensichtlichen, allzu scharfen Kritikpunkte seines Textes gestrichen hat, nähert er sich der „bürgerlichen Moral", jenem Bekenntnis zu Vernunft und moralischem Lebenswandel, aber seine Annäherung an diese Moral bleibt oberflächlich. Willhelmines Entscheidung für die Ehe als Resultat pragmatischer, durch Aberglauben gestützter Überlegungen zeugt für ihren „Eigensinn", wie Thümmel es in der ersten Fassung noch zutreffend beschrieben hat. Die Aussöhnung mit ihrem Schicksal in der zweiten Fassung dient der Aufwertung[234] dieser Figur, deren Konzeption grundsätzlich nicht dieser bürgerlichen Moral entspricht.

3.5 Auswertung

Thümmels Magister, unpersönlich und namenlos, repräsentiert einen Vertreter der Institution Kirche, an dem die Debatte vom gesunkenen Ansehen der Landprediger und Defizite der Institution Kirche offensichtlich werden. Dabei vermischt sich die ästhetische Funktion typischer Motive des Epyllions mit einer kritischen Funktion.

---

232 Cf. Dedner, *'Wilhelmine'*, S. 44.
233 Dedner, *'Wilhelmine'*, S. 44. Hess-Lüttich, *Degradation*, verweist auf Heldmann, *Thümmel*, S. 213, der schreibt, dass mit dieser Schilderung ein „beinahe sentimentaler Zug in das Gedicht" komme. Zu der Änderung von *reizend* in *tugendhaft* schreibt Heldmann, *Thümmel*, S. 214, dass Willhelmine gemahnt werde, ihr „irdisches Kreuz, das ihr der Himmel bestimmt hat, willig auf sich [zu] nehmen. Damit trägt die Gestalt des Beschützers nicht nur ein moralisches, sondern sogar ein Moment religiöser Ergebung in das Gedicht, ein Moment das nicht besonders gut dahin zu passen scheint."
234 Cf. auch Heldmann, *Thümmel*, S. 214.

3.5 Auswertung

Moritz August von Thümmel hat sein Epyllion *Willhelmine* in der Spätphase dieser Gattung geschrieben und konnte auf eine Reihe von Mustern zurückgreifen, deren Stilmittel er übernommen oder variiert hat. Eine auf ästhetische Gestaltung konzentrierte Rezeption übersieht die kritische Leseart, die gerade durch einen Vergleich mit früheren Werken dieser Gattung deutlich wird, denn Thümmel folgt den Traditionslinien nicht vollständig: Er wählt einen Geistlichen zum komischen Helden – eine Wahl, die einigen Zeitgenossen ein Dorn im Auge war[235] – und lässt Luther als „Amor" auftreten. Auffallend sind neben der Prosa auch die Verwendung der „Beiworte", der mit vier Jahren relativ lange Zeitraum, sowie die Länge des Epyllions.

Haußmann hat die Stellung der Landprediger, ihre Ausbildung und die Vergabe der Pfarrstellen beschrieben; Thümmel gestaltet diese Themen zwar nur im Ansatz, zeitgenössische Leser allerdings haben diese Anspielungen verstanden.[236] Der Magister wird durch soziale Segregation charakterisiert, die auch in den überarbeiteten folgenden Auflagen typisch für den Magister bleibt. Die sprachliche Gestaltung des Textes mit den für die komische Dichtung üblichen Epitheta ornantia, die Anlehnung an die literarische Figur des Pedanten, Figurenanrede und -konzeption verweisen auf den Magister als eine Randfigur[237] der dörflichen Gesellschaft. Die spielerische Auseinandersetzung mit der Kritik, der Verzicht auf pädagogische Belehrungen, philosophische Reflexionen und didaktische Ausführungen stehen ganz im Zeichen zeitgenössischer Unterhaltungsliteratur.

Zum Ansehensverlust tragen mangelndes Engagement und eine schlechte Ausbildung bei; das gesunkene Ansehen manifestiert sich auch in den fehlenden Bibelkenntnissen des Kollegen. Der Magister, für Seelsorge zuständig, erfüllt die üblichen Aufgaben nur unzureichend und ist, im Gegensatz zu diesem Kollegen, nicht volksaufklärerisch tätig. Trost und Zuversicht im Glauben findet er ebenso wenig wie Erklärungsmodelle; er hat den christlichen Glauben gegen höfische Etikette eingetauscht. Standhaft ist der Magister nur in der Verfolgung seines erotischen Zieles, ansonsten kann er bedenkenlos christliche Werte mit höfischen Idealen vertauschen oder sie ganz aufgeben, Luther gegen Amor eintauschen und unreflektiert moralische Übertritte begehen.

Einerseits wird die übergeordnete Stellung des Geistlichen von ihm selbst unterlaufen, indem er höfischen Moden nacheifert und dabei Traditionen, Riten und Werte seines Standes außer Acht lässt. Diese Kritik an einem seinen Stand vernachlässigenden Geistlichen ist äußerst subtil, denn die Nacheiferung französischer Lebensart war Motiv der komischen Dichtung, im vorliegenden Falle erfolgt diese Orientierung an französischer Mode aber zu Lasten der

---
235 Cf. Heldmann, *Thümmel*, Dritter Hauptteil, Fünftes Kapitel zu den Rezensionen.
236 Cf. Heldmann, *Thümmel*, Dritter Hauptteil, Fünftes Kapitel zu den Rezensionen.
237 Vgl. Dedner, *'Wilhelmine'*, S. 42.

Religion. Nicht ein modischer Narr, verliebter Geck oder romantischer Jüngling fungiert als Held, sondern ein Geistlicher, dessen Amtsethos an Bedeutung verliert. Thümmel hat damit ein typisches Motiv subtil zur Institutionenkritik verarbeitet.

Andererseits wird dem Magister der „gehörige" Respekt von den Mitmenschen nicht mehr entgegengebracht; mit Respekt begegnet man dem Magister nur, weil er die für den Stand typische Amtskleidung trägt, Respekt ist weder mit beruflicher Leistung noch Persönlichkeit oder Berufsethos korreliert. Diese Entkopplung kritisiert auch Lenz, wenn er die Leistungen des jungen Mannheim gegen das Festhalten am Alten durch den Superintendenten ausspielt. Während Thümmel den Umgang der Bauern mit dem Landprediger kaum beschreibt (für sie ist er der „Herr Pastor"), zeigt er am Beispiel des Grafen, des Hofmarschalls, des Räubers sowie Willhelmines, dass das Ansehen des Landpredigers gelitten hat. Die Sittenlosigkeit (sexuelle Freiheit) der höfischen Gesellschaft oder die geistige Schwerfälligkeit des Patrons, der die tatsächlichen Verhältnisse nicht durchschaut, lassen keinen Zweifel daran, dass nicht allein die Landbevölkerung defizitär ist. Adel und höfische Gesellschaft werden bei Thümmel in ihrer Vergnügungssucht dargestellt. Religiöse Gedanken macht sich nur noch der alte Graf, Patron des Magisters, ansonsten haben weltliche Gebärden und Lustbarkeiten christliche Werte verdrängt, sogar das Pfarrhaus stellt für die Zofen einen Zufluchtsort dar, der ihnen eine Altersversorgung zubilligt, ansonsten ist das Pfarrhaus glanzloser Gegenspieler des Palastes.

Als Marionette des Hofmarschalls und seiner Geliebten ist allerdings der Pastor die komische Figur, die sich durch Passivität, Leichtgläubigkeit und Aberglauben auszeichnet und das Ansehen eines Geistlichen in den Augen seines gesellschaftlichen Umfeldes gar nicht mehr verdient.

Die Ehe bietet die Möglichkeit zu geselligem und moralischem Lebenswandel, die Entfaltung moralischer Werte außerhalb dieser bürgerlichen Form des Zusammenlebens wird in Frage gestellt – auch für die Geistlichkeit. Als bürgerliche Institution stellt die Ehe sowohl für die Tochter des Verwalters als auch für den Pastor eine positive Alternative zum verderblichen Leben am Hofe und dessen die gesamte Gesellschaft betreffenden Einflüsse dar, aber auch zur Gemeinschaft des einfachen Volkes, von dem der Pastor durch seine Ausbildung getrennt ist. Indem die Ehe als rettender Hafen sowohl für Willhelmine als auch für den Magister fungiert, werden beide durch diese bürgerliche Institution zu sozialen, christlichen Werten bekehrt, jedenfalls entkommen beide zunächst den Einflüssen des Hofes. Thümmel thematisiert nicht nur das gesunkene Ansehen der Geistlichkeit, sondern stellt gleichzeitig die Sittlichkeit des Bürgertums dem Sittenverfall am Hof und dem Aberglauben auf dem Land gegenüber.

Luther in der Rolle Amors verweist mit seinem vom *Aberglauben* arg gebeutelten Mantel darauf, dass die Verbindlichkeit seiner Lehren abnimmt, an ihre Stelle tritt – wie ja auch in der Funktion als Handlungsauslöser – ein heidnisches Element. Im Traum löst Amor Luther ab, wie Ovid Cyprian bei den Studenten der Theologie, allgemein löst das Unterhaltende religiöse Werte ab. Dieser auf mehreren Ebenen stattfindende Vergleich desavouiert nicht nur den Magister. Der Vergleich des Magisters mit Luther verweist auf eine Anklage evangelischer Geistlicher, die nach einer unzureichenden Ausbildung um ihre Versorgung und Karriere besorgt sind, statt sich den religiösen Inhalten zu widmen. Thümmel äußert diese Kritik nicht *expressis verbis*. Die Beschreibung Luthers mit seinem vom Aberglauben zerfressenen Mantel bestätigt diese Deutung, denn sie verweist auf die Unfähigkeit des Magisters, an der aktuellen Situation etwas zu verändern. Zu den Problemen der Gegenwart wird neben Sittenlosigkeit der höfischen Gesellschaft der Aberglaube gerechnet, denn der Vergleich zwischen Luther und dem Magister zeigt, dass die evangelische Kirche durch abweichenden Glauben Schaden erleidet, dem die passiven Geistlichen – anders als noch Luther – keinen Einhalt gebieten können.

Der Prediger des Nachbardorfes hebt sich von diesem Bild ab, indem er mit neuen Methoden arbeitet. Diese Orientierung am Profit, den Interessen der Bauern, wird wiederum subtil kritisiert. Volksaufklärung ist für Thümmel nicht Aufgabe der Geistlichen, die schon aufgrund ihrer Ausbildung dazu nicht in der Lage sind.

Die Bauern repräsentieren das Volk. Sie werden als naiv und ungebildet dargestellt und erklären sich selbst einfache Phänomene, das scheinbar Übernatürliche, mit Volksglauben. In geistiger Tätigkeit nicht geübt, bleiben die Bauern auch in Dingen des täglichen Lebens auf Vermittler angewiesen. Der Pfarrer des Nachbardorfes mit seinem „prophetischen" Wetterglas repräsentiert diesen modernen Aufklärer. Seine Aufklärungsabsicht entspringt aber keinem Privatengagement, er hat nicht die Absicht, die Bauern zu eigenständigem Denken und zur Bildung ihres Geschmacks[238] zu erziehen, vielmehr will er die Bauern in die Kirche locken. Seine unzureichenden Bibelkenntnisse lassen ihn zu dem Trick mit den Wetterprognosen greifen. Gerade die Darstellung des Landpredigers der Nachbargemeinde verdeutlicht die Kritik an der Abnahme religiösen Denkens. Ohne Bibelkenntnis gelingt ihm die Besserung der Gemeinde. Damit kritisiert Thümmel Nutzbarkeitsdiskussionen, die ohne jegliches religiöses Basiswissen auskommen. Die Geistlichkeit ist vom Aberglauben, vom Verlust religiösen Denkens ebenso betroffen wie das Volk.

---

238 Der Landprediger Mannheim in Lenz' Erzählung will seine Bauern zu „Sitten und Geschmack" erziehen, cf. Lenz, *Der Landprediger*, S. 463.

3.5 Auswertung

Der komische Held, per se passiv, kommt nicht in Frage als Reformator der durch die Beschreibung des Pfarrhauses als rückständig konnotierten Institution Kirche. In der Forschung ist zwar mehrfach auf Institutionenkritik hingewiesen worden, eine ausführliche Darstellung, die auf die Rückständigkeit der Kirche und mangelndes Engagement der Geistlichen aufmerksam macht, stand bisher aus.

Aus Thümmels Widmungsschreiben geht hervor, dass der Gegenstand des Gedichts der Geistliche ist – so wenig man solchen Widmungen und Zuschreibungen trauen sollte, so lässt sich am Beispiel der Figurenkonzeption doch nachweisen, dass der Geistliche Gegenstand der Komik ist, die aus der Darstellung des Landpredigers als naiv, dumm und unreflektiert resultiert.

Thümmel kritisiert die unzureichend ausgebildeten, unmotivierten Geistlichen und die Institution Kirche, deren Rückständigkeit er anklagt. Sowohl Luther in der Rolle eines heidnischen Gottes als auch der Vergleich des Magisters mit dem Reformator können als Institutionenkritik gelesen werden. In der zweiten Auflage hat Thümmel Kritik überhaupt zurückgenommen, unter anderem hat er Luther durch Amor ersetzt. Luther erscheint dem Magister nicht mehr im Traum, wodurch einerseits Luther „rehabilitiert", andererseits die Institutionenkritik zurückgenommen wurde. Gerade der Vergleich des passiven Pastors mit dem Reformator, dessen Handlungen weit reichende Folgen hatten, ist nicht mehr möglich. Dieser Vergleich zeigt durch die Konnotation des Passiven, inwieweit sich die Geistlichen von Luther entfernt haben. Ex negativo wird aber auch der Hinweis auf die Notwendigkeit einer erneuten Reformation gegeben, denn die passiven Geistlichen mit ihrem schlechten Bildungsstand und ihrer auf Eigennutz bedachten Berufsperspektive bilden einen starken Gegensatz zu Luther.

In Thümmels *Willhelmine* werden neben dem Hinweis auf die Zunahme weltlicher Literatur einzelne Stilmittel der komischen Heldendichtung in parodistischer Weise verwendet. Keinesfalls parodiert Thümmel Heldengedichte; ob Thümmel aber durch die ästhetische Gestaltung zeitgenössische komische Heldengedichte parodieren oder die Stilmittel der antiken und komischen Epen zu einem besseren Werk verarbeiten wollte, als es seinen Zeitgenossen gelungen ist, kann nur durch einen gezielten Vergleich mehrerer Texte nachgewiesen werden.[239]

---

239 Cf. Schmidt, *Vorstudien*, S. 32.

4 Oliver Goldsmith und Friedrich Nicolai – zwei Autoren mit Wirkung

> Description would but beggar, therefore it is unnecessary to describe this new mortification. Death! To be seen by ladies of such high breeding in such vulgar attitudes![1]

Zwei den zeitgenössischen Lesern bekannte Texte werden in der Erzählung *Der Landprediger* von Jacob Michael Reinhold Lenz genannt: Nicolais Roman über den Landprediger Sebaldus Nothanker wird im 1. Teil der Erzählung als negatives Beispiel unterhaltsamer Literatur erwähnt; negativen Einfluss können Romane ausüben, wenn der Autor keine Ahnung von seinem Thema hat oder aber das Thema selbst unmoralisch ist. Goldsmiths Roman *The Vicar of Wakefield* empfiehlt der Landprediger seinem Superintendenten als didaktisches Medium: Mannheim vermittelt den Bauern „Sitten und Geschmack" unter anderem dadurch, dass er ihnen aus guten Romanen von Goldsmith oder Fielding vorliest. (463) Diese positive Stellungnahme zur Literatur findet sich im Anhang und wird von Mannheim selbst formuliert und wirkt damit selbst didaktisch.

Nach Osborne hat sich Mannheim eine Idylle geschaffen, die er verteidigt.[2] Auch Pautler greift in seiner Arbeit auf Stereotype hinsichtlich der Figur des Landpredigers zurück. Die konstatierte ironische Gestaltung der Erzählung,[3] „in which nothing is quite as it seems"[4], verweist den Leser auf den kritischen Umgang mit Literatur.[5] Dass eine ironische Lesart auch der Erzählung vom Landprediger Johannes Mannheim möglich ist, wird erst in den letzten Jahren ausführlicher analysiert;[6] Stötzer erwähnt die „ironische Erzählweise" in Anlehnung an Goldsmith,[7] Bamberger[8] erkennt „einen sehr ironischen Ton" in der Erzählung, Gibbons[9] weist Ironie und Komik in der Erzählung – ebenfalls in Anlehnung an Goldsmith – nach[10] und Winter wendet sich dem Erzähler und dessen Verhältnis zu den Figuren, aber auch zur Erzähltechnik zu.

Der Titel der Erzählung *Der Landprediger* verweist auf den erfolgreichen Roman *The Vicar of Wakefield* von Oliver Goldsmith und dürfte damit das Interesse der Leser geweckt haben. Auch der Zusatz *Eine Erzählung* erinnert an Goldsmiths *A Tale supposed to be told by HIMSELF*. Auf subtile Weise

---
1 Goldsmith, *Vicar*, S. 61.
2 Osborne, *Postponed Idyll*, S. 91.
3 Cf. u.a. Stötzer, *Pathos*, Gibbons, *Adaption*, Pautler, *Weltdeutung*, und auch Wurst. Winter, *Lenz*, S. 95, der ironische Distanz auch mit Blick auf die Reformprojekte sieht, anders als Pautler.
4 Gibbons, *Adaption*, S. 215.
5 Zur Ironie cf. auch Gibbons, *Adaption*. Zur „Steuerung des Leseverhaltens" cf. auch Stötzer, *Pathos*, S. 138.
6 Cf. schon Sinnreich, *Gesellschaftskritisch*, S. 136 ff., die auf Ironie im Zusammenhang mit der „Bestrafung" Albertines hinweist, Ironie aber nicht näher untersucht.
7 Stötzer, *Pathos*, S. 164.
8 Cf. Bamberger, *Gemisch*, S. 210, et. al.
9 Gibbons, *Adaption*.
10 Gibbons, *Adaption*, S. 216.

schränkt der Zusatz beider Titel den Wahrheitsanspruch ein, den gerade der Erzähler bei Lenz immer wieder betont. Goldsmiths Roman suggeriert durch den Hinweis auf den Ich-Erzähler ein hohes Maß an Authentizität, das jedoch durch den ironischen Hinweis „supposed" gebrochen wird.[11]

Lenz gestaltet seinen Text ebenfalls ironisch. Schon der Zusatz *Eine Erzählung* rückt das Geschehen in den Bereich des Fiktiven und der moralischen Erzählungen. Die Erzählung ironisiert nicht nur Texte mit einer Liebeshandlung, sie parodiert diese auch durch Nachahmung bestimmter Erzähltechniken und Vermeidung oder Umgestaltung typischer Szenen: „In a wider perspective, this text, as Goldsmith's, provides an ironic perspective on the cult of sentimentalism in literature, above all the novel."[12] Gibbons betont, dass am Ende des Romans *The Vicar* die Erzählung in Parodie auf Sentimentalität umschlägt; das sei auch am Schluss der Erzählung *Der Landprediger* der Fall, wodurch der Text „an adaption of *The Vicar of Wakefield* 'tradition'" ergebe.[13] „If there is any cue for Lenz to take from Goldsmith it is not that of replicating a simple rural idyll, but rather it is of weaving a complex, ambiguous and ironic plot in which is nothing quite as it seems."[14] Aber nicht ausschließlich Parodie auf Sentimentales steht am Schluss der Erzählung, sondern auch der Hinweis auf die Säkularisation mit der zunehmenden Hinwendung zur Literatur.

4.1 Oliver Goldsmith: *The Vicar of Wakefield*

Im Mittelpunkt des 1766 in England erschienenen Romans von Oliver Goldsmith steht der Landprediger Dr. Charles Primrose, der als Ich-Erzähler retrospektiv eine Reihe von Schicksalsschlägen beschreibt, die seine Familie erleidet. Auffallend an diesem Roman ist die humorvolle Erzählweise, die trotz schlimmster Unglücksfälle keinen Zweifel an einem guten Ende aufkommen lässt. Und tatsächlich endet der Roman für alle Beteiligten positiv.

Zu kontroversen Diskussionen in der Forschung hat die Annahme einer Zweiteilung des Romans nach einem „Umschwung" im 17. Kapitel geführt. Im Mittelpunkt dieser Diskussionen steht die Frage nach der Kontinuität der Satire. Auf der einen Seite stehen die „traditionalists", auf der anderen die „revisionists" mit Hopkins,[15] für den die Satire durchgehend erhalten bleibt; sie richte sich gegen bestimmte Geistliche und setze sich in der Form der *burlesque* mit verschiedenen literarischen Moden kritisch auseinander, deshalb das überzeichnete Ende mit den gesteigerten Wendungen zum Positiven. Eine von

---

11 Dr. Primrose erzählt einen Roman, dessen Held er ist, verabscheut das Genre aber, cf. auch Hopkins, *Genius*, S. 194.
12 Gibbons, *Adaption*, S. 232.
13 Gibbons, *Adaption*, S. 215 f.
14 Gibbons, *Adaption*, S. 215.
15 Für eine ausführliche Übersicht der Meinungen cf. Didicher, *Parody*.

Hopkins abweichende Position vertritt in jüngerer Forschung Hillard.[16] Danach sei der Text nicht durchgehend ironisch konzipiert: der 1. Teil zeige die Verfehlungen des Vicars als Vater, der 2. dagegen die „reform as a father".[17] Wie in den „conduct books" würden Fall und Erlösung des Vicars in seiner Rolle als Vater dargestellt. Darüber hinaus würden Christi Worte und Taten durch Worte und Taten des Dr. Primrose parallelisiert.

4.1.1 Parodie im Roman *The Vicar of Wakefield*

Einen Kompromiss zwischen den verschiedenen Ansätzen findet Nicole Didicher, die sich gegen Interpretationen ausspricht, die einen Bruch in der Mitte des Romans ausmachen wollen, denn „'features' of each half are present in both."[18] Sie weist Parodie im Roman *The Vicar of Wakefield* nach und stellt fest, dass die Diskussionen um die Zweiteilung langsam zu einem Ende kämen, dabei werde die Idee Hopkins von einer satirischen Lesart stärker favorisiert. Parodie auf literarische Texte sieht Didicher allgemein im Werk Goldsmiths und weist diese auch im Roman nach:

> In addition to the internal evidence of the text, and its resemblances to „The History of Stanton," there are three main reasons for considering *The Vicar of Wakefield* as a parodic novel: [...] Goldsmith's frequent use of parody in other literary forms; his aversion to the structure, conventions, and content of the popular novel; and the close relationship between parody and the novel. We have already seen that Goldsmith took the opportunity to parody virtually every form in which he also worked seriously, and several others besides. Sometimes this parody is mixed with satire of things external to the world of the text; in every case it involves humour, and in most ridicule, but the parody is never considered by Goldsmith as a satiric attack upon literature. He uses a variety of techniques to accomplish his parody, including burlesque, inconsistency, exaggeration, and judicious editing, but rarely if ever gives any obvious labels or signposts to what he is doing. His purpose is usually literary criticism: to demonstrate the weaknesses and absurdities of convention in the hands of mediocre artists and the eccentricities of new and fashionable writing, and to laugh their audiences into more judicious reading.[19]

Die Parodie auf moderne Formen der Literatur und Kritik an unmoralischen Texten zeige sich nur in indirekten Hinweisen, so dass einige Leser den Text als „ernsten" Roman verstanden hätten – nicht als Parodie.[20]

> Goldsmith meant it [*The Vicar of Wakefield*] to be improving – of taste, and thereby of morals – but he encouraged improvement by presenting a deliberately flawed and unreliable story. He hoped that readers would notice the flaws in their normal reading material because of their reading the *Vicar*.[21]

---

16 Hilliard, *Redemption*, S. 467.
17 Hilliard, *Redemption*, S. 480.
18 Didicher, *Parody*, S. 127.
19 Didicher, *Parody*, S. 113 f.
20 Didicher, *Parody*, S. 141.
21 Didicher, *Parody*, S. 139.

Ähnlich bewertet auch Maureen Anne Harkin den Roman, in dem Goldsmith den Erzähler Dr. Primrose das Ideal des Autors verkörpern lasse, das Goldsmith in seinen Essays entworfen habe.²²

Zu den Parodieelementen, die neben Ironie zu einem antiromantischen Effekt führen, gehören nach Didicher die Kürze des Romans, gemessen an anderen Texten des Genres, und die Anhäufung des Unglücks.²³ Auch die Überschriften sieht Didicher im Kontext der Parodie,²⁴ im Gegensatz zu Hopkins, der die Überschriften des zweiten Teils im Sinne der Satire interpretiert.²⁵ Einige Überschriften seien ironisch, andere widersprächen einander.²⁶ Übertreibungen seien ein weiteres Mittel der Parodie:

> Goldsmith makes his exaggerations obviously parodic by interspersing two different styles of narration: the Vicar has two registers of diction, two ways of reacting to situations, and so on. His basic style is sententious, often cynical, and rather plodding, but whenever he encounters physical distress, or relates a scene of emotional distress, his diction acquires „thee' s" and „thou' s," he cries and exclaims his speeches, and the novel becomes all passion and volume and exuberance. The sententious style is itself „near the border-line of parody" (Jefferson, introduction to *Eighteenth-Century Prose*, xxvi). But the contrast between the two, especially when they are juxtaposed, makes each seem more ridiculous. This contrast is particularly apparent in the scenes in which the Vicar sends his son into the world, Olivia is abducted, the house catches fire, and the Vicar is arrested, and in the final scenes of disclosure and recognition.²⁷

Bei den jeweiligen Ausbrüchen mache Goldsmith deutlich, dass Dr. Primrose seine Wut entweder leugne oder aber Stoizismus predige, der Widerspruch zwischen dem Gesagten und dem Tun des Vicars stelle sicher, dass die Leser diese Ausbrüche weder als rational noch nötig bewerteten.²⁸ Jefferson²⁹ habe festgestellt, dass dieser Stil in Goldsmiths Text den pathetischen Effekt verloren habe, also keine Tränen erziele: Die Reden des Vicars seien der Situation nicht angemessen, beim Feuer jammere er, anstatt selbst rettend einzugreifen. Goldsmith lasse den Erzähler übertreiben in seiner Sympathie, seinem Mitgefühl für den Vicar. Die Schnelligkeit, mit der Dr. Primrose mit seiner Predigt Erfolg habe (der ihm mit seinen moralischen Vorträgen in der Familie und im Freundeskreis versagt bleibt), sei weiteres typisches neues Material, das Goldsmith für die Zwecke der Parodie nutze.³⁰

Parodistisch wirke der Text auch durch Ironie, die auf sentimentale Literatur ziele,³¹ allerdings sei die Parodie oftmals verkannt worden, unter anderem durch

---

22 Harkin, *Smith*, S. 98 und 114.
23 Didicher, *Parody*, S. 118.
24 Didicher, *Parody*, S. 119: Meistens entspreche der Inhalt nicht den Überschriften: „by this means Goldsmith suggests that the conventional novel' s avowed content and emphasis on its own morality are misleading."
25 Hopkins, *Genius*, S. 209.
26 Didicher, *Parody*, S. 119.
27 Didicher, *Parody*, S. 120 f.
28 Didicher, *Parody*, S. 121.
29 Didicher, *Parody*, S. 122, verweist auf Jefferson, *Observations*, 623.
30 Aus diesem Grunde sei die Szene *parodically* zu sehen, S. Didicher, *Parody*, S. 127.
31 Didicher, *Parody*, S. 133 f. unter Hinweis auf Ferguson u.a.

zu enge Anlehnung an die Vorbilder, denn dieses hätte zum Vorwurf geführt, Goldsmith habe ein schlechtes Werk geschrieben.[32] Ein Problem der gegenwärtigen Forschung sieht Didicher in der Tatsache begründet, dass die Zieltexte heute nicht mehr bekannt sind.

> There is a continuous intertextual relationship between the *Vicar* and the novels it parodies, and a double audience – one that is aware of the two-text system and one that is not.
>
> Goldsmith's ostensibly sentimental novel is really a criticism of that genre and a warning to its readers to consider their reading habits carefully. Goldsmith disliked and distrusted novels, and tried in his own to correct the popular taste for them. Unfortunately, there is little evidence that his readers were listening, except in that they included his novel on lists of those that were not morally corrupting. it has been misunderstood almost continuously since its first appearance.[33]

Der antiromantische Effekt zeige sich auch in den Zufällen, die immer im besten oder schlimmsten Moment eintreten: „The plot is clearly not an attempt to reproduce nature, but an exaggerated demonstration of how romances exaggerate reality."[34] Wie auch in den kürzeren Parodien enthalte der Roman Satire:

> Those pointed out (and perhaps overstressed) by Hopkins are authorial comments - - by means of irony and an unwitting narrator – on commercialism, hypocrisy (especially of hypocritical sentiment), and the worldly value of appearance over virtue, material wealth and beauty over spiritual. These are the moral weaknesses which Goldsmith is afraid the conventional novel inculcates in its readers. By preaching the dictum that one can have all happiness and prosperity in this world by being young and handsome and in love, the romance is a dangerous teacher. Fittingly, the satiric attacks which are scattered throughout the novel, such as Mrs. Primrose's pride in the „allurements and virtue" of her daughters (IV, 27), are aimed at faults that are encouraged by romances; so Goldsmith reproves at once the weaknesses of the form, and the demoralizing effect it is likely to have on its audience.[35]

Der Untertitel *A TALE Supposed to be written by* HIMSELF[36] suggeriert die Authentizität des Erzählten durch den Hinweis auf die autobiographische Natur und steht damit ganz im Zeichen damaliger Literaturgewohnheiten, der Hinweis *supposed* bricht mit dem Authentizitätstopos, indem die Wahrhaftigkeit in Frage gestellt wird. Goldsmith macht seinen Lesern deutlich, dass es sich um eine Fiktion handelt, die Wahrhaftigkeit *suggeriert*, tatsächlich aber nicht zuverlässig die Wahrheit repräsentieren muss. In seiner Interpretation kommt Hopkins vor dem Hintergrund der gehäuften Unglücksfälle im zweiten Teil zu dem Fazit:

> The reference to *The Vicar* as a „tale" in the subtitle might well be interpreted as a warning to the reader to expect not a realistic novel but rather a fable-satire, to be judged by the criteria of satire. The hurried treatment of episodes in the latter half of *The Vicar* can be interpreted as a deliberate device to burlesque situations usually treated

---

32 Didicher, *Parody*, S. 135.
33 Didicher, *Parody*, S. 134.
34 Didicher, *Parody*, S. 128.
35 Didicher, *Parody*, S. 132 f.
36 Cf. auch Bäckman, *Tale*, S. 105: Goldsmith mache „no effort to disguise the fictional character of his narrative: [...]"

sentimentally and to keep the reader detached from the misfortunes of the Primrose family. [...][37]

Den Begriff „supposed" deutet Hopkins unter Hinweis auf die Bedeutung, die Goldsmith Titeln selbst gab, als Schlüssel für den Leser, dass die maßgebliche Erzählperspektive nicht die des Vicars (und auch nicht die Goldsmiths) sei.[38] Der Untertitel weist auf die originelle Erzählerfigur hin und erweckt damit den Eindruck von Authentizität, die gleichzeitig wieder unterminiert wird; insofern fungiert der Untertitel als Spiel mit Lesererwartungen. (Was wird ein Landprediger schon zu erzählen haben?)

Die formale Gestaltung des Romans ist komplex, wie die umstrittene Zweiteilung, die Berücksichtigung dramatischer Prinzipien und auch Untertitel, Motto und *Advertisement*[39] verdeutlichen. Dramatische Prinzipien bestimmen die Anordnung des Plots: Die Kapitel 1 bis 3 stellen den Anfang dar, 4 bis 29 die Mitte, und die Kapitel 30 bis 32 das Ende; im 17. Kapitel entläuft Olivia. Der erste Teil entspricht somit dem einer Komödie, der zweite dem eines „pathetic melodrama, with a considerable addition of more overt didacticism."[40] Nach Didicher dagegen steht diese Anordnung im Dienste der Kritik: „Goldsmith also targets the structure of novels in his parody, and makes his novel's structure purposely problematic to reflect their weakness."[41] Hinsichtlich des Plots und der Struktur sei das Ende der am schärfsten kritisierte Teil des Romans: Da Goldsmith ein traditionelles Ende verabscheute, könne man es nicht ernst nehmen.[42]

Die Einschübe betonen das Künstliche und die „ineffectiveness of literature in general":[43]

> Griffin remarks that 'the final twist of criticism dramatized is prepared for by the repeated introduction of apparently extraneous, blatantly stilted literary materials and (a true Goldsmithean touch) by the literary judgments expressed by the characters' (219-220). The Vicar is moved by a mock-elegy, his supposedly soothing romantic history has no effect on his daughter's peace of mind, and Sir William's ballad, surely meant to be a clue to his true identity, is not recognized as such. Literature, in the world of *The Vicar of Wakefield*, does not manage to accomplish what it sets out to do; neither, so Goldsmith would have us see, does the sentimental novel.[44]

Bäckman weist darauf hin, dass das Pathos gesteigert werde durch den Kontrast zwischen friedlichen Szenen und den unmittelbar folgenden Schicksalsschlägen,

---

37 Hopkins, *True Genius*, S. 206.
38 Hopkins, *True Genius*, S. 173.
39 Didicher, *Parody*, S. 117, weist mit einem Zitat aus Goldsmiths Schriften darauf hin, dass Goldsmith *advertisements* nicht trauen würde.
40 Bäckman, *Tale*, S. 40.
41 Didicher, *Parody*, S. 124.
42 Die Zufälle am Ende sind zu gehäuft, das Ende ähnelt einer parodistischen Szene in einem anderen Werk, andere, wie Mr. Burchell als Arzt, sind unglaublich. Cf. Didicher, *Parody*, S. 124.
43 Cf. Didicher, *Parody*, S. 129.
44 Didicher, *Parody*, S. 130. Die Arbeit von Griffin ist nicht veröffentlicht worden, deshalb wird ausnahmsweise aus Didicher, *Parody* S. 116, zitiert. Die eingefügten Erzählungen funktionieren wie die in *Joseph Andrews*, nämlich als Parodie, so Didicher, S. 130.

Goldsmith räume der emotionalen Kraft der Tragödie das Primat vor dem künstlerischen Wert ein.⁴⁵ Vor diesem Hintergrund werde sein Verständnis vom graduellen Pathos verständlich:

> Goldsmith, who was influenced by the so-called school of sympathy in his views on tragedy, used to emphasize the great importance of a necessary „gradation" in the preparation and build-up of pathos in tragedy, and pointed to Shakespeare, Otway and Rowe as masters in achieving truly great pathetic effects by setting off the suffering and misery of the tragic characters against their former joy and happiness. Both in the action as a whole and in individual scenes of his novel, Goldsmith applied a largely similar technique in order to achieve his pathetic effects, and in order to make his readers experience that true „luxury of woe" that he himself felt when he saw – or read – such tragedies as *Othello*, *The Orphan*, or *The Fair Penitent*.⁴⁶

Durch die Darstellung der Schicksalsschläge nach einer positiven Szene werde das Pathos noch gesteigert, dabei werde wiederum das Kontrastprinzip angewendet. Didicher dagegen sieht die Übertreibungen im Kontext der Parodie.⁴⁷

Die Komik des Romans resultiert nicht zuletzt aus der naiven Einstellung des Dr. Primrose, die sich auch in seinem Aberglauben manifestiert. Beeinflusst von seinen Töchtern und seiner Frau schenkt auch er den Prophezeiungen Glauben, die eine Zigeunerin gemacht hat – und deren Vorhersagen sich bewahrheiten. Diese unerwarteten Wendungen stehen, wie der Schluss des Romans, im Kontext der Parodie; typische literarische Szenen werden ironisch gebrochen.

4.1.2 Ambivalenz in der Darstellung des Landlebens

Bäckman hat darauf hingewiesen, dass Goldsmiths Wahl des Hauptschauplatzes, die eng verknüpft ist mit der der Hauptfigur eines Landpredigers, Originalität beanspruchen darf.⁴⁸ Goldsmith folgte der Tradition und den Lesererwartungen insoweit, als er auf detaillierte Schilderungen des Landpfarrhauses verzichtete, während er die anderen Schauplätze, mit Ausnahme des Gefängnisses, gar nicht näher beschrieben hat.⁴⁹ Die mit der Wahl des ländlichen Pfarrhauses verbundende Darstellung des Landlebens ist ambivalent:⁵⁰ „It was about the beginning of autumn, on a holiday, for I kept such as intervals of relaxations from labour, that I had drawn out my family to our usual place of amusement, and our young musicians began their usual concert."⁵¹ Beschäftigung mit Musik in freier Natur bietet der Familie Primrose Entspannung nach harter Arbeit, Dr. Primrose legt regelmäßig solche Feiertage für die Familie fest. Diese Tage

---

45 Bäckman, *Tale*, S. 244 ff.
46 Bäckman, *Tale*, S. 269.
47 Cf. Didicher, *Parody*, S. 120. Sie bezieht sich auf Jefferson, *Observation*, S. 624, und seine Formulierung von der „reduction of scale".
48 Cf. Bäckman, *Tale*, S. 84.
49 Bäckman, *Tale*, S. 86 und 91.
50 Bäckman, *Tale*, S. 89.
51 Goldsmith, *The Vicar*, S. 53.

4.1.2 Ambivalenz in der Darstellung des Landlebens

haben damit etwas Erzwungenes, Künstliches, sie stellen ein Gegenbild zur harten Realität ländlicher Arbeits- und Lebensbedingungen dar. Dabei idealisiert Goldsmith zwar, er vermeidet aber eine Übertreibung (wie sie beispielsweise bei Lenz zu finden ist) zugunsten einer subtilen Ironie sentimentaler Dichtung.[52] Goldsmith ist sich nicht nur der permanenten Bedrohung von Außen bewusst, er schildert das Leben in der Idylle mit seiner Beschränkung.[53] Pache sieht in der Idyllendarstellung bei Goldsmith eine zeitgenössische Gestaltung, die die „auf antiken und elisabethanischen Motiven beruhende pastorale Tradition immer stärker als konventionell und wirklichkeitsfern" zurückweise:

> Die Anpassung der Idylle an moderne Erfordernisse erfolgte, wie Oliver Goldsmiths Elegie *The Deserted Village* (1770) zeigt, durch motivische und strukturelle Modernisierung, also durch die Schilderung des zeitgenössischen Landlebens und seine Konfrontation mit aktuellen Vorgängen wie Vertreibung der Landbevölkerung und Verstädterung. Die Idylle erscheint als gefährdet oder transitorisch, als subjektives Traumbild oder als lediglich in der Erinnerung beschworenes Arkadien.[54]

Während in Sternes Roman *Tristram Shandy* der Erzähler „die gelegentlich anklingenden idyllischen Motive" durch Ironie bricht, sei das Verfahren in Goldsmiths Roman vorsichtiger:

> Die ironische Struktur des Romans und die Vermittlung durch einen nicht glaubwürdigen Außenseiter machen die Idylle fragwürdig. Ihr Harmonieideal bleibt allenfalls ideale Forderung, nicht aber Lebensmöglichkeit. Während die Idylle in „The Deserted Village" real durch die Vernichtung des ländlichen Lebens bedroht wird, schrumpft sie im Vicar of Wakefield zum Reservat eines patriarchalischen Egoisten zusammen, der vom Erzähler nicht ohne satirische Schärfe beurteilt wird.

> In Goldsmiths Roman konstituiert sich also die Idylle nicht mit dem Ziel einer naiven Harmonisierung der Realität, sondern als Ort der Spannung zwischen Ideal und Wirklichkeit. Diese Spannung ist doppelbödig, da von einem realistischen Standpunkt Kritik an naiver Idyllentendenz geübt wird, aber doch die Funktion der Idylle als utopische Kritik der Realität nicht vollkommen getilgt wird.[55]

Die ambivalente Darstellung des Landlebens wird auch deutlich in der Beschreibung täglicher Landarbeit. Bäckman hat für das 8. Kapitel, in dem der Vicar „in his capacity as a husbandman" erscheine, festgestellt, dass nur wenig gesagt werde über „the toil of the haymakers."[56] Goldsmith konzentriere sich stattdessen auf die Gespräche während des Picknicks in dieser bukolischen Szene. Duncan hat das 4. Kapitel näher analysiert und kommt zu dem Ergebnis, dass *Arbeit* kaum existiere:

> Toil hardly exists: the statement that farmers „tilled their own grounds" and that „my son and I went to pursue our usual industry abroad" sum up the attention devoted to labor. Instead, Primrose focuses on the „intervals of idleness and pleasure", on various holidays, on his reception by the neighbors, and on the simple fireside festivities in his home with

---

52 Bäckman, *Tale*, S. 88 ff. In Goldsmiths Roman stellt diese Idylle mit Anteilen des *locus amoenus* keine Alternative zur korrupten Stadt dar – im Gegensatz zu der Idylle bei Fielding.
53 Bäckman, *Tale*, S. 90.
54 Pache, *Idylle*, S. 138.
55 Pache, *Idylle*, S. 138.
56 Bäckman, *Tale*, S. 88 ff.

his family's friends. The focus amounts almost to concentration and adds significantly to the idyllic atmosphere, which is more pervasive than in either Fielding or Smollett.[57]

Die für seine Überlegungen herangezogenen Autoren bedienen sich des ländlichen Ideals, das als Symbol für traditionelle Werte steht.[58] Goldsmith hinterfragt diese Werte ironisch, wie Wortwahl und Darstellung des Landlebens[59] allgemein belegen.

In der Forschung ist bisher nicht auf die Konnotationen des Landlebens hingewiesen worden, die sich in den Bezeichnungen „toil" oder „labour" manifestieren. Beide Begriffe verweisen auf den physischen bzw. dauerhaften Arbeitseinsatz und stehen damit nicht im Kontext idyllischer Atmosphäre. Das 4. Kapitel, in dem Goldsmith häufiger auf Arbeit verweist als in anderen Kapiteln, beginnt mit einem Hinweis auf die neue Heimat der Familie Primrose und die Nachbarschaft, „consisting of farmers, who tilled their own grounds". (31) Goldsmith verweist auf die Besitzverhältnisse, denn die Bauern bestellen *eigenen* Grund und Boden, das Verb „to till" ist für die Bezeichnung landwirtschaftlicher Arbeiten angemessen und bezieht sich auf die Bestellung der Äcker. Die Landbevölkerung führt fern von Verführungen der Stadt ein zufriedenes Leben auf dem Lande, der Erzähler weist auf die Mühe hin: „they wrought with chearfulness on days of labour". (32)

Der Erzähler wendet sich dann der eigenen Unterkunft in der neuen Heimat zu und beschreibt die bescheidenen Wohnverhältnisse, die immer noch Gemütlichkeit und Familiensinn erlauben. Im dritten Absatz des 4. Kapitels schließlich beschreibt Dr. Primrose den Tagesablauf seiner Familie, jener „republic to which I gave laws". (33) Der auf diese Weise streng geregelte Tagesablauf schreibt das Aufstehen mit dem Sonnenaufgang vor, nach Gebeten, die Dr. Primrose als „duty" bezeichnet, folgt bis zum Frühstück die Arbeit: „my son and I went to pursue our usual industry abroad". (33) Nähere Angaben zur Art der Beschäftigung außerhalb des Hauses folgen nicht, wohl aber der Hinweis „we never pursued our labours after it was gone down"; nach dem Sonnenuntergang kehren Vater und Sohn also zurück. (33) Duncan vernachlässigt in seiner Interpretation die Aussagen, dass Dr. Primrose sehr wohl einen langen Arbeitstag auf dem Felde absolviert und übersieht so die ironische Brechung dieser traditionellen Motive.

Das 5. Kapitel beginnt mit einer Beschreibung des locus amoenus der Familie Primrose, des Gartenplatzes unter „hawthorn and honeysuckle". (35) Die Ablenkung von den täglichen Anstrengungen findet hier statt. Der nächste Absatz besteht aus nur einem Satz: „In this manner we began to find that every situation in life might bring its own peculiar pleasures: every morning waked us

---

57 Duncan, *Ideal*, S. 261 f.
58 Duncan, *Ideal*, S. 270.
59 Zur ambivalenten Darstellung des Landlebens cf. Bäckman, *Tale*, S. 88 ff.

to a repetition of toil; but the evening repaid it with vacant hilarity." (35) Arbeit wird, anders als Duncan behauptet, mit ihren beschwerlichen Konnotationen dargestellt.

Es folgt dann die Einführung des Squire. Im 6. Kapitel wird die Arbeit – der Landprediger weckt die Familie für die Heuernte, bei der Mr. Burchell hilft – schon leichter. „Our labours went on lightly, we turned the swath to the wind, I went foremost, and the rest followed in due succession." (40) Die gemeinsame Feldarbeit geht zügig voran, die rhetorische Gestaltung des Satzes verdeutlicht die Dynamik, mit der die Familie Primrose den landwirtschaftlichen Arbeitsbedingungen gewachsen ist. Dennoch bleibt die Arbeit Pflicht (task).

Erst im 8. Kapitel[60] wird die Auswirkung der Mithilfe Mr. Burchells gewürdigt, dabei weist Dr. Primrose auf die Kosten, die für die Bewirtung Mr. Burchells entstehen, hin:[61]

> It is true his labour more than requited his entertainment, for he wrought among us with vigour, and either in the meadow or at the hay-rick put himself foremost. Besides, he had always something amusing to say that lessened our toil, and was at once so out of the way, and yet so sensible, that I loved, laughed at, and pitied him. (45)

Wiederum wird die landwirtschaftliche Arbeit als *toil* bezeichnet, die nunmehr erleichtert wird sowohl durch Mr. Burchells Mithilfe als auch durch seine Unterhaltungen. Goldsmith erwähnt die Arbeit zum letzten Mal im 16. Kapitel, als Dr. Primrose schreibt, dass er und sein Sohn ihrer „occupations abroad" folgen, während der Squire bei den Frauen sitzt und sie unterhält. (81)

Goldsmith verdeutlicht die Beschwerlichkeit der Landarbeit, ohne dies explizit zum Ausdruck zu bringen; die Beschreibungen der Arbeit sind in Ausführungen eingebettet, die Entspannung signalisieren. Diesen literarischen Stilisierungen laufen Begriffe wie „wrought, toil, labours, repetition of toils, industry, occupation" und der Hinweis auf die langen Arbeitstage zuwider. Die tägliche Arbeit auf dem Felde wird bei Goldsmith nicht spielerisch verklärt oder idealisiert, Goldsmith vermischt die Beschreibungen des harten Landlebens mit Darstellungen ländlicher Lustbarkeiten wie Spiele und Picknick. Auch die harmlosen Spiele der Bauern, die Freizeitvergnügungen, die Spiele im Hause der Familie Flamborough, sind ambivalent und verweisen nicht nur auf den Kontrast zwischen Stadt und Land: Goldsmith „gently satirizes their credulity and lack of perspective, but at the same time idealizes their frugal and idyllic way of life and the simplicity of their pleasures."[62]

An den ländlich-naiven Spielereien sowohl im Kreise der Familie als auch der Nachbarschaft hat der Landprediger Dr. Primrose große Freude. Erst als die Familie von den „Damen" während eines Spieleabends überrascht wird, bringt

---

60 Im 7. Kapitel wird Arbeit nicht erwähnt.
61 Cf. Hopkins, *Genius*, auch wegen des Vermögens.
62 Bäckman, *Tale*, S. 174.

der Vicar seine Beschämung zum Ausdruck. Dem „high-life" der Stadt wird die Simplizität des Landes gegenübergestellt, die Familie des Landpredigers steht zwischen beiden Seiten. Dass sie einerseits Freude an ländlicher Einfalt findet, für die sie sich andererseits schämt in ihrem Bestreben, am high-life zu partizipieren, verdeutlicht die soziale Zwischenstellung auf sehr subtile Weise. Sie verdeutlicht aber auch die überzeichnete naive Darstellung der Landbevölkerung in erzählender Literatur.

4.1.3 Der Erzähler

Goldsmith hat in seinem Roman übliche Figuren und Motive verwendet, originell ist aber die Erzählperspektive, nach Bäckman ist Goldsmith mit der Wahl des erlebenden Helden als Erzähler ein „stroke of genius as a novelist"[63] gelungen: Er hat einen Erzähler mittleren Alters gewählt, der aus der Sicht des Familienvaters berichtet, und nicht, wie üblich, entweder einen auktorialen oder einen in eine Liebeshandlung involvierten Erzähler.[64] Dr. Primrose ist als Vater weder selbst in eine Liebeshandlung verwickelt, noch erlebt er Abenteuer, wie sie damals in der Unterhaltungsliteratur üblich gewesen sind. Dennoch werden Heiraten, Liebesaffären und Reiseabenteuer geschildert, so dass Goldsmith dem Geschmack und den Erwartungen des Lesepublikums entsprach.

Das Wissen des Ich-Erzählers Dr. Primrose ist beschränkt, die Liebesgeschichten um Sophia und Olivia werden aus diesem Grunde weniger ausführlich beschrieben, so dass auch durch die Vermeidung bestimmter, typischer Szenen ein antiromantischer Effekt erzielt wird.[65] *The Vicar of Wakefield* ist der erste Roman mit einem Ich-Erzähler dieser Art, „a middle-aged parent of the amiable-humorist type, who has troubles in marrying off his daughters".[66] Unüblich ist auch die relativ kurze Spanne des Familienlebens, aus dem berichtet wird, denn normalerweise erzählt der Held (oder die Heldin) aus seinem (ihrem) Leben von Geburt an. Die besondere Form der Ironie, der „compound irony", resultiert aus der Tatsache, dass Goldsmith seinen Erzähler, der selbst Ironiker ist, der dramatischen Ironie ausliefert.[67]

Als Erzähler kommentiert Dr. Primrose nicht beständig die Erzählsituation,[68] dennoch ist sich der Erzähler potentieller Adressaten bewusst, wie die Aussagen, mit denen die Leser auf ihre Einbildungskraft, Gefühle und Erfahrungen verwiesen werden, beweisen. Auch die Weigerung, Einzelheiten auszuführen,

---

63 Bäckman, *Tale*, S. 110.
64 Bäckman, *Tale*, S. 110.
65 Bäckman, *Tale*, S. 110: „The result is an anti-romantic effect that the author no doubt desired, considering his known negative attitude to works where 'love is the ruling passion'."
66 Bäckman, *Tale*, S. 111.
67 Bäckman, *Tale*, S. 112.
68 Cf. Bäckman, *Tale*, S. 104.

legt nahe, dass sich der Erzähler seiner Adressaten bewusst ist. Diese Erzählhaltung dominiert in emotionalen Textstellen und in solchen, in denen Kritik am „städtischen" Verhalten geübt wird. Weiterhin fällt auf, dass Dr. Primrose in emotionalen Momenten versagt – auch als Erzähler.[69]

Indem der Erzähler die Lesenden auf ihre Erfahrungen verweist, kann er eine Wiederholung verschiedener Themen ebenso verhindern wie eine zu starke affektive Darstellung:[70] Nach ihrer Rettung aus den Fluten durch Mr. Burchell ist Sophia voller Dankbarkeit, die eher imaginiert als beschrieben werden könne, dennoch wagt es der Vater: „[...] she thanked her deliverer more with looks than words, and continued to lean upon his arm, as if still willing to receive assistance." (31) Ironisch wird die Tochter in der Rolle der sich hilflos gebenden Verliebten beschrieben. Mit diesem Hinweis auf die Vorstellungskraft seiner Leser kritisiert Goldsmith herkömmliche Liebesromane und die üblichen Beschreibungen der Verliebten. Auch das unverhoffte Wiedersehen mit dem Sohn wird ähnlich dargestellt: „The new performer advanced at last, and let parents think of my sensations by their own, when I found it was my unfortunate son." (105) Wie sehr sich die Familie schämt, als sie von den „Damen" aus der Stadt bei den Gesellschaftsspielen überrascht wird, deutet der Erzähler ebenfalls nur an: „Description would but beggar, therefore it is unnecessary to describe this new mortification. Death! To be seen by ladies of such high breeding in such vulgar attitudes!" (61)

Goldsmith vermeidet auf diese Weise eine zu stark affektierte Erzählweise und weicht auf dramatische Effekte zurück, die eher „sympathy" erwecken können. Das gleiche Prinzip folgt einige Sätze später, denn der Erzähler zieht sich ganz aus der Beschreibung zurück, als er den Dialog der beiden Damen wiedergibt: „But as every reader, however beggarly himself, is fond of high-lived dialogues, with anecdotes of Lords, Ladies, and Knights of the Garter, I must beg leave to give him the concluding part of the present conversation." (61) Die Kritik am Geschmack der Leser wird mit einem kleinen Seitenhieb erledigt, dem die Befriedigung eben dieses Geschmacks folgt; ohne großartige Beschreibung der Personen und ihres Auftretens schließt sich der Dialog an, in dem der Erzähler nur als Übermittler, nicht als Erzähler dieser „anecdotes" fungiert.

Auf diese Textstelle weist Bäckman hin, um sie als einzige herauszuheben, in der sich der Erzähler an einen potenziellen Adressatenkreis wendet: „However,

---

[69] Cf. Didicher, *Parody*, S. 131 f.: In der Figurengestaltung sei die Handlungsweise des Vicars interessant, da er wie eine Heldin und nicht wie ein Held agiere; auch ist er passiv in dieser Rolle. Dr. Primrose ähnelt der *heroine*, wie Brissenden sie beschreibt. So wird er *mad* (Ertrinken) oder ohnmächtig (Feuer): „He is apt to make exclamations such as 'my sensations were even too violent to permit my attempting her rescue' (IV, 30)."

[70] Didicher, *Parody*, hat auf S. 103 Stellung dazu genommen, nicht aber dazu, dass Goldsmith selbst dieses Muster verwendet.

it should be noted that this brief ironic excuse is not directed *to* the reader, in the manner of the typical self-conscious narrator."⁷¹ Über diese Feststellung hinaus äußert sich Bäckman nicht zu dieser Textstelle, Bäckman ist der Ansicht, der Erzähler sei sich seiner Aufgabe als Schreiber nicht bewusst.⁷² Tatsächlich aber stellt Szene des „high-lived dialogues" nicht die einzige dar, in der sich der Erzähler der Erzählsituation bewusst wird, wie die Anrede der Leser zeigt.

Die Komik resultiert aus der Distanz zwischen Erzähler und Leser: Der Leser hat die wahre Identität der beiden „Damen" bereits erahnt und ist deshalb weniger amüsiert über die für die Familie Primrose offensichtlich peinliche Situation als vielmehr über deren Bestrebungen, sich dem „high-life" anzupassen und bei diesen Bemühungen die vermeintlichen Vorbilder zu verkennen. Die Komik wird verstärkt durch die Unmittelbarkeit, hier erreicht durch die Invokationen.

Auch der Aufwand, den seine Frau und seine Töchter betreiben, um Mr. Thornhill zu empfangen, wird nicht näher beschrieben, da schon mehrfach auf ihre Eitelkeiten verwiesen wurde und die Leser somit ihrer Einbildungskraft freien Lauf lassen können. (41) Auf diese Weise vermeidet Goldsmith die *Wiederholung* modischer Beschreibungen und flatterhaften Putzes und bringt damit gleichzeitig Kritik an dieser Mode und der entsprechenden Reflexion in der Literatur zum Ausdruck. Goldsmith parodiert damit entsprechende Texte.⁷³ Wie schon die „Verweigerungshaltung" des Erzählers andeutet, ist sich der Erzähler der Erzählsituation durchaus bewusst und nutzt dieses Wissen auch. Der Erzähler Dr. Primrose unterbricht den Erzählvorgang immer dann, wenn Emotionen ihn überwältigen: Sentimentale Szenen werden gebrochen.⁷⁴ Didicher erklärt: „The ideal world which the Vicar wishes the reader to believe in is easily shattered by mundane realities such as embarrassment."⁷⁵

Eine Besonderheit des Romans *The Vicar of Wakefield* liegt in der Wahl des Ich-Erzählers,⁷⁶ die erst die subtile Form der Ironie ermöglicht: Ein nicht in die Liebeshandlung verwickelter Familienvater präsentiert als Ich-Erzähler die Abenteuer seiner Familie. Dr. Primrose ist ein *unreliable narrator*.⁷⁷ Tatsachen, die ihn in schlechtem Lichte darstellen, verschweigt er oder verdreht sie, gleichzeitig ist er davon überzeugt, über Fähigkeiten zu verfügen, die ihm der implizite Autor nicht zugesteht. Als Beispiel für die Unzuverlässigkeit des Erzählers verweist Bäckman auf die Tatsache, dass der Vicar im 4. Kapitel

---

71 Bäckman, *Tale*, S. 104, FN 70.
72 Bäckman, *Tale*, S. 104.
73 Cf. Didicher, *Parody*, S. 103.
74 Hopkins, *Genius* 205, weist darauf hin, auch Didicher, *Parody*, S. 122, es stehen nicht sentimentale Szenen neben komischen.
75 Didicher, *Parody*, S. 123.
76 Cf. Stevenson, *Novel*, S. 142, Paulson, *Satire*, S. 271, Hopkins, *Genius*, S. 183 f.
77 Bäckman, *Tale*, S. 105 unter Hinweis auf Booth.

behauptet „no prudence of ours could have prevented our late misfortune", dem Leser aber klar ist, dass der Vicar das Unglück hätte verhindert haben können, wenn er im Streit mit Mr. Wilmot zurückhaltender gewesen wäre.[78] Die Unzuverlässigkeit ist aber keineswegs so stark, dass der Leser mit Antipathie reagiert, und im zweiten wird sie ganz aufgegeben:

> Goldsmith has been faced with the problem of creating, in a first-person narrative, which by definition allows no direct commentary on the part of the author himself, a hero who is at the same time comic and worthy. He has solved the problem by first involving his hero in a number of incidents in which his faults (most of which can be said to spring from an excess of certain basic virtues) are exposed, with gentle satire and forgiving humour, and where some of the comedy (and satire) arises from the fact that the Vicar is a slightly unreliable narrator. However, the comic-satiric episodes and the narrator's unreliability do not destroy the reader's conviction that Dr. Primrose's heart is after all in the right place, and in the latter half of the novel Goldsmith concentrates on showing the worthiness and dignity of his character, by exposing him to adversity. It is significant, that, then, the narrator's unreliability, which has been to source of many of the comic or satiric effects, vanishes more or less completely.[79]

Im Zusammenhang mit der Unzuverlässigkeit des Erzählers weist Bäckman auf die Distanz hin, die zwischen implizitem Autor und Erzähler besteht und im zweiten Teil zurücktritt. Mr. Burchell, der im zweiten Teil erst am Schluss wieder erscheint, ist der Spiegel dieser intellektuellen und moralischen Distanz:

> By exposing the limitations of Dr. Primrose's wisdom, by showing how small and narrow his conception of the world is, by revealing the contrast between his actions and his professed opinions, and by showing subtly how easily he is swayed by the views of his wife and daughters, the implied author (i.e. Goldsmith as he appears behind the scenes of his novel) establishes a certain intellectual distance between himself and his narrator. There is also a certain *moral* distance between the narrator and the implied author. This distance becomes evident particularly in the description of the Vicar's behaviour towards Mr. Burchell, the disguised good man and paragon of the book.
>
> It is worth noting that Mr. Burchell has an extremely important function all through the earlier half of the book when it comes to establishing the intended distance between the implied author and the narrator-and-hero, and between the implied author and the reader. [...]. The reader – but not Dr. Primrose – learns from the beginning, thanks to the slip-of the tongue device manipulated by the implied author, that Mr. Burchell is identical with the virtuous and benevolent (though slightly eccentric) Sir William Thornhill. His behaviour and actions are clearly designed to inspire sympathy and respect, [...] and we more or less automatically measure the narrator as an intellectual and moral agent against the norm embodied by the good Mr. Burchell. According as Dr. Primrose follows or neglects Mr. Burchell's advice, he is judged as wise or foolish, and according as he treats him well or ill, he is judged as morally good or bad.[80]

Diese Abnahme der Fehlbarkeit des Helden korrespondiert im zweiten Teil mit der Betonung der Darstellung der Würde des Dr. Primrose und auch damit, dass der Erzähler Meinungen von sich gibt, die Goldsmith bereits andernorts veröffentlicht hatte, der Erzähler wird mehr und mehr zum Sprachrohr des Autors Goldsmith.[81] Auch Hopkins legt dar, dass Goldsmith Dr. Primrose zu seinem Sprachrohr gemacht hat:

---

78 Bäckman, *Tale*, S. 105 f.
79 Bäckman, *Tale*, S. 106.
80 Bäckman, *Tale*, S. 107.
81 Bäckman, *Tale*, S. 107.

> In its excessive repetition of polysyllabic words borrowed from the jargon of political tracts, the Vicar's oratory is incredibly heavy handed; and the unintentional rhyme of „managed to advantage" calls the reader's attention to the Vicar's lack of sensitivity to his language. Dr. Primrose's pomposity enables the reader to understand why in the church of Wakefield „the 'Squire would sometimes fall asleep in the most pathetic [exciting] parts of my sermon, or his lady return my wife's civilities at church with a mutilated curtesy" (IV, 19). The Vicar's defense of Goldsmith's beliefs is analogous to Samuel Johnson's technique in Idlers No. 60 and 61, in which Dick Minim, a coffeehouse critic, repeats all of the neoclassical critical attitudes that Johnson elsewhere defended. And most important of all, within the context of the chapter, Dr. Primrose's harangue is the straight build-up to the comic letdown that follows when immediately afterward we discover that the owner of the mansion is merely the butler.[82]

In Lenz' Erzählung *Der Landprediger* ähnelt die Erzählperspektive diesem Sprachrohr-Prinzip; zwei Mal erwähnt der Erzähler Dinge, die auch Lenz so gemeint haben könnte, Erzähler und Mannheim haben die gleiche Meinung.

Dr. Primrose ist zwar Erzähler, erfüllt aber auch die Funktion des Beobachters und Kommentators, der das Geschehen als „spectatorial character" bewertend darstellt.[83] Über den Erzähler sagt Didicher nach einem Vergleich mit der Erzählung „The History of Miss Stanton": „The world of *The Vicar of Wakefield* is not the world of absolutes that the Vicar would like the readers to believe in. He is as untrustworthy and ambiguous a persona as the narrator of 'The History of Miss Stanton'."[84]

Der Erzähler kommentiert ironisch das Fehlverhalten anderer, während es dem Leser und dem impliziten Autor vorbehalten bleibt, sich hinter dem Rücken des Erzählers zu verständigen. Mit dem Verzicht auf den Hinweis auf die „now- und then-Dimension" wird der Eindruck der Naivität und Fehlbarkeit des Dr. Primrose unterstützt, der nicht aus der Retrospektive mit einem Wissenszuwachs erzählt, was wiederum die Voraussetzung für die subtile Ironie ist. Der Vicar erscheint dadurch als statische Figur, die keiner Entwicklung unterliegt.[85]

Wenn auch die Mehrzahl der Figuren primär durch Ereignisse und Dialoge und nicht mittels einleitender Beschreibungen charakterisiert wird, so hat Goldsmith seinem Roman Komplexität verliehen durch die originale und künstlerisch effektive Gestaltung des Dr. Primrose, der, halb lächerlich und halb liebenswert dargestellt, ein Vertreter des damals verbreiteten literarischen Typus des *amiable humourist* ist: „What above all characterized this type of figure –

---

82 Hopkins, *True Genius*, S. 198.
83 Bäckman, *Tale*, S. 159.
84 Didicher, *Parody*, S. 131. Mit der Entführung Olivias habe Goldsmith ebenfalls ein parodistisches Element gestaltet, indem der Vater das Interesse an der Verfolgung Olivias verliere und Goldsmith den Leser auf diese Weise vom konventionellen Motiv ablenke. Didicher, *Parody*, S. 126.
85 Bäckman, *Tale*, S. 103 f., führt aus, dass die Chronologie ungenau eingehalten werde. Cf. dazu Hopkins, der Vergleich mit dem mit Lord Falkland gefallenen Großvater würde Dr. Primrose ca. 100 Jahre alt machen, so dass Satire vorliegt, Dr. Primrose lebt in der Vergangenheit. Hinweis von Hopkins auf Prior, *Life*, II, 114.

who was as a rule an elderly gentleman – was an incongruous combination of ridiculous foibles and sterling qualities that inspired sympathy and respect".[86]

Dr. Primrose ist somit ein liebenswerter, humorvoller, gleichzeitig unzuverlässiger Erzähler.[87] Von den weiblichen Familienmitgliedern oftmals überstimmt, ist er dennoch Familienoberhaupt. Seine christliche Basis ist unerschütterlich, denn letztlich findet er in größter Not Zuflucht zu Gott und seiner Religion. Dieser Figurentypus trägt nicht nur zur Komplexität des Romans bei, sondern ist in sich komplex und erfüllt die doppelte didaktische Funktion des Vicars: Diese hatte Goldsmith schon erfolgreich an seiner Essay-Figur Lien Chi Altangi, erprobt, dessen Weisheit beschränkt ist, und dessen Unschuld und Mangel an Erfahrung der Satire preisgegeben werden. Auch Dr. Primrose wird aufgrund seiner Unerfahrenheit, seines Stolzes und seiner Naivität zum Objekt der Satire, während er in satirischer Weise das Verhalten seiner Mitmenschen kommentiert.[88]

Als *amiable humourist* steht Dr. Primrose in einer Reihe mit seinen Vorgängern, mit denen er mehr oder auch weniger Ähnlichkeiten hat: Don Quixote, Sir Roger de Coverley und Parson Adams. Goldsmiths Auseinandersetzung mit der Figur des Landgeistlichen, seine eigenen Ansätze in der Verarbeitung dieses Motivs, lassen sich aus einem Vergleich der Landprediger Parson Adams und Dr. Primrose oder der Erzählperspektiven ableiten. Fieldings auktorialer Erzähler kann ohne Probleme die Satire auf Kosten des Geistlichen präsentieren, eine Tatsache, die Goldsmith nicht einfach übernehmen konnte, da er einen Ich-Erzähler gewählt hat. Mit dem Verlust der Ironiegestaltung ist aber ein Gewinn an subtiler Ironie verknüpft.[89]

Der Vicar ist zwar gelehrt, aber gleichzeitig auch fehlbar, was zum einen zur „compound irony", einer Ironie auf Kosten des Ironikers, führte. Zum anderen erreichte Goldsmith damit auch einen antiromantischen Effekt, da der Vicar selbst nicht in eine Liebeshandlung verwickelt ist und daher dieser auch weniger Aufmerksamkeit schenkt.

Goldsmith hat mit der Figur des naiven, leichtgläubigen Landpredigers einen konventionellen Typus dargestellt:

> Fielding had already introduced an unwordly and amiable country clergyman as the central figure of a piece of long fiction, and had shown that with such a character dominating the scene, delightful comedy could be effectively combined with didactic seriousness.[90]

Die Übereinstimmungen, aber auch die Unterschiede zwischen Adams und Dr. Primrose zeigen, dass sich Goldsmith an Fielding anlehnte, grundsätzlich aber

---

86 Bäckman, *Tale*, S. 98.
87 Cf. Bäckman, *Tale*.
88 Bäckman, *Tale*, S. 98.
89 Bäckman, *Tale*, S. 102.
90 Bäckman, *Tale*, S. 91.

eine eigene Figur schuf, die besonders im deutschsprachigen Raum Anreiz für Autoren war, ebenfalls einen Landprediger in den Mittelpunkt ihrer Texte zu stellen.[91] Auf Einzelheiten dieses Vergleichs soll an dieser Stelle nicht eingegangen werden, Bäckman gibt einen guten Überblick, der über den bei Fischer weit hinausgeht, indem nicht allein die typischen Ähnlichkeiten, die sich aus der Figurenanalogie ohnehin ergeben, aufgezählt werden.[92]

Die vorliegende Arbeit schließt sich Didichers Deutung des Romans als Parodie auf sentimentale Literatur an. Lenz übernimmt diese parodistische Schreibweise und einzelne Erzählstrategien; insofern fungiert Goldsmiths *The Vicar of Wakefield* als Vorbild für Lenz.

4.2 Friedrich Nicolai: *Sebaldus Nothanker*

Literatur und protestantische Kirchen stehen im Mittelpunkt des in drei Bänden[93] erschienenen Romans *Das Leben und die Meinungen des Herrn Magister Sebaldus Nothanker*, mit dem der Berliner Aufklärer und Verleger Friedrich Nicolai die Lebensgeschichte des Magisters Sebaltus (bei Nicolai *Sebaldus*) von Thümmel „fortführt". Auf der Suche nach Glaubensfreiheit und Toleranz[94] verliert Sebaldus Nothanker seine Anstellung als Landprediger und setzt sich nach einer Reise durch Norddeutschland und die Niederlande in Westfalen zur Ruhe, allerdings erst nach einem Lotteriegewinn.

---

91 Zu den Ähnlichkeiten und Unterschieden zwischen Parson Adams und Dr. Primrose cf. u.a. Bäckman, *Tale*, S. 100 ff.
92 Einige Anmerkungen zu Dr. Primrose:
 Er ist leicht zu beeinflussen. Cf. auch Bäckman, *Tale*, S. 107. Er hat vernünftige Ansichten, wie der Gang der Handlung immer wieder entdeckt. Einige Situationen aber zeigen, dass der Vicar auch zu drastischeren Maßnahmen greifen kann, besonders bei Modethemen, wie die von ihm inszenierte „versehentliche" Vernichtung der Schminktöpfe seiner Töchter illustriert.
 Dr. Primrose hat eine Rolle übernommen, vergisst dies in Momenten emotionalen Stresses aber immer wieder, und muss von seiner Familie an sein geistliches Amt erinnert werden.: „To say that this concept of Dr. Primrose as actor shows conscious insincerity on his part does not seem entirely fair; throughout the narrative he appears to mean well and to have good intentions. Nonetheless, he is acting a role – a preconceived ideal of a clergyman that never becomes an integral part of his personality – and what D.W. Jefferson calls the 'official and the unofficial self of the vicar' are never fully reconciled. [...]" Hopkins zitiert Hazlitt zur Figur des Priesters. Dr. Primrose zeige zwei Seiten, die augenscheinlich nicht mit einander vereinbart werden können. Schon an anderer Stelle hat Hopkins darauf hingewiesen, dass „materialism" nicht zum geistlichen Amt passe. Cf. Hopkins, *Genius*, S. 196.
93 Cf. u.a. die Ausgabe von Reclam, S. 463: Nicolais Roman ist in drei Bänden in den Jahren 1773, 1775 und 1776 erschienen. Nachdem der erste Band in zwei weiteren Auflagen erschien, wurde 1799 eine umgearbeitete Neuausgabe herausgegeben: *Leben und Meinungen des Herrn Magisters Sebaldus Nothanker*, Berlin und Stettin, bey Friedrich Nicolai, 1799; dieses ist die 4. Auflage. Weitere Auflagen des 1. Bandes erschienen 1774 (2., verbesserte Auflage) und 1776, 3., verbesserte Auflage.
94 Cf. auch Jacobs, *Prosa*, S. 188.

Zwei Haupthandlungen werden im Roman miteinander verbunden, neben dem auf den Geistlichen konzentrierten Handlungsstrang gilt ein zweiter dem Schicksal seiner Tochter Mariane:

> Nicolais *Sebaldus Nothanker* ist aus zwei deutlich voneinander unterscheidbaren Erzählkomplexen zusammengesetzt. Der erste ist um die Titelfigur zentriert und will an deren Schicksalen die Unmenschlichkeit und den rachsüchtigen Fanatismus der protestantischen Geistlichen sichtbar machen. Daß eine bestimmte Demonstrationsabsicht verfolgt ist und daß eine These erzählerisch illustriert und belegt wird, erinnert an die vor allem von Voltaire gepflegte Gattung des Conte philosophique. Dessen charakteristische Stilzüge lassen sich in der Erzählung von Sebaldus Nothanker wiederfinden: die deutliche Orientierung der einzelnen Episoden auf die Thesen hin (daß nämlich der tolerant und human Denkende von der geistlichen Hierarchie verfolgt wird), ferner die Eindimensionalität der Personendarstellung, der Verzicht auf atmosphärische Ausgestaltung der Erzählung, endlich auch ein relativ großes Tempo des Vortrags, der von einer Episode zur nächsten eilt, um die Grundthese des Werks aufs neue bestätigen zu lassen.[95]

Nicolai habe aber „nicht das erzählerische Staccato der Voltaireschen Kurzromane erreicht", da er diesen philosophischen Komplex noch mit einem empfindsamen verbunden hat.[96] Nicolai hat mit dieser Vermischung von Gesellschaftskritik und Liebesgeschichte, die er im Vorwort allgemein verurteilt, die Möglichkeit geschaffen, auch die Leser und Leserinnen zu erreichen, die eher Interesse an romantischen als an gesellschaftskritischen Texten haben. Das Schicksal von Vater und Tochter werden abwechselnd erzählt, nicht miteinander vermischt.

Mit dieser Unterscheidung von Liebes- und Religionsmotiv lehnt Nicolai sich im weiteren Sinne an den englischen Roman *Vicar of Wakefield* an. Einzelne Szenen verweisen konkret auf Goldsmiths Vorbild. Die Liebesgeschichte mit dem „Knäuel konventioneller Motive"[97] fungiert als Parodie:

> Wenn derjenige Teil des Romans, dessen Held Nothanker ist, im wesentlichen eine satirische Widerlegung des Dogmatismus, eine rationalistische Interpretation der Religion und eine antifeudale Satire darstellt, so ist der Abschnitt mit Marianne [sic] und ihrer Liebesgeschichte eine der treffendsten literarischen Satiren, eine Parodie auf den Familienroman einerseits und auf die Anakreontiker andererseits.[98]

Die Liebesabenteuer sind durch Verwendung typischer Motive parodistisch gestaltet, literarische Diskussionen beleuchten den Literaturmarkt um 1770, dabei Autoren, Verleger und Leser gleichermaßen anklagend; in den „theologischen" Ausführungen wird Kritik an der Kirche laut.

Nicolai stellt seinen Roman als Fortsetzung der Lebensgeschichte des Magisters von Thümmel dar, entsprechend beginnt er in medias res, nach der von Thümmel in seinem Epyllion *Willhelmine* erzählten Hochzeit des Magisters mit der Geliebten des Hofmarschalls. Verbindendes Element in der Erörterung

---

95 Cf. auch Jacobs, *Prosa*, S. 184 f.
96 Jacobs, *Prosa*, S. 185. Cf. auch Tronskaja, *Prosasatire*, S. 244.
97 Tronskaja, *Prosasatire*, S. 251.
98 Tronskaja, *Prosasatire*, S. 249.

unterschiedlichster Themen ist die Beziehung zwischen Theologie und Politik.[99] Allgemein ist die ästhetische Ausarbeitung bei Nicolai weniger gelungen als bei Thümmel oder Lenz,[100] im Vordergrund stand für Nicolai die intellektuelle Auseinandersetzung mit verschiedenen Themen, durch deren Nebeneinander Nicolai ein breites Publikum ansprechen konnte: Religion, Liebesabenteuer, Literaturströmungen; zugrunde liegen auch politische Diskussionen.[101]

Die Erzählsituation ist einfach gehalten. Ironie bestimmt den Erzählton, bei Nicolai ist sie weniger subtil als bei Goldsmith. Der auktoriale Erzähler gibt vor, sein Wissen aus verschiedenen Quellen zusammengetragen zu haben, und wirkt damit glaubwürdig, auch wenn die Informationen fragwürdig sind. Er ist allwissend und gibt Informationen über Beweggründe der meisten Figuren, über deren Lebensgeschichten er ebenfalls Kenntnisse hat.

In der Vorrede mit Authentizitätstopos und Herausgeberfiktion kritisiert der Erzähler die Unwahrscheinlichkeit der Liebesangelegenheiten, die in Komödien und Romanen erzählt werden, und verweist auf das Gedicht *Willhelmine*, in dem die Liebesangelegenheit des Dorfpastors schon beschrieben sei, so dass er seine „wahrhaftige [...] Lebensbeschreibung"[102] nach dieser Liebesgeschichte beginnen könne. (5) Dabei distanziert sich der Erzähler allgemein von Poeten und verweist auf ungedruckte Urkunden, die dem Verfasser der *Willhelmine* nicht vorlagen; aus diesem Grunde habe sich dieser auch in der Zeit geirrt, was der Erzähler nun durch die ihm vorliegenden Quellen korrigiert. Nicolai hat einen typischen Authentizitätstopos verwendet und geht auch weiterhin konventionell vor, wenn er Belege für seine Erzählung nennt.[103]

Die künstlerische Gestaltung des Romans lässt vermuten, dass es sich bei der zeitlichen Differenz um eine Nachlässigkeit des Autors handelt, denn Nicolai arbeitet nicht so subtil mit ästhetischen Stilmitteln und zeitlichen Strukturen wie beispielsweise Lenz. Der Widerspruch zwischen der in der Vorrede genannten Aversion Unwahrscheinlichkeiten gegenüber und den im Text genannten Unwahrscheinlichkeiten, die durch Belege gestützt werden sollen, kritisiert

---

99 Cowan, *Representations*, S. 2.
100 Der Vorwurf erzählerischer Schwäche wird Nicolai wiederholt gemacht, cf. u.a. Schwinger, *Sebaldus Nothanker*, S. 4. Jacobs, *Prosa*, S. 192, der aber vor dem Hintergrund der Gattung erklärt: „Man darf keine differenzierte Psychologie der Figuren und keine atmosphärisch dichte Wiedergabe der Wirklichkeit fordern, wo ein satirischer Tendenzroman geboten wird."
101 Cf. Cowan, *Representations*.
102 Cf. S. 5. Zitiert wird nach der kritischen Ausgabe, die 1991 bei Reclam erschienen ist.
103 Tronskaja, *Prosasatire*, S. 249 f., erklärt das beständige Beharren auf Wahrhaftigkeit mit der Tatsache, dass Nicolai reales Material verwendet habe und sich auf diese Weise von sentimentalen Autoren und deren Authentizitätstopoi abgrenze. Entsprechendes gelte für die *Zuverläßige Nachricht* mit ihrer „parodistische[n] Behauptung von der Wahrheitstreue des Romans". „In einem neuen Licht erscheint auf die Fiktion der Fortsetzung von *Wilhelmine*. Nicolai wirft ja bewußt alle diese komplizierten Theorien und Beweise über den Haufen, indem er das Sujet von Thümmels Roman weiterentwickelt, aber er tut es in parodistischer Absicht." Zur Parodie vgl. Tronskaja, *Prosasatire*, S. 249 f.

zeitgenössische Literatur, auf die er sich durch die zeitliche Verschiebung der Erzählung beziehen kann: Der Erzähler wirft dem Dichter der *Willhelmine* vor, die Heirat „an zwanzig Jahre zu spät" zu unterstellen, und damit wird die Handlung des Romans in die Gegenwart verlegt: Statt 1762, so der Erzähler, hätten Sebaldus und Wilhelmine also 1742 geheiratet, und die Vertreibung aus dem Pfarrhaus erfolgt ungefähr 1768.[104] Die „Zuverläßige Nachricht"[105] erwähnt den Überfall auf den Postwagen, in dem auch Sebaldus Nothanker reist, und datiert diesen 1763, so dass sich eine Differenz von annähernd sieben Jahren ergibt und damit eine genauere zeitliche Einordnung nicht möglich ist.

4.2.1 Der Landprediger Sebaldus Nothanker

Sebaldus Nothanker ist ein leichtgläubiger Landprediger, wie schon die Tatsache zeigt, dass er sich gegen seine anfängliche Ablehnung doch von Wilhelmine davon überzeugen lässt, eine Predigt über Abbts Schrift *Vom Tode für das Vaterland* zu halten. Das enthusiastische Feuer, in das Sebaldus während seiner Predigt gerät, geht auf sein Steckenpferd Apokalypse zurück: Sebaldus arbeitet selbständig an einem Kommentar zur Apokalypse, er versucht sich in der „Aufklärung der dunkelsten Bilder", und seine Ergebnisse sind zwar neu, scharfsinnig und sinnreich, nicht aber richtiger oder wahrhaftiger als frühere Erkenntnisse:

> Er hatte mit vielen seiner wohlehrwürdigen Amtsbrüder, denen er sonst in so vielen Stücken unähnlich war, dennoch eine besondere Aehnlichkeit. Man solte kaum glauben, daß viele Landprediger, die den Sontag mit lauter Stimme das Gesetz predigen, und die Ungläubigen und Ketzer, mit starken Ausrufungen und Citationen aus dem Grundtexte, so fein zusammenzutreiben wissen, eben die Männer wären, die man die ganze Woche über, als dickstämmige Pächter, wilde Pferdebändiger, drolligte Trinkgesellschafter, und vorsichtige Wucherer gesehen hat. Eben also, wenn man, des Sontags den einfältigen, allen Bauern verständlichen Vortrag des Pastor Sebaldus hörte, so hätte man sich kaum vorstellen sollen, daß dis der grundgelehrte Mann sey, der alle Commentarien über die prophetischen Bücher durchstudirt hatte, [...] und aus diesem reichen Stoffe mit Hülfe der Crusiusschen Philosophie, die feiner als die feinste Nadel zugespitzt, die einfachsten Begriffe zertheilen, und sogar die beiden Seiten einer Monade von einander spalten kan, eines der scharfsinnigsten Gewebe von Prophezyungen aus der Apokalypse gezogen hatte, dem, *Crusius* unumstößliche Hypomnemata der prophetischen Theologie, *Bengels* unwidersprechliche Auflösung der apocalyptischen Weissagungen, *Don Isaak Abarbanels Majeneh Jeschuach* und *Michaelis* unwiderlegliche Erklärung der siebenzig Wochen, zwar vielleicht an Richtigkeit und Wahrheit, aber gewiß nicht an Neuheit, Scharfsinn und sinnreicher Aufklärung der dunkelsten Bilder zu vergleichen sind. (14 f.)

---

104 Errechnet sich wie folgt: 1742 Eheschließung, nach 9 Monaten wird der Sohn geboren (S. 19), sechs Jahre nach seiner Geburt Mariane (also frühestens 1748, cf. S. 20). Charlotte wird geboren, als Mariane erwachsen ist (cf. S. 21), also nach ca. 16 Jahren, (1748 + 16 = 1764). Charlotte stirbt ungefähr im Alter von 6 oder 8 Jahren, da sie schon ein „Säumchen" genäht hat, was schwerlich im Alter von 3 oder 4 Jahren möglich ist (S. 22), somit also: mindestens 1770. Dagegen aber: Der Postwagen wird 1763 überfallen (S. 433); Abbts Schrift erschien 1763; zeitgenössische Literatur (Anmerkungen auf Seite 22, Z. 27 f.).
105 Die *Zuverläßige Nachricht* hatte Nicolai dem 2. Band hinzugefügt, um seinen Roman sowohl von einem 2. Teil als auch von Predigten anderer Autoren abzusetzen, cf. Vorrede zur vierten Auflage, S. 473.

4.2.1 Der Landprediger Sebaldus Nothanker

Mit Ironie verweist der Erzähler auf die Haarspalterei (konkret: „Monadenspalterei") des Sebaldus, der sich mit seinen Gedanken verzettelt hat. Mit seinem Kommentar allerdings praktiziert Sebaldus Selbständigkeit im Denken. Gerade dadurch unterscheidet Sebaldus sich von seinen Kollegen, den „drolligten Trinkgesellschaftern", und nimmt für sich in Anspruch, was annähernd zwanzig Jahre später das *Preußische Allgemeine Landrecht* garantieren soll:

> Es [das Landrecht] bestimmt, daß keine Religonsgemeinschaft ihren Mitgliedern wider ihre Überzeugung Glaubensgesetze aufdrängen und niemand wegen vom allgemeinen Glaubensbekenntnis abweichender Meinungen von den Versammlungen der Gemeinde ausgeschlossen werden darf.[106]

Das Steckenpferd des Sebaldus Nothanker zeigt auf, wohin fehlgeleitete Vernunft in Glaubensdingen führen kann, denn Sebaldus deutet jede Kleinigkeit vor dem Hintergrund der Offenbarung. Sebaldus ist ein „grundgelehrter Mann", (15) der anhand der Philosophie des Crusius die Lehre von der Genugtuung zu überarbeiten gedenkt. Die Verehrung der Philosophie des Crusius ist ebenfalls problematisch,[107] denn der mangelnde rationale Zugang, mit dem Sebaldus sich auch seinem Kommentar zur Apokalypse widmet, widerspricht den Reflexionen an anderer Stelle, gerade in späteren Diskussionen (Hebräisch etc.) nämlich beweist Sebaldus Kenntnisse verschiedener Themenbereiche. Sebaldus argumentiert unvernünftig, wenn er die Offenbarung als einzige Quelle ansieht, die der Vernunft nicht zugänglich ist, diese aber beständig analysiert, um mit der Vernunft den Beweis zu erbringen, dass die Offenbarung als Prophezeiung der Geschichte zu gelten habe.

Die Figur des Sebaldus Nothanker ist nicht ganz schlüssig.[108] Auch Tronskaja weist auf die Unstimmigkeit in der Figurenkonzeption hin, wenn sie Schwingers Deutungsversuch als ungerechtfertigt zurückweist mit der Begründung, dass Nicolai Nothankers Zwiespältigkeit darstellen wollte: „Das wird unterstrichen durch Nothankers besondere, nur ihm allein eigene Einstellung zur Apokalypse. [...] So wird das 'Steckenpferd' zu einer zwar komischen, aber unzweideutigen Bestätigung seiner weltanschaulichen Unabhängigkeit."[109] Gerade diese Unabhängigkeit ist den Vorgesetzten des Landpredigers Nothanker ein Dorn im Auge.

Als Anhänger der Vernunftreligion sieht er „die prophetische Offenbarung von zukünftigen Dingen" als „einzige Offenbarung", die der Vernunft nicht zugänglich sei, und relativiert damit den Wahrheitsanspruch der Bibel qua

---

106 Wallmann, *Kirchengeschichte*, S. 167 f.
107 Cowan, *Representations*, S. 63, weist ebenso wie Jacobs, *Prosa*, S. 190 f., auf das Groteske in der Kombination Wolff/Crusius hin.
108 Auch Jacobs, *Prosa*, S. 191, deutet „die Fixierung Nothankers auf seine Arbeit an einem Kommentar zur Apokalypse, in der er die Prophezeiung der neueren französischen Geschichte zu finden glaubt" als „[e]rstaunlich".
109 Tronskaja, *Prosasatire*, S. 243 f. Schwinger, *Sebaldus Nothanker*, S. 85 ff.

Vernunft, gleichzeitig sind aber auch der Vernunft Grenzen gesetzt. Und auch mit seinem Kommentar zur Apokalypse wirkt Sebaldus wie ein Sonderling. Zur Ablehnung der ewigen Höllenstrafe und zu seinen tiefsinnigen Reflexionen an anderer Stelle passt die Naivität, mit der Sebaldus seinen Kommentar zur Apokalypse schreibt, nicht. Er will mit seinem Kommentar die alten Meinungen als „alberne Fratzen" entlarven, dies gelingt ihm aber nur bedingt, da seine Deutungsmuster ebenfalls albern sind. Den Vorwurf, die Figur sei nicht kongruent, griff Nicolai selbst auf:

> Andere hingegen, weise systematische Männer, haben ihn dadurch völlig in die Enge zu treiben vermeint, daß sie ihm demonstrirt haben, sein eigner Charakter, [...] könne gar nicht zusammenhängen, wenn er bey seinen herrlichen theologischen Einsichten, zugleich an ein so ungereimtes Ding, wie die Apokalypse sey, ferner glauben wollte. (423)

Im letzten Abschnitt seines Romans nimmt Nicolai Stellung zu der „Inkonsequenz", erklärt sie aber unter Hinweis auf „*Don Quixotte*" und „noch lebende[...] Genies" damit, dass es auch einem ansonsten verständigen Mann durchaus möglich sei, in nur einem Punkte für die Umwelt unverständlich zu sein. (423) Außerdem würde

> [...] der beste, nachgebendste Mensch, ein Ding, über welches er seine Geisteskräfte einmal bis zu einer gewissen Anspannung angestrengt hat, sich nicht so leicht [...] nehmen lassen. Daß daher ein Gelehrter ein Buch, besonders ein biblisches Buch, worüber er eine ihm wichtig scheinende Hypothese erfunden hat, niemals ganz werde fahren lassen können.[110]

Schließlich sei auch nicht zu befürchten, dass diese Ansicht

> seinen andern guten Eigenschaften und guten Meinungen schaden werde. Der Mann, der nun einmal seine Menschenliebe und seine Toleranz durch die bildliche Vorstellung des neuen Jerusalems bestätigt, zumal, wenn er ein scharfsinniger Kopf ist, wird seine Theorie von Eingebung und Prophezeyung auch schon so zu modeln wissen, daß seinen menschenfreundlichen Gesinnungen dadurch kein Eintrag geschehe. Und warum sollte dieß, an sich, schwerer seyn, als solche Theorien so zu formen, daß sie zu herrschsüchtigen und verdammten Absichten gemißbraucht werden können?[111]

Nicolais Versuch, seiner Hauptfigur Sebaldus Nothanker Wahrhaftigkeit auch durch den Vergleich mit literarischen und realen Personen zukommen zu lassen, kann nicht überzeugen. Sebaldus bleibt als Figur gebrochen, seine geistigen Einsichten einerseits und die naiven Überlegungen zur Apokalypse andererseits passen nicht zusammen. Jacobs deutet diese „Marotte" als Möglichkeit, Sebaldus Nothanker nicht „zur allzu simplen Musterfigur" werden zu lassen, „ja, er bekommt sogar durch seine partielle Narrheit einen quijotesken Zug."[112] Damit unterscheidet Sebaldus sich von Dr. Primrose, dem man seine Naivität abnimmt, freilich nicht ohne die intendierte Belustigung.

Ein weiteres literarisches Vorbild lässt sich schon vom Titel ableiten: *Das Leben und die Meinungen* verweisen auf Sterne, von dem auch die Idee des

---
110 Nicolai, *Sebaldus Nothanker*, S. 423 f.
111 Nicoali, *Sebaldus Nothanker*, S. 424.
112 Jacobs, *Prosa*, S. 191.

Steckenpferdes stammt. Das Steckenpferd des Sebaldus fungiert nicht nur als literarisches Beiwerk, mit dem Nicolai dem Geschmack seiner Leserinnen und Leser entsprochen hat, sondern auch als Verweis auf eigenartige Freizeitbeschäftigungen der Geistlichen (der Präsident schreibt Chronodistichen, unter Sebaldus' Kollegen sind „wilde Pferdebändiger, drolligte Trinkgesellschafter", cf. S. 31 und 15). Sebaldus unterscheidet sich von seinen Kollegen dadurch, dass er auch in seiner Freizeit theologische Überlegungen anstellt, die zwar ganz harmlos sind, von seinen Vorgesetzten aber mit Argwohn beurteilt werden und ihn schließlich das Amt kosten.

4.2.2 Die Familienidylle

Was bei Thümmel nur angedeutet wird, löst der Roman bei Nicolai ein: Die Ehe ist die bürgerliche Institution, die beiden Partnern die Entfaltung ihrer Persönlichkeit ermöglicht. Willhelmine liebt das Französische, ist Anhängerin der Philosophie Wolffs und schätzt die schönen Wissenschaften, während ihr Mann alles Französische verabscheut, Crusius bevorzugt und ausführlich die Apokalypse studiert. Das gleichberechtigte Nebeneinander dieser gegensätzlichen Vorlieben verdeutlicht die gegenseitige Toleranz und Gleichberechtigung beider Ehepartner, der die Intoleranz der Institution Kirche gegenübergestellt wird. Das einsame Leben des aus der *Willhelmine* von Thümmel noch bekannten Magisters wandelt sich nach der Eheschließung und anfänglichen Schwierigkeiten zu einem harmonischen Familienleben inmitten einer dörflichen Idylle. Allerdings müssen beide Ehegatten voneinander lernen und Toleranz aufbringen. So bemerkt Willhelmine nach ihrer Hochzeit mit dem Magister, dass sie am Hofe nicht mehr erwünscht ist und gleichzeitig ihr höfisches Benehmen auf dem Lande keinen Nutzen für sie hat. Konsequent kann sie sich wieder auf dem Lande einleben und mit dem Bekenntnis zum Landleben ganz als „Landwirthin" zwischen den Bauersfrauen leben, denen sie, ihrer Stellung als Ehefrau eines Landpredigers gemäß, mit Rat und Almosen zur Seite steht. (12) Erst die Distanzierung von der Oberflächlichkeit des Hofes ermöglicht ihr die Rückbesinnung auf Werte bürgerlicher Kultur und das Erkennen der inneren Werte ihres Ehemannes. (11 f.) Dass sie ihn „regiert"[113] und er dadurch kultivierter wird, sich mehr um sein Äußeres bemüht, ist neben der Kritik am oberflächlichen Hofleben ein kleiner Seitenhieb auf den sich um Äußerlichkeiten nicht kümmernden Pedanten.

Anders als Thümmel lässt Nicolai seinen Magister durch Lektüre an bürgerlicher Kultur partizipieren; natürlich hat auch Wilhelmine mit ihren

---

113 Cf. S. 12; sie regiert allgemein, nicht nur ihren Mann, lässt dabei aber keine Machtansprüche erkennen.

4.2.2 Die Familienidylle

Lektüregewohnheiten Anteil an bürgerlichen Werten.[114] Nicolai unterlässt es aber nicht, an anderer Stelle gegen die eheliche „Idylle" und den bürgerlichen Zeitvertreib zu polemisieren:

> Es ist leicht zu begreifen, wie die Philosophie der schönen Wilhelmine zuweilen eine kleine Unordnung im Hauswesen habe verursachen können, und wie möglich es gewesen, daß ein neuangekommenes Stück der *Litteraturbriefe* der zureichende Grund seyn können, daß der Reißbrey anbrennen muste. Solche kleine häusliche Widerwärtigkeiten störten aber keinesweges die beiderseitige Zufriedenheit. Da Sebaldus gemeiniglich in eben der Zeit über ein Gesicht aus der Apocalypse geschwitzt hatte, so schmeckte er entweder den Fehler der Speise nicht, oder nahm in ganz gutherzig auf sich, weil er glaubte, er habe auf sich allzulange warten laßen. So gebiert das Bewusstseyn eigener Schwachheiten Toleranz, und Toleranz gebiert Liebe. (18)

Das Wissen um eigene Fehlbarkeit bewirkt bei Sebaldus und Wilhelmine gegenseitige Toleranz. Nachdem sie einander besser kennen gelernt haben, wissen Wilhelmine und Sebaldus miteinander umzugehen:

> Auf die Philosophie, über die sie sich so oft ohne Erfolg gestritten hatten, liessen sie sich ferner gar nicht ein. Hingegen ließ sich Sebaldus zuweilen gefallen, von Wilhelminen ein Stück aus einem neuen deutschen Schriftsteller vorlesen zu hören, (denn wider die französischen Schriften hatte er sich allzudeutlich erkläret, als daß sie sich derselben zu erwähnen getrauet hätte,) Wilhelmine war auch zuweilen so gefällig, von ihrem Manne ein Stück seiner neuen Erklärung der Apocalypse sich vorlesen zu lassen. Sie rief wohl zuweilen aus: „sinnreich! wirklich sehr sinnreich!" Mit diesem Beifalle war er vergnügt wie ein König. Er ließ ihn auch nicht unbelohnt. Er setzte sich ans Clavier, und spielte ungebeten einige der Oden mit Melodien, von denen er wuste, daß sie seiner Frau am angenehmsten waren. Wilhelmine sang mit frohem Herzen dazu, und gewöhnlich war ein solcher Auftritt eine reiche Quelle guter Laune für diesen und einige folgende Tage. (19)

Auch außerhalb der Familie harmonieren Sebaldus und Wilhelmine: Gemeinsam unterstützen sie ihre bedürftigen Nachbarn, um danach „mit Vergnügen zu ihrer eigenen Gesellschaft, und zur Gesellschaft ihrer herzlichgeliebten Kinder zurück" zu kehren. (21) Das Familienleben erscheint als Idylle, nicht perfekt, aber doch als privater Raum des Vergnügens[115], als Ort „häusliche[r] Zufriedenheit":

> Ein vergnügtes Herz war die Würze jeder ländlichen Mahlzeit, und verschönerte ihre ruhigen Abendspaziergänge. Das Einförmige in ihrer Lebensart und in ihren Vergnügen gewann mehrere Veränderung, so wie ihre Kinder an Alter zunahmen. Eine richtige Anmerkung, ein witziger Einfall, den Mariane hören ließ, ein neues musikalisches Stück das sie zum ersten mahl spielte, war der älterlichen Zärtlichkeit ein Fest, woran ihr Vergnügen Tage lang Nahrung hatte. Der Tag, da Charlottchen zuerst das süsse Wort Mutter lallte, der, da sie zuerst auf ihren kleinen Füssen drittehalb Schritte von dem Schooße der Mutter zum Vater allein forttaumelte, der, da sie ihm das erste von ihr genähte Säumchen vorzeigen konnte, oder der, da sie, durch ihre zärtliche Schwester gelehrt, beide Eltern durch Hersagung der Gellertschen Fabel vom Zeisig überraschte, waren in dieser kleinen Familie Galatage, deren Anmuth, wider die Art der höfischen, auch noch nachdem sie vorbey waren genossen ward.[116]

Und auch die Erziehung der Kinder steht ganz im Zeichen der bürgerlichen Kultur. Mariane, geboren, nachdem die Liebe ihrer Eltern „zur wärmsten

---
114 Cf. S. 23 dieser Arbeit.
115 Der Begriff „Vergnügen" wird, wie das folgende Zitat verdeutlicht, in drei aufeinander folgenden Sätzen verwendet.
116 Nicolai, *Sebaldus Nothanker*, S. 21 f.

Zärtlichkeit gestiegen war", wird von Wilhelmine zu weiblichen Arbeiten erzogen und lernt von ihr Französisch, während Sebaldus sie in Geschichte, Erdbeschreibung und im Klavierspielen unterrichtet.[117] Beide bilden „den Geist und das Herz dieser geliebten Tochter", die „[e]ine sanfte Seele, ein mitleidiges Herz" hat. (21 f.) Mit diesem Bildungskanon decken die Eheleute Nothanker das gängige Repertoire bürgerlicher Bildung ab.

Im Kreise ihrer dörflichen Nachbarn lebt die Familie Nothanker in hervorgehobener sozialer Position: „Das Einförmige in ihrer Lebensart und in ihren Vergnügen" verweist auf die Einfachheit der Freuden im Gegensatz zum höfischen Leben und verdeutlicht durch diesen Kontrast die Distanz zu höfischer Kultur. Aber wie schon bei der Familie Primrose, so ist auch die Idylle der Familie Nothanker gefährdet, Sebaldus steht schon lange auf der schwarzen Liste seiner Vorgesetzten, (32) mit seiner politisch intendierten Predigt schließlich erfolgt der Bruch der Idylle. An dieser Stelle allerdings wird Nicolai noch nicht polemisch.

4.2.3 Der Bruch

In einem entscheidenden Punkt weicht Sebaldus von den Lehren seiner Vorgesetzten ab: Er glaubt „steif und fest" an die „Lehre vom tausendjährigen Reiche" und lehnt die „Lehre von der Ewigkeit der Höllenstrafen" strikt ab. Gerade letztere aber dient seinen Vorgesetzten als Mittel zur Beeinflussung der Gemeindemitglieder (cf. Stauzius), als Instrument des Machterhaltes. Sebaldus ist der festen Ansicht, dass Gottes Strafe zu sittlicher Verbesserung der Menschen führen müsse, als ewige Höllenstrafe sei sie dagegen nicht sinnvoll. Diese Überzeugung bildet das feste Fundament seiner Meinungen – und ist auch Ursache seines Amtsverlustes.

Er hofft, durch seinen Kommentar zur Apokalypse, mit dem er alte Werke als „alberne Fratzen" entlarven und Wahrheit befördern will, Ruhm zu ernten. (65) Mit seinen Überlegungen will er die Ewigkeit der Höllenstrafe widerlegen und zeigen, dass „in Gottes Haushaltung alle Bestrafung auf Beßerung abzielen muß und wird". (65) Die Vermittlung ethischer Werte wird damit vorrangiges Ziel des Sebaldus, der gleichzeitig die Kirche angreift, die einzig aus Gründen der Macht an der Ewigkeit der Höllenstrafe festhält, wobei sein Angriff nicht kämpferisch ist, sondern auf subtile Art die Missstände aufzeigt, ohne an diesen konkret etwas ändern zu können.

Sebaldus Nothanker repräsentiert einen in weiten Teilen an die Hierarchie der Kirche angepassten, an bürgerlicher Kultur teilhabenden Landprediger, der sich von den Vorgaben seiner Vorgesetzten zwar hinsichtlich des Dogmas, niemals

---
117 Text: S. 20 f. Cf. auch S. 23 dieser Arbeit.

4.2.3 Der Bruch

aber öffentlich bekennend entfernt. Das ändert sich mit seiner Predigt *Vom Tode für das Vaterland*. Nach dieser Predigt ändert sich das Leben des Landpredigers Sebaldus Nothanker, der mit seiner Familie die trügerische dörfliche Idylle verlassen muss und sowohl seine Frau als auch die jüngere Tochter durch Tod verliert.

Unter Hinweis auf rationale, seinem Stande entsprechende Gründe weigert sich Sebaldus zunächst, eine politisch motivierte Predigt zu halten:

> Er sagte ihr unter andern, daß ein Geistlicher, wenn er glaubte, oft genug gerufen zu haben: *Thut Busse*, noch eine Menge Wahrheiten zu predigen habe, die ihn alle noch nützlicher dünkten, als der *Tod für das Vaterland*. „Und, setzte er hinzu, wo ist in unserm unter Krieg und Verheerung seufzenden Deutschlande, jetzt wohl das Vaterland zu finden? Deutsche fechten gegen Deutsche. Das Contingent unsers Fürsten ist bey dem einen Heere, und in unserm Ländchen wirbt man für das andere. Zu welchem sollen wir uns schlagen? Wen sollen wir angreifen? Wen sollen wir vertheidigen? Für wen sollen wir sterben?" (28)

Aber schließlich lässt er sich von Wilhelmine, die ihrerseits eitel ist und sowohl sein Steckenpferd als auch seine Eitelkeit zu nutzen weiß, von der Notwendigkeit dieser Predigt überzeugen, über deren Inhalt der Leser indes nicht viel erfährt: Weil Sebaldus das erste Mal aus seinem Lieblingsbuch der Bibel einen Text für die Predigt gewählt hat, gerät er in „enthusiastische[s] Feuer, das seine Gemeine sonst an ihm nicht gewohnt war." (29) Dass sich daraufhin gleich zehn junge Männer anwerben lassen, spricht für die Eloquenz des Predigers, ihm aber verursacht seine Einmischung mit diesem Erfolg Herzklopfen. (29)

Mit seiner Predigt ergreift Sebaldus Nothanker Partei für den Staat und liefert seinen Vorgesetzten (endlich) die Möglichkeit, gegen ihn vorzugehen.[118] Die Institution hatte Sebaldus nämlich schon lange wegen seiner liberalen Einstellung als einzigen noch auf der schwarzen Liste stehen:

> Er [Stauzius] hatte kurz nach Sebaldus Heirath die Ausgeberin des Präsidenten geheirathet, die Sebaldus verschmähet hatte, und war dadurch Generalsuperintendent worden. So wie er am Stande zunahm, wuchs auch sein Eifer für die Orthodoxie. Er lies sich zum Doctor der Theologie machen, damit er einen doppelten Beruf habe, sich der Orthodoxie alles Fleisses anzunehmen. Er erhielt im Lande eine solche Einförmigkeit in der Lehre, wie ein Hauptmann bey einer wohleingerichteten Compagnie Soldaten, bey der jeder Rock so lang als der andere, jeder Zopf so dick als der andere, jede Stiefelette so lang aufgeknüpft ist als die andere, und die sich nie nach ihrem eigenen Willen, sondern blos nach dem Wink ihrer Obern beweget. So bald ein Prediger nur den geringsten Geruch von Ketzerey an sich spüren ließ, ward er abgeschaft. Dadurch ward das Ländgen wirklich so rein gehalten, daß Sebaldus der einzige war, der auf der schwarzen Liste stand. Schon als D. Stauzius noch Dorfpfarrer war, hatte er sich mit Sebaldus oft über die Ewigkeit der Höllenstrafen gestritten, die er mit großem Eifer behauptete, und von der Sebaldus, wie wir dem Leser schon haben merken lassen, Begriffe hatte, die zwar ganz menschenfreundlich, aber gar nicht orthodox waren. (32)

---

[118] Er setzt sich, unwissentlich, für Preußen, den aufgeklärten Absolutismus ein, cf. Cowan, *Representations*, S. 90 ff.

Einer Obrigkeit, deren Hierarchie selbst an militärische Strukturen erinnert,[119] muss die Predigt vom *Tode für das Vaterland* auffallen, und tatsächlich nehmen die Vorgesetzten diese Predigt zum Anlass für die Amtsenthebung. Ihnen geht es nicht um die Seelen der Soldaten, wie das Schicksal der Einwohner zeigt, die nach einem Brand als Kolonisten nach Russland gehen müssen: Zwar halten die Kirchenherren mit einer gedruckten Version der Predigt, die sie den früheren Einwohnern an die Wolga schicken, Kontakt zu den früheren Mitbürgern, doch diese sind ja nur ausgewandert, weil sich in der Heimat die Kirche statt um den Wiederaufbau ihrer Häuser allein um den Wiederaufbau der abgebrannten Kapelle gekümmert hat. Das Wohl dieser Bürger hatte allein der Bürgermeister im Sinn, der aber weder gegen die Kirchenoberen noch gegen die Bürger argumentieren konnte. (Cf. S. 26 f.)

In seiner Dissertation stellt Cowan den Konflikt zwischen Heiligem Römischen Reich und aufgeklärtem Absolutismus als Hintergrund seiner Interpretation des Romans dar. Während im Heiligen Römischen Reich traditionell die Macht aufgeteilt ist, konzentriert sich in absolutistischen Staaten die Macht auf eine Person oder Institution. Nothankers Reise durch die protestantischen Länder zeige somit die verschiedenen Repräsentanten des deutschen Vaterlandes, Preußen repräsentiert den aufgeklärten Absolutismus, Thüringen das Heilige Römische Reich.[120]

Nicolai greift mit dem Thema der Beziehung von Kirche und Staat zueinander nicht nur ein literarisches Thema auf,[121] er zeigt auch die gegenseitigen Verpflichtungen von Staat und Kirche. Cowan hat in seiner Arbeit das Verhältnis von Kirche und Staat zueinander mit der Unterordnung der Kirche unter den absolutistischen Staat präzisiert. Insofern ist Cowan zuzustimmen: Sebaldus Nothanker verliert seine Anstellung, weil er Partei für Preußen ergreift, Preußen als absolutistisch regiertes Land aber die traditionell gesicherte Macht der Kirche einschränkt.[122] Die Vorwürfe, die ihm seine Vorgesetzten wegen

---

119 Cf. auch Nachwort von Witte in der Reclam-Ausgabe, S. 608.
120 Cowan, *Representations*, bes. S. 90 ff. und 118 ff.: Nothankers Verlust der Stelle muss notwendig folgen, da er mit seiner Predigt Partei für die Besatzungsmacht der Preußen ergreift, Preußen aber die Macht der Institution Kirche unterminiert. Die in Thüringen angesiedelte Handlung des Epyllions von Thümmel dagegen steht in keinem konkreten politischen Kontext. Zu Beginn wird erwähnt, dass die Bauern den langen Winter nutzen, um über „die Thaten eines preußischen Helden" zu sprechen oder über „die Policeybefehle der Regierung" zu spotten. Auch das Gleichnis vom Schulmeister (*Willhelmine*, 10) mit dem Hinweis auf die verkrusteten Strukturen, in denen jeder Ansatz kritischer oder innovativer Gedanken im Keime erstickt wird, steht im weiteren Kontext politischer Kritik. Mit der Wahl Thüringens hat sich Thümmel für einen Repräsentanten des Heiligen Römischen Reiches und damit für eine traditionelle politische Ausrichtung entschieden, deren überkommene Strukturen kritisch beleuchtet werden, cf. Cowan, *Representations*, S. 34, zu der in Nicolais Roman gestalteten „dichotomy between the Empire and the territorial state" und S. 137 ff. zu Thüringen.
121 Zum Thema Literatur cf. Schwinger, *Nicolai*, S. 103 ff.
122 Cf. Cowan, *Representations*, S. 100 f.

dieser Predigt machen, bleiben vage und bestätigen, dass die Autorität der Kirche gefährdet ist:

> Er hielt ihm vor, daß die zehn angeworbenen Bauerkerl, vermuthlich hätten in den Stand der Gnade kommen können, daß sie aber nun in dem Lande wohin sie gebracht würden, Atheisten werden, und also ewig verdammt werden müsten. Auch Er, Sebaldus, hätte die ewige Verdammniß dadurch verdient, daß er an dem ewigen Wehe von zehn Seelen schuld wäre, u.s.w. (34)

Dr. Stauzius bezieht sich allein auf das Seelenheil der Bauern, nicht etwa auf die Gefahr für deren Leib und Leben oder die Probleme der Bauern, die ihre Söhne in den Krieg schicken müssen.[123] Auch eine Reflexion politischer Zusammenhänge findet nicht statt, von einer sachlichen Befragung des Angeklagten Nothanker ganz abgesehen. Das Verhalten der Vorgesetzten ist konzentriert auf die Frage nach der ewigen Verdammnis, dem Machtinstrument der Orthodoxen, das Sebaldus mit seiner Predigt gar nicht angreift. Vor dem Hintergrund einer fragwürdigen Logik bringt der Superintendent das Thema der ewigen Verdammnis auf, jenes Dogma, das Sebaldus schon lange an anderer Stelle angegriffen hat.[124]

Der Sebaldus gemachte Vorwurf nach seiner Predigt erfüllt somit zweierlei Funktionen: Endlich hat man ihm gegenüber etwas in der Hand und außerdem dient dieser Vorwurf auch und gerade der Demonstration der eigenen Macht. Die Vorwürfe verdeutlichen, dass die ewige Verdammnis, mit der man die Gläubigen gefügig machen kann, an Bedeutung verliert – und damit verliert auch die Institution Kirche ihre Machtposition.

Die in der Predigt postulierte Verpflichtung des Einzelnen seinem Vaterland gegenüber beinhaltet auch eine Bedrohung der Familie, ein Umstand, über den sich Wilhelmine und Sebaldus in ihrer ländlichen Idylle keine Gedanken gemacht haben.[125] Mit dem Kanzelaufruf zur Fahne übernimmt die Kirche eine staatlichen Interessen entsprechende Funktion. Das kann für Sebaldus nicht ganz ohne schlechte Gefühle abgehen, denn letztlich sind Geistliche keine Soldatenwerber, und so ist Sebaldus der Erfolg seiner Predigt auch nicht geheuer. Gänzlich überzeugt davon, dass er falsch gehandelt hat, ist Sebaldus, als er erfährt, dass sein Sohn bereits Soldat ist. Mit Bekanntwerden dieser Bedrohung der Familie durch den Krieg ist schließlich auch Wilhelmine kritischer geworden.

Die politisch intendierte Predigt ist die Schlüsselstelle des Romans, nicht nur, weil Sebaldus nun seine Reise durch die verschiedenen Länder antritt, sondern auch, weil mit dem Verlust des Amtes das in die Idylle dörflicher Gemeinschaft

---

123 Mit Dr. Stauzius führt Nicolai die Figur des Landpredigers aus dem Nachbardorf dar, der Sebaldus und Wilhelmine getraut hat, cf. Nicolai, *Sebaldus Nothanker*, S. 32.
124 Cf. Nicolai, *Sebaldus Nothanker*, S. 32.
125 Cf. Cowan, *Representations*, S. 90 f.: Beide erkennen in ihrer Naivität die Lage nicht, die schließlich einen Wechsel an der Spitze der Macht mit sich bringt. Cowan erläutert die Naivität aber nicht näher.

eingebettete Familienleben zerbricht. Willhelmines innerer Kampf zeigt, dass sie die Aufgabe erkennt, die ihr als Bürgerin zukommt:

> Sebaldus ward bei dieser Nachricht ganz blaß, und Wilhelmine fiel mit einem lauten Geschrey rücklings aufs Canape. Sie besann sich aber bald, daß itzt die beste Gelegenheit sey, spartanische Gesinnungen zu zeigen, ermannete sich, stand auf, und sagte mit thränenden Augen: *„Ich habe ihn dazu gebohren!"* Sie suchte auf alle Weise ihre heldenmüthige Gesinnungen bey sich wieder hervor zu ziehen. (30)

Wenn auch nicht aus tiefster Überzeugung, so zitiert Wilhelmine Abbt: *„Ich habe ihn dazu gebohren!"* und fügt sich in ihr Schicksal.

Letztlich plädiert Nicolai für eine Harmonisierung von Religion, Kirche, Vernunft und Staat, wie Sebaldus sie außerhalb Europas, nämlich in Ostindien, vermutet:

> Vielleicht fände sich da eine Gesellschaft, die, streitige Lehrmeinungen bey Seite setzend, nur gemeinsam erkannte Wahrheiten nutzen wollte, die, ohne nach Lehrformeln zu fragen, sich versammelte, um sich gemeinschaftlich zum Lobe Gottes zu ermuntern, sich gemeinschaftlich an gemeinnützige Pflichten zu erinnern. Welches Glück für mich, solche Gesellschafft zu finden! Welches Vergnügen, sie zu errichten! Oder ists nur ein schöner Traum? Mags doch! Dort ist wenigstens möglich, was in Europa durch Konfessionen und Synoden unmöglich wird. (338)

Eine freie Religionsausübung, die sich der Wahrheitsfindung stellt und Gottes Lob ausspricht und gleichzeitig von allen gemeinnützige Pflichten erwartet, eine Religion also, die wahrhaftig ist und moralische Werte transportiert und dabei auf autoritäre Maßnahmen verzichten kann, ist für Sebaldus in Europa nicht denkbar, gerade weil sich die Institution Kirche dagegen auflehnt. Kilian Pips hat eine ähnliche Erkenntnis und geht deshalb als Feldprediger nach Amerika.[126]

Nicolai schildert das Verhältnis von Kirche und Vernunft zueinander.[127] Mit der Figur des Landpredigers Sebaldus Nothanker hat Friedrich Nicolai einen Geistlichen skizziert, der als Landprediger nur so lange in einer Idylle lebt, wie er bereit ist, sich den Anforderungen der Institution Kirche anzupassen. Das Nebeneinander von Bürgertum und Kirche und auch von Staat und Kirche kann nur funktionieren, so suggeriert der Text, wenn sich die Geistlichen in das bestehende kirchliche System einfügen, das sich durch den Staat aber nicht vereinnahmen lassen will. Nicolai kritisiert eben diese auf den Machterhalt festgelegte Haltung der Kirche, die weder religiöse noch politische Toleranz (wie sie die Bürger Sebaldus und Wilhelmine ja in der Ehe erleben) ermöglicht. Tolerante Geistliche werden durch die orthodoxen verfolgt und bedürfen des Schutzes durch den Staat, so wie auch Sebaldus vor seinen Amtskollegen durch den Major Protektion erfährt. Dass dieses Protektionsverhältnis durchaus auch Leistungen der Geistlichen erfordert, legt die Predigt vom *Tode für das Vaterland* dar. Sebaldus hat sie zwar *vor* der nötigen Protektion gehalten, aber diese Predigt stellt einen Beitrag der Kirche im Dienste des Staates dar. Nicolai

---

126 Cf. Behr, *Kilian Pips*, S. 190.
127 Cf. auch Jacobs, *Prosa*, S. 188.

4.2.3 Der Bruch

tritt mit seinem Roman nicht nur für Toleranz in Glaubensfragen ein, sondern befürwortet durchaus auch den staatlichen Schutz der religiösen Pluralität, wie Nicolai sie für Berlin in seinem Roman beschrieben hat.

Anders beurteilt Fritz Martini die Figur des Sebaldus Nothanker, die Nicolai in Fortführung des Magisters bei Thümmel entwickelt hat. Sebaldus ist

> [...] noch immer ein komischer Sonderling. Aber seine Glaubensstärke macht ihn zugleich zur polemischen Figur gegen das allgewaltige orthodoxe Kirchenregiment, das sich mit dem weltlichen Regiment aus gleichen Herrschaftsinteressen verbindet.[128]

Im Roman verbinden sich kirchliche und weltliche Macht nicht miteinander, im Gegenteil lehnt die kirchliche Macht jede Indienstnahme durch den Staat ab. Sebaldus fungiert dabei nicht so sehr als Verteidiger der Religion, sondern als Opfer der kirchlichen Institution, von der er die Toleranz erwartet, die er selbst sowohl als Geistlicher als auch als Ehemann in der bürgerlichen Institution Ehe aufbringt. Der Staat ist den Kirchen gegenüber tolerant, wie ja gerade die Beschreibung Berlins mit den „Modereligionen" verdeutlicht.[129] Herr F. kann für Berlin behaupten:

> Die Regierung begünstigt die Freiheit zu denken, besonders in Religionssachen; wir haben auch einige sehr würdige Geistlichen, die die Untersuchungen wichtiger Wahrheiten nicht für Ketzerey halten, aber das Publikum ist nicht völlig so tolerant. Die Einwohner von Berlin sind so wenig, als die Einwohner irgend einer andern Stadt, geneigt, Neuerungen in der Lehre machen zu lassen. (204)

Die Kirchen dagegen, vertreten durch die unterschiedlichen Geistlichen, denen Sebaldus begegnet, können keinerlei Toleranz aufbringen.

Da ihm die von ihm gelebte Toleranz nicht entgegengebracht wird, scheitert Sebaldus sowohl am System, dessen Übermächtigkeit er immer wieder ausgeliefert ist, als auch an der Intoleranz seiner Amtsbrüder, und wird somit „zum Opfer der kirchlichen Orthodoxie und Tyrannei".[130] Er repräsentiert den stillen Dulder, der für sich vergeblich erhofft, was er anderen zu gewähren gerne bereit ist. Martini sieht es als symptomatisch an, dass sich Nothankers Opposition gegen die kirchliche Obrigkeit „nur durch wehr- und widerstandslose[s] Erleiden ausdrücken kann."[131] In der Tat zeigen sich in der Leidenssituation des Landpredigers Nothanker Abhängigkeit des einzelnen Geistlichen von der Institution und sowohl Übermächtigkeit als auch hierarchische Struktur der Institution Kirche. Religion hat für ihn ihre Trostfunktion verloren (eigentlich auch gar nicht gehabt, wenn man an den Magister bei Thümmel denkt).

Sebaldus fühlt sich verlassen und demonstriert weniger Glaubensstärke als Dr. Primrose, der selbst im Gefängnis, den Tod vor Augen, noch seiner Tochter

---

128 Martini, *Nachhaltig geprägt*, S. 537.
129 Cf. Nachwort von Witte, Reclam-Ausgabe, S. 610: Religion als Modeerscheinung, die Religion relativiert.
130 Cf. Martini, *Nachhaltig geprägt*, S. 537.
131 Martini, *Nachhaltig geprägt*, S. 538.

vergibt. Er weiß nur aus einem Brief, dass Mariane mit unbekanntem Ziel entlaufen sein soll, und das reicht ihm, sich von ihr abzuwenden: „Diese Nachricht brach dem Sebaldus gänzlich das Herz. Von seinem Sohne hatte er schon seit Jahren keine Nachricht. Seine Tochter war nunmehr auch für ihn verloren, und ihre Aufführung schien seiner unwürdig zu seyn." (315) Im Gespräch mit dem niederländischen Kollegen sagt Sebaldus:

> Ach meine Frau ist längst unter Kummer und Unglück erlegen. Kinder? Ach ja, leider! ich habe Kinder. Eine Tochter, die meiner ganz unwürdig ist, einen Sohn, der in der Welt herumirret, seinen Vater längst vergessen hat, – oder vielleicht auch, – setzte er verzweifelnd hinzu, – nicht mehr herumirret, denn seit zwey Jahren habe ich keine Nachricht von ihm. (322)

Mit seiner Leichtgläubigkeit (ein weiteres Beispiel: er verlässt Amsterdam, ohne die vorgetragenen Gründe zu hinterfragen, S. 365) erinnert Sebaldus an Dr. Primrose; sie unterscheiden sich hinsichtlich ihrer religiösen Glaubensstärke voneinander. Was dem einen Hilfe in höchster Not bietet und er auch öffentlich zu predigen sich nicht scheut, ist dem anderen mehr und mehr Anlass für Verfolgung und Nachstellungen – mit dem Ergebnis des Rückzugs. Bei Sebaldus wird Religion zu einer rein privaten Angelegenheit, er verdient weder Geld mit seinem Wissen noch propagiert er öffentlich den Glauben in Büchern. Mit seinem bisher nicht veröffentlichten Kommentar will er das Unvernünftige aus der Religionsausübung verbannen, nicht aber die Religionsausübung zur Pflicht machen. Dass er dabei allerdings selbst zu unvernünftiger Argumentation neigt, verdeutlicht nochmals die besondere Relation zwischen Vernunft und Religion. Nur im Privaten kann und will er sich zur Religion äußern.

Sebaldus Nothanker kann in der Religion keinen Trost mehr finden. Anders als bei Thümmels Magister liegt die Ursache nicht in der Orientierung des Landpredigers an modischen Ersatzströmungen begründet, sondern an der menschenfeindlichen Struktur der Institution Kirche, die weder menschliche Bedürfnisse noch geistige Freiheiten toleriert.

4.2.4 Literatur als Thema der Literatur

Als Verleger reflektiert Nicolai in seinem Roman auch den Zustand der gegenwärtigen Literatur. Allerdings hat Nicolai, der durch seine (Verlags-)werke die Aufklärung befördert hat,[132] in den Augen einiger Kritiker übertrieben, wenigstens hinsichtlich der Länge dieser Passagen, in denen Nicolai zu einem Rundumschlag gegen Autoren, Verleger, Übersetzer und Leser ausholt. Erzähltechnisch geschickt verhüllt wird die der Literatur zugeschriebene Funktion aufgezeigt. In der Diskussion mit dem Magister klärt

---

132 Raabe, *Verlagswerke*, S. 111.

dieser Sebaldus darüber auf, dass Schriftsteller verschiedene Bedürfnisse haben, aus denen heraus sie schreiben:

> Seb. Welche könten die seyn? Ein Gelehrter hat freilich viele Absichten und Bedürfniße, als Mensch mit andern Menschen gemein. Was könnte er aber als Gelehrter für ein anderes Bedürfniß haben, als seinen Geist durch alle nützliche Kenntniße aufzuklären, und wenn er findet, daß er erleuchteter ist als andere, was folget natürlicher darauf, als die Absicht, andern seine Kenntniße mitzutheilen, das heist ein Schriftsteller zu werden. (64)

Die Meinungen zur Literatur sind zum großen Teil die des Verfassers, wie er in der Vorrede selbst zu verstehen gibt, der seinem Lesepublikum den Spiegel vorhält: Als Landprediger ist Sebaldus der festen Überzeugung, dass es Aufgabe der Schriftsteller sei, als Gelehrte sich selbst durch nützliche Kenntnisse aufzuklären und diese Kenntnisse anderen mitzuteilen und Wahrheit und Weisheit zu befördern. (64 und 67) Die Aufklärung erfolge demnach über Literatur und verständige Schriftsteller; da sich der Magister und Hieronymus im „Gewerbe" aber besser auskennen, versuchen sie, Sebaldus zu erklären, dass Literatur diese bildende Funktion nicht erfüllen kann. Nicolai formuliert Kritik am Literaturbetrieb, der nur zur Unterhaltung, nicht auch zu Aufklärung beiträgt (diese Funktion fordert er aber ein, S. 63 ff.)

In den beiden Gesprächen, die Sebaldus über Literatur und den Büchermarkt führt, manifestiert sich seine naive, gutgläubige, weltfremde und auch ruhmsüchtige Art. Seine Gesprächspartner, jener Magister in Leipzig und der Buchhändler Hieronymus, fungieren wie Mr. Burchell im Roman *The Vicar of Wakefield* als Kontrastfiguren und stellen auf diese Weise die defizitäre Seite der Meinungen des Sebaldus Nothanker heraus.[133] Was bei Goldsmith als subtile Form der Ironie gestaltet ist, ist bei Nicolai weniger ästhetisch und mehr gesellschaftskritisch. Der Verleger Nicolai hat, so scheint es, seinen ganzen Unmut über den Zustand der Literatur in diese Dialoge eingearbeitet. Die Ansichten des Sebaldus Nothanker repräsentieren das Erwünschte, den Idealzustand, durch den das erreicht werden soll, was Nicolai selbst geschafft hat, nämlich die Aufklärung einen Schritt voran zu tragen.[134]

4.2.5 Volksaufklärung als Aufgabe des Buchhändlers

Die Aufgabe der Volksaufklärung hat Nicolai dem Buchhändler Hieronymus zugeschrieben: „Hieronymus erhielt also, als ein Laye, einen Vortheil der sonst nur der Geistlichkeit eigen war, nemlich er speisete den Geist seiner Mitbürger,

---

133 Cf. Bäckman, *Tale*, S. 106.
134 Cf. Raabe, Paul: *Verlagswerke*, S. 111:Im Zusammenhang mit der Aufklärung in Deutschland, die erst mit dem Ende des Siebenjährigen Krieges auf allen Gebieten des praktischen Lebens einsetzte, kommt Friedrich Nicolai das Verdienst zu, zur Verbreitung des Wissens, zur Bildung breiter Schichten und so zur Verbesserung der Lebensverhältnisse in einer Zeit beigetragen zu haben, die in Ökonomie und Technologie, in Wissenschaft und Kunst den Begriff des Fortschritts als Zeichen des sozialen und kulturellen Wandels einführte.

und eignete sich dafür ihre Glücksgüter zu." (25) Der Buchhändler übernimmt damit eine wichtige Rolle, die Lenz in seiner Erzählung dem Landprediger Johannes Mannheim zuweist. Nicolai geht es aber nicht ausschließlich um Literatur, sondern auch um das Prinzip des Handels – ebenfalls von Lenz aufgegriffen und der Vermittlung durch Mannheim zugewiesen.

Folglich unterscheidet sich Hieronymus durch sein Mehrwissen von Kollegen und Akademikern. Durch seine Reisen ins Ausland, die nicht dem Vergnügen sondern der Ausbildung dienten, hat er „auch Städte und Sitten der Menschen kennen" gelernt, wodurch er zu vernünftigeren Urteilen als der Superintendent und der Rat gelangt. Nicolai zielt auf die Ausbildung der Geistlichen, die über den engeren theologischen Rahmen nicht hinausgeht und von diesen auch kein Privatengagement erwartet. Entsprechend können auch keine vernünftigen Einsichten in ökonomische Prinzipien vorausgesetzt werden, zumal die Prediger, „die gern etwas von ihren Zehnenden oder von ihrem Naturaldeputat daran wagten, um sich [...]" diverse Bücher bei Hieronymus zu kaufen, noch immer der Agrargesellschaft angehören.[135] Am Spiel der freien Kräfte können sie nicht teilnehmen, während Hieronymus seinen Gewinn steigern kann.

Hieronymus durchbricht diesen Naturalienhandel, indem er nämlich das im Tausch erhaltene Vieh und seine Ernte im benachbarten Herzogtum „für baares Geld [verkaufte], weil daselbst die blühenden Manufacturen, und die dadurch verursachte Bevölkerung einen etwas höhern Preiß der Nahrungsmittel verursacht hatten." (25) Animiert durch sein Beispiel, die empfangenen Naturalien bei den Nachbarn zu verkaufen, ahmen ihn die Bauern nach und produzieren über den eigenen Bedarf hinaus:

> Sie nahmen dadurch selbst an gutem Wohlstande zu, und das ganze Ländchen kam in wenig Jahren in so gutes Aufnehmen, daß die Staatsklugen zu erörtern anfingen, warum das Land sich so schnell verbessert habe.
>
> Eigentlich war freilich der Fleiß des Hieronymus und das Beyspiel, das er seinen Mitbürgern gegeben hatte, die Ursach davon. (25 f.)

Hieronymus fungiert somit als Vorbild, das den Wohlstand des Volkes allein durch Vorleben und den Verkauf von Büchern initiiert hat; entsprechend hebt der Erzähler auch hervor, dass Hieronymus zwei neue Handlungszweige etabliert habe, nämlich den Buchhandel und den Verkauf eigener Erzeugnisse in der Nachbarschaft. In der Analyse der Erzählung *Der Landprediger* zeigt sich, dass Lenz in der Auseinandersetzung mit der Figur des Hieronymus die Vermittlung wirtschaftlicher Grundkenntnisse dem Geistlichen Mannheim zuordnet.

Hieronymus hat in der Stadt – nicht auf dem Lande – auch den Bauern im Wege des Naturalienhandels Bücher verkauft. „Die Bürger folgten bald dem Exempel ihrer Seelenhirten" (24) und kauften sich Bücher, und auf diese Weise

---
135 Nicolai, *Sebaldus Nothanker*, S. 24.

kommt Hieronymus das Verdienst zu, die Bildung der Bürger mit voran getragen zu haben; die Geistlichen dagegen werden mit ihrer (passiven) Vorbildfunktion dargestellt. In Nicolais Roman fungiert der durch Reisen gebildete Buchhändler als Volksaufklärer und damit erfüllt Hieronymus die Funktion, die Sebaldus Nothanker den Schriftstellern zuweist, nämlich erkannte Wahrheiten weiterzugeben. Der Geistliche dagegen sorgt für die moralische Erziehung und übernimmt allenfalls noch politische Funktionen, die den Staat stützen sollen, wirtschaftliche Zusammenhänge aber vermittelt er nicht. Nicolai grenzt auch damit den Wirkungskreis der Geistlichen auf den engeren religiösen Bereich ein, den Lenz später überschreiten wird.

Ein Freund des Herrn F. in Berlin ist ein „Officier", der nach seinen Dienstjahren den Wunsch hegt, „in häuslicher Zufriedenheit den Rest seines Lebens zuzubringen." (241) Er versteht sich als „Vater seiner Unterthanen", der auch für „die Erziehung ihrer Kinder" sorgen will, und aus diesem Grunde einen „verständigen menschenfreundlichen" Schulmeister sucht, „der nicht etwan nur die Kinder bloß die Fragen und Antworten einer unverständlichen zwecklosen Heilsordnung könnte auswendig lernen lassen, sondern, der ihnen Pflichten deutlich machen sollte, die sie gegen Gott und Menschen zu beobachten hätten [...]", der gegen Vorurteile angehen und die Bauern zu vernünftigen Menschen erziehen sollte, wofür „der Menschenfreund" die Kosten zu übernehmen bereit ist. (241) Nicolais Offizier erfüllt damit neben Hieronymus die Aufgaben eines Volksaufklärers, auf dessen Privatengagement die Belehrung des Volkes zurückgeht.

Die Aufklärung der Bauern läuft bei Nicolai nicht über den Geistlichen, der diese Funktion sowohl aufgrund seiner Ausbildung als auch aufgrund persönlicher Eigenschaften gar nicht erfüllen könnte. Nicolai tritt für eine Aufgabenteilung ein, in der Geistliche für die Ausbildung moralischer Werte, für die Vermittlung der Allgemeinbildung und ökonomischer Kenntnisse aber entsprechend ausgebildete Personen verantwortlich sind.

4.2.6 Allgemeines

Sebaldus Nothanker ist nicht nur ein liebevoller Ehemann und Vater, sondern auch in seiner Gemeinde, der er ein Vater und Ratgeber in allen Lebensbereichen ist, beliebt.[136] Er richtet seine Predigten, in denen er die Tugenden propagiert, statt die Lasterhaftigkeit zu verurteilen, nach den Bedürfnissen und Fähigkeiten seiner Gemeinde – und nicht nach den Evangelien, womit er sich über Autoritäten hinwegsetzt. Dieser Sinn für das

---

136 Diese Figurenkonzeption korrespondiert zwar mit 2. Auflage, nicht aber mit der 1. der *Willhelmine* von Thümmel.

4.2.6 Allgemeines

Pragmatische und die Umgehung einiger Vorschriften zeigen sich bei Sebaldus Nothanker schon früh, denn er hat den Eid auf die symbolischen Bücher abgelegt, ohne orthodox zu sein. Auch seine philosophischen Studien sind voller Nutzen, wenn auch nicht für die Bauern, sondern für die Lehre von der Genugtuung, die zu revidieren er sich entschlossen hat:

> Denn so sehr er auch die Prophezeyungen der Untersuchung eines scharfsinnigen Kopfes würdig hielt, so wenig glaubte er, würden seine Bauern davon verstehen oder nützen können, und es war sein unwiderruflicher Willen, seinen Bauern nichts zu predigen, als was ihnen sowohl verständlich, als nützlich wäre. (14)

Und schließlich lässt Sebaldus geistliche Lieder von Gellert singen und weicht so von den Vorschriften ab, einige „vielleicht allzubrünstigorthodoxe[...] Landprediger[...]" beobachten dies mit Skepsis. (13) Seinem Pragmatismus und der kritischen Haltung entsprechend hält er dogmatische Wahrheiten auch nur dann für nötig und nützlich, wenn sie das menschliche Verhalten beeinflussen. Sebaldus Nothanker repräsentiert den neuen Geistlichen,[137] dessen Charakterisierung allerdings auf wenige Sätze beschränkt ist. (Cf. S. 20)

Mit seiner Tätigkeit zielt er auf die Besserung der Menschen, nicht auch auf wirtschaftliche Resultate. Er versucht, die Bauern moralisch zu bessern, wenn er, nachdem sich einige Bauern betrunken hatten, „das Evangelium *vom Zinsgroschen: von den Vortheilen eines mässigen und nüchternen Lebens*" predigt. (12 f.) Ein Einmischen in wirtschaftliche Zusammenhänge liegt ihm fern (der Buchhändler Hieronymus übernimmt die Aufgabe der ökonomischen Erziehung). In der „Zuverläßigen Nachricht", die Nicolai im Anschluss an den zweiten Band veröffentlicht hatte, allerdings wird ausdrücklich darauf hingewiesen, dass Sebaldus die Bauern zum Vermögenserwerb angehalten habe, weil Armut Ursache schlechter Moral sei.[138]

Nicolai skizziert in seinem Roman neben dem Landprediger Sebaldus Nothanker und seinen Vorgesetzten, von denen einer schon bei Thümmel erwähnt wird, weitere Geistliche oder Kandidaten. Diese Vielfalt ist kaum auf Nicolais literarische Ambition, Figuren ausführlich darzustellen, zurückzuführen, vielmehr repräsentieren die Geistlichen die Pluralität evangelischer Religionen, die einander nicht tolerieren.

Neben einzelnen Figuren verweist der Roman immer wieder im Kontext größerer Zusammenhänge auf den Pfarrstand allgemein, so erwähnt Rambold seinem Schützling Säugling gegenüber, dass Mariane „den Informator, dem der gnädige Herr eine erledigte Pfarre gegeben hätte, geheurathet habe." (251) Diese Stelle spielt auf die Praxis der Vergabe der Stellen an, die oftmals an eine

---

[137] Haußmann, *Verbauerung*, S. 196 f.: „Das neue Leitbild beschreibt der Berliner Aufklärer Friedrich Nicolai in seinem 'Sebaldus Nothanker', einem vielgelesenen Roman über einen kurmärkischen Landpfarrer: [...]"
[138] Nicolai, *Sebaldus Nothanker*, S. 435 f., cf. Schmalhaus, *Anspielung*, S. 161, zur Meinung Lenzens über Nicolai.

4.2.6 Allgemeines

Bedingung geknüpft war, die der Kandidat, der sich zunächst noch als Hofmarschall oder Schulmeister über Wasser gehalten hat, erfüllen muss. (262) Nicolai verweist auch mehrfach auf die gesonderte Stellung der Geistlichen.[139] Zu der Vorführung des kleinen Spiels im Hause der Frau von Hohenauf wird der „kleine [...] Sohn des Predigers im Dorf" für eine Rolle verpflichtet, da er durch seine Herkunft noch der Geeigneteste scheint, mit den kleinen Fräuleins zu verkehren. (134)

Ähnlichkeiten hat Sebaldus mit seinen Kollegen[140] beim Predigen und in der Freizeitbeschäftigung, die bei den meisten nichts mit der Kirche zu tun hat; auch Sebaldus hat ein Steckenpferd, das aber nicht mit den ländlichen Eigenschaften seiner Kollegen harmoniert: Sebaldus hält, wie auch seine Kollegen, eine den Bauern angemessene Predigt, ansonsten kümmert er sich um seinen Kommentar zur Apokalypse. Darin ähnelt er Dr. Primrose, der eifriger Verfechter der „Monogamie" ist und durch seinen Enthusiasmus die Ehe seines Sohnes mit Arabella verhindert. Insofern ähneln Nothanker und Dr. Primrose einander, denn bei beiden ist das eher lächerliche Steckenpferd mitverantwortlich für ihr weiteres Schicksal.

Der bedeutendste Verleger der Aufklärung hat sich in seinem Roman *Sebaldus Nothanker* literarisch mit den geistigen Strömungen seiner Zeit auseinander gesetzt. Die von Nicolai betonte Aufgabenteilung zwischen Staat und Kirche steht im politischen Kontext, wie sich gerade im Vergleich mit Lenz zeigt. Die politische Schrift Abbts und auch die sich auf diese Schrift beziehende Predigt des Sebaldus Nothanker verweisen auf den Aspekt, unter dem der Roman primär zu lesen ist. Schließlich hat Nicolai auch Literaturkritik als ein wichtiges Thema behandelt; diese Auseinandersetzungen, diese *Meinungen*, stehen eindeutig vor einer ästhetischen Gestaltung des Stoffes. Die Kritik an Religion ist Kritik an den Institutionen.

Nicolai hat die von Thümmel erdachte Figur des Sebaldus Nothanker weiterentwickelt und sich dabei von Thümmels „Vorgabe" entfernt. Die Passivität bleibt in Ansätzen erhalten, denn Sebaldus schwingt sich nicht zum Vorkämpfer gegen Missstände auf. Er gerät nicht auf Konfrontationskurs mit seinen Vorgesetzten, obwohl seine Auseinandersetzungen mit der Apokalypse Grund genug lieferten. Zwar steht er auf der schwarzen Liste, aber er ist der einzige Geistliche auf dieser Liste, denn die Prediger, die in den Verdacht der Ketzerei geraten, verlieren sofort ihre Anstellung, was darauf hindeutet, dass

---

[139] Nicolai, *Sebaldus Nothanker*, S. 433, im Keller des Seelenverkäufers z.B. wird der geistliche Stand des Sebaldus unter den Gefangenen bekannt, unter denen ein Sterbender seinen Zuspruch sucht.
[140] Nicolai, *Sebaldus Nothanker*, S. 32, führt die Figur des Nachbarpredigers aus Thümmels *Willhelmine* in der Gestalt des Dr. Stauzius fort. Dieser Vorkämpfer der Orthodoxie ist einer der erbittertsten Feinde des Sebaldus Nothanker.

Sebaldus bisher öffentlich keine „ketzerischen" Aussagen gemacht hat. (Cf. S. 32)

Bei Nicolai wird das Private dem Öffentlichen gegenüber gestellt. Die „Korrektur" der zeitlichen Einordnung ermöglicht es ihm, Kritik an zeitgenössischen Strömungen zu üben. Bei Nicolai haben verschiedene Berufsgruppen verschiedene Aufgaben in der Aufklärung übernommen, die bei Lenz der Geistliche übernimmt. Das hat Nicolai in der *Zuverläßigen Nachricht* geändert.

Der Roman reflektiert die Meinungen des Autors. Die Verquickung zweier Themenbereiche (das Leben und die Meinungen des Landpredigers mit den Liebesabenteuern seiner Tochter) ist ebenso geschäftlich motiviert wie die Entscheidung der Fortführung der Geschichte des populären Magisters von Thümmel. Mit den Reflexionen und den Abenteuern konnte Nicolai verschiedene Leserkreise ansprechen.

Humor resultiert aus der Naivität, mit der Sebaldus Nothanker seine Umwelt betrachtet, Humor resultiert aber auch aus der ironischen Brechung: Geistliche Würdenträger sind ebenso der Ironie des Erzählers ausgeliefert wie seichte Literaten, dumme Verleger und einfältige Leser. Das Unglück der Familie Nothanker und die Reise des Landpredigers durch Norddeutschland und die Niederlande ist zu einem großen Teil auf mangelnde Toleranz der Geistlichen zurückzuführen; die Probleme der Familie haben ihre Ursache im Machtinteresse und in privaten Fehden der Vorgesetzten des Landpredigers. Letztlich ist Sebaldus Nothanker ein Opfer der Institution Kirche.

4.3 Statt einer Zusammenfassung

Lenz' Erzählung *Der Landprediger* weist eine Reihe von Anspielungen [141] auf, die sowohl auf den Roman Goldsmiths als auch den Nicolais hinweisen. In der Forschung sind einige dieser Anspielungen mehr oder weniger ausführlich abgehandelt worden, die für die vorliegende Arbeit wichtigen Hinweise allerdings sind in diesem Kapitel nochmals und teilweise erstmalig zusammengestellt worden. Im folgenden Kapitel werden die Anspielungen aufgegriffen, eine Zusammenfassung an dieser Stelle wäre insofern redundant.

---

141 Schmalhaus, *Anspielung*.

5 Jacob Michael Reinhold Lenz: *Der Landprediger*

> Viele meiner Leser werden stutzen und einen Roman zu lesen glauben, wenn sie finden, daß es ihm, ungeachtet seiner Inorthodoxie, doch mit seiner Beförderung geglückt sei.[1]

In Lenz' Erzählung *Der Landprediger* wird die Lebensgeschichte des Johannes Mannheim erzählt, der der Familientradition folgend Landprediger geworden ist; allerdings zeigt sein Weg Abweichungen von den väterlichen Vorstellungen auf. Mannheim folgt keineswegs unreflektiert Traditionen (familiären oder beruflichen) – und folglich wird Mannheim als Seelsorger und Verwalter beschrieben, eine ausführlichere Darstellung seiner Amtshandlungen erfolgt aber ebenso wenig wie die Darstellung der bäuerlichen Lebenswelt mit ihren Problemen.[2] Hinweise auf die Predigten, Taufen, Konfirmationen, Trauungen oder Beerdigungen hätten sowohl einen Blick auf das dörfliche Leben ermöglicht als auch auf die soziale Stellung des Geistlichen, auf Religion und Kirche auf dem Lande. So bleibt die Religion als ein Abstraktum separiert vom ländlichen Leben, die Verschmelzung von Leben und Religion findet nicht statt – und gerade diese fordert Mannheim in einem Gespräch mit dem Superintendenten:

> Ich bin weder inorthodox, noch brauche ich etwas an mir zu beschönigen. Wo will sich die Religion äußern, wo soll sie ihre Kraft und Wirksamkeit beweisen, wenn wir sie als einen abgezogenen Spiritus in Flaschen verwahren und nicht sie durch unser ganzes Leben und Gewerbe dringen lassen. Den Bauren zu weisen, daß Religion geehrt und reich mache, heißt eben so viel als Kindern Brot und Spielwerk hinlegen, wenn sie artig gewesen sind. (459)

Dieses Gespräch zwischen dem die Tradition repräsentierenden Superintendenten und dem die moderne Richtung vertretenden Mannheim steht im *Anhang* der Erzählung. Der 2. Teil der Erzählung schließt mit Mannheims Tod, der folgende *Anhang* kehrt noch einmal zu den beruflichen Anfängen des Landpredigers zurück, so dass die Forderung nach einer Erneuerung der Religion zwar am Ende der Erzählung steht und wie ein Anspruch an die Gegenwart stehen bleibt, gleichzeitig aber auf den Anfang der Berufspraxis Mannheims verweist.

Ein Erzähler, der seine Leser von der Glaubwürdigkeit einzelner Begebenheiten der von ihm berichteten *Lebensbeschreibung*[3] durch deren Abgrenzung von fiktiver Literatur zu überzeugen versucht, gleichzeitig aber eine „Erzählung" mit unglaublichen Ereignissen und Figurenkonzeptionen präsentiert, fordert die Leser heraus. Lenz geht es nicht um eine Erzählung mit

---
1 Lenz, *Der Landprediger*, zitiert im Folgenden nach der Ausgabe von Sigrid Damm, Werke und Briefe in drei Bänden, Band 3, S. 413 – 463, hier S. 422.
2 Ähnlich abstrakt werden auch Albertines Aufgaben als Pfarrfrau dargestellt.
3 Lenz, *Der Landprediger*, S. 456 und 457, der Erzähler hat aus der „Lebensbeschreibung" durch den Sohn eine „kurze Erzählung", S. 456, bzw. „diese Geschichte", S. 457, verfasst, er differenziert also genau zwischen der vom Sohn gefertigten Biographie und seiner Fassung des Lebensweges.

reinem Unterhaltungswert, seine Erzählung verweist u.a. auf „Gesellschaftsreform"und „Literaturkritik".[4] Distanz zum Text wird durch Parodie hervorgerufen: Der große, nahezu unglaubliche Erfolg des jungen Landpredigers, die widersprüchliche Figurenkonzeption und die ungewöhnliche Auswahl an Ereignissen, die der Erzähler dem Leser präsentiert, stellen den Text in den Zusammenhang der Parodie.[5]

5.1 Zwischen Wunschbiographie, Utopie und Parodie

Entstanden ist die in mehrfacher Hinsicht ambivalente Erzählung *Der Landprediger* 1777 in Emmendingen,[6] das Lenz nach der von Goethe notierten „Eseley"[7] in Weimar besuchte, und im selben Jahr im *Deutschen Museum* erschienen.[8] Spekulationen über diese „Eseley" und die kurz nach Fertigstellung der Erzählung ausgebrochene Krankheit haben die zum Prosawerk ohnehin spärliche Forschungsmeinung beeinflusst.[9]

Scherpe kommt zu dem Ergebnis, dass sich die Erzählung vom Landprediger Johannes Mannheim wie eine „Wunschbiographie" des Autors lese.[10] Er führt weiter aus:

> Mannheim ist die bürgerliche Selbsthelferfigur par excellence, eine synthetische Kunstfigur allerdings, aus der das Konfliktpotential herausdestilliert ist, das die berühmten Selbsthelfergestalten in der Sturm-und-Drang-Literatur zwangsläufig zu tragischen Figuren macht. Man denke nur an Lenz' poetisches Bild vom *gekreuzigten*

---

4 Cf. Pautler, *Weltdeutung*, S. 465: Die Erzählung vom Landprediger Mannheim „basiert auf massiver Sozialdisziplinierung". Allerdings geht es nicht allein um die Absage solcher Reformprojekte, sondern auch um die Warnung vor falscher Literatur, also jener Literatur, die nicht zur Besserung der Menschen beiträgt. Zur Literaturkritik cf. Dedert, *Erzählung*, S. 79 – 85.
5 Auf die „unglaublichen" Erfolge haben u.a. schon Wurst, *Contradictory* und Müller, *Wunschwelt*, hingewiesen.
6 Dort wohnte Lenz vorübergehend bei Goethes Schwager Schlosser, cf. Winter, *Lenz*, S. 87 und 93.
7 Cf. Winter, *Lenz*, S. 84.
8 Deutsches Museum 1777, St. 4, S. 289-307; St. 5, S. 409-439; St. 6, S. 567-574. Cf. auch Dedert, *Erzählung*, S. 234 und Damm, WuB, Band 2, S. 874 ff. Damm vermutet, dass evtl. eine andere Anordnung geplant war. Sie weist auch auf die Umarbeitung hin, die Lenz 1779 in einem Neudruck veröffentlichen wollte. Die Handschrift zeugt von einer realistischeren Auseinandersetzung mit der Lage der Bauern: „Meine Bauern waren elend, als ich zu ihnen kam, der Feldarbeiter, der seine Kräfte anderwärts anstrengt, kann über gewisse Sachen nicht nachdenken [...]". Zitiert nach Damm, WuB, Band 2, S. 876.
9 Die Prosatexte werden erst in der jüngsten Forschung stärker berücksichtigt, cf. auch Wurst, *Wirkungsgeschichte*, S. 114. Zu den älteren Forschungsergebnissen: Sollas weist in ihrer Arbeit auf einige Einflüsse sowohl durch den Roman *Sebaldus Nothanker* als auch durch den *Vicar of Wakefield* hin, zum Beispiel die List, mit der sich die Eheleute jeweils gegen den anderen durchsetzen, wenig Ähnlichkeit sei dagegen in der Behandlung der Charaktere vorhanden, auch fehle die übertriebene Empfindsamkeit bei Goldsmith. Eine ausführlichere Analyse findet sich bei Sollas nicht. (19). Rösch sieht autobiographische Züge (Theologiestudium), ergänzt um weitere Themen. Lenz sei im Hinblick auf sein dramatisches Werk „einer der typischsten Vertreter der Genieperiode", im *Landprediger* aber Pädagoge und Reformator, dem es in erster Linie um Aufklärung der Landbevölkerung gehe. (75) Dargestellt werde nicht nur die Idylle, sondern auch die Schwierigkeit des Landvolks. Die Verweise auf Tätigkeiten des Pfarrers in *Lienhard und Gertrud* und Oberlins Reformbestrebungen. (77)
10 Scherpe, *Projektemacherei*, S. 318.

5.1 Zwischen Wunschbiographie, Utopie und Parodie

Prometheus. Die *Geschichtschreibung* der „Landprediger"-Erzählung wirkt demgegenüber kompensatorisch und konzeptiv zugleich. Sie haftet an einer Art der begrifflichen Erkenntnis, die eine bessere Wirklichkeit konstruiert, wobei die Negation der schlechten Wirklichkeit des Feudalabsolutismus immer schon vorausgesetzt wird. Typisch hierfür ist die Form der berichtenden Erzählung, die sich, wie in dem folgenden Abschnitt, auf Handlung nur einläßt, soweit dies zur Veranschaulichung eines *Principiums* notwendig ist: [...][11]

Über Mannheims literarische Ambitionen schreibt Scherpe:

> Der Preis für die in sich konsistente Vorstellung eines gesellschaftlichen Reformprojekts – für ein gewisses Maß an „Souveränität" gegenüber der Wirklichkeit – war offenbar die Einschränkung jener dichterischen Potenz, die sich ideologisch wirksam nur entfaltet, wenn sie sich an der sozialen Wirklichkeit direkt abarbeitet. Wurde die konzeptive Idee, die durch eigene Erfahrungen nicht kontrollierbar war, ersatzweise für die erfahrbare widersprüchliche Wirklichkeit zum literarischen Gegenstand erhoben, so blieb als künstlerische Methode offenbar nur die alte poetologische Direktive der poetischen Illustration nützlicher Wahrheiten.[12]

Scherpe führt aus, dass die „literarische Aufzeichnung der 'reinen Idee' des bürgerlichen Selbsthelfertums" selten ist; Lenz lasse diesen Typus öfter „als problematische Figur, wenn nicht gar als Spottfigur auftreten."[13]

John Osborne sieht die Erzählung teilweise als ein sich selbst relativierendes Werk; er vergleicht die beiden sozialkritischen Werke *Zerbin* und *Der Landprediger* von Lenz miteinander.[14] Der Landprediger Mannheim fungiere nach Osborne als Gegenspieler Zerbins. Osborne sieht ähnliche ästhetische Lösungen zu zentralen Problemen. Mannheim habe sich eine Idylle in der Opposition zur Umwelt geschaffen, die er gegen Adelsstolz, Einsamkeit, Literatur verteidige. Literatur werde dann gefährlich, wenn sie vom Leben wegführe; Mannheim könne einen Weg zwischen „Weltflucht" und „egoistic idealism" finden. Ähnlich sei es mit dem Weg zwischen Vater und Luzilla, also zwischen autoritärer Vergangenheit und falsch verstandener Emanzipation. Gut sei Literatur, die Kritik an selbstgenügsamen Romantizismen übe (Parodien) und praktische Lebenshilfe gebe (Traktate). Beide Erzählungen hätten einen versöhnlichen, durchaus utopischen Schluss, beim *Landprediger* grenze er an „self-parody".

In beiden Texten sei der Schluss von der vorhergehenden Erzählung getrennt, indem der jeweilige Schluss auf eine transzendentale Sphäre verweise; im Falle des Landpredigers werde der literarische Modus durch den des Zuschauens ersetzt.

> In the context of the restrained reportage of the story *Zerbin*, the brief description of Marie's execution stands alone, encapsulated, as a part religious, part aesthetic *Andachtsbild*. From beginning to end the story *Der Landprediger* has a utopian character, in that the hero meets no obstacles to his good intentions; in the main body of the story

---

11 Scherpe, *Projektemacherei*, S. 320.
12 Scherpe, *Projektemacherei*, S. 321.
13 Scherpe, *Projektemacherei*, S. 321.
14 Osborne stellt in seinem Aufsatz *The Postponed Idyll* die Ergebnisse eines Vergleichs der Erzählungen *Zerbin* und *Der Landprediger* dar.

> we are already on, if not beyond, the borders of the possible; in such a context the formal 'Steigerung' into the totally unreal world of the *fête champêtre* is stylistically necessary to indicate a break, to establish the otherness of the idyllic conclusion.
>
> Despite the social-critical aims of these stories, and despite the stand which is taken in Der Landprediger against inwardness and image-making´, Lenz reverts to type in the conclusion. He renounces or postpones the idyll as far as the real world is concerned, and decisively places it in an aesthetic or religious beyond.[15]

Das Utopische der Erzählung *Der Landprediger* liege darin begründet, dass Mannheim mit keinerlei Hindernissen zu kämpfen habe: im Hauptteil sei der Leser schon an die Grenzen, wenn nicht über die Grenzen des Möglichen getreten, die formale Steigerung in die unreale Welt der *fête champêtre* sei stilistisch notwendig, um den Bruch anzudeuten, um die Andersartigkeit des idyllischen Schlusses zu etablieren. Lenz kehre nochmals zu den alten Typen zurück: „He renounces or postpones the idyll as far as the real world is concerned, and decisively places it in an aesthetic or religious beyond."[16]

Nach Preuß stellt der *Landprediger* Lenz' „bedeutendstes nationalpädagogisches Werk" dar, in dem Lenz darlege, wie dem Fürsten durch bürgerliche Ökonomie eine Macht entgegengestellt und letztlich so sittlicher Lebenswandel erreicht werde.[17] Die Erzählung, in deren Schlussfeier „kleine Details gewaltig mißraten", sei „ein ausgestalteter Wunsch", die Schlussfeier weise aber auf die Unerfüllbarkeit hin.[18]

Vor dem Hintergrund der Entwicklung bürgerlichen Selbstbewusstseins analysiert Dedert[19] die Erzählung *Der Landprediger*. Johannes Mannheim verkörpere den „Modellfall bürgerlicher Selbstverwirklichung par excellence",[20] allerdings idealisiere Lenz in „seiner perspektivischen Verengung auf den Standpunkt des Bürgers"[21] den bäuerlichen Alltag. Das kultische Zeremoniell deute „historisch begründete Zweifel an der Berechtigung hoffnungsfrohen bürgerlichen Selbstvertrauens" an, die auch durch den Anhang nicht wieder aufgehoben werden könnten. Dedert setzt sich auch mit der Literaturkritik auseinander, die Lenz in der Erzählung übt.[22]

Winter[23] vergleicht das 1777 erschienene Stück *Der Engländer* und die 1781 veröffentlichte Erzählung *Empfindsamster aller Romane* miteinander und stellt fest, dass sich Lenz' Menschenbild nicht geändert habe, im späteren Werk aber

---

15 Osborne, *Idyll*, S. 99.
16 Osborne, *Idyll*, S. 99.
17 Preuß, *Selbstkastration*, S.96.
18 Preuß, *Selbstkastration*, S. 100.
19 Dedert, *Erzählung*.
20 Dedert, *Erzählung*, S. 65.
21 Dedert, *Erzählung*, S. 67.
22 Dedert, *Erzählung*, erläutert die Kritik, die Lenz übt, in dem Abschnitt „Literaturkritik vom 'Standpunkt des Maßes un der Mitte' als Kritik an 'Romanhaftigkeit' und 'unnatürlicher Empfindsamkeit'".
23 Winter, *„Denken heißt nicht vertauben."*

die „pessimistisch-empirische Perspektive"[24] nachdrücklicher dominiere. Lenz sei Kritiker der Aufklärung, nicht ihr Gegner gewesen; beide Texte zeigten Hindernisse, die der Verwirklichung des Menschenbildes und den Projekten der Aufklärung entgegenstünden: das Unmoralische, der Körper oder auch

> die Gefühle, auch soweit sie nicht von der Vernunft erreicht und beherrscht werden können, zum anderen zeigen sie Abhängigkeitserfahrungen auf, die einen 'Ausgang aus der selbstverschuldeten Unmündigkeit' (Kant) unmöglich machen, weil die Betroffenen gar nicht die Möglichkeit haben, solch einen Diskurs zu führen.[25]

Auch Voit[26] weist auf die Gebrechen der Gesellschaft hin, die durch „Einsicht, Selbsterkenntnis und richtiges Bewußtsein der jeweiligen Rechte und Pflichten eines Standes" überwunden werden könnten.[27]

Stephan Pautler hat in seiner umfangreichen Dissertation vor dem kulturgeschichtlichen Hintergrund vor allem des Pietismus und der Biographie Lenz' dessen Reformprojekte analysiert. Hinsichtlich des Landpredigers kommt er dabei zu dem wenig positiven Ergebnis:

> Nach dem Weimarer Fiasko überführt Lenz seine Gesellschaftsreform in kleinräumigere Bezüge. Der „Landprediger" verzichtet auf die große Reform von oben. In ländlicher Idylle wird, basierend auf einem neuen Predigerverständnis, konkrete Volksaufklärung betrieben, die primär das materielle Wohl der Landbevölkerung zum Ziel hat. Lenz reiht sich mit dieser Landreform in zeitgenössische Vorhaben ein, die wohlbegründet die erbärmliche Lage der bäuerlichen Bevölkerung zum Besseren wenden wollten. Lenzens Vorschlag geht hier konform, zugleich führt er seine früheren Projekte fort. Auch der „Landprediger" basiert auf massiver Sozialdisziplinierung, die eine nahezu vollständige Affirmation des Individuums an die Gesellschaft proklamiert. Ein subjektutopisches Lebensprogramm hat in dieser auf ökonomische Effizienz ausgerichteten Welt keinen Entfaltungsspielraum. Es wird vielmehr auf das Subjekt- und Gesellschaftsmodell der Empfindsamkeit gesetzt, das eine maßvolle Emotionalität als Basis gesellschaftlicher Harmonie verkündet.
>
> Ein Zusammenführen einer entwickelten Subjektproblematik mit einer gesellschaftsreformerischen Themenstellung gelingt Lenz nicht. Seine autoritären Gesellschaftsmodelle kennen keine selbständigen Individuen. In Lenzens moralphilosophischem Begründungszusammenhang soll die Sozialreform zwar dem Individuum bei seinen Versuchen, „Glückseligkeit" zu erlangen, zur Seite stehen, die Autonomie des Individuums wird im Vollzug der Gesellschafts- und Sozialrefrom jedoch sofort wieder negiert.[28]

Tommek stellt in seiner Sozioanalyse – eine „generative Analyse der kollektiven Prägung des literarischen Habitus Lenzens"[29] – dieser Deutung eine andere gegenüber: Die „literarische Praxis" unterliege

> einer anderen Logik als der einer Mentalitäts-, Ideen- oder Bildungsgeschichte oder gar einer Logik der Intertextualität [...]. Die Analyse der sozialen Praxis muß sich zwar auch auf diese Logiken beziehen, aber sie wird ergänzt durch eine historische (Zwänge ausübende) Dynamik, die durch die Auseinandersetzung um die Durchsetzung der legitimen literarischen Praxis und durch das Verhältnis des literarischen Feldes zum Feld der Macht geprägt ist. In dieser Hinsicht ersetze ich die konzeptionelle Opposition

---

24 Winter, *„Denken heißt nicht vertauben."*, S. 83.
25 Winter, *„Denken heißt nicht vertauben"*, S. 94.
26 Voit, Nachwort der Reclam-Ausgabe.
27 Voit, Nachwort der Reclam-Ausgabe, S. 159.
28 Pautler, *Weltdeutung*, S. 465 f.
29 Tommek, *Sozioanalyse*, S. 399.

5.1 Zwischen Wunschbiographie, Utopie und Parodie

> zwischen einer sich „selbstverwirklichenden Dichterexistenz" und „sozialreformerischen Projekten", die für Pautler das Ausgangsproblem darstellt, durch zwei Perspektiven: zum einen auf den (dem bildungsbürgerlichen Habitus innewohnenden) Hang zum gesellschaftlichen Aufstieg, der sich im literarischen Feld spezifisch bricht in den Kämpfen um die Durchsetzung und Wahrung der legitimen symbolischen Ordnung bzw. der legitimen literarischen Praxis und ihrer „Verdienste" [...]; zum anderen durch die Perspektive auf das Verhältnis der politisch beherrschten Schriftsteller und Intellektuellen zu den herrschenden Mächten, das sich als ein Komplizenverhältnis erweisen wird, und dieses steht wiederum in einem engen Verhältnis zur relativen Autonomisierung des literarischen Feldes [...].[30]

Tommek analysiert die Erzählung *Der Landprediger* nicht, formuliert aber am Schluss seiner Arbeit *Offene Fragen*, die unter anderem der „Logik der literarischen Praxis" und ihrer Untersuchung gelten. Vor dem Hintergrund der Theorien Bourdieus stellt Tommek fest:

> Es geht also um ein Verstehen der spezifischen Kontinuität der literarischen Praxis, die durch ein genetisches Wechselspiel zwischen Normierung und Abweichungen oder Pflichtverletzungen geprägt ist. Dabei wird keine Verteidigung oder Bloßstellung angestrebt, sondern eine erklärende Einsicht in die historischen Bedingungen eines spezifischen Standpunktes. Um nicht so zu tun, als bestünde die historische, gesellschaftliche und geistige (wissenschaftliche) Distanz nicht, muß sich dieses Verstehen einerseits Rechenschaft über seinen spezifischen Standpunkt ablegen, und es muß sich andererseits einer methodischen Konstruktion bedienen. [...][31]

Damit stellen Tommeks Überlegungen in gewisser Weise einen Ausgangspunkt der vorliegenden Arbeit dar, denn in ihr wird der Frage nachgegangen, inwieweit Lenzens Erzählung vom Landprediger Mannheim Erwartungen der Leser entspricht bzw. diesen zuwiderläuft.

Gibbons, der darauf hinweist, dass die Arbeiten zur Erzählung diese entweder als Wunschbiographie oder Utopie deuteten,[32] sieht in der Erzählung vom Landprediger keineswegs die Weiterführung der politischen Ideen, vielmehr zeige sich im *narrative tone*, dass ein Zeitalter zu Ende gehe, immerhin deute der Name *Großendingen* auf die ironische Lesart des Textes, auf die bisher keine Arbeit eingegangen sei.[33] Erzähltechnik und Figurenkonzeption sind für Gibbons' Deutung der Erzählung wichtiger als Konzeptionen von Bildung oder Überlegungen zur Sozioanalyse oder National- bzw. Wunschbiographie.

Stötzer hat den Versuch unternommen, „innerhalb der jeweiligen fiktiven Kunstwelt den unterschiedlichen Grad der Subjektivität bzw. Fiktionalität des Erzählers zu erfassen."[34] Er wendet sich auch der Frage nach der Bedeutung des Grotesken für das Prosawerk Lenz' zu und stellt fest, dass Sternes „Ästhetik des Grotesken"[35], wie sie Thomsen herausgearbeitet hat, teilweise auch bei Lenz zu finden sei:

---

30 Tommek, *Sozioanalyse*, S. 30.
31 Tommek, *Sozioanalyse*, S. 405 f.
32 Gibbons, *Adaption*, S. 216 f.
33 Cf. Gibbons, *Adaption*, S. 216 und 214.
34 Stötzer, *Pathos*, S. 171.
35 Stötzer, *Pathos*, S. 178. Zu Lenz und seiner Beurteilung Sternes cf. Stötzer, *Pathos*, S. 176 f.

5.1 Zwischen Wunschbiographie, Utopie und Parodie

> Thomsen kommt in seiner Untersuchung zu dem Ergebnis, daß das Experiment, welches Sterne mit der Romanform und dem Leser anstellt, eindeutig in eine Ästhetik des Grotesken einfunktioniert ist: „Regelverletzung, Normendurchbrechung und -umkehrung, Formzertrümmerung bis in den Satzrhythmus und in die Satzstruktur hinein, der scheinbare Versuch, Inkongruentes zur Deckung zu bringen, Assoziationstechnik – wenn auch noch nicht im modernen Sinne – , bis ins Phantastische getriebene Digressionsmethoden, raffiniert herbeigeführte Orientierungslosigkeit (...) sind Konstituenten dieses ästhetischen Prinzips."[36]

Begünstigt sei die Verwendung des Grotesken bei Lenz durch „Erzählform und Erzählperspektive":

> Auch in den von der Ich-Erzählform abweichenden Texten wie „Zerbin" und „Landprediger" wird vom Erzähler gleichsam bipolar vom Erzählanfang an – aus der Perspektive der Erzählfigur, Zerbin bzw. Mannheim, und vom Erzähler aus der Perspektive des moralisch gereiften „Außenstehenden" berichtet und gleichzeitig das chronologische Fortschreiten der jeweiligen „Geschichte" durch Reflexionen und Kommentare meist ethisch-moralischen Inhalts durchbrochen.[37]

Das Groteske der Erzählung vom Landprediger Mannheim zeige sich,

> wenn etwa die Perspektive des jungen Johannes Mannheim die Realität der Erwachsenen unter stark verzerrtem Blickwinkel sieht. Durchgängig werden moralische Normen relativiert, außer Kraft gesetzt und ironisch umgekehrt, wobei oft indirekte satirische Attacken sozialkritischen Inhalts vorgetragen werden. Kann Letzteres als eines der textübergreifenden Momente gelten, ist zugleich hervorzuheben, daß die Erzählungen keine Lösungsmöglichkeiten für den einzelnen gestatten. Ist dies, wie im „Landprediger" doch einmal der Fall, wird diese Fiktion zerrspiegelhaft in der übersteigerten, grotesken Form des „Festes" in ihrer Absurdität überführt.[38]

Die von Thomsen erkannten Normverletzungen Sternes finden sich auch bei Lenz, wenngleich nicht in dem Maße, wie Stötzer ja auch erkannt hat. Die Normverletzungen betreffen aber nicht ausschließlich moralische Normen und manifestieren sich nicht allein in Sozialkritik, sie zeigen eine ausführliche Auseinandersetzung mit dem literarischen Medium, indem Lesererwartungen verletzt werden. Die Verstöße bei Lenz zielen also auf Normverletzungen literarischer Art, und ihr Ziel besteht in der Anleitung der Leser zu einem bewussten Umgang mit Literatur – wenigstens in der Warnung vor unreflektiertem Lesen. Gleichzeitig wird das Verhältnis von Literatur und Religion zueinander beleuchtet. Der Text wird unmissverständlich als ein literarisches Produkt, Johannes Mannheim als literarische Figur[39] dargestellt, und beide verlangen vom Leser kritische Rezeption.[40]

---

36 Stötzer, *Pathos*, S. 179.
37 Stötzer, *Pathos*, S. 179.
38 Stötzer, *Pathos*, S. 179 f.
39 Cf. auch Dedert, *Erzählung*, S. 61, „Johannes Mannheim – ein literarisches Wunschbild" und die entsprechende Zusammenstellung, und S. 85. An dieser Stelle weist Dedert darauf hin, dass „auch die Darstellung Mannheims und Albertines" verklärt sei.
40 Auch Gibbons, *Adaption*, hat auf Ironie verwiesen.

5.2 Literatur und Literaturkritik

Die Figur des Landpredigers ist in sich nicht stimmig, in der Forschungsliteratur wiederholt und bis Ende der neunziger Jahre sogar als „Wunschbild" verkannt worden. Scheint die Erzählung auf den ersten Blick auch ein disparates Produkt zu sein,[41] so zeigt eine eingehendere Auseinandersetzung mit dem Text, dass Lenz durch literarische Anspielungen, formale Gestaltung, Erzähltechnik und Figurenkonzeptionen eine Erzählung geschrieben hat, mit der er Literaturkritik äußert.[42] Die Erzählung zeigt auf, dass unreflektiertes Lesen bestimmter Texte moralisch verderbliche Folgen haben kann; Lenz deutet auch an, dass fiktionale Literatur keinen Ersatz für Religion darstellen kann. Lenz differenziert allerdings, denn es gibt auch nützliche Literatur, wie Mannheim im Anhang ausführt. (463)

Die in der Erzählung formulierte Literaturkritik an „Romanhaftigkeit"[43] und „unnatürlicher Empfindsamkeit"[44] wird durch ein Spiel mit dem Leser noch verstärkt. Die Annahme eines literarischen Spiels (in dem Lenz die Kritik formuliert) wird durch den Begriff *Dichtkunst* schon im ersten Satz gestützt: Der Erzähler weist auf die literarische Gestaltung dieser Lebensgeschichte hin.[45] Diese Konzentration auf literarische Strukturen hat Karin Wurst auch für *Zerbin* entdeckt. Ausgehend vom Titel einer Abhandlung Zerbins über die „Quadratur des Kreises" thematisiert Wurst die „Unvereinbarkeit von kategorial Getrenntem", das auch in der Erzählung *Zerbin* aufgezeigt wird:

> Bezieht man es auf die im *Zerbin* zitierte Gattung der moralischen Erzählungen 'in Marmontels Manier' [...], so geht es um das Thema der adäquaten literarischen Erfassung

---

41 Cf. Gibbons, *Adaption*, S. 216 f., der darauf hinweist, dass bisherige Interpretationen die Erzählung entweder als Wunschbiographie oder als Utopie gewertet hätten. Cf. Maaß, *Erzählungen*, S. 154, zur Theorie, dass Werke falle auseinander.
42 Cf. u.a. Dedert, *Erzählung*, der auf Literaturkritik in der Erzählung eingeht.
43 Dedert, *Erzählung*, S. 79.
44 Dedert, *Erzählung*, S. 79.
45 Gibbons, *Adaption*, S. 217, weist auf den relativierenden Begriff der „Dichtkunst" im ersten Satz hin. Winter, *Erinnerungstext*, S. 112: „Zunächst ist Mannheim ohnehin eine erfundene Figur. Wie anders als 'auf den Flügeln der Dichtkunst' kann sie von Erzähler und Leser zum Leben erweckt werden und damit ihre fiktive Lebenszeit überdauern?"
Winter, *Erinnerungstext*: „So sehr der Erzähler offensichtlich auf einen Ausgleich zwischen den Ständen bedacht ist, kann seine Erzählung die Widersprüche zwischen den Verhaltensweisen und Mentalitäten nicht auflösen. [...] Die Distanz des intellektuellen Beobachters und Geschichtsschreibers zu den Einstellungen und Handlungen, an die er erinnern will, ist aber bitter nötig, um die enormen Widersprüche überhaupt präsentieren zu können, die letztlich Widersprüche der zeitgenössischen Realität darstellen." Dem Erzähler gelinge es, „beim Leser das Sensorium für die Wahrnehmung von Widersprüchen zu verstärken – ohne allerdings eine nachvollziehbare Perspektive zu ihrer Lösung angeben zu wollen und zu können. Bedenkt man, welche zeitgenössischen Wünsche und Utopien mit dem Projekt des aufgeklärten Landfarrers und einer 'aufgeklärten" Religionspraxis verbunden waren – auch bei Lenz – so signalisiert die Ausweglosigkeit, in die der Autor das Erinnern des Erzählers geraten läßt, eine massive Verstörung. Ihr korrespondiert die offene, unfertig wirkende Gestalt des Textes. Der Autor hat sich mit seiner offenen Verwundung nach dem Scheitern u.a. des Weimarer Projektes in den Text hineingeschrieben; vergegenwärtigt wird das Scheitern von Wünschen und Projekten."

der Menschennatur, in diesem Falle der moralischen Natur des Menschen zwischen Psychologischem und Physiologischem.

Die Unmöglichkeit bzw. Schwierigkeit, die Überschneidungspunkte und Einflußmomente dieser Kategorien in den gegebenen Formes des Erzählens adäquat literarisch zu erfassen und zu re-präsentieren, steht m.E. im Zentrum dieser literarischen Konstruktion. Die Betonung liegt hier deutlich auf der literarischen Realisierung, nicht in erster Linie auf einer philosophisch anthropologischen Exploration der menschlichen Natur, um die es in Lenz' moralischen und theologischen Schriften und natürlich mittelbar in seinen literarischen Werken immer auch geht. In den *Briefen über die Moralität der Leiden des jungen Werthers* (1774-75) verwahrt sich Lenz deutlich gegen die Vorstellung, daß es in seiner Dichtung um „moralische Endzwecke" oder um „philosophische Sätze" [...] gehe. Seine Beteuerung, daß er nur ein „bedingtes Gemälde geben wollte von Sachen wie sie da sind" [...], betont formalästhetische Gestaltungsprobleme. Der einschränkende Verweis auf die Gattungstradition des Erzählens, die innertextuellen Hinweise auf formale Erzählprobleme (Erzählerfunktion, Charakterisierung, Komposition sowie Wahrheitsanspruch und Wirklichkeitsauffassung) und die intertextuellen Verweise auf andere Texte, sowie der Einfluß der Literatur auf die Charaktere der Erzählung betonen die Literarizität.[46]

Literarizität kennzeichnet auch die Erzählung vom Landprediger Mannheim, die Ansätze einer Sozialreform (unter Anwendung eines gewissen Maßes an Gewalt)[47] aufweist, um die es aber nicht primär geht, wie auch Wurst erkannt hat:

> The circularity of the reading which both confirms and furthers Lenz's image as a social reformer created the excessive critical focus on „issues". This often leads to problematic theoretical views implying a naive separation of form and content. The careful analysis of the literaricity of the artifact thus often falls by the wayside.
>
> [...]
>
> Lenz seems to be interested in the larger philosophical and aesthetic issues: *the presentation of the intersection of discourses in their relationship to the moment of change itself as well as the role of literary representation in effecting change.* His focus is on the moment of crisis, when a phenomenon is driven to turn against itself to open the space for a new historic and aesthetic reality, the moment in which it becomes apparent that a discourse already contains the seed of its own critique. In this moment two visions seem to coexist, one carrying the nascent issues of the next, a moment suspended between the „no more" and „not yet." The participatory role of representation, and especially literary representation, in transforming reality in the eyes of the beholder is the node where Lenz's cultural and social interests intersect.[48]

Am Beispiel der Wirtschaftstheorien, der Gattungskonventionen und der Beschreibung und Verdopplung einiger Szenen zeigt Wurst Widersprüche im Text auf, die die „intrinsic qualities of the literaricity of the text" ausmachen.[49]

Der Charakter der Literarizität der Erzählung *Der Landprediger* wird kontinuierlich betont, teilweise durch die von Wurst für die Erzählung *Zerbin* genannten Techniken, aber auch durch antiromantische Topoi (in Anlehnung an Goldsmiths Roman) und eine widersprüchliche Figurenkonzeption. Die Figur

---

46 Wurst, *Quadratur*, S. 64.
47 Cf. Pautler, *Weltdeutung*, S. 465: „Nach dem Weimarer Fiasko überführt Lenz seine Gesellschaftsreform in kleinräumigere Bezüge. Der 'Landprediger' verzichtet auf die große Reform von oben. [...] Auch der 'Landprediger' basiert auf massiver Sozialdisziplinierung, die nahezu vollständig individuelle Bedürfnisse der gesellschaftlichen Nutzbarkeit unterwirft."
48 Wurst, *Contradictory*, S. 30.
49 Wurst, *Contradictory*, S. 33.

des Landpredigers Johannes Mannheim entlarvt die Fiktion des Erzählten, da Mannheim durch Extreme charakterisiert wird, die der Figur Authentizität absprechen – so wie die Unglaublichkeit einzelner Begebenheiten der gesamten Erzählung Authentizität abspricht. Authentizität will der Erzähler aber gerade durch die Abgrenzung von Romanen und Hinweise auf die Quelle seiner Erzählung suggerieren. Dass der Erzähler zweimal den Begriff *Geschichte* mit Blick auf seinen Text verwendet, nämlich im ersten Satz des ersten Teils und im letzten Satz des zweiten Teils, verweist auf den bewussten Umgang mit Gattungsnamen. Auf diese Weise macht Lenz auf die verschiedenen Formen von Literatur und deren Rezeptionsmöglichkeiten aufmerksam.

Eine literaturkritische Sicht hat Lenz schon in den „Werther-Briefen" formuliert. In diesen Briefen geht es „um eine Selbstauseinandersetzung mit der Form des Romans in der zeitgenössischen Literaturdebatte und eventuell um eine Eröffnung eines literarischen Dialogs mit Goethe, dem Lenz diese Schrift ja zuerst zukommen ließ."[50] Wurst, die als Erste die narrative Technik im Prosawerk ausführlichen Analysen unterzogen hat, stellt fest:

> Lenz, so meine These, weigert sich nicht nur vorläufig, sondern grundsätzlich, in Theorie und Praxis eine organische Einheit abzubilden. Stattdessen entwirft er ein Kräftefeld der verschiedenen zeitgenössischen literarischen Konventionen und des an ihnen geschulten Rezeptionsverhaltens in seiner Theorie und eine perspektivische, offene Schreibweise in seinen fiktionalen Texten. Die Lenzsche „Poetik der Bedingungsverhältnisse" entwirft Texte, die als Kräftefelder, als Orte des Dissens, der schillernd wechselnden Interessen, als Gelegenheiten für das Aufeinanderprallen orthodoxer und subversiver Tendenzen zu interpretieren sind. [...]

Lenz problematisiere

> grundsätzlich die Möglichkeit eindeutiger Positionen im Angesicht der komplexen Literaturdebatte seiner Zeit. Lenz zeigt seine Gedanken nicht nur als von den verschiedenen zeitgenössischen Literaturauffassungen abhängige, sondern ebenfalls von spezifischen Umständen und Situationen geprägte. Somit verbaut er sich die Möglichkeit einer urteilenden Festlegung auf einen bestimmten allgemeingültigen Standpunkt. [...] Diese Poetologie der Bedingungsverhältnisse statt einer monoperspektivischen Vision seiner zeitgenössischen Wirklichkeit spielt Lenz sowohl in seinen theoretischen Texten, wie hier in den „Werther-Briefen", als auch praktisch in seinem *Pendant zu Werthers Leiden* durch.[51]

In den *Werther-Briefen* gehe es auch um ästhetische Distanz, die eine vollständige Identifikation des Lesers mit dem Gelesenen verhindert: „Indem er die Unterscheidung trifft zwischen der Identifikation mit der Individualität des Charakters und der Gesamtaussage des Romans, der selbst warnendes Beispiel sei, legt er den Finger auf die distanzierende Funktion der Ästhetik."[52]

Ähnliches gilt für die Erzählung vom Landprediger Mannheim. Unterhaltsame Literatur nimmt zu, während religiöse Literatur – oder Religion überhaupt – abnimmt. Der Text enthält ein warnendes Beispiel, das die Folgen

---

50 Wurst, *Bedingungsverhältnisse*, S. 200 f.
51 Wurst, *Bedingungsverhältnisse*, S. 201 f.
52 Wurst, *Bedingungsverhältnisse*, S. 207.

unreflektierten Lesens illustriert. Die Gefahr, die von Literatur ausgehen kann, wird am Leseverhalten deutlich, das Lenz verschiedenen Figuren zugeordnet habe: Lenz zeige deren Literaturkonsum oftmals, um sie „zu desavouieren."[53] Stefan Schmalhaus hat die literarische Anspielung im Werk Lenz' untersucht und festgestellt, dass diese „konstitutives Strukturelement" sei.[54] In der Erzählung vom Landprediger Mannheim

> kommt jenen Episoden, die die prätentiöse Lektüreinszenierung Luzillas, den seichten Literaturgeschmack der Landadelstochter, die romanhafte Einbildungskraft Mannheims und die sentimentale Gefühlsexaltiertheit Albertines bloßlegen, eine Schlüsselfunktion für die ganze Erzählung zu. Allesamt bringen sie Gefahren zur Sprache, die der fragilen Landpfarreridylle von der Seite des zeitgenössischen Literaturbetriebes her drohen. Es hat den Anschein, als könne die feudale Gesellschaftsordnung der sozialutopischen Lebenspraxis des Helden nicht so gefährlich werden wie die Auswüchse eines falschen Literatur- und Leseverständnisses. Die der Erzählung implizite Literaturkritik orientiert sich dabei an einem vernünftig-praktischen Maß der Mitte, das jedoch stets durch ein Zuviel oder Zuwenig gefährdet bleibt. Die formalästhetische Leistung des im *Landprediger* praktizierten Erzählverfahrens besteht darin, daß sich die literaturkritischen Reflexionen nicht zu traktathaft ausufernden Digressionen verselbständigen, sondern in konkrete Situationen der Handlungsdarbietung eingelassen sind und darüber hinaus sogar die Handlung maßgeblich vorantreiben. Die literarischen Anspielungen bilden einen Teil der Werkstruktur.[55]

In der literarischen Auseinandersetzung mit didaktischen Schriften und sentimentalen Gedichten zeigt Lenz in seiner Erzählung *Der Landprediger* die Grenze zwischen vernünftiger und unvernünftiger Literatur; da Lenz sich einer *direkten* Wertung enthält, werden die Leser zu kritischem Denken aufgefordert. Auch Schmalhaus hat darauf hingewiesen, dass Lenz den Leser zu Aufmerksamkeit zwingt:

> Die Wechselwirkung zwischen explizit Ausgesagtem und allusiv Angedeutetem, die sich dem Leser als permanente Irritation des Lektürevorgangs mitteilt, ist ein Charakteristikum der Lenzschen Formgestaltung und Darstellungslogik. Die den Anspielungen eigentümliche Sinnverrätselung läßt im Bedeutungsaufbau der Werke Lücken entstehen, die der Leser schließen muß. Der idealtypische Lenz-Leser ist mit enzyklopädischem Literaturwissen, detektivischem Scharfsinn, spontaner Kombinationsgabe sowie der unermüdlichen Bereitschaft ausgestattet, allen Sprüngen und Rochaden der Texte zu folgen. [...]
>
> Lenz appelliert nicht nur an die intellektuelle Spielfreude des Lesers, sondern zwingt ihn zu einer ernsthaften Auseinandersetzung mit der Tradition. In einer Epoche, in der bis dahin gültige poetologische Kategorien fragwürdig werden und literarische Autoritäten ins Wanken geraten, Gattungskonventionen zerbrechen und die poetische Sprache nach neuen Ausdrucksformen sucht, hat sich Lenz eine Schreibmethodik erarbeitet, die die literarische Tradition in den Werken selbst thematisiert und kritisch reflektiert. Er nimmt eine Bestimmung des eigenen literarhistorischen Standorts vor, indem er sich mit bestimmten Traditionen in eine Linie stellt, während er sich von anderen deutlich distanziert. Lenzens Expeditionen in die nahen und fernen Reiche der Literaturgeschichte sind Akte der schriftstellerischen Selbstvergewisserung und damit Ausdruck eines in die Moderne weisenden Literaturverständnisses.[56]

---

53 Schmalhaus, *Anspielung*, S. 65.
54 Schmalhaus, *Anspielung*, S. 3.
55 Schmalhaus, *Anspielung*, S. 171.
56 Schmalhaus, *Anspielung*, S. 204 f.

Allerdings geht Schmalhaus in seiner Interpretation der Erzählung *Der Landprediger* über eine Darstellung der Lesegewohnheiten der Figuren und einzelner Bezüge zu *Sebaldus Nothanker* nicht hinaus. Die literarischen Anspielungen in der Erzählung stehen im Kontext der von Schmalhaus an anderer Stelle beobachteten literarischen Kritik:

> So entwickelte Lenz seine zukunftsweisenden dramenästhetischen Vorstellungen in kritischer Auseinandersetzung mit den vorgefundenen Theoremen der klassizistisch orientierten Regelpoetik. Darüber hinaus schrieb er gegen literarische Strömungen an, die in seinen Augen bedenkliche Fehlentwicklungen darstellten, allen voran gegen die galanten Rokokodichtungen Wielands. Sowohl in der stellenweise pamphlethaften Programmschrift *Anmerkungen übers Theater* als auch in den gegen Wieland gerichteten Streitgedichten, vor allem aber im *Pandämonium Germanikum*, dem Gipfelwerk literaturpolemischer Streitlust, bewährt sich das Anspielungsprinzip als ein wirkungsvolles Stilmittel, das Lenz wohlüberlegt in das Kalkül seiner literarischen Distanzierungsstrategien einbezieht.[57]

Lenz' „Anspielungsstil" erreicht nach Schmalhaus in der Erzählung *Der Landprediger* „eine formal außerordentlich konzise Ausprägung, indem er weitgehend an die Episodenstruktur gekoppelt ist, so daß ganze Erzählphasen deutlich durch – im weitesten Sinne – literaturästhetische Themen dominiert werden."[58]

Lenz äußert sich literarischen Texten gegenüber nicht nur kritisch, den Nutzen bestimmter Texte hebt er hervor, dabei auch hier die Übersteigerung wieder anklagend. Osborne hat darauf hingewiesen, dass Literatur in der Erzählung vom Landprediger Mannheim nur dann verurteilt werde, wenn sie vom Leben wegführe.[59] Die Auseinandersetzung mit Literatur und ihren Wirkungen – oder potenziellen Wirkungen – findet sich mehrfach im Werk. In seiner Schrift *Expositio ad hominem* hat Lenz zu fördernde Literatur von bürgerlicher Unterhaltungsliteratur unterschieden, die in „Lenz' Vorstellungsvermögen" keinen Platz habe.[60] Mit seinem „Gelehrtenzusammenschluß"[61] will Lenz zur Bildung durch Literatur beitragen:

> Inhaltlich will Lenz dabei vor allem das „Neue", das durch die Dichtung „in die menschliche Erkenntniß und in unsere Gefühle gekommen" sei, [...] fördern. Dieses „Neue" definiert er als dasjenige, „das uns also grösser besser und glückseeliger gemacht" [...] habe. Dichtung habe damit jenseits von Unterhaltungsaspekten zur Vervollkommnung der individuellen Bildungsanstrengung beizutragen.[62]

Dies scheint nötig, da die Gesellschaft moralisch verdorben sei, das Individuum sich nicht bilden könne und Religion ihren moralischen Impetus verloren habe:

> Sowohl auf gesellschaftlicher als auch auf individueller Ebene konstatiert Lenz eine prinzipielle Disharmonie. Die Religion als die traditionell zuständige Institution der

---

57 Schmalhaus, *Anspielung*, S. 101.
58 Schmalhaus, *Anspielung*, S. 157.
59 Osborne, *Idyll*, S. 96.
60 Pautler, *Weltdeutung*, S. 275.
61 Cf. Pautler, *Weltdeutung*, S. 282.
62 Pautler, *Weltdeutung*, S. 282.

> Subjekt- und Gesellschaftsintegration, die hier einen Ausweg zeigen könnte, entziehe sich durch ihren ausschließlichen Transzendenzbezug dieser Aufgabe [...].
>
> Lenz will jenseits einer solchen Negierung der anthropologischen Potenzen an der Subjektutopie einer möglichen Harmonisierung dieser Anlagen festhalten. Mit einem noch stark an die pietistische Denkfigur erinnernden Ansatz soll dies gelingen: „Wie nun, daß wir den letzten Keim aller Moralität, alles Genusses, den Gott in unsere Natur gelegt, herausreißen wollen, den Glauben und die Hoffnung auf Entzückungen, die eben durch die Leiden, Zweifel und Ängstigungen vorbereitet werden müssen, um ihren höchsten Reiz zu erhalten." [...]
>
> Als Vorbild eines solchen existentiellen Bildungsprozesses [...] nennt Lenz Goethes „Werther"-Roman, der das „höchste Tragische" [...] dieser Konstellation dargestellt habe.[63]

Letztlich sollen „Kunstrichter" zur ästhetischen Bildung beitragen, diese initiieren.

> Auch hier ergeht sich Lenz wieder in ausufernden Klagen über den moralischen Zustand der Gesellschaft; Zentralpunkt ist wieder die „Pestbeule" der „Verderbnis der Sitten, die Geringschätzung höherer Wonne für einen tierischen Augenblick". [...] Soziale Institutionen und Normen, die der sittlich-moralischen Verwahrlosung entgegensteuern könnten, sieht er nicht mehr existent. Einen Ausweg biete nur die Bildung des inneren Menschen [...].[64]

Da diese durch Kunst erfolgen kann, die von guten Künstlern und Kunstrichtern geschaffen und vermittelt werden soll, ist damit das Urteil über unzureichende Literatur gesprochen.[65] Die moralisch verdorbene Gesellschaft kann Rettung in der Literatur finden, sofern diese der „Bildung des inneren Menschen" zuträglich ist, was, wie oben geschildert, der Fall ist, wenn das „Neue" vermittelt wird. Wiederholungen des „ewig Gleichen"[66] scheinen nicht zuträglich.

5.2.1 Parodie und ihre Referenztexte

Lenz schildert in seiner Erzählung vom Landprediger Mannheim dessen Lebensweg in der Form einer Parodie, er ahmt die Sprache bestimmter Textsorten nach, imitiert den Stil der Romane, verwendet typische Motive und Topoi, er übertreibt in der Figurenkonzeption – und entzieht sich den durch die Nachahmung aufgebauten Lesererwartungen. Die Erzählung zeichnet sich durch

---

63 Pautler, *Weltdeutung*, S. 288.
64 Pautler, *Weltdeutung*, S. 289 f.
65 Cf. auch Torggler, *Sozialbewußtsein*, S. 124: „Trotzdem müsse von der Dichtung eine 'moralische Wirkung' ausgehen [...]. Diese kann nun nach Lenz nicht auf abstrakten und verstandesnüchternen Lehrsätzen der Moral beruhen, sondern hängt davon ab, wieweit der Dichter der Aufgabe des Kunstschaffens an sich gerecht zu werden vermag, einer Aufgabe, in der er sich vom bloßen Ethiker und Moralisten vor allem dadurch unterscheidet, daß er die dunklen und wesenhaften Gründe des menschlichen Daseins erst zur Empfindung bringt und in die Helle des Bewußtseins hinaufhebt [...]. Demnach kommt 'die moralische Wirkung' der echten Dichtung unbedingt zu, und es ist durchaus verständlich, wenn Lenz sich von ihr eine sittliche Besserung der Menschen erwartet, sie als Kampfmittel gegen die unsozialen und unmenschlichen Zustände der Zeit und als Weise zu einer menschgemäßen Neuordnung des Gesellschaftslebens betrachtet."
66 Lenz, *Landprediger*, S. 448: „Ich will' s behalten, sagte er; aber da, da und da, hast du dieselben Gedanken wieder gebraucht, die im ersten waren, nur unter einem andern Kleide und du merkst wohl, daß das bei weitem nicht so herzlich ist. -"

dieses Spiel mit Lesererwartungen und mit literarischen Versatzstücken aus. Auch die literarischen Anspielungen auf andere Texte und die Thematisierung des Erzählvorgangs[67] stehen im Kontext des literarischen Spiels, das dem Leser den Vorgang des Lesens stets bewusst macht. Gerade diese von Goldsmith übernommenen Erzähltechniken und an Figuren deutscher Texte erinnernden Züge des Landpredigers Johannes Mannheim stellen die Erzählung in den über Gesellschaftskritik hinausgehenden Kontext der Literaturkritik. Im Mittelpunkt stehen also weniger die Reformprojekte, mit denen Lenz die zeitgenössische Gesellschaft unterhalten oder diese belehren will, als vielmehr Gefahren, die von Literatur und deren Rezeption ausgehen, und die Möglichkeiten zur Erziehung oder zur allseitigen Nutzanwendung.[68]

5.2.1.1 Oliver Goldsmith

Stötzer hat die Texte von Goldsmith und Lenz hinsichtlich der Erzählstruktur miteinander verglichen:

> Ähnlich wie im „Vicar of Wakefield" stehen auch im „Landprediger" häufig erzählte Realität, die einer fiktionalen Utopie gleicht, und diagnostische Sentenz in einem ironischen, bis ins Groteske gehenden Spannungsverhältnis. Die Schilderung des zeitgenössischen Landlebens gilt als wesentliche Themenübernahme, wobei die Spannung zwischen Ideal und Wirklichkeit sinnfällig zum Ausdruck kommt. Die idyllische Separatwelt, die der erste Teil des „Vicars of Wakefield" schildert und die nach ihrer Gefährdung im zweiten Teil am Ende als Utopie wiederhergestellt wird, ist als Kritik an der Realität dem utopischen Endzustand von Mannheims fiktiven Großendingen verwandt. Die Gültigkeit ihres moralischen Handelns wird in beiden mit der Wirklichkeit konfrontiert. Das zwischen erzählter Realität und diagnostischer Sentenz sichtbar werdende Spannungsverhältnis im Erzählvorgang schließt ein nur-didaktisches Deutungsmuster aus. Bei Goldsmith entfällt, bedingt durch die Erzählperspektive (Ich-Erzählung), die für Lenzens auktoriale Erzählweise mögliche Konfrontation eines über den Ereignissen stehenden Erzählers mit dem Lebensweg der Titelfigur. Die Ironisierung des Protagonisten gelingt dem Erzähler hier deutlicher als dem Ich-Erzähler im „Vicar". Bei Goldsmith bleibt die Ironisierung größtenteils diffus und ohne schlüssige Konsequenz.[69]

Nicht allein „Kritik an der Realität" ist in beiden Texten vorhanden, sondern auch die ironische Gestaltung. Dr. Primrose ist als Erzähler unzuverlässig[70] und gleichzeitig Objekt und Subjekt der Ironie. Die besondere Form der *compound irony* bei Goldsmith liegt in der Figurenkonzeption des erzählenden Beobachters begründet, der sich über seine Umwelt lustig macht, gleichzeitig aber selbst zum Gegenstand der Ironie wird.[71] Auch Nicolai hat einen auktorialen Erzähler gewählt, der kritisch auf die Defizite des Sebaldus Nothanker hinweist. Durch

---

67 Cf. auch Stötzer, *Pathos*, S. 145.
68 Cf. auch Wurst, *Contradictory*, S. 31 und Voit, Nachwort, S. 159 f.: „Er hat ein bewußt idealisiertes Leben in dieser Erzählung entworfen, die ihren Wunschbildcharakter spätestens gegen Ende deutlich genug zu erkennen gibt, [...]".
69 Stötzer, *Pathos*, S. 164 ff.
70 Bäckman, *Tale*, S. 105.
71 Bäckman, *Tale*, S. 112.

die Hinweise auf seine verschiedenen Quellen erhebt der Erzähler bei Nicolai Glaubwürdigkeit.

Auch Lenz hat einen auktorialen Erzähler gewählt, der allerdings eher unzuverlässig ist – und damit an Dr. Primrose erinnert. Die Erzählerfigur bei Lenz ist aber weniger komplex, da der Erzähler als außenstehende Figur agiert, er ist durch die Handlung nicht betroffen, die Fehler stellen damit auch nicht den Landprediger Mannheim in Misskredit, sondern den Erzähler, der zu einem Gegenstand der Erzählung wird.[72]

Hinsichtlich der Erzählperspektive und -situation und der formalen Gestaltung lehnt Lenz sich stärker an Goldsmith und dessen Satire an. Anders als Goldsmith hat Lenz zwar einen auktorialen Erzähler gewählt, aber als Biograph ist der Erzähler in Lenzens Erzählung auf Quellen angewiesen die, wie er selbst schreibt, nicht über alle Einzelheiten Auskunft geben können. Wenn er Gedanken des Landpredigers Johannes Mannheim veröffentlicht, die ihm nicht bekannt sein können, dann geschieht dies mit Blick auf die Leser, denen die Unzuverlässigkeit des Mediums und des Erzählers demonstriert werden. Die „Fehlbarkeit" des Erzählers und die Tatsache, dass er Einzelheiten erfindet,[73] markieren den Text als künstliches und künstlerisches Produkt.[74]

Goldsmiths Text ist länger als die Erzählung von Lenz, die 32 Kapitel sind nach dramatischen Prinzipien angeordnet, die Entführung Olivias erfolgt in der Mitte. Auch in der Erzählung von Lenz entspricht die formale Gestaltung mit der Dreiteilung dem Inhalt: Die beiden ersten Teile stammen vom Erzähler, im Anhang, jenem Auszug aus einem Brief, mischt sich der Erzähler nur noch gelegentlich ein. In einzelnen Szenen wird das Kontrastprinzip deutlich: So wie Dr. Primrose mit Olivia in tiefer Freude nach Hause kommt, um das Haus brennend vorzufinden, so kehrt auch Mannheim zurück zu Luzilla, voll stiller Vorfreude, nur um zu erfahren, dass sie morgen einen anderen heiraten wird.

Der Roman Goldsmiths nimmt zeitgenössische literarische Themen wie Liebe, Flucht, Abenteuer und Verführung auf; die parodistische Darstellungsweise soll auf die verderblichen Folgen dieser Themen für junge Leser und Leserinnen hinweisen. Dieser Hinweis wird noch verstärkt, wenn der Erzähler mit Ironie oder gar Verweisen auf die Einbildungskraft der Leser „romantische" Szenen nur andeutet. Auch die Figurenkonzeption – der Vicar als liebender Ehemann und Vater und gleichzeitig als eigensinniger Prinzipienreiter – steht im Kontext einer satirischen Deutung. Dr. Primrose vereint in sich liebevolle und komische Züge, die gegen Ende des Romans hin zunehmende

---

72 Cf. auch Winter, *Erinnerungstext*, S. 113.
73 Winter, *Erinnerungstext*, S. 112.
74 Cf. auch Winter, *Erinnerungstext*, S. 112: „Zunächst ist Mannheim ohnehin eine erfundene Figur. Wie anders als 'auf den Flügeln der Dichtkunst' kann sie von Erzähler und Leser zum Leben erweckt werden und damit ihre fiktive Lebenszeit überdauern?"

Großmütigkeit kann einerseits als ernst gemeint interpretiert werden – sie kann im Zusammenhang mit den Überzeichnungen aber auch, wie Didicher gezeigt hat, als Parodie interpretiert werden. Auch die Verweigerungshaltung des Erzählers hat Goldsmith schon verwendet, um die Darstellung von Klischees zu vermeiden.

Das Thema der Heirat, bei Goldsmith dominierend, nimmt bei Lenz verhältnismäßig wenig Raum ein: Mannheims Begegnung mit Luzilla zeigt seine emotionale Unterentwicklung, so dass eine von den Lesern erwartete Ausführung des Themas unterbleibt; und bei der Werbung um Albertine weicht Lenz von typischen Beschreibungen ab – die Hochzeit schließlich sollen sich die Leser selbst ausmalen. Mit diesem wenig sentimentalen Stil ähnelt die Erzählung dem englischen Roman *The Vicar of Wakefield*, in dem am Ende des Romans die Hochzeitszeremonie der beiden Paare durch Rangstreitigkeiten ins Lächerliche gezogen wird.

Lenz vermeidet die Beschreibung typischer Situationen oder ironisiert sie, aber er geht noch weiter als Goldsmith, denn er überlässt dem Leser nicht allein die Vorstellung von bestimmten Ereignissen, er enttäuscht die Leser, indem er „versprochene" Details nicht schildert. Da der Erzähler den Leser gerade an „romantischen" Stellen auf die Vorstellungskraft verweist, ist auch Lenz' Erzählung durch einen „antiromantischen" Zug charakterisiert. Und hierin übertrifft Lenz Nicolai, der mit seiner Satire zwar Kritik übt, diese aber weniger subtil als vielmehr rational einbindet.

Das aggressive Potenzial des Landpredigers Mannheim wird deutlich, wenn Mannheim sich rigorose Argumente und Begründungen ausdenkt, um seine Frau zu lenken. Darin ähnelt Mannheim Dr. Primrose, der angeblich versehentlich die von seinen Töchtern zubereiteten Waschlotionen verschüttet.

Die Unterschiede in der Darstellung der Ehefrauen der Landprediger bei Goldsmith, Nicolai und Lenz resultieren ebenfalls aus der Verwendung typischer Motive, die Darstellungen zeigen aber auch spezifische Details. Mrs. Primrose ist häufig darauf bedacht, an ihrer Situation etwas zu ändern, Willhelmine in Nicolais Roman dagegen hat sich an die Einfachheit des Landlebens gewöhnt und ist zufrieden. Während Mrs. Primrose kaum lesen kann, als Hausfrau aber glänzt, kann Wilhelmine mit einer eigenen Bibliothek aufwarten, was mitunter aber zu Lasten ihrer Haushaltspflichten geht. Sie ist ihrem Mann gleichberechtigt, Mrs. Primrose dagegen wird von ihrem Mann hin und wieder wegen ihrer Beschränktheit und ihres Wunsches, die oberen Gesellschaftskreise zu imitieren (*to cope with their betters*), ironisiert.

Albertine wird in ihren Versuchen, Mannheim das Rauchen abzugewöhnen, und mit ihren literarischen Ambitionen als selbständige Ehefrau beschrieben, die ihrem Ehemann gleichberechtigt scheint. Mannheims Reaktionen auf diese Selbständigkeit seiner Frau allerdings lassen erkennen, dass Albertine weniger Freiheiten hat als Mrs. Primrose oder Nicolais Wilhelmine.

5.2.1.2 Friedrich Nicolai

Schmalhaus weist in seiner Dissertation über die Anspielung bei Lenz zwar auf Nicolais *Sebaldus Nothanker* hin, auf die folgenden Anspielungen[75] geht er aber nicht ein:

> Tatsächlich gibt es sogar mehrere thematische Parallelen zwischen der *Landprediger-*Erzählung und dem *Sebaldus Nothanker*, [...] die dadurch zustande kommen, daß Lenz die bekannten Motive, Topoi und Muster der aufklärerischen Landpfarrerepik variiert.[76]

Schmalhaus zitiert einige Sätze aus Nicolais Roman und stellt nach dem Vergleich mit dem *Landprediger* fest: „Einfache Religionsbegriffe sowie eine auf die Lebenssphäre der Bauern zugeschnittene pastorale Rhetorik, verknüpft mit praktischen Ratschlägen, kennzeichnen auch Mannheims Theologieverständnis."[77] Dabei finden sich in der Erzählung Anlehnungen an den Roman *Sebaldus Nothanker*, die der Relativierung des eigenen Textes dienen.[78] Auch Sollas, die in ihrer eher kompilatorischen Dissertation keine Analyse entwickelt, meint, dass *Der Landprediger* „noch stärker von 'Sebaldus Nothanker' als von Goldsmith's [sic] 'Vicar' beeinflusst zu sein" scheint.[79]

---

75 Die Auseinandersetzung Lenz' mit Nicolais Roman *Sebaldus Nothanker* ist bisher nicht näher analysiert worden. Die Erzählung *Der Landprediger* von Lenz zeigt neben der von Schmalhaus, *Anspielung*, S. 161, erwähnten Parallelen und der Übernahme einzelner Figureneigenschaften weitere kleinere thematische Übereinstimmungen mit Nicolais Roman. Im ersten Teil des *Landpredigers* erwähnt der Erzähler den Roman *Sebaldus Nothanker*, als der „Herr Obristlieutnant" Luzilla zur Hochzeit diesen Roman schenkt. (420 f.)
Danach fallen Anspielungen in den nächsten Absätzen zur Theologie auf, bevor im zweiten Teil das Thema Literatur aufgenommen wird. Besonders viele Anspielungen auf Nicolais Roman finden sich in der Erzählung auf wenigen aufeinander folgenden Seiten zum Thema Theologie. Diese Anspielungen verweisen auf bei Nicolai über nahezu den gesamten Roman verteilte Textstellen. Beide Texte erwähnen Konrad Dietrich und dessen Werk (297, Nicolai, bzw. 415, Lenz). In beiden Texten wird formuliert, dass Prediger ihre Zweifel verschweigen sollen (195 bzw. 422) und dass sie verständlich predigen sollen (Fassungsvermögen, Verständlichkeit, 90 bzw. 422 f.). Eine Kirche kann nur durch Einsicht in Regeln oder Lehren (202 bzw. 422) bestehen. Während Sebaldus Nothanker allgemein gegen die Höllenstrafen ankämpft, wird bei Mannheim einmal auf die Höllenstrafe verwiesen, die Mannheim seinen Bauern gegenüber nicht erwähnt. (422) Die Pflichtvermittlung erfolgt durch den Offizier bzw. Johannes. (241 bzw. 423). Mannheim bleibt nicht „an aristotelischen oder andern theologischen Spitzfindigkeiten hängen", (423) Sebaldus Nothanker trennt gemeinnützige Religionsbegriffe von leeren Schulspitzfindigkeiten (350). Sowohl im Roman *Sebaldus Nothanker* als auch in der Erzählung *Der Landprediger* wird das Gespräch zwischen einem jungen Geistlichen mit einem Superintendenten abgebrochen, Mannheim behält Recht und kann sich durchsetzen, (463) der Geistliche bei Nicolai dagegen wird gesellschaftlich gemieden. (195) Weitere kleinere Anspielungen bei Lenz beziehen sich auf weit über Nicolais Text verstreute Aussagen; eine direkte Anlehnung kann eher ausgeschlossen werden.
76 Schmalhaus, *Anspielung*, S. 161.
77 Schmalhaus, *Anspielung*, S. 161, Fußnote.
78 Zur Relativierung cf. Wurst, *Erzählstrategien*, S. 37.
79 Sollas, *Goldsmiths Einfluss*, S. 19.

Der Plot um Marianes Schicksal steht ganz im Zeichen damaliger Modeliteratur, die einzelnen Szenen bei Nicolai werden nicht ad absurdum geführt wie bei Goldsmith oder Lenz. Nicolais Roman ist in zwei Themen gegliedert: Die Sebaldus-Handlung ist konzentriert auf Religions-, Literatur- und Gesellschaftssatire, die Mariane-Handlung auf die Ausführung der typischen Abenteuer. Auf diese Weise erreichte Nicolai sowohl die kritischen Leser als auch die an „romantischer Lektüre" orientierten Leserkreise. Insofern löst Nicolai das im Text angesprochene Problem, Literatur den Lesern zugänglich zu machen.

Die Ähnlichkeiten zwischen Lenz' Erzählung *Der Landprediger* und Nicolais Roman *Sebaldus Nothanker* und die Anspielungen gehen über das von Schmalhaus erwähnte Theologieverständnis der beiden Landprediger hinaus; die Erzählung *Der Landprediger* ist mehr als eine Variation der „bekannten Motive, Topoi und Muster der aufklärerischen Landpfarrerepik".[80] Das zeigt sich in den wörtlichen Anlehnungen und in der Synthese verschiedener Figuren aus Nicolais Roman zur Figur des Landpredigers Mannheim, denn Johannes Mannheim vereint in sich Eigenschaften des Landpredigers Sebaldus Nothanker, eines weiteren Geistlichen, eines Offiziers, eines Buchhändlers und eines Autors. Mit dieser Synthese zeichnete Lenz das Bild eines vermeintlich idealen Landpredigers.

Sebaldus Nothanker und Johannes Mannheim sind evangelische Pastoren, die mit ihren Familien auf dem Lande leben und in Ansätzen an bürgerlicher Kultur teilhaben. Lenz hat die Erzählung in zwei Teile gegliedert, Mannheims Tätigkeit als Geistlicher wird fast ausschließlich im ersten Teil beschrieben.

Beide werden von den Gemeindemitgliedern geliebt bzw. geehrt, beide lehnen die Ewigkeit der Höllenstrafe ab und sind an einfachen Grundsätzen religiöser Vermittlungen interessiert: Sebaldus hält einen „einfältigen, allen Bauern verständlichen Vortrag", (15) während Mannheim seine Bauern nicht mit der wissenschaftlichen Seite der Theologie konfrontieren will, er richtet sich nach ihrem „Fassungsvermögen" und erzählt

> seinen Zuhörern kein Wort, weder von der Ewigkeit der Höllenstrafen, noch von der Vereinigung der beiden Naturen, noch von den Geheimnissen des Abendmahls, bis sie selbst drauf kamen und sich insgeheim bei ihm Rats erholten, da er seinen Unterricht denn jedesmal nach der besonderen Beschaffenheit der Person, die ihn fragte, einrichtete. (422 f.)

Lehrsätze sind, da sie der Kirche einen konstituierenden Rahmen verleihen, durchaus notwendig; Mannheim ermahnt die Bauern zur Pflichterfüllung „gegen die Herrschaft, gegen ihre Kinder, gegen sie selbst" (423); wichtig ist die Orientierung an ökonomischen Belangen, und in Predigten „an aristotelischen oder andern theologischen Spitzfindigkeiten hängen zu bleiben" ist Mannheim

---

80 Cf. Schmalhaus, *Anspielung*, S. 161. Cf. hierzu auch S. 137 dieser Arbeit.

durch seine Konzentration auf Praxis und Wirtschaftlichkeit gar nicht möglich. (423) Mannheims Interessenschwerpunkt liegt auf der Vermittlung einer den Zuhörern angemessenen Theologie, die er ihnen im Bedarfsfalle näher erläutert.

Da er die Höllenstrafen unter Hinweis auf das Fassungsvermögen der Bauern ablehnt, diese bei Bedarf aber erklären würde, ist er weniger rigoros als Sebaldus Nothanker. Mannheim kann die Höllenstrafe im Sinne seiner subversiven Affirmation in seinen Arbeitsalltag einbinden, Sebaldus lehnt die Ewigkeit der Höllenstrafen, ein von Menschen erdachtes und in das Religionssystem integriertes Kontrollinstrument, ab, weil sie sich mit seinem theologischen Weltbild nicht verträgt; diese rigide Haltung ist schließlich ursächlich für den Amtsverlust, der an das Schicksal des Dr. Primrose erinnert, dessen Unglück zu einem Teil auf mangelndes diplomatisches Geschick oder auf Uneinsichtigkeit zurückzuführen ist. Sebaldus Nothanker wird immer wieder das Opfer der Willkür seiner Umwelt und eigener Ansichten, die dem politischen Umfeld nicht passen; Martini sieht es als symptomatisch an, dass sich Nothankers Opposition gegen die kirchliche Obrigkeit „nur durch wehr- und widerstandslose[s] Erleiden ausdrücken kann."[81] Mannheim dagegen ist aktiver als Sebaldus Nothanker; sein Handeln hat Auswirkungen auf alle.

Mannheims pragmatische Überlegung beim Eid auf die symbolischen Bücher erinnert an Herrn F., einen ehemaligen Geistlichen, dem Sebaldus in Berlin begegnet. Herr F. hatte ein Amt in Aussicht, da aber „in diesem Fürstenthume ein Paar symbolische Bücher mehr, als in dem andern Fürstenthume müßten beschworen werden", bedenkt er sich kurz. Während eines Spaziergang trifft er auf einen verzweifelten, von der Zunft verfolgten Weber, dessen Schicksal Herrn F. in seiner Entscheidung beeinflusst:

> Kann ich den Lauf der Welt ändern? Die Könige und die Priester haben den Erdkreis unter sich getheilt, so daß nichts mehr übrig ist. Auf dem Flecke, auf dem ich athme, regiert jemand, wohin ich mich wenden könnte, wird ein anderer regieren. So wenig ich für mich unabhängig bestehen, ohne Regenten seyn, oder mir Regenten und Regierungsform nach meinem Gefallen einrichten kann, eben so wenig kann ich für mich allein, mit meiner besondern Religion, leben. Jede Religionspartey, die Gewalt gehabt hat, hat einen Zaun um sich gezogen, habe ich nicht ihr Schiboleth, so heißts noch Menschenliebe, wenn sie mich bloß ausstößt. Ich kann ihretwegen in die ganz weite Welt laufen, aber wohin ich trete, bin ich im Zaune einer andern, die mich wieder ausstößt. Wohl denn! ich will bleiben, wo ich bin, und dulden, was ich nicht ändern kann.
>
> Mit diesen Gedanken kehrte ich zurück, unterschrieb, ohne die Augen aufzuthun, und trat mein Amt an. (202)

Ähnlich ist auch Johannes Mannheims Eid auf die symbolischen Bücher zu deuten, da er diesen Eid als Maßnahme zur Sicherung der Position der Kirche sieht und die eigene Verantwortung dem Eid gegenüber pragmatisch relativiert:

> Sehr wohl konnte er also für seine Person zu gewissen festgesetzten Lehren schwören, ohne welche keine äußerliche Kirche bestehen kann und zu denen jeder den Schlüssel in seinem Herzen hat. Denn, im Grunde, was sind Lehren anders als Vorstellungsarten, und

---

81 Martini, *Nachhaltig geprägt*, S. 538.

welcher Eid kann diese binden, welcher Eid mich zwingen, Licht zu sehen, wenn ich im dunklen Zimmer stehe, oder umgekehrt? (422)

Bei Lenz hat der Landprediger die Aufgabe übernommen, die Bauern zur Pflichteinhaltung zu ermahnen, Herr F. dagegen, einer der Prediger in Nicolais Roman, hat seine Anstellung verloren. Mannheim kann seinen Vorstellungen ungehindert folgen, Repressionen hat er in Thüringen nicht zu fürchten.[82]

Vorbild für den „Kaufmann Mannheim" ist Hieronymus, der Buchhändler in Nicolais Roman. Dieser herzensgute Mann hilft Sebaldus in größter Not. Seine umfassenden Kenntnisse hat er auf Reisen erworben, wie später auch Mannheim. Durch diese Kenntnisse, die Grundlage des von Hieronymus bzw. Mannheim initiierten wirtschaftlichen Aufschwungs sind, unterscheiden sich beide von ihren Mitmenschen.

> Es währete Jahre lang, bis durch die beladenen Wagen und durch die Heerden Vieh, die sie so oft aus Hieronymus Hause, wegfahren und wegtreiben sahen, ihre Neugier rege gemacht ward.
>
> Sie versuchten bald eben diesen Weg, und da ihnen ihr Unternehmen gelang, fingen sie an ihre Viehzucht zu vermehren, und ihre Aecker fleissiger zu bauen. Sie nahmen dadurch selbst an gutem Wohlstande zu, und das ganze Ländchen kam in wenig Jahren in so gutes Aufnehmen, daß die Staatsklugen zu erörtern anfingen, warum das Land sich so schnell verbessert habe.[83]

Hieronymus geht mit gutem Beispiel, dem die misstrauischen Bauern erst zögerlich folgen, voran, schließlich führt sein Vorbild zum Wohlstand des ganzen Landes. Auch Mannheim muss sich erst gegen Widerstand[84] durchsetzen, bis die Bauern selbständig folgen und das Dorf zu Wohlstand kommt:

> Itzt beeiferte sich jeder, einen gleichen Vertrag mit ihm einzugehen, und, da dieses nicht wohl sein konnte, schlossen sie sich aneinander und ahmten seinem Beispiel nach. So ward in kurzer Zeit das Dorf eines der wohlhäbigsten in der ganzen Gegend.[85]

Während Hieronymus von den „Staatsklugen" argwöhnisch beobachtet wird, finden sich in Lenz' Erzählung auch auf wirtschaftlichem Gebiet keinerlei Repressionen, Müller hat darauf hingewiesen, dass dieses „Konstrukt", Mannheims Wirtschaft, keinerlei Belastungen ausgesetzt ist, also auch keinen Witterungseinflüssen.[86]

Mannheim vereint in sich verschiedene Züge der unterschiedlichsten Figuren aus Nicolais Roman. Mannheim betreibt Volksaufklärung und kann auf der Grundlage der Religion ein neues Gesellschaftsmodell entwickeln. Sebaldus Nothanker kümmert sich um die moralische Entwicklung seiner Gemeinde,

---

[82] Cf. Cowan, *Representations*, S. 137 ff. zu Thüringen.
[83] Nicolai, *Sebaldus Nothanker*, S. 25 f.
[84] Osborne, *Idyll*, S. 99, weist darauf hin, dass Mannheim keinem Widerstand begegnet, was natürlich nicht ganz stimmt, da sich sein Wirken erst „nach einigem Widerstande allen" mitteilt, S. 424. Cf. hierzu auch Müller, *Wunschwelt*, S. 152 konstatiert, dass Mannheim kaum Problemen begegne. Im Gegensatz dazu dann Dedert, *Erzählung*, S. 67.
[85] Lenz, *Landprediger*, S. 80.
[86] Müller, *Wunschwelt*, S. 152.

ökonomische und bildungsrelevante Zusammenhänge werden durch Hieronymus, einen pensionierten Offizier oder den vermeintlichen Dichter Säugling vermittelt.[87] Den zeitgenössischen Lesern mag Mannheim als Amalgam erschienen sein, als eine Synthese aller positiven oder denkwürdigen Eigenschaften verschiedener Figuren eines Romans, wodurch der fiktive Charakter der Erzählung nochmals betont wird. Die Fiktion der Figur wird auch durch die der Figur zugeschriebenen Eigenschaften deutlich, denn Mannheim wird einerseits als der tüchtige, gelehrte und einfühlsame Geistliche dargestellt, der von seinen Bauern geehrt wird, (424) andererseits aber, wie schon der majestätische Vergleich andeutet, als unumschränkter Herrscher des ganzen Reiches. Lenz' Landprediger Johannes Mannheim ist eine widersprüchliche Figur, aber Lenz thematisiert diese teilweise subtilen Widersprüche nicht, wodurch der Leser auf sich und sein Leseverhalten verwiesen wird;[88] entsprechend fehlt auch eine Figur, die ähnliche Aufgaben wie Mr. Burchell, der Magister oder Hieronymus übernimmt. Was bei Nicolai auf eine ästhetische Schwäche zurückgeführt werden kann, ist bei Lenz Teil des Romans und seiner „Gesamtaussage".

Wie Sebaldus Nothanker ist auch Johannes Mannheim eine widersprüchliche Figur. Während aber bei Nicolai der Eindruck entsteht, die Figur des Landpredigers sei eine Möglichkeit, den Reflexionen des Autors eine unterhaltende Form zu geben, ohne ästhetische Überlegungen in den Vordergrund zu stellen, überzeugt in der Erzählung *Der Landprediger* die ästhetische Gestaltung. Der Leser wird immer wieder an die Grenzen der Literatur, ihrer Glaubwürdigkeit und ihrer Wirkungsmöglichkeiten herangeführt. Dabei unterstützt die Gliederung in zwei Teile und einen Anhang die ästhetische Überlegung ebenso wie Erzählsituation und Figurenkonzeption.

Einerseits stilisiert Lenz den Landgeistlichen und macht das auch in der Erzählung immer wieder deutlich: Johannes Mannheim durchläuft eine Entwicklung vom altklugen zum allseits geehrten Landprediger in seiner Heimat, fungiert als Mittler zwischen den Ständen und Volksaufklärer, der den Bauern nicht nur Moral, sondern auch Geschmack vermitteln will. Der Erzähler schildert Mannheims Bildung in einer Art und Weise, die dem Leser das „Unerhörte" dieses Bildungsganges ebenso vermittelt wie die Strategie der Affirmation und Subversion, die für Mannheims Erfolg mitverantwortlich zeichnet. Andererseits wird Mannheim als aggressiver, dominanter Tyrann charakterisiert. Dadurch zwingt der Erzähler den Leser immer wieder zur Reflexion und vermittelt auf diese Weise, dass schöne Literatur kritisch zu lesen ist. Weil aber fiktive Literatur beliebt ist, und das erwähnt die Erzählung selbst,

---

87 Zur Parallele mit Säugling cf. u.a. Cowan, *Representations*, Schmalhaus, *Anspielung*.
88 Zu diesem Verhalten vgl. auch die *Werther-Briefe*, cf. Wurst, *Bedingungsverhältnisse*, S. 207.

erreicht Lenz mit diesem Medium die Massen, um die es ihm geht.[89] In gewisser Weise ähnelt die Strategie Lenz' der von Nicolai, der eine Liebeshandlung mit einer gesellschaftskritischen Handlung verwoben hat, um auf diese Weise ein breites Lesepublikum zu erreichen. Aber Lenz verurteilt Romanliteratur nicht völlig, denn im Anhang erzählt Mannheim dem Superintendenten, dass er seinen Bauern bei ihrer Geschmacksbildung hilft, wenn er ihnen „[...] bald aus einem guten Roman von Goldsmith oder Fielding eine ihnen begreifliche Stelle [...]" vorliest. (463)

Fazit auch bei Lenz: Die Gesellschaft bedarf der Erziehung. Im Gegensatz zu Thümmel aber räumt er Möglichkeiten zur Erziehung ein und setzt die Geistlichkeit an die Stelle der Wissensvermittler. Damit geht er auch einen Schritt über Nicolai hinaus, der Wissensvermittlung von religiösen Tendenzen befreien will (weil nämlich die Institution Kirche keine objektive Wissensvermittlung leisten kann). Doch auch bei Lenz scheitert das System, denn die Gesellschaft verliert ihren Bezug zur Religion. Mannheim ist zwar erfolgreich, aber für die Zukunft hat er nicht gewirkt, Religion wird durch Literatur ersetzt, wie am Beispiel seines Sohnes vorgeführt wird: Mannheims Sohn hat religiöse Ansätze gegen mythologische vertauscht. Um diese Entwicklung zu verhindern, müssen die Geistlichen die von Mannheim im Anhang formulierten Prinzipien befolgen. Letztlich steht Lenz' Erzählung in einer Reihe mit Nicolais sozialpolitischen Ideen, er konzentriert sich aber stärker auf Literatur. Die Gefahr, die von Literatur ausgehen kann, ist am Beispiel Luzillas, der Gedichte Albertines und Mannheims Romanideen dargestellt worden, der von Literatur ausgehende Nutzen wird deutlich, wenn der Landprediger die Bauern zu „Sitten und Geschmack" erzieht (463), indem er ihnen aus bestimmten Romanen vorliest. Pädagogisch wertvoll sind auch nützliche Schriften, und so findet Mannheim, als Verfasser von Romanen aufgrund mangelnder Kenntnisse abqualifiziert, Anerkennung mit seinen praktischen Schriften, wenn auch postum. Wenn Lenz seiner Hauptfigur Texte zuschreibt, die eine Korrelation von Bodenbeschaffenheit und Nationalgedanken nachweisen, dann stehen auch diese literarischen Produkte im Kontext der Literaturkritik.[90]

In Nicolais Roman heißt es über Mariane, dass sie mitunter „bey einem patriarchalischen Milchbrey in einer hölzernen Satte, nach einem wohlfiltrirten Kaffee in meisnischer Schaale, lüstern gewesen sey." (384) Nicolai kritisiert in

---

89 Cf. auch Pautler, *Weltdeutung*, S. 457 f., der das Nebeneinander verschiedener Formen in der Erzählung wohl zu eng deutet, wenn er damit auf Ansätze der Volksaufklärung verweist, auch S. 156 dieser Arbeit.
90 Bamberger, *Gemisch*, S. 217, sieht in Mannheims literarischen Produkten einen „Kommentar" des Autors „auf die Vielzahl der wissenschaftlichen Theorien über die Psyche des Menschen und auf die Kategorisierungswut der Mediziner, Philosophen und Pädagogen". Cf. auch Winter, *Erinnerungstext*, S. 114, der auf die Ironie hinweist.

dem Abschnitt, der Marianes Aufenthalt in der Einsamkeit beschreibt, eine gesellschaftliche Entwicklung:

> In Marianes Verhalten wird nicht nur ein subjektiver Hang zu müßigen Schwärmereien angeprangert, sondern vielmehr eine gesellschaftliche Modebewegung mit soziologisch bedenklichen Implikationen. Nicolai versteht die schwärmerische Begeisterung für die gegenwärtigen und vergangenen Primitivstufen der Kultur als eine typisch höfische Form der Kulturaneignung, als Nachfolgerin der älteren höfischen Wirtschaften und Maskeraden. In beiden Fällen werden bloße Requisiten aus ihrem kulturellen und sozialen Kontext gelöst und in ihrer Abstraktion genießbar gemacht; in beiden Fällen auch untersteht die Requisitenaneignung dem Zwang zur steten modischen Neuerung.[91]

Auch Lenz kritisiert diese Requisitenaneignung. Mannheim will seiner Frau das Kaffeetrinken abgewöhnen: „Der Kaffee ist in der Tat nur eine galante Unreinlichkeit, und ich bin versichert, daß der saubere Porzellan, in den wir ihn fassen, das meiste und vielleicht das einzige zu seinem Wohlgeschmack beiträgt." (441) Mannheim untersagt seiner Frau das Kaffeetrinken, weil es unreinlich ist, erst der Erzähler verdeutlicht mit dem Hinweis auf „wahre Stadtweiber", dass die Unreinlichkeit eine moralische ist. Er spielt Land- und Stadttopos gegeneinander aus.

Wenn Nicolai den Kaffeegenuss gegen den der Milch ausspielt, dann vor einem sozialpolitischen Hintergrund;[92] so wie Mariane „ernüchtert" wird, ergeht es auch Säugling, der sich vom Romanschreiber zum Landwirt entwickelt und allenfalls noch Traktate schreibt:

> Empfindsame Poesie oder praktische Wirksamkeit, Verklärung des Landlebens oder Verbesserung der Agrartechnik zur Behebung der materiellen Not: das ist die Alternative, mit der der Aufklärer Nicolai sein Publikum konfrontiert. Deutlich wird auch hier wieder die Befürchtung, daß die empfindsamen Schwärmereien für das Land die nötigen sozialen und ökonomischen Reformen nur hemmen könnten. Die Realität ideell zu sublimieren, so mußte es den Aufklärern scheinen, hieß sie zu rechtfertigen. Wer vom Landmann statt vom Bauern sprach und die tägliche Mühe, die Hütte und den Milchbrei zu Indizien patriarchalischer Sittlichkeit aufstilisierte, der hatte auf Kritik am Bestehenden und auf Bemühungen um Reformen schon verzichtet.[93]

Die unrealistische Darstellung durch Übertreibungen (Erfolge des Landpredigers Johannes Mannheim als Prediger, Hauswirt, Ehemann, Vater, Landwirt; die Themen seiner Schriften; die Figurenkonzeption insgesamt) in Lenz' Erzählung zeigt, dass Lenz eine parodistische Strategie verfolgt, die sich in erster Linie mit Literatur und erst in zweiter Linie mit Reformen und deren Umsetzung befasst. Lenz bleibt mit seiner Schilderung vom „wunderbare[n] Herr[n] Pfarrer Mannheim" (434) im fiktiven Raum, während sich Nicolai einer realistischen Darstellungsweise annähert:

> Wie Herder so sieht auch Nicolai Dichtung als eine Funktion des allgemeinen Kultur- und Gesellschaftszustandes, und gerade deshalb wehrt er sich gegen die bloße Requisitenaneignung. Auch darf weiterhin nicht übersehen werden, daß er von dieser Position aus bereits zu bescheidenen Ansätzen eines realistischen Stils gelangt. Im

---

91 Dedner, *Schäferleben*, S. 63.
92 Dedner, *Schäferleben*, S. 63.
93 Dedner, *Schäferleben*, S. 64 f.

"Nothanker" etwa deutet er in wenigen freundlichen Zügen das Bild „eines Bauern aus dem Westfälischen" an, wobei er dessen Aussehen und Verhalten ebenso skizziert wie seine wirtschaftliche Lage. Immer wieder jedoch wird dieser ansatzweise Realismus von Nicolais gleichzeitigen parodistisch-polemischen Intentionen durchkreuzt. Diese gebieten, das Reale als Gegensatz zum vermeintlich Idealen zu betrachten und also komisch-desillusionierende Wirkungen durch ein Verfahren zu erzielen, das der Antithese von hohem Ideal und niederem Zug folgt und damit zugleich die älteren Stilebenen bewahrt. Der „niedere Zug" nämlich behält bei diesem Verfahren die komischen Qualitäten, die ihm die höfische Ästhetik zudiktiert hatte. Wo Nicolai nicht parodiert, wird das „Niedere" höchstens auf die Ebene des Technisch-Praktischen gehoben, dann aber auch auf diese Ebene beschränkt. Das Ende von Nicolais Roman spiegelt diesen Vorgang recht deutlich. An die Stelle des empfindsamen Romans, den Säugling schreiben wollte, tritt nicht gültige Literatur, sondern ein Traktat über den Kartoffelanbau. Gültige Literatur aber, das wird aus Nicolais anderen Äußerungen deutlich, ist gehalten, sich an der Kulturstufe der höfischen Gesellschaft zu orientieren.[94]

Auch Mannheim wendet sich vom „empfindsamen Roman" ab und dem „Technisch-Praktischen" zu, allerdings geht er über das Ziel hinaus, wenn er Abhandlungen über die Korrelation von Boden und Charakter der Bevölkerung verfasst. Für Lenz liegt der Maßstab weniger in der „Kulturstufe der höfischen Gesellschaft" als vielmehr im moralischen Nutzen von Literatur. Aus diesem Grund kann ein Roman nützlich sein, während pragmatische Texte ohne Nutzen sein können.

Mode ist in Lenz' Erzählung ein Thema im Hause des Dorfherrn, dabei fungiert Albertine als Vermittlerin. Albertines Aussage, das Kopfzeug der Dame sei nicht neu, (435) entspricht der Belohnung, die Mariane ihren Schützlingen zukommen lässt, denn sie belohnt „mit einem nach neuer Mode gestecktem Kopfzeuge". (126)

Nicolai und Lenz setzen sich kritisch mit zeitgenössischer Literatur auseinander: Säugling und Mannheim wollen jeweils einen Roman schreiben (372 bzw. 444), in beiden Texten werden die Predigertexte bzw. Postillen negativ bewertet (70 und 443), und Marianes und Albertines Idyllengefühl am Rande eines Baches speist sich aus gleichen locus amoenus-Quellen (383 bzw. 447).[95] Mannheim will etwas Nützliches schreiben, „das noch nicht

---

94 Dedner, *Schäferleben*, S. 75.
95 Bäckman hat in seiner Interpretation des Romans von Goldsmith darauf hingewiesen, dass Goldsmith die Idylle ambivalent darstelle. Nicht hingewiesen hat Bäckman darauf, dass Dr. Primrose die tägliche Arbeit als „toil" bezeichnet; damit wird die Idyllendarstellung ebenfalls durchbrochen.
Sebaldus Nothanker droht Gefahr von Seiten seiner Vorgesetzten. Nicolai war im Zuge der Institutionenkritik weniger an einer ambivalenten Darstellung der Idylle gelegen. Vielmehr erscheint die Beschreibung des glücklichen Familienlebens als Kontrast sowohl zur vorhergehenden Geschichte von Thümmel als auch zur folgenden Katastrophe durch den Amtsverlust; ironisch gebrochen werden auch Darstellungen idyllischen Landlebens, indem die Familie Nothanker als Beispiel ländlicher Glückseligkeit fungiert. Nicolai zeigt aber auch Beschränkungen, die im familiären Alltag von allen Mitgliedern gefordert werden, und deutet damit auf bürgerliche Toleranz. Sebaldus Nothanker scheitert ja gerade am Mangel dieser Toleranz im Kreise seiner Vorgesetzten. Bei Lenz ist die vermeintliche Idylle insgesamt bedroht – das glückliche Landleben der Familie Mannheim wird am Ende ohnehin ad absurdum geführt. Dass die Erzählung schließlich durch den Schluss aufgehoben wird, indem alles Vorhergehende als unverbindlich erscheint, bestätigt nochmals die schon im ersten Satz vorweggenommene Kritik an

vorgekommen wäre"; dahinter steckt Ruhmsucht (444), von der er sich aber selbst kuriert. (444) Der Magister sagt zu Sebaldus Nothanker Gleiches: Ruhmsucht treibe ihn, Sebaldus Nothanker, „etwas neues und scharfsinniges [zu] sagen, denn etwas für das menschliche Geschlecht nützliches werden Sie doch schwerlich sagen können." (65) Damit werden sowohl Sebaldus Nothanker als auch Johannes Mannheim von Ruhmsucht und der Möglichkeit, etwas bisher Ungesagtes zu veröffentlichen, angetrieben. In beiden Texten ist von der „Begierde" die Rede: Bei Lenz ist es die Begierde, „Romanschreiber zu werden", (444) bei Nicolai die Begierde, „das menschliche Geschlecht zu erleuchten"; (67) beides führt zu überflüssig viel Literatur. Schließlich ähneln auch Mannheims Traktate denen Säuglings.

Lenz beschreibt nicht nur den Wandel des Literaturmarktes hinsichtlich des „Geschmacks", auch „Sitten" werden kritisch betrachtet, der moralische Verfall deutet sich nämlich in der Abwendung vom Christentum an: Die von Mannheims Sohn veranstalteten Gedenkfeiern sind literarisch motiviert, Literatur übernimmt damit eine ursprünglich religiös motivierte Funktion. In „unsern leichtsinnigen Zeiten" (423) wendet sich die Gesellschaft verstärkt unterhaltsamen Dingen zu. Mannheim ist erfolgreich, am Ende aber wird er zum Kultobjekt, seine Ideen leben in der Praxis *nicht* weiter. Damit ist Religion zu jenem „abgezogenen Spiritus in Flaschen" (459) geworden, vor dem Mannheim als junger Pastor noch gewarnt hat.

Stötzer sieht den „methodologisch wichtigere[n] Differenzpunkt" als die Reflexion ländlicher Produktions- und Lebensbedingungen in der „Möglichkeit der Separation", Mannheim kann sich von der Orthodoxie entfernen, anders als Sebaldus Nothanker, der „nicht den Fängen der Orthodoxie entkommen kann und ihm so die Möglichkeit zur Utopiebildung nicht oder nur punktuell gegeben ist."[96] Wichtiger noch als diese Separation ist die kritische Auseinandersetzung mit zeitgenössischen Themen, die in der Literatur behandelt werden, und dazu gehört auch Literatur selbst. Die parodistische Aneignung dieser Themen vor dem Hintergrund theoretischer Schriften erlaubt es, in der Erzählung *Der Landprediger* einen Beitrag zur Literaturkritik zu sehen.

In den Inszenierungen der Schäferspiele wird die Opposition Literatur/Realität auf die Spitze getrieben, die Erzählung erscheint damit weniger als „Grabrede auf das eigene Schreiben"[97] denn als Warnung vor den

---

seichter Literatur. Die Erzählung erweist sich somit als ironisch.
96 Stötzer, *Pathos*, S. 152.
97 Cf. Gibbons, *Adaption*, S. 213: „In this article I will undertake to compare its narrative strategy to that of Goldsmith's work. In the process I will illustrate that, rather than intending it as an idyllic work, as much critical literature to date has maintained, Lenz ironizes his own idealism in *Der Landprediger*, writing what is in effect an epitaph to his career as a writer."

Folgen „falscher" Literatur, jener Literatur, die, wie Osborne ausgeführt hat, „vom Leben wegführt".[98]

Die paradigmatische Anordnung der Begriffe „Geschichte, Mensch, erzählen, Dichtkunst" im ersten Satz lässt diese einander relativieren, denn die Lebensgeschichte eines Menschen kann in pädagogischer Absicht wie in einer moralischen Erzählung erzählt werden, die Mittel der Dichtkunst gehen aber noch einen Schritt weiter, indem sie die Wahrheit überbewerten können, der Erzähler die Lebensgeschichte also mit literarischen Mitteln stilisieren kann. Literatur, warnt der Autor Lenz, verfügt über spezielle Mittel der Darstellung vermeintlicher Wahrheit, Lesen wird somit zu einer aktiven, den Leser herausfordernden Beschäftigung, die zur Reflexion anhalten soll.[99]

Schon durch die formale Anlehnung an moralische Erzählungen[100] wird deutlich, dass der Text „erziehen" will. Der moralische Impetus der Erzählung zeigt sich auch in den „lehrhaften Reflexionen".[101]

> Im Vordergrund steht im 'Landprediger' die pragmatische Absicht, anhand einer beispielhaften Persönlichkeit die Plausibilität und Notwendigkeit eines gesellschaftlichen Reformprogramms anschaulich zu verdeutlichen, wobei Lenz die verschiedensten Erzählelemente und Themenbereiche miteinander kombiniert.[102]

Lenz hat mit der Figur des Landpredigers Johannes Mannheim keineswegs eine „beispielhafte[...] Persönlichkeit" dargestellt. Er folgt in der Darstellung des Reformprogramms den für die Aufklärung typischen Erzählstrategien, beispielsweise dadurch, dass einzelne Episoden die pädagogischen Ansätze illustrieren.[103] Die didaktische Erzählstruktur zeigt sich auch in „souveräner Erzählhaltung":

> Der Erzähler gibt sich seinem fiktiven Adressatenkreis als belehrender Moralist und abgeklärt-überlegener Gesellschaftstheoretiker aus, der Autorität hinsichtlich seiner Absicht der Vermittlung einer eindeutigen Wertperspektive beansprucht. Die Eindeutigkeit der didaktischen Absicht wird zudem dadurch unterstützt, daß in den Passagen, in denen das Reformprogramm vorgestellt wird, die Perspektive Mannheims mit der des Erzählers übereinstimmt. Der Erzähler und seine Hauptfigur spielen sich gegenseitig die Argumente zu, so daß oft nur bei genauem Lesen zu entscheiden ist, wer von beiden räsonniert.[104]

---

98 Cf. Osborne, *Idyll*, S. 96.
99 Wurst, *Erzählstrategien*, S. 40, ist zuzustimmen, wenn sie feststellt, dass Lenz „in einer Art Bildungsroman die phantastisch anmutende Erfolgsgeschichte dreier Generationen der Theologenfamilie Mannheim" beschreibe, sie kommt aber zu dem wenig überzeugenden Schluss, dass die Leser einen „Künstlerroman" erwarteten und enttäuscht würden. An den Bildungsroman erinnere die Zweiteilung der eigentlichen Erzählung mit der Beschreibung des Bildungsganges im ersten, der Ehe- und Privatlebens im zweiten Teil; an den Bildungsroman erinnere schließlich auch die Darstellung des Lebens allgemein.
100 Cf. Osborne, *Idyll*, S. 84: „*conte moral*". Pautler, *Weltdeutung*, S. 447, „Seine eigene Prosa sieht Lenz in der Nachfolge der moralischen Aufklärungsliteratur in Gestalt der Moralischen Erzählungen."
101 Pautler, *Weltdeutung*, S. 449, Hinweis auf Borchmeyer, *Prosaerzählungen*, S. 96.
102 Pautler, *Weltdeutung*, S. 449.
103 Pautler, *Weltdeutung*, S. 449 f., Hinweis auf Dedert, *Erzählung*, S. 91 ff.
104 Pautler, *Weltdeutung*, S. 450.

Mehrfach im Text weist der Erzähler den Leser auf die Situation des Lesens hin, entweder durch die Anrede des Lesers, mit dem er sich auf eine Stufe stellt,[105] oder durch Missverständnisse, Widersprüche oder falsche Aussagen.

5.2.1.3 Literatur als Anleitung zum Leben?

Lenz hat mit seinem *Pandämonium Germanikum* eine Satire auf zeitgenössische Schriftsteller verfasst und mit Hagedorn, Uz und Gleim auch die „Hauptvertreter der deutschen Rokoko-Lyrik und Anakreontik [...]"[106] erwähnt, charakterisiert durch für ihre Literatur typische Merkmale.[107] Der Auseinandersetzung mit verschiedenen Literaturströmungen folgt am Ende des zweiten Aktes eine längere Behandlung des zeitgenössischen Dramas, dem auf diese Weise stärkere Bedeutung zugemessen wird.[108] Ähnliches zeigt Lenz auch in seiner Erzählung vom Landprediger Mannheim, denn im Pfarrhaus werden die zeitgenössischen Werke rezipiert – zunächst aber muss das Bewusstsein für Literatur vorhanden sein. Nach der „Katastrophe" am Abgrund, nachdem Mannheim seiner Frau die seiner Meinung nach unangemessene Lyrikproduktion vor Augen geführt hat, fährt der Erzähler fort:

> Nach dieser Katastrophe wurden keine Verse mehr gemacht; wohl aber die alten Liederchen von Hagedorn, Uz und Gleim wieder vorgenommen und gesungen, auch bisweilen eine Ode von Klopstock gelesen, oder Goethens *Erwin* durchgespielt. Sie machten auch kleine Familienstücke für sich, die sie aufführten, wozu Mannheim mit seinen Freunden den Plan entwarf, jedes aber darnach seine Rolle selber ausarbeiten mußte. Hauptsächlich aber parodierten sie unnatürlich sentimentale Stücke auf ihre Art, wie z.E. den *Günther von Schwarzburg* und dergleichen, welches denn ein unversieglicher Quell von Ergötzungen für sie ward. (451)

Im Hause des Landpredigers werden „die alten Liederchen [...] wieder vorgenommen" und Schauspiele aufgeführt, so dass der Rückbesinnung auf anakreontische Werke ein die Phantasie anregendes Mittel zur Seite gestellt wird. Die noch von den Mitgliedern des Haushalts auszuarbeitenden Rollen in den Familienstücken erinnern auch an das Haus Primrose.[109] Die wesentliche Beschäftigung mit Literatur aber liegt im Parodieren „unnatürlich sentimentale[r] Stücke". Kindermann weist darauf hin, dass Lenz „im 'Pandaemonium' eine ganz besondere, an Tieck gemahnende Gabe der Sprachimitation entfaltet; daß er fast alle die vielen auftretenden Schriftsteller sprechend ähnlich in ihrer eigenen Tonlage, ja hie und da sogar in der ihnen eigenen Denkrhythmik reden läßt".[110]

---

105 Cf. auch Stötzer, *Pathos*, S. 138 f.
106 Cf. *Lenz, Erzählung*, Anmerkungen der Reclam-Ausgabe, S. 140. Kindermann, *Romantik*, S. 103, weist auf Lenzens „Kampf gegen die Anakreontik" hin.
107 Cf. u.a. Herboth, *Satiren*, S. 248.
108 Cf. Herboth, *Satiren*, S. 251.
109 Pache, *Idylle*, S. 145, weist auf Goethes *Aus meinem Leben*, 19. Buch, hin, in dem Goethe erklärt, die Idee für das Schauspiel mit Gesang dem Roman Goldsmiths zu verdanken.
110 Kindermann, *Romantik*, S. 266.

5.2.1.3 Literatur als Anleitung zum Leben?

Die Erzählung *Der Landprediger* weist ebenfalls parodistische Züge auf, die teilweise durch Nachahmung erzielt werden. Diese Nachahmung zielt nicht allein auf Mannheims Liebesgeschichte, die erzählt wird, sondern besonders auf die Nachahmung der Erzähltechnik. Darüber hinaus wird Literatur in der Erzählung mehrfach zum Referenzobjekt: Für die im Pfarrhaus rezipierte Literatur stehen die Anakreontiker, Goethe und Klopstock; kritisch reflektiert werden Texte mit einer Liebeshandlung; Schauspiele werden in literaturkritischer Absicht aufgeführt. Die Parodie steht jeweils in einem literaturkritischen Kontext.

Dass Luzillas Vater, der Superintendent, einen Erziehungsplan für „Frauenzimmer" hat, der den Weg von der Wolffischen Logik über Metaphysik hin zur Moral vorsieht, mag als ironische Aussage mit Blick auf Frauenzimmerjournale und -Erziehungsvorschläge gedeutet werden. Luzillas Literaturvorliebe zeige „die dekadent-verkünstelten Modetendenzen des Rokoko".[111] Lenz verweist damit auf Literatur, die im Ruf steht, amoralische Folgen zu haben. Die Wirkung dieser Literatur illustriert Lenz am Beispiel Luzillas, die die „große Welt" nur aus Büchern kennen lernt, was zu ihrer „Bildung" beiträgt, denn „[...] sie war auf dem Lande erzogen und kannte die Stadt nur aus den Romanen." (418)[112] Auch im Hause des Superintendenten dienen Romane als „Lehrbücher", die der Tochter des Hauses Verhaltensmuster vermitteln – durchaus mit Folgen, denn die sehr subtilen Andeutungen lassen vermuten, dass Luzilla durch ihre Romanlektüre inspiriert wurde, einen Offizier statt eines Pfarrers zu heiraten: Die „Verlobte" Mannheims lebt mittlerweile in der Stadt, um Französisch zu lernen, und verkehrt dort mit Offizieren, so dass sie Mannheim während dessen langer Reise vergisst. In seinem Stück *Die Soldaten* hat Lenz den verderblichen Einfluss der Soldaten auf „die bürgerliche Gesellschaft" geschildert,[113] und auch in der vorliegenden Erzählung wird durch eine literarische Anspielung der Grund für ihre Ehe mit einem Geistlichen vage angedeutet.[114]

Die Ehe Luzillas mit dem „Stadtpfarrer" erinnert an Thümmels Willhelmine, deren Ehe mit dem naiven Landprediger bei Nicolai weitergeführt wird mit der Andeutung, dass der Sohn Wilhelmines der des Hofmarschalls ist.[115] Die

---

111 Schmalhaus, *Anspielung*, S. 160.
112 Haußmann, *Verbauerung*, hat in seiner Arbeit über die Landprediger der Kurmark ermittelt, dass deren Partizipation an bürgerlicher Kultur gerade durch die Übernahme städtischer Gewohnheiten erfolgte.
113 Cf. Pautler, *Weltdeutung*, S. 229.
114 Cf. Schmalhaus, *Anspielung*, S. Seite 175 f. Diese erwähnt Schmalhaus leider nicht, er beschränkt sich hierbei auf die kritische Darstellung rokokohafter „Modetendenzen" und die Vorrede zu Nicolais Text, in der von einer „halb unangekleideten Schönen" die Rede sei, auf die sich Lenz offenbar beziehe, wenn er Luzilla im Negligee darstelle. Cf. Schmalhaus, *Anspielung*, S. 159 f.
115 Sowohl Thümmel als auch Nicolai deuten die Beziehung Willhelmines nur an. Die Syntax bei Lenz erinnert an die in Nicolais Roman *Sebaldus Nothanker*, S. 19: Der Erzähler hat über die Ehe zwischen Sebaldus Nothanker und Wilhelmine berichtet und beginnt in einem neuen Absatz:

5.2.1.3 Literatur als Anleitung zum Leben? 149

Aussage des Obristen über die Berufsaussichten seines Sohnes lassen sich sowohl positiv als auch negativ deuten: Taxierend greift er Luzilla ans Kinn und bemerkt, dass schöne, junge Frauen den Geistlichen vorbehalten bleiben und keinen Umgang mit Soldaten pflegen sollten, er deshalb für seinen Sohn eine kirchliche Laufbahn erhoffe; insofern also ein Kompliment an Luzilla. Die Keuschheit Luzillas darf aber bezweifelt werden, ihr Umgang mit Offizieren, besonders mit dem Obristen, ihre französische „Kultur", ihr Verhalten Mannheim gegenüber bei dessen Rückkunft lassen dieses vermuten. Die negative Wertung also: Luzillas Umgang mit Offizieren hat Folgen, ihre Ehe mit einem Geistlichen sichert ihre Zukunft und die ihres noch nicht geborenen Kindes.[116]

Auch die junge Albertine wird als wenig kritisch im Umgang mit Literatur geschildert, denn sie nimmt die Wirkung „unnatürlich sentimentaler Stücke" – oder auch Bücher – als ganz natürlich an, wenn sie auf ein Buch als Ursache ihrer Tränen verweisen will. Ihr Vater dagegen, der die Ursache zu ahnen scheint, ist nicht so leicht zu beeindrucken. Ein Buch darf, wenigsten aus der Sicht der jungen Leserin, zu Tränen rühren, ihr eigenes Gefühlsleben dagegen sperrt sie aus:

> Sie sprang verwirrt von ihrem Stuhl auf, griff nach einem Buch, wollte Entschuldigungen suchen – still nur! sagte er; ich habe wohl gesehen, daß du nicht gelesen hast. Auch kann ein Buch dich so nicht greinen machen, das laß ich mir nicht einreden. (428)

Ein „sympathetisches Gefühl" lösen Albertines Gedichte aus; dass Mannheim sie abschreiben will, um sie dann ihrer Freundin vorzulesen, unterstreicht nochmals den künstlichen, da überflüssigen Wiederholungscharakter des Produzierens. (448)

Zeitgenössische Literatur wird auch vom „Fräulein des Hauses" in Mannheims Dorf gelesen: Der Aufforderung der Hausherrin, mit der Familie im Garten den Kaffee zu trinken, folgt die Frage des Fräuleins, ob der Pfarrer schon den *Almanach der Grazien* gelesen habe. Der Erzähler beschönigt, wenn er von zwei Fragen spricht, denn tatsächlich war die Einladung mehr ein Befehl, dem Mannheim auch Folge leistet, allerdings gekonnt parierend:

> Diese Fragen kamen so unmittelbar aufeinander, daß er sie nicht anders als mit einem ehrerbietigen Bückling und einem feinen Lächeln am Munde beantworten konnte. Er sagte, wollte den Nachmittag die Gnade haben, der gnädigen Frau und dem gnädigen Fräulein einige Zeichnungen von seinen Reisen in der Schweiz zu weisen, worunter besonders die Gegenden des *pays de Vaux* wären, die Rousseau in seiner Heloise so meisterhaft geschildert. (433)

„Gegen das Ende der erstern neun Monate ihres Ehestandes, ward er mit einem Sohne gesegnet, dessen sich der Hofmarschall aus alter Bekanntschaft besonders annahm." Zu den Schreibvarianten *Willhelmine* und *Wilhelmine* cf. S. 27 dieser Arbeit.

116 Neben der Literaturkritik greift Lenz das Thema des unmoralischen Einflusses der Soldaten auf und thematisiert die Versorgungsehe, bei der der Ehemann den Fehltritt seiner Frau nicht bemerkt.

Dem Angebot, sich an unterhaltsamer Lektüre zu beteiligen, begegnet der Pastor mit einem Hinweis auf Rousseau.

Mannheims „Wunsch, gemeinnützig zu werden, nicht eben ein Philanthrop, oder Kosmopolit, aber doch ein Mann zu sein, der mehrern Menschen seine Existenz zu fühlen gibt", (442) lässt ihn selbst mit der Autorschaft ringen. Der Erzähler gibt die Reflexionen Mannheims wieder, die eine Entwicklung im literarischen Sektor spiegeln.[117] In ironischer Brechung schildert der Erzähler Mannheims Gedanken, die den Nutzen, den die von Predigern verfassten Romane und Schauspiele haben sollen, demonstrieren, da mehr Menschen diese Werke statt „Predigten und geistliche Lieder" lesen. Auf subtile Weise – der Erzähler bricht mitten im Satz ab und muss nicht konkret Stellung beziehen – kritisiert Lenz sowohl Autoren als auch Leser hinsichtlich ihres literarischen Geschmacks.

Als Romanvorbild sieht Mannheim denn auch die Engländer Richardson und Fielding,[118] (444) ohne aber eine ihnen ebenbürtige Leistung zu erbringen, da ihm die weltliche Gesellschaft, die in diesen Texten beschrieben wird, fremd ist. Aufgrund mangelnder Kenntnisse scheitert der Pastor beim Verfassen weltlicher Unterhaltungsliteratur – Osborne weist darauf hin, dass Literatur in der Erzählung als gefährlich eingestuft wird, wenn sie vom Leben wegführt.[119] Gefahr scheint weniger von Literatur selbst auszugehen, wie auch Schmalhaus erkannt hat, Gefahr geht vielmehr vom falschen Umgang mit Literatur aus: Mannheim wirft dem „Freund" Albertines vor, nicht wert zu sein, die Kühe zu melken, womit Lebensferne und mangelnder praktischer Nutzen seiner schriftstellerischen Praxis zum Ausdruck gebracht werden. (449 f.)

Neben unterhaltender und religiöser Literatur weist der Erzähler noch auf Mannheims Traktate hin – auch hier wieder die Übertreibungen anklagend. (445) Den Nutzen solcher Texte hebt Mannheim nochmals hervor, wenn er im Brief an seinen Freund schreibt, dass er mit dem Superintendenten ein Gespräch über seine Predigt über die Bewässerung der Wiesen geführt hat. (457) Der Übergang von nützlichen zu fragwürdigen Themen bei der Aufzählung der Traktate Mannheims ist fließend: Zunächst werden Texte mit damals üblichen

---

117 Cf. Paulter, *Weltdeutung*, S. 441, Schöne, *Säkularisation*, S. 15.
118 Nelles, *Bücher*, S. 116: „Bücher erfüllen in Richardsons Romanen eine doppelte Funktion: Außer Trost in schwierigen Lebenslagen vermitteln Bücher Inspirationen für Intrigen und bieten mitunter die Möglichkeit, diese in die Tat umzusetzen."
Auf S. 139 schreibt Nelles über *Shamela, Joseph Andrews, Jonathan Wild* und *Tom Jones*: „Im Mittelpunkt dieser Werke stehen zwar stets die Titelgestalten sowie ein männliches oder weibliches Pendant, aber die Geschichten der jeweiligen Figuren bilden nur den Anlass für das umfassendere Vorhaben, die Umstände der Epoche und den Zustand der zeitgenössischen Gesellschaft zu entfalten. Fieldings erzählerische Werke vermitteln darüber hinaus in literatur- und gattungstheoretischer Hinsicht wichtige Aufschlüsse für eine Standortbestimmung des Romans im Kontext seiner Zeit und ihrer sich wandelnden künstlerischen Ausdrucksformen."
119 Cf. Osborne, *Idyll*, S. 96.

Themen genannt, dann folgen Texte, deren Themen nicht unüblich, aber auch nicht nützlich waren. Die Aufzählung erinnert an Lavaters Ausführungen zu Physiognomien.[120] Auch die Postillen waren ursprünglich nützlich, bis sie zur Massenliteratur herabsanken; Lenz kritisiert das Zuviel, die Entsprechung einer Mode, ohne dass dem Inhalt noch genügend Rechnung getragen würde. Und so scheint es nur natürlich, dass Mannheim seine Romanallüren ablegt und nützliche Schriften verfasst, die er aber verschlossen hält und seinem Sohn als „Erbstück" hinterlässt. (447) Diese Traktate, über die Johannes Mannheim kein Wort verliert, scheinen wertvoll:

> Alle diese Sachen aber verhehlte Johannes Mannheim sorgfältig den Seinigen, weil er den Schatz seiner Erfahrungen und seiner drüber angestellten Meditationen seinem Sohn als ein Erbstück hinterlassen wollte, das ihm noch nach seinem Tode zu einer Art von Führer und Schutzgeist durch die Welt dienen könnte. (447)

Mannheims Wirken reicht bis in die folgende Generation, an deren moralischer Standhaftigkeit Mannheim zweifelt – Folge einer Entwicklung, die in der Gegenwart, repräsentiert durch Mannheim, Albertine und Luzilla, beginnt.

5.2.1.4 Topoi

Lenz' Erzählung zeigt „stilistische Brechung in der Erzählhaltung und die Distanzierung von empfindsamen Szenen, die jedoch nicht stringent durchgeführt wird", und diese zeichnet die Erzählung als „spannungsreiche Prosa" aus, „Zustimmung und Distanzierung" wechseln „in eigenartiger Weise", so Pautler unter Heranziehung Damms.[121] Pautler stimmt Damm nicht zu in der Interpretation als Bloßstellung der Selbstgenügsamkeit; Distanz und Ironie sind nicht bezogen auf Reformprojekte.[122]

> Das religiös legitimierte soziale Reformprogramm, das Lenz im „Landprediger" in ländlicher Umgebung situiert, bleibt in seiner Begründung und tatsächlichen Ausführung von prinzipieller Kritik durch die Autorinstanz verschont. Feststellen läßt sich, daß Lenz sich offenbar darum bemüht, seinen physiokratischen Reformvorschlag unter Verwendung traditioneller literarischer Topoi und Motive, wie z.B. das Lob des Landlebens [...] oder die tugendhafte empfindsame Liebesbeziehung, so zu literarisieren, daß der Rückgriff auf konventionelle Vorstellungen von ländlicher Idylle sich nicht als eine abgeschlossene „Inselutopie" [...] entlarvt. Zwar konstituiert sich das sozialreformerische Wirken Mannheims in Abgrenzung von städtischen bürgerlichen Lebensformen, hier repräsentiert von der Lebenswelt Luzillas, Lenz bemüht sich aber, diese ländliche Lebenswelt nicht als geschlossene Autarkie zu stilisieren, die keiner sozialen Veränderung bedarf. Gerade im Gegenteil ist Mannheims sozialpädagogische Tätigkeit auf eine grundlegende Veränderung der bäuerlichen Lebenswelt gerichtet, die auf die Beseitigung der materiellen Not zielt. Mit dieser neuen Akzentuierung in der Darstellung der ländlichen Realität verfolgt Lenz die gleiche Strategie wie zeitgenössische Strömungen, die sich zur Propagierung physiokratischer und

---

120 Winter, *Erinnerungstext*, S. 114 sieht eine Anspielung auf „den zeitgenössischen Diskurs über Natur und Zivilisation und über geographische Lebensbedingungen".
121 Pautler, *Weltdeutung*, S. 452. Damm, WuB, Band 2, S.874.
122 Pautler, *Weltdeutung*, S. 452 f.

landpädagogischer Bestrebungen des konventionellen Motivs der ländlichen Idylle bedienen: [...]."[123]

Der Rückgriff auf Topoi, Motive, Beschreibungen und der Umgang mit diesen steht in der Erzählung *Der Landprediger* im Zeichen literarischer Kritik. Auch Pautler sieht Lenz' Distanzierung von „bestimmten konventionellen Vorstellungen" dieser Landbegeisterung:

> Die Kennzeichnung des Interesses für die bäuerliche Wirklichkeit und für agrarische Reformen als „Modebewegung" darf aber nicht mit einer Übereinstimmung in den Inhalten und Intentionen bei der jeweiligen literarischen Darstellung dieses Motivs verwechselt werden. [...] Die unterschiedlichen inhaltlichen Vorstellungen der Landbegeisterung werden im „Landprediger" in der Weise reflektiert, daß Lenz sich von bestimmten konventionellen Vorstellungen distanziert. Deutlich zeigt sich die Ablehnung von Idealisierungen der ländlichen Wirklichkeit, wie sie sich vor allem in den Idyllen Geßners ausgeprägt finden, [...] in der Episode, die die Entstehung von Albertines erstem Gedicht schildert: [...] Wenn hier die Requisiten des locus amoenus, wie Wolken, Sonne und Bach, durch die Verkleinerungen ihre Harmlosigkeit verdeutlichen und damit die Unangemessenheit der Gefühlsbewegung Albertines signalisieren, so wird damit zugleich auch die Sehnsuchtsbedeutung des Landmotivs, als poetischer Gegenort zur schlechten Wirklichkeit ironisiert.[124]

Zeitgenössische Diskussionen zur literarischen Darstellung ländlicher Realität werden in der Erzählung „weitgehend ausgeblendet", so Pautler.[125] Lenz scheut sich nicht, „jämmerlich süßtönende Klagen, Idyllen und Romanzen"[126] einzubringen, weil es der pragmatischen Absicht des Textes entspricht, dadurch zeigt sich die Nähe zu Konzepten der Volksaufklärung.[127]

> Wenn der von Lenz hochgeschätzte Schweizer Aufklärer Isaak Iselin sich gegen idealisierende Vorstellungen der ländlichen Lebenswelt wendet, so kennzeichnet dies auch den Hauptakzent des „Landpredigers". Der „weise Gesetzgeber", so schreibt Iselin 1773, „wird von dem Landmann, oder besser zu sagen, von dem Landwirthe, ganz andere Begriffe hegen, als unsere Poeten. Er wird ihnen nicht Strohhütten zur Wohnung, einen Krug saure Milch zur besten Labung, [...] und Unwissenheit zu der Quelle seines Glückes [...] anweisen. Er wird wissen, daß der Landwirth nicht ein Tagelöhner ist; daß er, in der Reihe der Bürger, über dem Handwerker stehen muß, daß er begütert und wohlhabend seyn, und daß er Einsichten und Klugheit besitzen muß, wenn der Staat blühend seyn soll." [...]
>
> Die pragmatische Intention einer Propagierung volkspädagogischer Bestrebungen bestimmt auch die Schreibweise der Erzählung, die sich der didaktischen Aufklärungsliteratur mit ihrer Eindeutigkeit, dem Identifizierungsangebot einer beispielhaften Figur und ihrer didaktischen Lehrhaftigkeit noch grundlegend verpflichtet zeigt.[128]

Dieses lehnte die Literaturkritik aber zunehmend ab, so Pautler.[129] Dennoch sieht Pautler mit Dedert „'Zweifel an der realen Ausführbarkeit' [...]"; stilistische Bruchstellen wie der Anhang und „inhaltliche Widersprüche zwischen dem pragmatisch-nützlichen Lebenskonzept und der posthumen sakralen

---

123 Pautler, *Weltdeutung*, S. 453.
124 Pautler, *Weltdeutung*, S. 454.
125 Pautler, *Weltdeutung*, S. 456.
126 Cf. Pautler, *Weltdeutung*, S. 457.
127 Pautler, *Weltdeutung*, S. 457.
128 Pautler, *Weltdeutung*, S. 458.
129 Pautler, *Weltdeutung*, S. 458.

Ästhetisierung" zeigten dies an.[130] Lenz hat danach mit üblichen Versatzstücken gearbeitet, die er teilweise ablehnte; das Reformprogramm, mit dem bäuerliche Lebensverhältnisse zu bessern seien, ist dabei von Kritik ausgenommen, während die Kritik an der Literatur, wie Albertine sie hervorbringt, auf Ironie verweist.

Der „Hauptakzent" liegt auf der ironischen Auseinandersetzung mit Literatur, also auch den idyllischen Darstellungen.[131] Mannheim lehnt Albertines Gedichte ab, kritisiert die *Wiederholung des Gleichen*[132] in anderer Form und das Fehlen der Herzlichkeit. (448) Albertines Gedichte werden aber nicht vollständig verurteilt, Dedert hat auf die „Bedingungen" verwiesen, deren Erfüllung den Wert der Gedichte garantiere.[133]

> Garantierte die Natur bei ihrem ersten Versuch noch die Wahrhaftigkeit inneren Erlebens, so pervertiert sie im folgenden zur bloßen Staffage, die Gefühle gleichsam automatisch provozieren kann. Auf die Serienqualität und das damit einhergehende Empfindungsdefizit ihrer literarischen Gebilde hebt denn auch Mannheims Einwand gegen ihr nächstes Gedicht ab: [...][134]

Mannheim untersagt seiner Frau das Verfassen weiterer Gedichte, greift dabei aber zu der drastischen Maßnahme am Abgrund.[135] Nach dieser „Katastrophe" besinnt sich die Gesellschaft im Hause Mannheim auf „die alten Liederchen von Hagedorn, Uz und Gleim", auf Klopstock, *Erwin* von Goethe. (451) Und „unnatürlich sentimentale Stücke [...] wie z.E. den Günther von Schwarzburg und dergleichen [...]" werden parodiert. (459)

Vor dem Hintergrund der parodistischen Schreibweise Goldsmiths, der Verwendung diverser Topoi in der Erzählung von Lenz und dessen Aussagen zu den Lebensverhältnissen der Bauern[136] übernimmt die Darstellung ländlichen Alltags in der Erzählung eine literaturkritische Funktion. Die ländlichen Genüsse sind nicht ganz so „einfach" im Sinne von frugal:

> Albertine ließ sich diesen Nachmittag einige Pfirsiche heraufbringen, und, wenn Fremde zu ihr kamen, setzte sie ihnen Wein, eingemachte Sachen und Obst vor, wobei die Munterkeit und das Scherzen und das Hüpfen und die Pfänderspiele und das Tanzen und das Jauchzen viel allgemeiner wurden. Des Morgens war ihr Frühstück ein Äpfelkuchen, oder ein Butterbrot, oder sonst etwas, wovon ihnen nur ein Gelüste durch den Kopf zog, nie aber banden sie sich an etwas und sie schämten sich hernach nicht wenig, als ihnen Mannheim sagte, der Verbot vom Kaffee sei nur eine Erfindung von ihm gewesen. Mannheim aber und seine Gästen frühstückten, nachdem es der Phantasie der Frauenzimmer beliebte. (441)

---

130 Pautler, *Weltdeutung*, S. 460.
131 Pautler, *Weltdeutung*, S. 458.
132 Eben nichts Neues, wie Pautler in *Expositio ad hominem* erkannt hat, cf. *Weltdeutung*, S. 282.
133 Cf. auch Dedert, *Erzählung*, S. 80 f.
134 Dedert, *Erzählung*, S. 81.
135 Cf. auch Dedert, *Erzählung*, S. 81 f., der ausführt, dass „auch dem von den Gefahren übermäßiger Empfindsamkeit bedrohten Leser die Risiken der Überspanntheit beispielhaft-konkret vor Augen" geführt werden.
136 Lenz hat sich über die soziale Lage der Bauern geäußert, cf. auch Pautler, *Weltdeutung*, S. 403 f.

Lust und Phantasie, nicht Jahreszeiten, Erntebedingungen, Arbeitseinsatz bestimmen den Speiseplan im Pfarrhaus. Die Aussage, dass literarische Darstellungen ländlicher Lebenswelt nicht der Realität, sondern dem Spiel entsprechen, wird durch die additive Reihung verstärkt: Gute Laune und Spielerei nehmen gar kein Ende. Einmal nur wird die Korrelation von Verfügbarkeit und äußeren Bedingungen erwähnt: „Vom Tee und Kaffee und Tabak war in seinem Hause niemals die Rede, wohl aber von Obst und Früchten, wie es die Jahreszeit mit sich brachte." (439) Im Anschluss an die Schilderung der Pfarrhausakademie lenkt der Erzähler die Aufmerksamkeit auf bürgerliche Genussmittel, die im Pfarrhaus keine Rolle spielen – dass sie aber bis zu jener „Racheaktion" Mannheims durchaus wichtige Genussmittel der Frauen waren, erläutert der Erzähler in der folgenden Episode.

Lenz bleibt, so Dedert, in der Darstellung der bäuerlichen Lebenswelt ideal, was sich bei der Idee vom Pfarrhaus als Akademie in dem „lakonischen Hinweis" zeige, dass die Mannheim entstehenden Kosten auf dem Lande kaum auffallen.[137] Diese Abstraktion von den alltäglichen Problemen der bäuerlichen Lebenswelt fungiert ebenfalls als Kritik an Idealisierungen idyllischer Literatur:[138] Es entstehen auf dem Lande eben keine Kosten und Mühen bei der Befriedigung leiblicher Bedürfnisse, schon deshalb nicht, weil man städtischen Genussmitteln entsagt.

Die Lebenshaltungskosten auf dem Lande werden nochmals zum Thema, als Mannheim im Anhang dem Superintendenten von einem Mann berichtet, der sein Mündel betrogen hat, durch Mannheims Einmischung aber zu Einsicht und Reue gelangt. Über ihn heißt es:

> Er hat, wie ich höre, seitdem mit den jungen Eheleuten sich assoziiert, ihnen ein Stück seines Ackers zu bauen umsonst überlassen, und will mit aller Gewalt, daß sie auch mit ihm ein Haus beziehen sollen, wo er für nichts als den Tisch Bezahlung nehmen will. (462)

Der reuige Sünder ist großzügig, indem er „für nichts als den Tisch" eine Gegenleistung erwartet. Mit Blick auf den 2. Teil übernimmt diese Großzügigkeit eine textkritische Funktion; Mannheim hat junge Männer in sein Haus geladen:

> Er hatte dabei keine weitere Unkosten, als daß er ein paar Zimmer in seinem Hause für sie zurichten ließ, und denen, welche mäßig waren, wie es echte Künstler und Gelehrte immer sind, mittags und abends eine Serviette mehr hinlegen ließ, welches in einer Haushaltung auf dem Lande kaum merklich wird.

Nicht allein die vermeintlich ständige Verfügbarkeit von Butterbrot und Apfelkuchen dient der literarischen Kritik: Während Kaffee und Tabak bürgerliche Genussmittel sind, stellen Butterbrot und Apfelkuchen ländlich-natürliche Nahrungsmittel dar, die keine Ersatzbefriedigung bedeuten, sondern

---

137 Dedert, *Erzählung*, S. 78.
138 Wie auch Pautler, *Weltdeutung*, S. 454, festgestellt hat.

in das angenehme, idyllische Lebensumfeld passen. Tatsächlich aber haben sie mit der bäuerlichen Lebenswelt so viel gemein wie die in der oben zitierten, in einer langen Aufzählung genannten Freizeitvergnügungen, oder auch „drollige Szenen" und Schauspiele:

> Bald ward eine Komödie gespielt, bald eine Wallfahrt in die benachbarten Gebirge angestellt, bald eine allgemeine Verkleidung in Bauren und Bäuerinnen vorgenommen, die denn zur Heumachenszeit auf den Wiesen von Johannes Mannheim *et Compagnie* die nötigen Arbeiten meisterlich verrichteten, im Grünen ihre kalte Milch aßen und dergleichen. Oder, es wurden im Winter Schlittenfahrten angestellt, wobei Johannes Mannheim seine erste Deklaration oft wiederspielte* und sich dafür von der ganzen Gesellschaft weidlich auslachen ließ. Das größte Vergnügen hatten sie bei der Ernte, wo sie sich unter Schnitter und Schnitterinnen mischten, und mit ihnen hernach die Mahlzeit aßen. (442)

Der Topos der kalten Milch und der verkleideten Bauern steht für natürliche Nahrungsmittel bzw. natürliches Leben im Gegensatz zu bürgerlichen Ersatzbefriedigungen. Die obige Aufzählung führt aber auch an dieser Stelle wieder zur Enttäuschung der Leser: Im Anschluss an die Details der Inszenierungen endet der Hinweis auf die Vergnügungen mit einem lapidaren „und dergleichen".[139] Die Leser werden bis zum Höhepunkt, der obligatorischen kalten Milch,[140] geführt; der Erzähler verweist sie auf ihr aus entsprechender Literatur geschultes Wissen über „dergleichen"; schließlich wendet er sich einem neuen Thema der Vergnügungen zu, nämlich Mannheims Werbung um Albertine, auf die das Sternchen verweist.[141] Und diese Werbung wird verlacht – verständlicherweise. Genauso albern ist aber auch die Verkleidung in arbeitendes Volk, mit dem die Mahlzeit geteilt wird. Die „drolligen Szenen", die „Verkleidungen in Bauren und Bäuerinnen", stellen eine Parodie auf die Naturdichtungen dar, in denen das harte Landleben stilisiert wird. Die Kritik an idyllischer Literatur zeigt sich auch in der Verwendung des Topos der kalten Milch, nicht allein in Albertines Gedichten und deren Entstehung. Nicht der Einklang „höfischer-ästhetische[r] Spielfreude" „mit einer vermeintlich bäuerliche[n] Lebenswelt", sondern Kritik an bürgerlicher Spielfreude,[142] die tatsächliche Verhältnisse verkennt, steht hier im Mittelpunkt des Interesses.[143]

Die typischen Topoi sentimentaler Naturdichtung sind bis in das Leben der Familie Mannheim und ihrer Gäste eingedrungen, wodurch die Absurdität des literarischen Topos übertrieben wird. Zweimal verweist der Erzähler auf die Mahlzeit und die Lebenshaltungskosten auf dem Lande, einmal die typische *kalte Milch*, dann die gemeinsame Mahlzeit mit den Arbeitern.[144] Was für die

---

139 Cf. auch die Aufzählung der im Hause Mannheim parodierten Stücke, S. 153 dieser Arbeit.
140 Cf. zur Bedeutung der *kalten Milch* Dedner, *'Wilhelmine'*, S. 47.
141 Mit dem Sternchen macht der Erzähler auf sich aufmerksam; er nutzt diese Möglichkeit zur Erklärung eines sonst kaum verständlichen Zusammenhangs. (442)
142 Cf. Pautler, *Weltdeutung*, S. S. 455, Dedner, *Schäferleben*, S. 56.
143 So ähnlich auch bei Goldsmith und den „naiven" Spielen des Flamboroughs.
144 Albrecht von Hallers *Alpen*, 1782, cf. auch *Werther*, dort kalte oder saure Milch, nach Spaziergängen genossen.

Einen zum Überleben gehört, ist für die Anderen Vergnügen: die Arbeit auf dem Felde. Pautler ist zuzustimmen: „Wenn der von Lenz hochgeschätzte Schweizer Aufklärer Isaak Iselin sich gegen idealisierende Vorstellungen der ländlichen Lebenswelt wendet, so kennzeichnet dies auch den Hauptakzent des 'Landpredigers'."[145] Die von Pautler im Zusammenhang mit Albertines Gedichten erwähnte Ironisierung des „Sehnsuchtsmotivs des Landmotivs"[146] gilt auch für diese Darstellung des Landlebens, die Kritik an Idealisierungen des Landlebens darstellt. Kalte Milch ist hier zum Topos avanciert und wird von Lenz auch so dargestellt; mit bäuerlicher Realität hat der Topos nichts zu tun.

Pautler erklärt das Nebeneinander der von Lenz kritisierten unterhaltenden „Motive" und Reformvorschläge in der Erzählung *Der Landprediger* mit der Wahl eines rezipientenspezifischen Erzählstils.[147] Damit stehe die Erzählung in der Nähe der Volksaufklärung.[148] Diese Interpretation ist nur ansatzweise gerechtfertig, denn Lenz ironisiert „jämmerlich süßtönende Klagen, Idyllen und Romanzen"[149] in seiner Erzählung, sie sind im Landprediger *Stilmittel* der Kritik und *nicht* ernst gemeinte „Versatzstücke [...] einer idyllischen Dorfutopie",[150] die didaktische Absichten im Sinne der Volksaufklärung verfolgen.

Dedert weist nach, dass Lenz mit der Szene am Abgrund „auch dem von den Gefahren übermäßiger Empfindsamkeit bedrohten Leser die Risiken der Überspanntheit beispielhaft-konkret vor Augen" führt.[151] Letztlich erfüllt die Erzählung damit einen pädagogischen Nutzen:

> Die vom Landprediger auf die Spitze getriebene Inszenierung exaltierten Gefühls hat mit der Desillusionierung seiner Frau ihr didaktisches Ziel erreicht: [...]. Insofern zeitgenössische Lesererwartungen gezielt enttäuscht werden konnten, ist auch beim Rezipienten ein pädagogischer Erfolg anzunehmen.[152]

Ähnlichen Nutzen sollte wohl auch die Beschreibung ländlichen Lebens erzielen. Die distanzierte, wenig realistische Beschreibung ländlicher Lebensbedingungen erfüllt in der Erzählung zwei Funktionen: Demonstration der mangelnden Einbindung des Glaubens in das tägliche Leben (der Glaube als „abgezogene[r] Spiritus in Flaschen", S. 459) und Kritik an sentimentaler Dichtung durch Parodie. Der Verzicht auf konkrete Darstellungen des ländlichen Alltags stellt somit eine Brechung in Form der Parodie dar, wie sie schon in Goldsmiths Roman zu finden ist.

---

145 Pautler, *Weltdeutung*, S. 458.
146 Pautler, *Weltdeutung*, S. 454, cf. auch S. 151 dieser Arbeit.
147 Pautler, *Weltdeutung*, S. 457.
148 Pautler, *Weltdeutung*, S. 457 f.
149 Pautler, *Weltdeutung*, S. 457, so Lenz in seiner Werther-Besprechung.
150 Pautler, *Weltdeutung*, S. 457.
151 Dedert, *Erzählung*, S. 81.
152 Dedert, *Erzählung*, S. 83.

5.2.2 Literatur als Medium der Literaturkritik

Die diversen literarischen Anspielungen, „konstitutives Strukturelement" bei Lenz,[153] und die „Poetologie der Bedingungsverhältnisse"[154] übernehmen in der Erzählung *Der Landprediger* eine Funktion, mit der Lenz vor dem Hintergrund der Säkularisation auf den gegenwärtigen Zustand von Literatur und Rezipienten hinweist. Lenz warnt vor unkritischer Lektüre erzählender Texte, er fordert die Leser zu kritischem Lesen auf. Narrative Technik und literarische Anspielungen zwingen den Leser immer zur Distanzierung vom Erzählten; schon der Titel verspricht ja eine Anlehnung an Goldsmiths Roman *The Vicar of Wakefield*, die der Text aber nicht realisiert.[155]

Sentimentale Szenen, didaktische Abhandlungen, politische Traktate, literaturkritische Äußerungen – die Erzählung *Der Landprediger* vereint in sich diverse literarische Formen und Themen.[156] Dass die Zusammenstellung scheinbar disparater Formen und Inhalte konstituierend ist, hat Wurst erkannt:

> Lenz geht es gerade nicht um systematische, in sich stimmige Positionen, und seine Ästhetik baut die Grenzen zwischen den theoretischen, moralphilosophischen, autobiografischen (z.B. Briefe) und fiktionalen Einzeltexten ab; seine Texte dürfen nicht jeweils einzeln und für sich gesehen werden, sondern sie geben erst in ihrer Gesamtheit die Fülle der sich gegenseitig erhellenden, differenzierenden, problematisierenden und auch durchaus widersprechenden Perspektiven.[157]

Sowohl Gesamtwerk als auch Einzeltexte erhalten ihre Struktur durch das Nebeneinander verschiedener Positionen.[158] Wurst sieht den „wohl wichtige[n] Aspekt dieser Erzählstruktur" in der Intertextualität:

> Der Begriff, wie ich ihn zur Beschreibung der Lenz'schen Narrativik verwende, bezieht sich auf Texte, die bewusst eingesetzte Bezüge zu anderen Texten oder Textgruppen aufweisen. In ihnen haben die intertextuellen Bezüge eine beabsichtigte und markierte Bedeutung, und die Zitate und Anspielungen bilden strukturelle Muster. Dies dient der Relativierung von Texten und den ihnen zu Grunde liegenden Normensystemen. [...][159]

Im *Landprediger* sei die Intertextualität in der Diskrepanz zwischen der Kürze der Erzählung und den Anforderungen an einen Bildungsroman zu sehen.[160] Der Begriff der Intertextualität verweist damit auf die mangelnde Verlässlichkeit des Mediums Literatur, besonders der Romanliteratur, die Lenz ja mehrfach in

---

153 Schmalhaus, *Anspielung*, S. 3. Cf. auch Dedert, *Erzählung*, S. 90: „Formalästhetisch erscheint die Geschichte vom Landprediger als ein Konglomerat sehr verschiedener Bauformen und Darbietungsmuster, deren Funktion und Verhältnis zueinander mancherlei Probleme aufwirft."
154 Wurst, *Bedingungsverhältnisse*, S. 202.
155 Auch Winter, *Erinnerungstext*, S. 112, sieht die Identifizierung des Lesers mit der Geschichte als erschwert durch die Unterbrechungen, in denen der Erzähler eine ironisch-kritische Distanz aufbaue.
156 Cf. unter anderem auch Dedert, *Erzählung*, S. 90 ff. Pautler, *Weltdeutung*, S. 337 und S. 446.
157 Wurst, *Erzählstrategien*, S. 41.
158 Wust, *Erzählstrategien*, S. 42.
159 Wurst, *Erzählstrategien*, S. 37.
160 Wurst, *Erzählstrategien*, S. 40, verweist auf die „intertextuelle Diskrepanz zwischen der knappen Form der fünfzigseitigen Erzählung und den Ansprüchen eines breit angelegten Bildungsromans" und sieht darin „eine der Strategien, mit denen Lenz die auf den ersten Blick organische Einheit seiner künstlerischen Vision aufbricht und damit auch ihren Inhalt problematisiert."

seinem Gesamtwerk verurteilt, indem nämlich nicht eingehalten wird, was der Text verspricht. „Die Lenz'sche Erzählstruktur ist ungewöhnlich, weil sie die Unvereinbarkeit verschiedener Positionen, Haltungen und Meinungen bestehen lässt."[161] Das Nebeneinander der Positionen ist nicht nur notwendig im Zuge der „Identitätskonstitution und -stabilisierung des Menschen",[162] es ist auch Teil der Literaturkritik. Lenz hat allerdings nicht im Sinne der Volksaufklärung deren „Versatzstücke" verarbeitet,[163] sondern verschiedene Positionen vorgestellt, um den Lesern die Möglichkeit zur Anschauung zu bieten. Wie bei Goldsmith und Nicolai dient die Verwendung der „Versatzstücke des zeitgenössischen Unterhaltungsromans"[164] auch bei Lenz der Parodie. Parodie des Sentimentalen kennzeichnet die gesamte Erzählung, nicht nur die Schlussszene.

Die literarische Anspielung im Werk Lenz' ist „konstitutives Strukturelement"[165] und fungiert in der Erzählung vom Landprediger Johannes Mannheim neben der Figurenkonzeption als Medium der Literaturkritik. Lenz kritisiert zeitgenössische Literatur nicht nur durch Erwähnung verschiedener Texte, sondern auch durch Imitation sowohl positiver als auch negativer Vorbilder. Die Imitation gilt der Sprache, dem Stil und auch der Figurenkonzeption, dabei wird es dem Leser aber überlassen, zwischen guten und negativen Vorbildern das eigene Urteil zu finden. Nicolais Roman *Sebaldus Nothanker*, erwähnt im ersten Teil, dient als Beispiel unterhaltsamer, populärer Literatur; der englische Roman, im *Anhang* genannt, hat neben unterhaltender Funktion auch einen didaktischen Wert. Die „alten Liederchen" dagegen werden im Zusammenhang mit der Kritik an diversen Topoi und deren parodistischer Aneignung durch den Erzähler als im Hause Mannheim rezipierte Literatur aufgezählt. Welchen Stellenwert die Texte in der Erzählung einnehmen, wird nicht auf den ersten Blick deutlich – der Leser muss sich anstrengen.

Wie schon in anderen Werken, besonders im 1775 entstandenen *Pandämonium Germanikum*, kritisiert Lenz zeitgenössische Literatur. Während er sich im *Pandämonium* mit den Bedingungen der Schriftsteller auseinander gesetzt hat,[166] konzentriert er sich in der Erzählung *Der Landprediger* auf den

---

161 Wurst, *Erzählstrategien*, S. 42.
162 Wurst, *Erzählstrategien*, S. 42.
163 Pautler, *Weltdeutung*, S. 457.
164 Schmalhaus, *Anspielung*, S. 160: „Nicolai hatte die vorgefundenen Versatzstücke des zeitgenössischen Unterhaltungsromans – Irrfahrten, Überfälle, Entführungen, Liebesabenteuer – zu einer Romanparodie montiert, die jedoch vom Publikum mit dem gleichen Enthusiasmus gelesen wurde wie die persiflierten Muster."
165 Schmalhaus, *Anspielung*, S. 3.
166 Cf. Herboth, *Satire*, S. 248: „Ungewöhnlich innerhalb der satirischen Produktion ist der Versuch von Lenz, eine Gesamtabrechnung mit der deutschen Literaturszene in seinem '*Pand*ämonium' betitelten Text zu eröffnen, der Autoren, Literaturkritiker, Leser und kirchliche Vertreter zugleich auftreten läßt. Eine solche satirische Zusammenschau setzt die Einsicht in die komplexen Vermittlungen der Literatur des einzelnen Schriftstellers mit den verschiedenen Gruppen des literarischen Feldes voraus. Lenz zeigt das Netzwerk des Literaturbetriebes auf und die Einflüsse auf die Tätigkeit der Autoren, die sich aus den Urteilen von Kritikern, Konkurrenten und Lesern

Umgang mit Literatur und dessen Wirkungen auf die Rezipienten. Die literarischen Anspielungen illustrieren die verschiedenen Formen der Literatur, vor deren unreflektiertem Lesen die Erzählung warnt.[167] Die These der vorliegenden Arbeit wendet sich von den Konzepten besonders der jüngsten Forschung (Pautler, Tommek) ab. Ausgehend von der Idee guter Literatur kann Lenz Literatur somit als didaktisches Medium einsetzen – dass die Anspielungen indirekt wirken und somit nicht von allen Lesern verstanden werden, stellt eine weitere Ähnlichkeit mit dem Roman *The Vicar of Wakefield* dar; auch Goldsmith hat darüber hinaus in Medien Kritik veröffentlicht, die genau das Medium betreffen.[168]

5.3 Erzähler und Erzähltechnik

Der Erzähler ist eine nicht vertrauenswürdige Figur, da er eine zwischen erklärter Fiktion und angeblicher Nichtfiktion schwankende Geschichte erzählt,[169] eine Geschichte, die er einerseits als authentisch darstellt, indem er seine Quelle benennt und Unwahrscheinliches vom Genre des Romans abzugrenzen versucht, andererseits aber ihren fiktiven Charakter nicht zu verdecken mag. So wird die Quelle erst im Anhang genannt, Widersprüche und Fehler distanzieren den Leser vom Erzählten. Der Erzähler bringt sich selbst in die Erzählung ein;[170] er übt in einigen Reflexionen Kritik.[171] Das Verhältnis des Erzählers zu seiner Hauptfigur ist sowohl durch Ironie als auch durch Identifikation gekennzeichnet, das zu seinen Lesern durch Enttäuschung der Lesererwartung oder deren Bestätigung.

---

ergeben."
Cf. auch S. 255: „Lenz dokumentiert durch seinen satirischen Rundblick, wie dicht das Netzwerk aus Meinungen, Gerüchten und Urteilen im literarischen Feld ist und wie stark die Position des einzelnen Schriftstellers von diesen Relationen beeinflußt wird."
167 In Ansätzen auch bei Gibbons, *Adaption*, 2001, und Winter, *Erinnerungstext*, 2003.
168 Cf. Didicher.
169 Cf. auch Stötzer, *Pathos*, S. 138, der darauf hinweist, dass der Text charakterisiert sei durch ein „Spannungsverhältnis zwischen Fiktionalität und Nichtfiktionalität", allerdings begründet Stötzer diese Erzählstrategie des Autors nicht.
170 Cf. Winter, *Erinnerungstext*, S. 113. Dass sich der Erzähler auch im Anhang einmischt, zeichnet ihn als selbstbewusst aus: Er erklärt den Charakter des Superintendenten näher, sagt über ihn aus, dass er der Vater Luzillas ist, und beschreibt dessen Naivität im Vergleich zu Mannheims Beredsamkeit. (457 und 458)
171 Stötzer, *Pathos*, S. 153 f., weist darauf hin, dass tatsächliche Verhältnisse in den „Erzählerreflexionen" vermittelt werden. Stötzer verweist auf den „Druck der Abgaben", „Firnis". „Das Hauptinteresse Lenzens gilt dabei den Möglichkeiten, sich aus den Zwängen dieser determinierten, entfremdeten Wirklichkeit zu befreien und die Produktivität seiner poetischen Figur, des der Orthodoxie entflohenen Geistlichen und praktischen Reformers, auf dem Land umzusetzen."

5.3.1 Der Erzähler

Das Spiel des Erzählers mit dem Leser beginnt schon mit der Überschrift und wird im ersten Satz fortgeführt: *Der Landprediger. Eine Erzählung.* Damm hat in ihrer Ausgabe, auf die sich die vorliegende Arbeit hinsichtlich der Zitate stützt, den Zusatz *Eine Erzählung* nicht abgedruckt. In der ersten Veröffentlichung im *Deutschen Museum* steht: „Der Landprediger, eine Erzählung von Jakob Michael Reinhold Lenz." Auch das Inhaltsverzeichnis nimmt den Zusatz auf, so dass es sich um eine Information für die Leser durch den Herausgeber Boie handeln kann. Gleiches gilt auch für den Zusatz *Anhang*. Da eine Handschrift nicht vorliegt, können nur Vermutungen angestellt werden.[172]

Der Titel verweist auf den englischen Roman Goldsmiths, grenzt sich durch den Zusatz *Erzählung* aber vom Genre Roman ab; gleichzeitig wird der Wahrheitsgehalt in Frage gestellt, wenn der Erzähler im ersten Satz verkündet: „Ich will die Geschichte eines Menschen erzählen, der sich wohl unter allen möglichen Dingen dieses zuletzt vorstellte, auf den Flügeln der Dichtkunst unter die Gestirne getragen zu werden." (413) Fiktion und „Wahrhaftigkeit" stehen nebeneinander, der Begriff „Dichtkunst" legitimiert die angekündigten Stilisierungen einer Lebensgeschichte, deren Authentizität erst im Anhang durch den Hinweis auf deren Quelle, eine vom Sohn des „Helden" nach dessen Tod herausgegebene Biographie, bestätigt wird.

Dieser Rückgriff auf „authentisches" Material soll zwar die „Echtheit" des Erzählten bestätigen, da aber der Erzähler aus den Informationen seiner Quelle auswählt, Einzelheiten erfindet und kommentiert, wird er Teil seiner Erzählung.[173] Die vermeintlich authentische Geschichte wird damit zu einem literarischen Produkt. Dass er dabei nicht den üblichen Mustern entspricht, hat schon Wurst erkannt.[174] Der Erzähler distanziert den Leser sowohl vom Helden als auch von der Erzählung, um auf diese Weise sowohl auf die Unzuverlässigkeit des Mediums als auch des Leseverhaltens hinzuweisen.[175]

Deshalb ist auch das, was sich zunächst wie eine Bestätigung der Authentizität liest, tatsächlich Kritik am literarischen Markt, seinen unglaublichen, unwahrscheinlichen Produkten und den Lesern: Der Erzähler grenzt[176] seinen Text von Fiktionsliteratur ab, als die Handlung seiner Erzählung unglaublich verläuft: „Viele meiner Leser werden stutzen und einen Roman zu

---

172 Cf. Damm, WuB, Band 2, S. 874.
173 Diese Funktionen des Erzählers sind in der Forschung schon mehrfach erwähnt worden, zuletzt bei Winter, *Erinnerungstext*. Er hat darauf hingewiesen, dass der Erzähler „als eine eigene Figur in seiner Erzählgegenwart wahrgenommen" werden will, S. 113.
174 Wurst, *Erzählstrategien*, S. 41.
175 Zur Distanzierung cf. allgemein auch Winter, *Erinnerungstext*.
176 Dedert: *Erzählung*, S. 90.

lesen glauben, wenn sie finden, daß es ihm, ungeachtet seiner Inorthodoxie, doch mit seiner Beförderung geglückt sei."[177] (422)

Dabei versucht der Erzähler, den Eindruck von Verlässlichkeit und Kompetenz zu erwecken: Er schildert Mannheim als gehorsames, reifes Kind und deutet, ohne dies explizit zum Ausdruck zu bringen, an, Mannheim sei altklug. Erst im Rückblick bestätigt der Erzähler diesen beim Leser erweckten Eindruck, indem er sich auf Johannes als „unser kleine[r] Altkluge[r]" bezieht (415). Damit schmeichelt er dem Leser (der eine Bestätigung seiner Lesart erhält) und stellt gleichzeitig diskret seine Zuverlässigkeit als Erzähler im Beobachten und Berichten dar. Das Possessivpronomen zielt auf eine Vertrautheit zwischen Erzähler und Leser,[178] die der Erzähler nutzt, um mit dem Leser zu kommunizieren.[179] Erst in der Begegnung Mannheims mit Luzilla und ihrem Verlobten tritt der Erzähler zugunsten Mannheims zurück.

In der Beschreibung des Lebenslaufs der Hauptfigur hält sich der Erzähler mit eindeutigen Beschreibungen zurück und überlässt dem Leser die Urteilsfindung,[180] so auch in den Überlegungen des Vaters, über die der Erzähler berichtet:

> Überall ward der gute arme Alte bedauret, wegen der üblen Nachrichten, die von seinem Sohne einliefen. Bald hieß es, er habe sich verheiratet, bald, er habe sich aus dem Staube gemacht: umgesattelt hatte er wenigstens dreimal, und, wegen lüderlicher Wirtschaft, Schulden und Duelle, das *Consilium abeundi* mehr als dreimal erhalten. Unterdessen hatte er sich bei einem königlichen Amtmann eingemietet, mit dem er von Zeit zu Zeit, so oft es seine Stunden erlaubten, Ausschweifungen auf Land machte und die Ausübung dessen studierte, wovon ihm die Theorie der Ökonomisten doch nur sehr dunkle Vorstellungen gab. [...] Mit diesen lebte unser Johannes, derweil die Ungewitter des öffentlichen Rufs unbemerkt hoch über ihm wegstürmten, in goldener Zufriedenheit. Auch hatte er Gelegenheit, bei ihnen alles zu sehen und anzunehmen, was Überfluß, Bequemlichkeit und Geschmack den Sitten, den Manieren und der ganzen Summe unserer Gefühle Feines und Gefälliges mitzuteilen pflegen. (416 f.)

Das Mitleid dem Vater gegenüber, der ja von allen bedauert wird, stärkt den Zweifel an der Richtigkeit der Handlungen Mannheims, der sich weder um seinen Vater noch den eigenen Ruf zu kümmern scheint. Gleich darauf werden aber sowohl Mannheims Sinn für das Praktische als auch seine Bildung unter Beweis gestellt, da Mannheim „die große Welt kennen lernen konnte, nicht um in ihr nach etwas zu streben, sondern um sich den falschen Firnis zu benehmen," er „lernte Personen von Verdienst" kennen, die „ihm das Vorurteil" nahmen, so dass er „das große Prinzipium der Gleichheit alles dessen, was gleich denkt, das

---

177 Eine Ähnlichkeit zu Goldsmith findet sich in der Kritik des Ich-Erzählers an Romanen, der dann selbst einen Roman schreibt. Cf. auch Hopkins.
178 Cf. auch Stötzer, *Pathos*, S. 138 f. Anders dagegen Winter, *Erinnerungstext*, S. 113, der „den wichtigsten Zug des Erzählers, seine ironische Distanz zum Helden, aber auch zu den anderen Figuren der Erzählung," erwähnt.
179 Stötzer, *Pathos*, S. 138 f., führt aus, dass der Erzähler das Leseverhalten bewusst steuere und „allwissende Überlegenheit und gleichberechtigtes Partnerschaftsverhältnis" einander abwechselten.
180 Zur „Freiheit in der Figurenbewertung" s.a. Pautler, *Weltdeutung*, S. 451.

durch alle Stände und Verhältnisse geht", fühlt. (417) Der Kontrast zwischen den Gerüchten und den vermeintlich tatsächlichen Begebenheiten lässt den Leser in seiner Beurteilung schwanken, wobei „Überfluß, Bequemlichkeit und Geschmack" andeuten, dass Mannheim vielleicht doch zu den in der unterhaltenden Literatur mehrfach beschriebenen Studentenkreisen zählt.

Im Haus des Amtmanns nimmt Mannheims bürgerliche Entwicklung ihren Anfang, aber diese stellt sich dem Leser wiederum als ein ambivalenter Prozess dar, der mehr der Unterhaltung als dem Nutzen dient. Der Erzähler kehrt schließlich nochmals auf die Gerüchte zurück, um diese zu relativieren:

> Sein Vater, ohne auch nur die Unmöglichkeit von alledem zu ahnden, erschrak über alle diese Gerüchte, als ob sich an ihnen gar nicht mehr zweifeln ließe. Endlich wurden alle seine Befahrungen, wie durch einen Donnerschlag durch einen Brief bekräftigt, den er von Johannes aus Genf erhielt, wohin er einen Jungen von Adel auf seinen Reisen begleitet hatte. (418)

Deutlich wird die Kritik des Erzählers an der Leichtgläubigkeit des Alten, auf die der Erzähler schon zu Beginn mit Ironie hingewiesen hat, indem er den Vater als leichtgläubigen Orthodoxen schildert. (413) Dem Leser gegenüber äußert der Erzähler zunächst „die Unmöglichkeit" der Gerüchte und die Leichtgläubigkeit, dann aber kommt wie mit einem „Donnerschlag" die Bestätigung des vorher noch für unmöglich Gehaltenen. Dieser Donnerschlag trifft auch den Leser, den die widersprüchlichen Angaben des Erzählers verwirren.

Erst in der Begegnung mit Luzilla tritt Mannheim dem Leser direkt gegenüber. Luzilla und ihr Bräutigam repräsentieren das städtische Bürgertum.[181] Tatsächlich findet Luzilla zunächst noch die Abenteuer Mannheims ganz unterhaltsam und, im Gegensatz zu ihrem und seinem Vater, empfindet sie „anfänglich eine heimliche Freude darüber". (418) Über die Kontrastfunktion hinaus verdeutlicht diese Begegnung auch Mannheims Persönlichkeit: Nach längerer Abwesenheit erscheint Mannheim bei seiner vermeintlichen Verlobten in der Hoffnung, durch „eine der entzückendsten Rollen seines Lebens" (420) zu beeindrucken, muss aber feststellen, dass die Zuneigung nur einseitig ist, und wirkt mit seinem Wunsch, die Rolle seines Lebens zu spielen, naiv, verspielt und un-"gebildet". Der Erzähler versucht nun durch einen Hinweis auf Gemeinsamkeiten des Lesers mit Mannheim, Sympathie für diesen hervorzurufen, widerspricht sich mit dem nächsten Satz aber selbst:

> Das war nun ganz natürlich; und welcher Herzens- und Mädchenkenner, der nicht etwa mit unserm Johannes sich im nämlichen Falle befindet, wird sie nicht entschuldigen?
>
> Aber Johannes Mannheim nicht also. Als er zu Jungfer Susanna Luzilla Bulac in die Stube trat und einen feinen jungen Abbé zierlich gekleidet auf ihrem Sofa erblickte, der

---

181 Cf. Dedert, *Erzählung*, S. 69 f., das städtische Bürgertum soll als Kontrast zu Mannheim dargestellt werden und der Aufwertung des Helden dienen.

> an ihrem Metier Spitzen klöpfelte, sie aber, ein saubergebundenes Buch im Taschenformat in der Hand, im mußlinenen Negligee nachlässig bei ihm hingegossen, wie sie verwundernd aufstand, ihn gleichgültig über und über, vom Haupt bis zu Füßen beschaute und seinen ehrerbietigen Bückling mit einem so schnell gezogenen Knicks, als ob er ihr schon leid täte, eh er geendigt war, und den kurzen Worten beantwortete: Was wär' Ihnen lieb, mein Herr? -
> Erschrak er fast sehr darob und seine Mienen sanken zu Boden. Mademoiselle! sagte er, oder vielmehr er glaubte es zu sagen, denn in der Tat verging ihm alle Besinnung. (419 f.)

Zunächst baut der Erzähler eine Gemeinsamkeit zwischen Mannheim und dem Leser auf, hebt dann aber Mannheims Eigenwilligkeit hervor: Über mehrere Jahre hinweg hat er sich nicht um Luzilla gekümmert, erwartet aber im Moment seiner Rückkehr die Erwiderung seiner Liebe. Diese auf sich selbst konzentrierte Haltung Mannheims vernichtet jede mögliche aufkommende Sympathie.

Aber auch Mannheim wird enttäuscht. Die Ohnmacht erinnert an Dr. Primrose,[182] sie ist außerdem komisches Attribut, das die Inkongruenz der Figur aufzeigt, die einerseits als emotional labil, anderseits als erfolgreicher Geschäftsmann dargestellt wird. Die Sicherheit, mit der er die Erwiderung seiner Gefühle erwartet, verrät den Unerfahrenen, entsprechend groß ist schließlich auch die Enttäuschung, die durch die sprachliche Gestaltung deutlich wird. Der oben zitierte, mit „Als er zu Jungfer Susanna Luzilla Bulac in die Stube trat [...]" beginnende zweite Satz im zweiten Absatz wird vom Erzähler unterbrochen, die Beschreibung der Reaktion Mannheims bis in den nächsten Absatz verschoben und somit verdeutlicht, dass Mannheim verwirrt ist. Der Leser verliert über diesen langen Satz hin fast den Anschluss – und ist damit in einer Situation, die der Mannheims ähnlich ist.

Mannheim vergeht also „alle Besinnung"; der Erzähler fährt, nachdem er die Spannung aufgebaut hat, ohne Überleitung mit einem Rückblick im gleichen Absatz fort: „Er hatte sich, als er die Zinnen der Stadt wieder zu Gesicht bekam, vorgenommen, eine der entzückendsten Rollen seines Lebens zu spielen." (420) Die Erzählung wird durch einen Einschub unterbrochen, in dem der Erzähler Mannheims Vorstellung von seiner Rückkunft beschreibt. Mannheim wird als ein Träumer beschrieben, der seine Verlobte beeindrucken will, die Erwartung (Mannheim ist alle Besinnung vergangen, wie geht es nun weiter?) des Lesers wird zurückgestellt.

Die Enttäuschung Mannheims lässt ihn die Besinnung verlieren; die sprachliche Gestaltung deutet dies an:

> Das Gespenst da, das häßliche Gespenst in dem runden, gepuderten Haar, mit seidenem Mantel an ihrem Metier – wo sein Beutel geklöpfelt war - -
> Ich muß meinen Lesern diese Erscheinung erklären. (420)

---

[182] Gibbons, *Adaption*, S. 221, deutet diese Textstelle im Kontext der Kritik am Gefühlskult: „In what amounts to a pastiche of sentimental literature, the cult of feeling is ridiculed, with a sense of bathos that is more than palpable." Cf. auch Didicher, die auf das weibliche Verhalten des Dr. Primrose hinweist.

5.3.1 Der Erzähler

Der Erzähler unterbricht wieder die angespannte Situation, um das Gespenst als jungen Stadtpfarrer und Bräutigam Luzillas vorzustellen und einen Blick auf Luzillas Vorgeschichte zu werfen. Während der Stadtpfarrer „ungestört am Metier sitzen" bleibt, wird Mannheim gekränkt:

> Johannes Mannheim schaute auf, stotterte, errötete: Ich komme, um Ihnen viele Grüße – von einem gewissen Herrn Mannheim zu bringen.
>
> Mein Herr, Sie sind gewiß unrecht, ich kenne so keinen Namen-
>
> So keinen Namen? wiederholte Mannheim mit einem Ton, in welchen er alles legte, was seiner Imagination jemals von dem Ton der alten Redner in ihren Schranken, oder vor der Armee vorgeklungen sein mochte.
>
> [...]
>
> Johannes sah fest auf den Boden und fort. - Er kam zu seinem Vater. - Schon eh' er ausreiste, hatte er so viele Theologie mitgenommen, daß er sich zur Not hätte können examinieren lassen. (421 f.)

Die Bindestriche weisen auf Mannheims Kränkung hin. Die Darstellung dieser Entwicklung wird unterbrochen durch die Kommentare des Erzählers und gipfelt in der Überwindung des Konflikts zwischen Vater und Sohn: Mannheim kehrt zu seinem Vater zurück und kann die für ihn vorgesehene und von ihm auch gewünschte Rolle übernehmen.[183] Der Erzähler variiert die Distanz zwischen Leser und Johannes Mannheim, er baut eine Identifikationsbasis auf, die er wiederholt zerstört. Die emotionale Entwicklung bleibt ausgespart.[184] Stottern und Erröten in der oben erwähnten Szene lassen Mannheim „menschlich und gefühlvoll" erscheinen, allerdings verliert der „Vernunftmensch" Mannheim nie seine Souveränität, wie seine rhetorisch überlegte Antwort schon andeutet.[185] Das Primat der Vernunft[186] in den Handlungen Mannheims kann kaum bestritten werden, schon von Kindheit an ist er bestrebt, einem „inneren Plan" zu folgen.[187] Die Unterdrückung der Gedanken an Luzilla während seiner Reise lässt die Entwicklung der emotionalen Seite nicht zu. Die bisher unterdrückte Phantasie erweist sich dabei als hinderlich, denn konfrontiert mit der Realität muss Mannheim erkennen, dass diese nicht in seine kindliche, eben vernachlässigte Emotionalität einzubinden ist. Diesen einzig noch offenen, weil bisher ausgesparten Bereich seiner Bildung kann Mannheim aber auch in der Begegnung mit Luzilla und dem Stadtpfarrer nicht nachholen. Zwar kann er eine Stelle als Landprediger antreten, aber die spätere Werbung um Albertine lässt die Vernachlässigung seiner Emotionalität nur zu deutlich werden.

---

[183] Cf. hierzu auch die Biographie, die neben Schöne auch Pautler berücksichtigt.
[184] Gibbons, *Adaption*, S. 221.
[185] Maaß, *Erzählungen*, S. 118.
[186] Winter, *Erinnerungstext*, S. 118, über den Landprediger Johannes Mannheim: „Sein Medium der Repräsentation und Selbstpräsentation war der vernünftige Diskurs."
[187] Cf. auch Maaß, *Erzählungen*.

Wichtiger aber als die fehlende emotionale Entwicklung Mannheims, die eine Beschreibung romantischer Szenen erschwert oder unmöglich macht, ist die Erzählsituation. Der Erzähler baut Spannung auf, die er durch Kommentare immer wieder zerstört.

Während der Erzähler dem Leser gegenüber als kompetenter Vermittler auftritt und durch die Schaffung einer Basis der Identifikation den Leser für sich und seine Bewertungen einnehmen will, diese Identifikation vor dem Hintergrund einer kritischen Lesart aber immer wieder zerstört, scheint er Mannheim gegenüber eine übergeordnete Position zu beanspruchen, wie ironische Wendungen andeuten:„unser kleine[r] Altkluge[r]; unsers Dogmatikers; unsers Lieblings;". (415) Neben dem Erzähler aber darf niemand den Helden denunzieren, und so gibt es im Leben des Landpredigers Johannes Mannheim auch keine Misserfolge.[188] In diesem Sinne erwähnt der Erzähler die Enttäuschung Mannheims durch Luzilla erst nach der Beschreibung der Erfolge, obwohl sie den Erfolgen vorausgeht und diese bewirkt hat, und täuscht damit über das Ausmaß der Kränkung hinweg: der Misserfolg in Mannheims Werbung wird durch die vorweggenommene Kompensation gemildert, so dass Mannheim als erfolgreich dargestellt wird.[189]

Im Anschluss an die Enttäuschung „kam [er] zu seinem Vater", erhält eine Stelle als Landprediger in seiner Heimat und vergräbt sich in Arbeit. Nach seinem individuellen Bildungsgang[190] kehrt Mannheim zu alten Werten zurück, die er aber neu belebt, wie die Ausführungen zu seiner Tätigkeit als Landprediger belegen. Die enttäuschte Liebe hat für Mannheim Folgen: „Über seiner rastlosen Tätigkeit hatte er den letzten Eindruck der Treulosen vergessen, die ihn, die Wahrheit zu sagen, durch eine Art Verzweiflung gespornt hatte, sich über ihre kränkende Geringschätzung hinauszusetzen." (425)

Der Erzähler schließt also an die Luzilla-Episode die Erfolgsberichte über den Landprediger Mannheim an. Wie schon bei der Beschreibung des „Gespenstes", so wechselt der Erzähler auch bei der Erzählung zur Amtsübernahme fast unmerklich die Erzählperspektive, indem er die Mannheims einnimmt bzw. mit Mannheims Ansichten übereinstimmt und auf diese Weise wiederum die Identifizierung erleichtert:

> Sehr wohl konnte er also für seine Person zu gewissen festgesetzten Lehren schwören, ohne welche keine äußerliche Kirche bestehen kann, und zu denen jeder den Schlüssel in seinem Herzen hat. Denn, im Grunde, was sind Lehren anders, als Vorstellungsarten, und welcher Eid kann diese binden, welcher Eid mich zwingen, Licht zu sehen, wenn ich im dunklen Zimmer stehe, oder umgekehrt. (422)

---

188 Cf. Müller, *Wunschwelt*, S. 152.
189 Diese Erzähltechnik erinnert an das von Oliver Goldsmith verwendete Kontrastprinzip, allerdings wird dort das Pathos durch den Kontrast zwischen fröhlichen Szenen und traurigen Ereignissen erhöht, während in der vorliegenden Erzählung ein negativer Eindruck kompensiert werden soll.
190 Zur Bildung s. auch Stötzer, *Pathos*, S. 145 ff.

Das reflexive Pronomen „mich" deutet auf eine Identität der Gedanken des Erzählers mit denen Mannheims hin, jedenfalls im Hinblick auf die Beurteilung des symbolischen Eides.

Stötzer deutet Identifikationen des Erzählers mit den Figuren als Ironie: „Die Haltung des Erzählers zu den Handlungscharakteren ist von Ironie getragen, die partielle Identifikation aber nicht ausschließt."[191] Einerseits weist Stötzer auf die Abgrenzung des Erzählers von den Figuren hin, andererseits weist er auf die „partielle Identifikation" hin, ohne hierzu aber nähere Ausführungen zu machen.

Der Autor Lenz hat die größere Nähe zum Geschilderten durch erlebte Rede evoziert.[192] Diese beständig angestrebte Identifizierung des Lesers mit Mannheim wird durch die Präsenz des Erzählers erschwert, wobei sich der Erzähler immer an den Stellen einschaltet, die ein hohes Maß an Emotionen verraten. Mit Blick auf die Brautwerbung Mannheims und seinen Zustand, den der Erzähler „dem menschenfreundlichen Leser" (427) sich vorzustellen überlässt, formuliert Pautler:

> Wenn der Erzähler seinen Lesern Freiheit in der Figurenbewertung läßt, so nicht deshalb, um ihnen eine alternative Auslegungsmöglichkeit zuzugestehen, sondern lediglich, um die Nähe der geschilderten Erlebnisse und ausgebreiteten Gefühlswelt der Personen zur Erfahrungswelt des Lesers zu betonen.[193]

Tatsächlich aber vermeidet der Erzähler die Beschreibung der für einen Liebesroman typischen Szenen, so bei der Brautwerbung oder der Beschreibung der Hochzeitsfeier, oder aber er unterbricht den Erzählvorgang oft, um Kleinigkeiten oder an anderer Stelle erwähnenswerte Einzelheiten zu präsentieren, wodurch die Leser wiederum enttäuscht werden. Die Erwartungshaltung, eine *Beschreibung* „romantischer" Szenen zu finden, wird in keinem Falle erfüllt. Indem also der Text nicht die erwarteten Handlungen, Gefühle und Abenteuer beschreibt, entzieht er sich den potenziellen Erwartungshaltungen der Leser, die er auf eigene Gefühle verweist.[194]

Lenz arbeitet mit offenen oder unvollständigen Sätzen besonders bei der Beschreibung affektiver Szenen:

> [...] er traf also insgeheim Verfügungen, und eben als er an einem Nachmittage seiner Frau, die einen Augenblick in den Garten gegangen war, ihren Salat zu besehen, ein Briefchen aus ihrem offenen Schreibpult stahl, in dem sie mit folgenden Worten ihr Herz gegen eine Freundin erleichtert: [...] (437)

Diesem Satz folgen ein Zitat aus Albertines Brief an Liesgen und deren in schnellem Erzähltempo geschilderte Ankunft, so dass es fast unbemerkt bleibt,

---

191 Stötzer, *Pathos*, S. 144, cf. auch S. 139.
192 Cf. auch Stötzer, *Pathos*, S. 139, zu Nähe und Distanz des Erzählers zu den Figuren.
193 Pautler, *Weltdeutung*, S. 451.
194 Cf. auch Gibbons, *Adaption*, S. 223: „The trappings of happy engagements and romantic weddings are conspicuous by their absence. It is the return to Großendingen and marital life there that will form the focus of the narrative, not the description of a fairy tale wedding, in a divergence from the romance form [...]."

dass der Hauptsatz unvollständig ist. Das zunehmende Erzähltempo täuscht über die Unvollständigkeit hinweg, die durch die Formulierung „und eben" aufgebaute Spannung bleibt über mehrere Zeilen bestehen, ohne aufgelöst zu werden. Dem Leser wird die eigene Flüchtigkeit beim Lesen affektgeladener Texte direkt vor Augen geführt. Bisher ist die unzureichende Satzgestaltung in der Prosa Lenz' nicht thematisiert worden. Die teilweise affektgeladene sprachliche Gestaltung verdeckt Fehler des Erzählers, und die Beschreibung emotionaler Situationen oder typischer Topoi überlässt er den Vorstellungen der Leser. Die Reflexion des Leseverhaltens und der Wiederholung des ewig Gleichen[195] dient dem Erzähler als Medium der Kritik sowohl an Lesern als auch an Autoren, die an anderer Stelle nochmals Gegenstand der Kritik werden. (443) Der vorletzte Satz der Erzählung, Mannheims Aufzählung im Anhang, ist ebenfalls unvollständig. (462 f.).

Der Erzähler widerspricht sich auch wörtlich, nicht allein durch eine komplexe Erzählstrategie: Mannheim hat angeblich versehentlich einen Brief an Albertine geöffnet. Der Erzähler kommentiert diesen Vorgang wie zum Schutze Mannheims vor falschen Unterstellungen:

> Er hatte ihn gerade an seine Heva gerichtet, und, da Mannheim in der Geschwindigkeit nicht nach der Aufschrift sah (denn er pflegte niemals Briefe an seine Frau aufzumachen), fiel ihm dieser Schlangenkopf gerade in die Augen, als er seinem Weibe den giftigen Apfel reichte. (448 f.)

Wenige Seiten (s.o.) zuvor hat der Erzähler berichtet, dass Mannheim einen Brief seiner Frau an deren Freundin aus ihrem Schreibtisch „stahl". (437) Subtil an diesem Zitat und dem Klammerzusatz: Der Erzähler *lügt* nicht, denn er sagt ja nur, dass Mannheim Briefe *an* seine Frau nicht öffnet, dies hier war ein Versehen, der aus dem Pult gestohlene Brief war ein von Albertine an die Freundin geschriebener. Der Vorgang des Stehlens scheint moralisch legitimiert, da Mannheim einem Bedürfnis seiner Frau zuvorkommen will, während das obige Zitat auf Mannheims *Versehen* hindeutet, dem sich eine Katastrophe anschließt. Entscheidend ist, dass der Leser aufgrund dieser Erzählstrategie Mannheim die Verletzung des Briefgeheimnisses zutraut, das Versehen kann damit auch eine vom Erzähler gedeckte Absicht des Ehemannes sein. Der Leser bleibt über die wahren Umstände im Unklaren.

Wenn der Erzähler aus Mannheims Gedanken zitiert und die Leser im Anschluss daran auf diesen Umstand aufmerksam macht, dann lenkt er die Leser auf die Frage nach der Kenntnis dieser Gedanken:

> „Der Nutzen müßte noch weit größer sein, weil dergleichen Bücher in weit mehrere Hände kommen, weit begieriger gelesen werden, wenn es dem Verfasser an Witz nicht mangelt und –"

---

[195] Mannheim äußert sich über Albertines Gedicht auf den Morgen: „Ich will' s behalten, sagte er; aber da, da und da, hast du dieselben Gedanken wieder gebraucht, die im ersten waren, nur unter einem andern Kleide und du merkst wohl, daß das bei weitem nicht so herzlich ist. - (448).

5.3.1 Der Erzähler

> Wir setzen mit Fleiß diese lange Stelle aus dem Selbstgespräch des ehrwürdigen Johannes Mannheim her, um unsern Lesern ein Pröbchen, wie weit in so kurzer Zeit durch einige Zeilen nur, die verborgene Radix Ruhmsucht in diesem gesunden Herzen aufgegäret war und sich seinen edelsten Säften mitgeteilt hatte. (443 f.)

Mannheims Gedanken über den Nutzen unterhaltsam-didaktischer Bücher unterbricht der Erzähler mitten im Satz und thematisiert die Erzählsituation, um eine Begründung für dieses Zitat zu liefern, allerdings in einem unvollständigen Satz, da das Prädikat zum „Pröbchen" fehlt.[196] Ob Lenz das Verb nur vergessen hat, kann nicht entschieden werden, problematisch ist allerdings die vermeintliche Allwissenheit des Erzählers, so dass sich die Frage nach der Vermittlerfigur stellt, die das Selbstgespräch belauscht haben soll und dem Erzähler mitgeteilt hat. Der Ich-Erzähler berichtet über Einzelheiten, die ihm nicht bekannt sein können, wenn die Herkunft seiner Quelle authentisch und er selbst zuverlässig ist.[197] Die vermeintliche Allwissenheit des Erzählers wird mit seiner vermeintlichen Unwissenheit kontrastiert, die den Leser verunsichert. Die Kenntnis innerer Vorgänge bei gleichzeitiger Beschränkung auf eine nicht allwissende Quelle und der Hinweis auf die Verschwiegenheit des Helden auch dem Sohn gegenüber lassen Zweifel an der Glaubwürdigkeit des Erzählers, seiner Quelle und damit der mehrfach beschworenen Authentizität bzw. Wahrhaftigkeit aufkommen. Auch Aussagen über Figuren, die der Erzähler nicht näher kennt, sind mit Skepsis zu lesen. Seine Erzählung wird durch dieses vermeintliche Wissen zu einem literarischen Produkt. Die oben zitierte Unterbrechung des Gedankenflusses weist damit nicht nur inhaltlich auf die Lesesituation hin, indem der Erzähler diese thematisiert, sondern auch erzähltechnisch durch die Unvollständigkeit der Sätze und mangelnde Logik.

Widersprüche werden auch sichtbar am Beispiel der literarischen Ambitionen Mannheims, die Quelle ironischer Anspielungen des Erzählers sind:[198]

> Wenn's auch nur eine Heilsordnung wäre, sagte er sich manchesmal. Denn zu Rezensionen fühlte er gleich von Anfang an die größte Abneigung. Sein Urteil andern Menschen aufbinden zu wollen, war nie sein Fall gewesen. Und der Stolz, der sich da hineinmischt, war ihm eine peinlichere Empfindung als die größte Demütigung, die er hätte erleiden müssen. Ein solcher Mensch, sprach er zu sich selbst, macht, wenn andere und besonders vernünftige und gescheute Leute seinem Urteil nicht beipflichten, sein Leben zur Hölle und umsonst hat der Mund der Wahrheit nicht gesagt: Richtet nicht, daß ihr auch nicht gerichtet werdet.
>
> Aber die Autorschaft – andern Leuten Brillen zu schleifen, wodurch sie sehen können, ohne welche ihnen tausend Sachen verborgen blieben. – Es ist doch groß das, meinte er. (443)

In der Absicht, Mannheims Bescheidenheit hervorzuheben, zitiert der Erzähler aus Mannheims Gedanken, widerspricht damit aber einer anderen Aussage, denn

---

196 In keiner der vorliegenden Auflagen ist das Prädikat ergänzt worden, obwohl einige kleinere Änderungen die verschiedenen Auflagen kennzeichnen.
197 Cf. Stötzer, *Pathos*, S. 138 zum auktorialen Erzähler. Auch Winter hat festgestellt, dass der Erzähler allwissend ist und „partiell neu erfindet", *Erinnerungstext*, S. 115 f. bzw. 112.
198 Cf. auch Stötzer, *Pathos*, S. 139.

Mannheims „Genie, das nie rastete, teilte sich nach einigem Widerstande allen mit", wie der Erzähler schon im ersten Teil Mannheim charakterisiert hat. (424)

Der Erzähler stellt sich über den Landgeistlichen, indem er „mit Fleiß diese lange Stelle aus dem Selbstgespräch des ehrwürdigen Johannes Mannheim" (444) zitiert, in der sich Mannheim Gedanken über die Wirksamkeit der Literatur im Gegensatz zu Predigten macht.[199] Die Ironie des Erzählers gilt dabei der Annahme Mannheims, durch Literatur pädagogisch wirken zu können, ohne Ahnung von den Themen, über die er schreiben will, zu haben. Die Kritik am Medium Literatur manifestiert sich auch in der Ironie, auf die natürlich der Ort der Handlung – „Großendingen" – hinweist.[200]

5.3.2 Die Erzähltechnik

Auf die ironische Gestaltung des Textes ist in der Forschung mehrfach eingegangen worden.[201] Johannes Mannheim erzielt schnell nachhaltige Erfolge, seine Ehe scheint glücklich, er wird geehrt wie ein König (424), sein Sohn wächst zu einem noch erfolgreicheren Mann heran. Literarische Ambitionen befriedigt Mannheim mit dem Verfassen von Traktaten, und in Aufführungen, die Mannheim und seine Freunde geben, spiegelt sich der kritische Umgang mit zeitgenössischer Literatur. Mannheims Einfluss auf die Gesellschaft ist enorm: Der Erzähler vergleicht das Pfarrhaus mit einer Akademie; Mannheim versteht es, sich der Verpflichtung der ihn besuchenden jungen Männer zu vergewissern und so seinen Einflussbereich auszudehnen.

Pautler beschränkt die Ironie auf den ersten Teil und stellt fest: „Im Gegensatz zu dem rhetorischen Pathos des Erzählers in den Passagen, in denen das Mannheimsche Reformprogramm vorgestellt wird, herrscht am Erzählanfang eine mehr distanzierte, zum Teil ironische Erzählhaltung vor."[202] Besonders deutlich ist dies in der auf Situationskomik angelegten Luzilla-Szene, „in der Mannheim als etwas tölpelhafter Verehrer auftritt".[203] Hier wird „eine zwar teilnehmende, aber doch auf Überlegenheit zielende Leserhaltung aufgebaut."[204] Diese wird aber wieder aufgegeben „zugunsten einer passiven, auf bloße Rezeption der Vorbildlichkeit Mannheims gerichtete[n] Lesererwartung, in der

---

[199] Schöne, *Säkularisation*, S. 15. Dedert, *Erzählung*, S. 79: „Seine Reflexion über die Entwicklung der von Theologen getragenen Literaturproduktion im 18. Jahrhundert registriert dabei exakt den Säkularisationsprozeß, den Schöffler 150 Jahre später (für England) nachgewiesen hat." Pautler, *Weltdeutung*, S. 441.
[200] Pautler, *Weltdeutung*, S. 451, weist darauf hin, dass schon der Erzählanfang gekennzeichnet ist durch eine „mehr distanzierte, zum Teil ironische Erzählhaltung".
[201] Cf. u.a. Gibbons, *Adaption*.
[202] Pautler, *Weltdeutung*, S. 451, zum Beispiel in den Bezeichnungen „unser kleiner Altkluge".
[203] Pautler, *Weltdeutung*, S. 451.
[204] Pautler, *Weltdeutung*, S. 451 f.

sich der Leser in der Rolle des zu Belehrenden findet".[205] Gleichzeitig wird „im ersten Teil der Erzählung der empfindsame Ton, wie er in den Passagen vorherrscht, in denen das familiäre Glück Mannheims beschrieben wird, als unangemessen kritisiert."[206] Das gilt für den Spannungsaufbau in der Luzilla-Szene, wenn nämlich der Erzähler Luzillas Französischunterricht erwähnt, und für die vom Amtmann erwähnten „Affengesichter"; (428) auf diese Weise wird verhindert, „daß beim Leser eine unreflektierte Rührung aufgebaut wird. [...]"[207]

Ihren Höhepunkt erreicht die Ironie mit der Beschreibung der Erkrankung Mannheims im Hause des Amtmannes: Dedert hat auch die sprachliche Gestaltung dieser Szene analysiert.[208]

Die Ironie deckt die Schwächen Mannheims auf; im Sinne der Lenzschen Idee von Bildung überwindet Mannheim diese aber und kann so *vernünftig* argumentieren und arbeiten. Mannheim kann seine Erfahrungen reflektiert verarbeiten und so zum allseits geachteten Pfarrer Mannheim werden – aber auch hier übertreibt er wieder. Keineswegs wird der Leser mit der „Vorbildlichkeit Mannheims"[209] konfrontiert. Das Verhältnis des Erzählers zu Mannheim ist durch Ironie gezeichnet, die im letzten Satz des zweiten Teils nochmals deutlich wird:

> Die nachgelassenen Schriften seines Vaters und einige herzliche Gedichte der Mutter, die er zu diesem Ende unter den Papieren seines Vaters mit großer Sorgfalt aufgehoben fand, ließ er, mit ihren Bildnissen geziert, und mit einer Lebensbeschreibung, auf die er einen ganzen Sommer, den er sich von seinem Landesherrn ausgebeten, um den Brunnen zu trinken, verwendet hat, und aus welcher diese kurze Erzählung zusammengezogen ist, zu Amsterdam in zwei Bänden groß 8vo mit saubern Lettern auf schönem Papier drucken, und so endigte sich die Geschichte des Lebens und der Taten Johannes Mannheim, Pfarrers von Großendingen. (456)

Die *Lebensbeschreibung* findet damit ihr Ende – nicht aber die *Erzählung*, da diesem „Ende" noch der Anhang folgt. Die Figur des Erzählers ist komplex, ebenso sein Verhältnis zur Hauptfigur – und das zum Leser. Stötzer hat dieses Verhältnis zwischen Erzähler und Leser beschrieben:

> Ausgehend von einer überschauenden, Wertungsmöglichkeiten einschließenden Position, übernimmt es der Erzähler, das Leseverhalten bewußt zu steuern. Er ordnet den Stoff der Lebensgeschichte scheinbar im Interesse des Lesers, mit dem er sich wiederholt in Beziehung setzt, wobei allwissende Überlegenheit und gleichberechtigtes Partnerschaftsverhältnis abwechselt [sic]. Die Allwissenheit manifestiert sich am auffälligsten in den Erzählerkommentaren, in denen notwendige Informationen nachgereicht bzw. ergänzt werden, zum Beispiel „muß ich den Ausdruck *Amanuensis* erklären" [...]; „(i)ch muß meinen Lesern diese Erscheinung erklären" [...]. Demgegenüber steht das Bemühen, die scheinbar ähnliche Perspektive von Erzähler und Publikum/Leser hervorzuheben – „unser kleiner Altkluge" [...]; „überlasse ich den teilnehmenden Herzen meiner Leser und Leserinnen" [...]. Den Ich-Erzähler zeichnet aus, daß er Handlungen und Äußerungen von Charakteren der Erzählung aufgreift und in

---

205 Pautler, *Weltdeutung*, S. 452.
206 Pautler, *Weltdeutung*, S. 452.
207 Pautler, *Weltdeutung*, S. 452. Cf. auch S. 151 dieser Arbeit.
208 Dedert, *Erzählung*, S. 92 f.
209 Pautler, *Weltdeutung*, S. 452.

leicht veränderter Gestalt und mit ironischer Modifizierung des ursprünglichen Sinnes reproduziert.[210]

Der Begriff *Amanuensis* bürgt für die Authentizität des Erzählten; als Terminus aus dem Umfeld des studentischen Lebens suggeriert die Verwendung durch den Erzähler dessen Vertrautheit mit dem Universitätsleben und stellt somit die Kompetenz des Erzähler unter Beweis. Diese Kompetenz fragwürdig, denn mehrfach macht Erzähler Fehler. Die „scheinbar ähnliche Perspektive" von Erzähler und Rezipient nutzt der Erzähler nicht nur, um sich mit dem Leser auf eine Stufe zu stellen. Die Bezeichnung „unser kleine[r] Altkluge[r]" dient einerseits, wie auch Stötzer erkannt hat, der Schaffung einer gemeinsamen Basis, sie ist andererseits auch als Versuch zu werten, sich den Lesern als authentischer Berichterstatter zu präsentieren.[211] Gleichzeitig ist die Formulierung ironisch zu verstehen.[212]

Die „scheinbar ähnliche Perspektive" von Erzähler und Rezipient nutzt der Erzähler auch im Sinne einer Verweigerungshaltung. Indem nämlich der Erzähler den Leser auf dessen Leseerfahrungen verweist, verweigert er den Akt des Erzählens und verdeutlicht die Austauschbarkeit und Reproduzierbarkeit abgedroschener Textstellen. Auch diese subtile Polemik findet sich schon in Goldsmiths Roman. Gibbons hat auf den antisentimentalen Zug hingewiesen:

> If there is any cue for Lenz to take from Goldsmith it is not that of replicating a simple rural idyll, but rather it is of weaving a complex, ambiguous and ironic plot in which is quite nothing as it seems. Lenz too plays with the cult of sentimentalism, such a central concern of the *Sturm und Drang*.[213]

Das Eheleben der Familie Mannheim findet nicht in einer Idylle statt, es wird durch die Kaffee-Szene und die „Gardinenpredigt" immer stärker desavouiert.[214]

Der Hinweis auf das Herz der Leser zielt auf deren Erwartung, ihre Erfahrungen mit entsprechenden Texten. Indem der Erzähler offen zur

---

210 Stötzer, *Pathos*, S. 138 f.
211 Wie oben ja auch die Erläuterung des Begriffs *Amanuensis* als geplantes Vorgehen des Erzählers beschrieben worden ist.
212 Cf. Pautler, *Weltdeutung*, S. 451. Mannheim ist nach seiner Ausbildung in der Lage, souverän zwischen Tradition und modernen Entwicklungen zu unterscheiden und einen eigenen Weg zu gehen, mit dem der Erzähler wenigstens teilweise übereinstimmt. Bisher hatte der Erzähler neben dem Namen (Vor- oder Nachname oder auch beide) Bezeichnungen wie „des kleinen Johannes", „unser kleine[r] Altkluge[r]", „unsers Lieblings", „unsers Dogmatikers" (415), „unsern Johannes" (416) angewendet. Nach der Übernahme des Amtes wählt der Erzähler häufiger als den Namen (z.B. S. 427 im Zusammenhang mit der Liebesszene im Hause des Amtmanns: „des armen Johannes") Bezeichnungen wie „der Pfarrer" oder „Pfarrer Mannheim"(cf. u.a. 424, 432 f.). Nach wie vor aber verwendet er das Possessivpronomen „unser". Auch hier also zeigt sich das ambivalente Verhältnis des Erzählers Mannheim gegenüber. Gleichzeitig stellt sich der Erzähler aber mit dem Leser auf eine Stufe. Stötzer, *Pathos*, S. 138 f., weist darauf hin, dass das Verhältnis wechselhaft sei.
213 Gibbons, *Adaption*, S. 215 und S. 220: „In addition to its autobiographical elements the text also takes a critical stance towards other literature of the period and, like *The Vicar of Wakefield*, it can be taken as a parody of sentimentalism."
214 Gibbons, *Adaption*, S. 223.

Ausmalung der Situation auffordert (statt selbst zu beschreiben), verweigert er sich dieser Aufgabe:

> Ihn mit dem offenen Briefe in der Hand die Treppe hinunterstürzen, sie mit ihrem lieben Liesgen an der Hand, als ob es von ungefähr geschehen, ihm entgegen fliegen – und hernach aus diesem süßen Traum mit der Empfindung aufwachen zu sehen, daß er ihr von ihrem Mannheim zu rechter Zeit geschickt war – überlasse ich dem teilnehmenden Herzen meiner Leser und Leserinnen sich selber abzuschildern. (437)

Der Erzähler hat eine klare Vorstellung von dem, was er den Leserinnen und Lesern vermitteln möchte, er verzichtet aber auf die Poetisierung des Vorgangs; als Erzähler weiß er, dass er mit dieser Aufforderung sein Publikum nicht überfordert.

Mannheims Erschütterung (gibt es einen anderen Mann im Leben der Angebeteten?) ist Ursache seiner Erkrankung im Hause des Amtmannes. Der Erzähler weist den Leser in die Situation ein, ein kurzer Dialog und ein Bindestrich verstärken die Unmittelbarkeit der Szene, die Spannung wird gesteigert – der Erzähler aber verweist den Leser auf eigene Erfahrungen und entzieht sich somit der Ausführung dieser emotionalen Anspannung. (427)

Schon bei anderen Gelegenheiten, nämlich bei der Brautwerbung und am Ende des ersten Teils, hat er sich dieser Erzählstrategie bedient: Nach der Erkrankung Mannheims und dem väterlichen Forschen fährt der Erzähler fort: „Man erlasse mir die Beschreibung der Hochzeit. Mit meiner Leser Erlaubnis wollen wir uns in die Tür des Pfarrhofes stellen und unser junges Paar bei seinem Einzug bewillkommen." (429) Der Erzähler enttäuscht den Leser mehrfach, indem er die erwartete „romantische" Beschreibung nicht liefert. Der enttäuschte Leser wird, wenigstens im vorliegenden Falle, entschädigt, da der Erzähler durch den Vorschlag, sich gemeinsam in die Tür zu stellen, unmittelbares Erleben suggeriert. Dabei wird dem Leser die Möglichkeit der Einflussnahme offeriert: „Mit meiner Leser Erlaubnis" setzt deren Einverständnis voraus und zielt somit auf eine Identifikation zwischen Leser und Erzähler.

Tatsächlich aber beginnt der zweite Teil, ursprünglich einen Monat später veröffentlicht, nicht in der Pfarrhaustür, sondern mit Mannheims und Albertines Abreise aus ihrem Elternhaus. Bemerkenswert ist die Formulierung, „sie wolle sich einmal recht satt weinen." (429) Die Abreise scheint hier nur Vorwand für den Tränenfluss, mit dem sich Albertine schon „von ihrer frühesten Jugend an Luft zu machen pflegte." (429) Statt nun eine glückliche Braut zu beschreiben, greift Lenz auf die Tränenseligkeit zurück und setzt damit einen zwar bekannten, an dieser Stelle aber unpassenden Topos ein.[215]

---

[215] Gibbons, *Adaption*, S. 223 ff. sieht einen zunehmend bitter – ironischen Ton im 2. Teil.

Dem Anspruch, Leser zur Reflexion anhalten zu wollen, entspricht der Erzähler, indem er mit den Lesererwartungen spielt; schon Wurst hat dies erkannt:

> Durch weitere Verweisungsstrategien dieser Art (zum Beispiel den spielerisch-montierenden Umgang mit den verschiedenen Romanformen in dieser kurzen Erzählung, die ungleichmäßige und obendrein scheinbar willkürliche Betonung einiger Episoden aus dem Leben dreier Generationen, die an sich kaum als zentral zu bezeichnen sind) fordert der Autor den Rezipienten zur Dekonstruktion seines Textes auf, indem er den Zweifel an der „Ernsthaftigkeit" seines Entwurfs mit in den Text einbaut.[216]

Schon der Titel hat die Leser des 18. Jahrhunderts an den Roman über den englischen Landprediger Dr. Primrose erinnert. Die Erwartung, auch mit Johannes Mannheim einen kauzigen Sonderling als Helden vorzufinden, wird aber enttäuscht, der Text entzieht sich mehrfach den Erwartungen.

Gibbons antisentimentale Deutung wird bestätigt durch die Feststellung, dass schon Oliver Goldsmith diese antiromantische Erzähltechnik verwendet hat, nämlich die Vermeidung romantischer Topoi. Ähnlich wie Goldsmith spielt auch Lenz mit den Lesererwartungen, indem er diese explizit aufruft („Hochzeit", „Brautwerbung") und diese dann nicht oder in einer anderen als der erwarteten Form beschreibt. Wie schon die Verwendung der Topoi, so stehen auch die Figur des Erzählers und die Erzähltechnik im Dienste einer *didaktischen* Literatur: Der Text spielt mit dem Leser und dessen Erwartungen, um auf diese Weise Folgen unreflektierten Lesens sentimentaler Dichtung aufzuzeigen.

5.4 Korrelation von Form und Inhalt

Vor allem in der neueren Forschung,[217] in wichtigen Ansätzen schon bei Wurst und Madland, ist die Erzähltechnik ausführlicher analysiert worden. Distanzierung des Lesers durch den Erzähler, Ironie, Anlehnungen an Goldsmiths Roman und das Spiel mit der Form werden in diesen Arbeiten als wesentliche Techniken oder als deren Ergebnisse dargestellt.[218] Fiktive, erzählende, von Abenteuern und Romanzen handelnde Literatur kann, so suggeriert die Erzählung, gefährlich sein: Sowohl inhaltlich als auch durch narrative Technik und formale Gestaltung legt der Text den Lesern reflektiertes

---

216 Cf. auch Wurst, *Erzählstrategien*. S. 41.
217 Winter und Gibbons.
218 Gibbons, *Adaption*: Der Text sei ironisch gestaltet, Ähnlichkeiten mit dem Roman *The Vicar of Wakefield* seien durch den komplexen Plot, Ironie und auch die Schlussszene gegeben: Parodie des Sentimentalen. Bei Lenz nehme der schwarze Ton gegen Ende hin zu, es gebe keine Rückkehr zur Idylle wie im *Vicar*, Mannheims Projekte würden als Schwindel entlarvt, der in den Feierlichkeiten Perversion erreiche (Zuschauer vs. Schäferinnen). Lenz zeige auch Ironie auf eigenen Idealismus. Insgesamt handele es sich um eine Grabrede auf das eigene Schreiben.

Lesen nahe.[219] Durch den Erzählvorgang wird der Text realisiert, die Erzählstruktur mit ihren Einschränkungen relativiert ihn.

5.4.1 Die Schäferspiele

Eine besondere Stellung innerhalb der Erzählung nehmen die vom Sohn veranstalteten Trauerfeierlichkeiten ein. Nach der Beschreibung des Mannheimschen Lebensweges wendet sich der Erzähler dem Leben des Sohnes zu, der Übergang fällt dabei besonders durch die Unmittelbarkeit auf. Der Aufzählung der von der Mannheimschen Gesellschaft rezipierten Werke und parodierten Stücke folgt im nächsten Absatz die Hinwendung zum Leben des „Söhngen". (451) Der durch den unmittelbaren Wechsel irritierte Leser wird mit der rasanten Karriere des Sohnes konfrontiert, der sich von der väterlichen Tradition abwendet – allerdings konsequenter als sein Vater, denn er wählt einen weltlichen Beruf und macht Karriere:

> Mannheims Söhngen wuchs heran. Er erzog ihn selber, nicht, daß er ihn viel unterrichtete, sondern nur, daß er ihm die Bücher hingab, aus denen er lernen konnte, und ihm erlaubte, ihn zu fragen, wenn er nicht fortkam. Er hatte den Grundsatz, daß alles, was aus dem Menschen wird, aus ihm selber kommen muß, und daß seine Erzieher aufs höchste nur als Stahl dienen müssen, etwas aus ihm herauszuschlagen. (451)

Der „Stahl" deutet an, dass eine rigide Erziehung erfolgt, die den Sohn in die gewünschte Richtung drängen soll.[220] Diesem wird es nur „zu gewissen Stunden des Tages" erlaubt, sich Gesellschaft zu suchen, ansonsten hat er seine Arbeiten im Studierzimmer des Vaters zu verrichten, hermetisch von der Außenwelt abgeriegelt und von Büchern umringt, die sein Vater mit Bedacht ausgewählt hat. (451 f.)

Wie sein Vater ist auch er „altklug" und zudem „eitel" (452), und wie dieser wird er als erwachsener Mann anerkannt, ist beliebt und erfolgreich. Anders als bei seinem Vater ist sein Wirkungskreis aber kein christlicher, sondern ein politischer.[221] Johannes Sekundus[222] hat die an christlichen Werten orientierte Welt seiner Eltern hinter sich gelassen, ohne aber für die aufgegebenen christlichen Werte gleichwertige gefunden zu haben: An die Stelle christlichen Gedenkens setzt er Mythologie und Literatur.[223] Mannheim sen. hat dies schon geahnt und seinem Sohn die Traktate „als eine Art von Führer und Schutzgeist durch die Welt" hinterlassen. (447) Johannes Sekundus wählt einen weltlichen Beruf und macht Karriere, wird gar geadelt, was seinen Großvater noch in

---

219 Cf. schon Wurst, *Contradictory*, S. 30, die davor warnt, Form und Inhalt zu trennen.
220 Cf. Winter, *Erinnerungstext*, S. 114, der Ironie sieht: Einerseits Ideen Rousseaus, andererseits strenge Erziehung.
221 Cf. auch Dedert, *Erzählung*, S. 87.
222 Gibbons, *Adaption*, S. 234: Lenz habe im November 1776 ein Gedicht „An den Geist des Johannes Secundus" verfasst; Secundus ist ein niederländischer Autor gewesen (1511 – 1536).
223 Winter, *Erinnerungstext*, S. 119 f.: Repräsentation höfischer Werte.

Schrecken zu versetzen vermochte (cf. S. 428), und wendet sich vom Christentum ab. So kann er an die Stelle religiösen Gedenkens Schauspiele setzen.

Nach dem gleichzeitigen Tode der Eltern veranstaltet der Sohn regelmäßig Trauerfeierlichkeiten, zu denen er junge Mädchen aussucht, die als Schäferinnen auftreten:

> Weil sie alle als Schäferinnen gekleidet und angesehen waren, so fielen hier, während daß die Feierlichkeiten dauerten, alle Erinnerungen des Standes weg, und ward bloß auf die Reize der Person gesehen, wo jede sich bemühte, es der andern zuvor zu tun. Johannes Sekundus tat mehrenteils einige Monate vorher Reisen ins Land und in die Städte umher, um Priesterinnen zu dieser Feierlichkeit anzuwerben, welches diese sich für eine große Ehre schätzen, weil dadurch der Ruf ihrer Schönheit einen merklichen Zuwachs erhielt. (456)

Die vom Sohn veranstalteten Trauerfeierlichkeiten zerstören die Einheit der Erzählung vollkommen. Lenz kannte und verarbeitete zeitgenössische literarische Konventionen.[224] Trotz Ablehnung verzichtet Lenz in seiner Erzählung *Der Landprediger* nicht ganz auf konventionelle Idealisierungen: Einfache ländliche Genüsse stehen den bürgerlichen Genüssen gegenüber; die Verkleidung in arbeitende Bauern (cf. S. 442) zeige dem Leser, dass sich „'höfisch-ästhetische Spielfreude' im Einklang befindet mit einer vermeintlich bäuerlichen Lebenswelt."[225] In diesen Zusammenhang stellt Pautler auch das „Mädchenfest", die Waffengewalt deute an, „daß Lenz dem empfindsamen Gesellschaftsmodell nicht traut, der Triebnatur muß gewaltsam Einhalt geboten werden."[226] Zweifellos sind die als Schäferspiele inszenierten Trauerfeierlichkeiten der am schwierigsten zu deutende Teil der Erzählung, aber der Wechsel der Bezeichnung von *Schäferinnen* zu *Priesterinnen* deutet auf die religiöse Funktion der Mädchenfiguren hin. Auch Dedert sieht es ähnlich, wenn er schreibt, dass die Aufklärung der Eltern bei Johannes Sekundus in Mythologie zurückschlägt. „Die Tendenz zur Säkularisierung von Theologie, die in der Diesseitsbezogenheit des Mannheimschen Religionsverständnisses konkreten Ausdruck gefunden hatte, verkehrt sein Sohn dabei in ihr Gegenteil."[227] Während Mannheim seinen Gott vermenschliche, finde sich bei Johannes Sekundus eine Vergottung des Menschen.[228]

Entscheidend ist weniger die Vergottung des Menschen als vielmehr das Medium: In diesem Falle sind es Schäferspiele, die an die Stelle religiöser Andacht treten. Weder der Anhang noch die Schäferspiele sind in der Forschungsliteratur ausführlicher analysiert worden.[229] Der Begriff *Schäferspiel*

---

[224] Cf. u.a. Pautler, *Weltdeutung*, S. 446 f.
[225] Pautler, *Weltdeutung*, S. 455, der sich auf Dedner, *Schäferleben*, S. 56 bezieht.
[226] Pautler, *Weltdeutung*, S. 456.
[227] Dedert, *Erzählung*, S. 86.
[228] Dedert, *Erzählung*, S. 86.
[229] Ausnahme: am Rande Osborne, jetzt Gibbons und Winter, *Erinnerungstext*, aber auch nur en passant.

ist für die Beschreibung der Trauerfeierlichkeiten angemessen, nicht nur wegen der Bezeichnung *Schäferinnen* oder weil damit das höfisch-repräsentative Verhalten[230] des Sohnes zum Ausdruck gebracht wird, sondern auch weil das Vergangene[231] betrauert wird und gleichzeitig diese Trauer in einem Spiel, einer Lustbarkeit verarbeitet wird. Das Inszenieren spielt dabei eine ebenso große Rolle wie das „Spiel" im literarischen Genre, das als Gedenkmedium fungiert. Das Spiel hat eine religiöse Funktion übernommen, denn die Zuwendung zur Literatur bei gleichzeitiger Abnahme religiöser Werte ist mit der Ersatzfunktion der Literatur korreliert. Dass sie diese nicht erfüllen kann, verdeutlichen Gedenkfeiern.

Diese vom Sohn inszenierten Spiele sind als Schäferspiele gestaltet und damit einem literarischen Genre zugeordnet, das vorhergehende Gesellschaftsmodelle verklärt. Da sie am Ende des 2. Teils der Erzählung stehen, blicken sie auf die Erzählung zurück, die sie dadurch relativieren, Vergänglichkeit und Einmaligkeit des Vorhergehenden werden durch die Gedenkfeierlichkeiten verdeutlicht. Nur während der Aufführungen fallen „alle Erinnerungen des Standes weg" (456), die Mädchen agieren, ungeachtet ihres Alltagslebens, als Schäferinnen. Außerhalb der Aufführungen aber verfolgen die Zuschauer die Feierlichkeiten unter Waffengewalt, mit der sie auf den standesspezifischen Tribünenplätzen festgehalten werden. Nur in der fiktiven Welt scheint ein angemessener Umgang der Stände miteinander zu funktionieren, realiter bleiben die einzelnen Stände durch herrschaftlichen Beschluss voneinander getrennt. Damit wiederholt Lenz in pointierter Form in den Trauerfeierlichkeiten die in der Erzählung präsentierte „Idealisierung" und verdeutlicht so deren fiktiven Charakter: Die Aufführenden stehen für das fiktiv geschilderte „Ideal", während die Zuschauenden die außerliterarische Welt repräsentieren. So wie die Schäferspiele die Vergangenheit stilisieren, stilisiert auch Literatur reale Zusammenhänge. Entsprechend werden die Aufführenden „unter beständiger Musik mit Milch, Obst und den ausgesuchtesten Erfrischungen bewirtet". (455)

Statt anlässlich der Todesfälle religiös motivierte Handlungen zu zelebrieren, werden an Schäferspiele[232] erinnernde Trauerspiele inszeniert. Das Empfindsame dieser Spiele wird deutlich am Beispiel der Ergriffenheit und Inszenierung[233] des Sohnes, Lenz geht über diese Andeutung noch hinaus, denn die Schäferspiele erinnern nicht nur an etwas Vergangenes, sie stellen

---

230 Cf. Dedert, *Erzählung*, S. 87 zur „Repräsentation".
231 Cf. auch Dedert, Erzählung, S. 88 ff., der auf den Begriff der Melancholie verweist und ausführt: „Hatte sich hinter der Idealität mancher Seite der Erzählung mangelnder Realitätssinn verborgen, so schlägt doch andererseits die Realität durch in der Melancholie des Erzählten: Daß es für den deutschen Bürger in der Gesellschaft des 18. Jahrhunderts weniger noch als die Realisierung des ohnehin schon beschränkten Gesellschaftsentwurfes im Sinne Mannheims zu hoffen gab, gibt die Resignation im Gestus des Andenkens zu verstehen."
232 Cf. auch Winter, *Erinnerungstext*, S. 118, verwendet den Begriff *Schäferspiele* und verweist auf das „typisch höfische[...] Genre".

gleichzeitig auch den Ersatz für das Vergangene dar. Religion hat im Leben der jungen Generation keinen Platz mehr, der Sohn wendet sich heidnischen, mythischen und modernen Formen der Andacht und auch Unterhaltung zu.

Die Feierlichkeiten zeigen die Illusion der in der Erzählung angestrebten Gesellschaftsform auf.[234] Sie markieren das Ende des vorhergehenden „Zeitalters". Spätestens mit den Schäferspielen stellt Lenz klar, dass das geschilderte Leben des Johannes Mannheim fiktiv ist. Diese Inszenierung[235] verdeutlicht nebenbei die Vorrangstellung der Schauspiele, sie vermögen besser zu rühren.[236]

Die Feierlichkeiten verdeutlichen schließlich, dass Literatur im weiteren Sinne als Ersatzmedium für die folgenden Generationen fungiert: Statt sich christlicher Riten zu bedienen, veranstaltet der Sohn „Schauspiele", in denen das Leben und Wirken Mannheims stilisiert werden. Deutlich wird, dass mit der Generation des Sohnes das Religiöse seine Bestandskraft einbüßt. Die Gleichsetzung von *Schäferinnen* und *Priesterinnen* stellt klar, dass Literatur und Religion ähnliche Funktionen erfüllen. Die Erzählung formuliert die Bedenken, die sich hinsichtlich künftiger Generationen und deren religiöser Einstellung zeigen. Dass der Konsum literarischer Texte auf Kosten religiöser Inhalte geschieht, zeigt die Luzilla-Episode ebenso wie Mannheims Versuche, durch Literatur wirken zu wollen. Immerhin steht hinter diesem Wunsch nicht allein die Ruhmsucht, sondern auch die Sorge um die Moral der künftigen Generation. Der Nutzen der Mannheimschen Traktate ist auch für die Zukunft bestimmt, für die folgenden Generationen.

Literatur ist als nicht verlässliches Medium beschrieben worden, das sowohl bei Autoren als auch Rezipienten Vernunft voraussetzt. Die „leichtsinnigen Zeiten" (413) lassen vermuten, dass der zunehmende Literaturkonsum bei gleichzeitiger Abnahme religiöser Bedeutung zu einer neuen „Religion" führen kann, nämlich der „Vergottung" von Literatur. Dies ist schlimm, sofern Autoren nicht reflektiert schreiben und Leser nicht kritisch lesen. Am Beispiel der Postillen führt der Erzähler dem Leser die Gefahr vor, die von modernen Themen und Massenliteratur ausgeht:

---

233 Zum Inszenierungscharakter cf. u.a. Winter, *Erinnerungstext*, S. 117. Cf. auch Dedert, *Erzählung*, S. 87, der auf die akribische Inszenierung der Trauerfeierlichkeiten durch den Sohn hinweist.
234 Gibbons, *Adaption*, S. 229, sieht in den Feierlichkeiten die Bestätigung des moralischen Bankrotts des älteren Mannheim.
235 Auch Dedert, *Erzählung*, S. 86 f., weist auf den „organisierte[n] Charakter", die Inszenierung der Gedenkfeierlichkeiten hin. Johannes Sekundus wird „der bürgerlichen Tradition untreu" und wendet sich der „Repräsentation", also der „beschränkte[n] Öffentlichkeit des Hofes" zu.
236 Pautler, *Weltdeutung*, S. 441 f.: „Aus wirkungsästhetischen Gesichtspunkten sieht er [Lenz] den Prosadichter im Vergleich zum Dramatiker im Nachteil. Während der dramatische Dichter auf die 'lebendige Vorstellung', darauf, daß seine 'Ideen lebendig gemacht, realisiert' [...] werden und damit auf die sinnlich wahrnehmbare Wirkung seiner Stücke aufbauen könne, stünden dem anderen diese Mittel nicht zur Verfügung: [...]".

"Vor alten Zeiten schrieben die Prediger Postillen; als der Postillen zu viel waren, ward darüber gelacht und gespottet, da setzten sie sich auf ihre Kirchhöfe (die mehrstenmale freilich nur in Gedanken) und lasen den unsterblichen Engländer, den erhabenen Young. Da erschienen Christen bei den Gräbern, Christen in der Einsamkeit, Christen am Morgen, Christen am Abend, Christen am Sonntage, Christen am Werktage, Christen zu allen Tagen und Zeiten des Jahrs. Die Buchhändler wollten deren auch nicht mehr, und warum sollte ein Prediger nicht auch durch Romanen und Schauspiele nützen können, wie durch Predigten und geistliche Lieder? Der Nutzen müßte noch weit größer sein, weil dergleichen Bücher in weit mehrere Hände kommen, weit begieriger gelesen werden, wenn es dem Verfasser an Witz nicht mangelt und –" (443)

Lenz hat künftige Entwicklungen erkannt.[237] Pautler sieht in dieser Textstelle einen Verweis auf die künftige Aufgabe der Literatur nach Lenz' Vorstellung:

> Wenn auch hier Kritik an einer geradezu inflatorischen, auf die Lesebedürfnisse des Marktes zugeschnittenen bürgerlichen Unterhaltungsliteratur geübt wird, so wird ex negativo der Leser aber auch auf eine Dichtung verwiesen, die sich von dieser massenhaften Literatur absetzt und – so ließe sich weiterführen – die von der Theologie als Erbe übernommene Aufgabenstellung erst adäquat erfüllt.[238]

Mannheim kann diese Aufgaben als Schriftsteller nicht erfüllen, da „seine freiwillige Entfernung" von städtischer und höfischer Gesellschaft das Verfassen vernünftiger Texte im Sinne der oben genannten Didaktik nicht ermöglicht. (444) Lenz zielt mit seiner Kritik also nicht allein auf Massenliteratur und unkritische Rezipienten, sondern auch auf Autoren, die ohne Ahnung von ihren Themen schreiben. Die Inszenierung der Feierlichkeiten verweist auf Schauspiele, die nach Lenz stärker wirken als Prosastücke. Insofern fungiert ein literarisches Medium tatsächlich als Ersatz für Religion, wie die als *Priesterinnen* auftretenden *Schäferinnen* suggerieren. (456)

Lenz strebte keinesfalls die klassenlose Gesellschaft an, wohl aber eine Gesellschaft, in der sich die Stände gegenseitig Respekt zollen: „Kein Mensch kann dafür, wie er geboren ist.", (431) klärt der Erzähler seine Leser auf, nachdem er sich über den Adelsstolz ausgelassen hat. Er hat aber auch kein Verständnis für den „Stolz der niedern Stände". (431) Der Erzähler verdeutlicht, dass mehr Rücksicht auf andere Stände das gesellschaftliche Miteinander fördert:

> Wenn jeder Teil dem andern voraus hinlegte, was ihm gehört, würde jeder Teil auch seinerseits sich zu bescheiden wissen, nicht mehr zu fodern, und lieber auch Großmut etwas von seinen Rechten fahren zu lassen, die ihm der andere aus eben solcher Großmut mit Zinsen wieder bezahlte. (432)

Dieses vorurteilslose Miteinander ist sowohl in Mannheims Umkreis als auch in den Gedenkfeiern realisiert worden. Der Idealzustand einer wirtschaftlich und moralisch einwandfreien Gesellschaft, in der alle Stände harmonisch miteinander kommunizieren, ist somit nur fiktiv möglich. Mannheim lebt, wie Osborne darstellt, in einer Idylle, allerdings in einer beschränkten Idylle. Innerhalb dieser das ganze Königreich umschließenden Idylle funktioniert alles

---

237 Pautler, *Weltdeutung*, S. 441, Schöne, *Säkularisation*, S. 15. Cf. auch S. 169 dieser Arbeit.
238 Pautler, *Weltdeutung*, S. 441.

nach Mannheims Vorstellungen, er hat die unumschränkte Macht. Mit seinem Tod endet die Idylle, ein Nachfolger wird nicht benannt, und Mannheim hat vorsorglich Schriften verfasst, die er für diese Zeit verwahrt.

Als Wissensvermittler fungiert bei Lenz Literatur. Eine Befürchtung Mannheims bewahrheitet sich, denn anlässlich der gleichzeitigen Todesfälle seiner Eltern inszeniert der Sohn Trauerfeierlichkeiten, die stärker an Schauspiele als an christliche Gedenkzeremonien erinnern.[239] Auch Johannes Sekundus, erzogen in erster Linie durch Bücher, bedient sich weltlicher Literatur als Ersatzmedium, wenn er die Trauerfeierlichkeiten als Schäferspiele inszeniert, in denen junge Mädchen als Schäferinnen und Priesterinnen fungieren. Dem Fehlen moralischer Instanzen, so nämlich die Befürchtung Mannheims, begegnet er, indem er seinem Sohn eigene Schriften „als ein Erbstück hinterlassen [hat], das ihm noch nach seinem Tode zu einer Art von Führer und Schutzgeist durch die Welt dienen könnte." (447)

5.4.2 Der Anhang

Die Erzählung ist in zwei Teile und einen Anhang gegliedert, die in drei Teilen des *Deutschen Museum* erschienen sind.[240] Diese Gliederung entspricht dem ästhetischen Spiel, mit dem der Leser auf Distanz gehalten werden soll, denn nur die beiden ersten Teile werden vom Erzähler dargestellt, der Mannheim sowohl als „idealen" Landpfarrer als auch als Mann mit unverkennbar sadistischen Zügen beschreibt. Der Anhang unterscheidet sich sowohl inhaltlich als auch sprachlich vom Rest der Erzählung.[241] Im Anhang fügt der Erzähler einen Briefauszug aus der Korrespondenz der Hauptfigur ein, in deren Wiedergabe er sich nur noch selten einmischt:

> Anhang
>
> Ich habe bei der Eilfertigkeit, mit der ich diese Geschichte aus der angeführten gedruckten Lebensbeschreibung zusammengezogen, einen Brief hineinzubringen

---

239 Das gleichzeitige Ableben der Eheleute verweist auf die nun verbleibende junge Generation. Daneben wird der „Mythoscharakter" angesprochen, cf. Dedert und Winter.
240 Die Annahme Damms, dass der Anhang tatsächlich zwischen den 1. und 2. Teil gehört, widerspricht der Deutung von Distanzierung nicht (cf. Damm, WuB, Band 2, S. 874): In diesem Falle würde dem Versprechen, sich in die Tür des Pfarrhauses zu stellen, der Einschub vom Brief folgen – mit der Wirkung einer stärkeren Unterbrechung. Der polyperspektive Ansatz käme stärker zum Ausdruck als durch die Gestaltung mit dem Anhang, auch die Chronologie wäre vollkommen zerstört. Fehlen würde die Potenzierung der chronologischen Komplexität, die einen Wiederanfang ermöglicht, wie die Ausführungen der beiden folgenden Kapitel zeigen sollen.
Niina [!] Maaß setzt sich in ihrer Diplomarbeit mit den Erzählungen *Zerbin* und *Der Landprediger* auseinander. In beiden entwickele Lenz „eine Vision der Gesamtgesellschaft", die über ein „Detailbild" hinausgehe und das Neue an den Texten ausmache und „im 'Landprediger' stark utopische Züge" trage. Cf. Maaß, *Erzählungen*, S. 4. *Der Landprediger* falle stilistisch und inhaltlich auseinander, und während die Erzählung *Zerbin*, in der der Mensch scheitere, als Kunstwerk überzeuge, scheitere im *Landprediger* die Dichtung. Maaß, *Erzählungen*, S. 154.
241 Cf. auch Pautler, *Weltdeutung*, S. 450, der schreibt, dass sich der Brief „weder inhaltlich noch im Sprachniveau von den Ausführungen des Erzählers" unterscheidet.

vergessen, der in derselben gleichfalls, weil er nicht in Mannheims, sondern in den Papieren eines seiner verstorbenen Freunde sich gefunden, nur in einer Note angeführt worden. (457)

Im ersten Teil stehen Mannheims Ausbildung und Erfolge als Landgeistlicher im Mittelpunkt. Nach der Darstellung der Brautwerbung Mannheims um Albertine in deren Elternhaus bittet der Erzähler darum, ihm die „Beschreibung der Hochzeit" zu erlassen, um das Brautpaar in der Pfarrhaustür zu empfangen.[242] Der zweite Teil, konzentriert auf Mannheims Privatleben, endet mit den Trauerfeierlichkeiten, die der Sohn anlässlich des gemeinsamen Todes von Johannes und Albertine veranstaltet. Der Erzähler beschließt seinen Text mit den Worten, dass so „die Geschichte des Lebens und der Taten Johannes Mannheim, Pfarrers von Großendingen" ende. (456) Davon hebt sich der Anhang sowohl inhaltlich als auch formal ab: Mannheim berichtet einem Freund vom Besuch des Superintendenten und ihrem theologischen Streitgespräch.

Neben dieser formalen Gliederung fällt die achronologische Struktur der Erzählung auf, denn der Erzähler beginnt in medias res, springt in den Begebenheiten vor und zurück, wählt scheinbar planlos einzelne Begebenheiten zur ausführlicheren Beschreibung aus:[243]

> Als zeitliches Orientierungszentrum fungiert im „Landprediger" die Erzählgegenwart des Ich-Erzähler, die im Präsens gehalten ist und von der auch alle Unterbrechungen der eigentlich nacherzählten Geschichte charakterisiert sind. Die auktoriale Erzählfigur berichtet über einen Vorgang, dessen zeitliche Begrenzung vor dem Erzählanfang liegt. Einerseits verweist dies auf sein Nicht-Eingebundensein in die fiktionale Welt der Charaktere, andererseits läßt sich aus zeitlicher Distanz heraus der Anspruch auf Nichtfiktionalität des Dargestellten besser begründen, und die Erzählung kann so den Charakter eines epischen Berichts erhalten. Körperlich-existentiell nicht in der fiktionalen Welt verankert, kann der Ich-Erzähler immer den Erzählfluß steuern, ihn unterbrechen und das Nebeneinander von auktorialer Erzählerfigur und einer personalen Reflektorfigur aufrechterhalten. Dieses Nebeneinander stellt sich in der Erzählung eindeutig als ein Nacheinander dar: Auf die prononciert berichtende Geschichte des auktorialen Ich-Erzählers im Einleitungssatz folgt die personale Darstellung der Gedanken und Wahrnehmungen der Reflektorfigur Mannheim. Die zweifache Untergliederung der Erzählzeit muß für die Binnenerzählung spezifiziert werden, denn hier erfolgt die Überführung in die tiefere Vergangenheit der handelnden Charaktere im Plusquamperfekt.[244]

Die „berichtsauthentische Ebene der Erzählung" wird durch bewusste Eingriffe des Erzählers relativiert, die Lebensgeschichte wird somit „vom Erzähler bewußt auf die fiktionale Ebene transformiert."[245] Die zeitliche Anordnung der Erzählung ist noch komplexer. Im Anschluss an die Herausgeberfiktion fährt der Erzähler fort: „Mannheim ward von seinem Vater, einem Geistlichen im Thüringischen, auf die Universität geschickt." (413) In der folgenden Beschreibung des Mannheimschen Lebensweges wechselt der Erzähler

---

242 Lenz, *Landprediger*, S. 429, der Erzähler beginnt den 2. Teil aber mit der Abreise aus Albertines Heimat.
243 Cf. Wurst, *Erzählstrategien*, S. 41, aber auch Stötzer, *Pathos*, S. 143.
244 Stötzer, *Pathos*, S. 141.
245 Stötzer, *Pathos*, S. 144.

mehrfach zwischen verschiedenen Zeitebenen, insbesondere Jugend und Kindheit Mannheims.[246] Stötzer ist zuzustimmen, wenn er eine „weitestgehende chronologische [...] Abfolge" erkennt, die „innerhalb der Handlungsphasen [...] partiell [entfällt]"; er deutet diesen Befund aber nicht.[247]

Komplexität der Erzählung und suggerierte Aktualität des Erzählten sind das Ergebnis dieser sich der Chronologie weitgehend entziehenden Erzählweise. Der Wechsel zwischen den Zeitebenen zwingt den Leser zu aufmerksamer, kritischer Lektüre. Obwohl die Handlung tatsächlich einen Zeitraum von mehreren Jahrzehnten umfasst, gibt der Erzähler einen Hinweis auf die zeitliche Einordnung, der die *Aktualität* des Erzählten verbürgen soll.[248] Der Erzähler stellt im dritten Absatz die väterlichen Sorgen von Mannheim sen. dar, der Leser erwartet also eine Erzählung nach dem Muster des Bildungsromans, situiert in der Gegenwart:[249] „Bei unsern leichtsinnigen Zeiten fürchtete er nichts so sehr, als daß sein Sohn, sobald er dem väterlichen Auge entrückt würde, auf den hohen Schulen von herrschenden freigeisterischen und sozinianischen Meinungen angesteckt werden möchte." (413) Der am Anfang suggerierten Aktualität widerspricht der Fortgang der Geschichte, da sich der Beschreibung des Mannheimschen Lebensweges noch die seines Sohnes anschließt. Dass es dabei nicht allein um „das Gepräge von Aktualität und Relevanz"[250] geht, die Lenz noch „durch einen selbst damals schon recht konventionellen Authentizitätstopos"[251] verstärkt, zeigt sich sowohl an der Betonung der Gleichzeitigkeit aller Handlungen mit der Zeit der Niederschrift als auch in der chronologischen Anordnung der Erzählung insgesamt.[252]

Dass die Erzählung dann in der unmittelbaren Vergangenheit endet, nachdem sie einen wenig positiven Blick in die Zukunft geworfen hat, erschwert das Verständnis des zeitlichen Zusammenhanges. Im Anhang kulminiert die chronologische Anordnung mit der Beschreibung der Visitation, die nämlich sechs Monate nach Mannheims Amtsantritt erfolgt.

Nicht nur formal, auch inhaltlich weicht der Anhang vom Rest der Erzählung ab. Analog zur Ich-Form mit dem höheren Maß an suggerierter Authentizität ist der Inhalt auf religiöse Aussagen Mannheims im Rahmen „populärer" Amtsführung beschränkt. Nicht der *Erzähler* trägt in theoretisch-diskursiver[253] Weise vor, sondern Mannheim selbst. Sowohl Briefform als auch religiöses

---

246 Wurst, *Erzählstrategien*, S. 40, weist auf die „intertextuelle Diskrepanz zwischen der knappen Form der fünfzigseitigen Erzählung und den Ansprüchen eines breit angelegten Bildungsromans" und sieht darin „eine der Strategien, mit denen Lenz die auf den ersten Blick organische Einheit seiner künstlerischen Vision aufbricht und damit auch ihren Inhalt problematisiert."
247 Stötzer, *Pathos*, S. 145.
248 Cf. auch Voit, Nachwort der Reclam-Ausgabe, S. 150 f.
249 Wurst, *Erzählstrategien*, S. 40, cf. auch oben.
250 Voit, Nachwort, S. 150 f.
251 Voit, Nachwort, S. 151.
252 Cf. hierzu auch Stötzer, *Pathos*, S. 141.

Thema verleihen dem Anhang den Anschein größerer Authentizität, schließlich steht er außerhalb der vom Erzähler präsentierten Erzählung. Mannheims hier formulierte Ideen zu praktischer Religionsausübung scheinen aber kaum zu der vom Erzähler in den beiden ersten Teilen dargestellten Figur zu passen, wodurch die Zuverlässigkeit des Erzählers in Zweifel gezogen wird. Bestätigt wird dieser Eindruck durch den Zusatz, er habe vergessen, diesen Brief in die Erzählung einzubeziehen. (457)

Der Brief erhebt damit einen größeren Anspruch auf Wahrhaftigkeit als die vorhergehende Erzählung. Diese „Authentizität des persönlichen Zeugnisses" ist nach Dedert notwendig, um die Position des Vaters noch einmal überzeugend darzustellen:

> Ebensowenig wie die Widersprüche im Gehalt ist ein formaler Widerspruch dieser Art, der sich ja nicht als bewußt gestalteter zu erkennen gibt, einer immanenten Interpretation noch zugänglich. Hatte sich in der literarischen Figuration des kultischen Zeremoniells historisch begründeter Zweifel an der Berechtigung hoffnungsfrohen bürgerlichen Selbstvertrauens angemeldet, so scheint der Anhang umgekehrt die Äußerungsform des verzweifelten Versuchs zu sein, durch eine Zugabe noch ein weiteres Mal die reale Möglichkeit einer Mannheimschen Existenz unter Beweis zu stellen.[254]

Nachdem die Darstellung des Mannheimschen Lebens durch die Gedenkfeiern und die Beschreibung des Sohnes desavouiert wurde, muss sie nochmals zur Bestätigung herangezogen werden:

> Nur so wird verständlich, weshalb die Erzählung nach dem Reputationskult des Sohnes (der als triumphale Schlußapotheose durch nichts mehr zu überbieten war, faktisch aber die klaren Konturen der väterlichen Existenz verwischt hatte) mit dem Brief noch einmal die Authentizität des persönlichen Zeugnisses aufbietet.[255]

Schließlich aber wird sie gänzlich relativiert:

> Obgleich damit der durch den Erfolg verbürgte Optimismus des Aufklärers buchstäblich das letzte Wort behält, ist der interpretatorische Befund ein anderer; die formale Zersprengung erhält ihren Sinn unabhängig vom Willen des Autors. Gerade indem sie sich genötigt sieht, die exemplarische Konzeption ihres Helden erneut aufzurollen, bezeugt die Erzählung die Berechtigung des Zweifels an ihrer realen Ausführbarkeit. Die zunächst präsentierte Lebensgeschichte, die spätestens mit dem Tod der Titelfigur ihr Ende hätte finden müssen, erweist sich durch die Existenz des Anhanges ein letztes Mal als so nicht möglich: Daß ein Nachtrag sie formal zerstört, reflektiert die Problematik der Gesamtkonzeption. Damit hat Geschichte auch in der Form noch Eingang ins Werk gefunden.[256]

Zu einer positiveren Deutung gelangt dagegen Winter:

> Die Wiedergabe des Briefes kann einen Versuch darstellen, in der Textchronologie nach der machtvollen Auslöschung des väterlichen Erbes, an der auch der Erzähler teil hat, die Erinnerung an dieses partiell zu retten, indem ihr das letzte Wort gelassen wird. Die Briefauszüge belegen noch einmal die Fähigkeit des Vaters, durch die Rationalität des

---

253 Cf. Dedert, *Erzählung*, S. 61, der auf das Nebeneinander „exemplarische[r] Episoden aus der bürgerlichen Heldenvita" und „eher theoretisch-diskursive[r] Passagen" hinweist.
254 Dedert, *Erzählung*, S. 94 f.
255 Dedert, *Erzählung*, S. 94 f.
256 Dedert, *Erzählung*, S. 94 f.

Arguments, durch Beredsamkeit und Exempelerzählung seiner aufgeklärten praktischen Theologie Anerkennung durch die kirchliche Autorität zu verschaffen.[257]

Im Anhang werden religiöse Grundsätze und Aufgaben der Geistlichen skizziert. Mannheim erklärt dem Superintendenten selbstbewusst und moralisch, religiös und wirtschaftlich argumentierend seinen Standpunkt so überzeugend, dass die Autorität wortlos den Hut nimmt. Entsprechend endet das Gespräch zwischen Mannheim und dem Superintendenten mit einem offenen Satz: Unterbrochen von mehreren Einschüben führt Mannheim aus, was wäre, *wenn* er seine Ideen durchsetzt. (462) Da der Superintendent mitten im Satz, noch vor dem *dann*, „seinen Hut" nimmt, werden die potenziellen Folgen der Amtsausübung nicht angesprochen, diese liegen in der Zukunft.

Dieser Briefauszug steht am Ende der Erzählung, thematisiert aber den Berufseinstieg Mannheims. Im Anschluss an den Tod der Eheleute kehrt die Erzählung also an den Beginn des Berufslebens und damit die Gegenwart der Niederschrift durch Lenz zurück.[258] Das Streitgespräch stellt die Positionen eines modernen und eines konservativen Geistlichen dar, wobei der moderne dank seiner Argumentationskraft den älteren Kollegen überzeugen kann, der ihm schließlich das Feld überlässt. Der Anhang wirft mit dieser Rückkehr zur unmittelbaren Vergangenheit einen Blick auf eine Zukunft, in der Geistliche dem Sinken religiöser Bedeutung Einhalt gebieten können. Der offene Satz setzt also wieder in der Gegenwart an und lässt die Möglichkeiten für die Zukunft offen. Damit wird die Erzählung (die sich auf die Vergangenheit bezieht, die noch in der Zukunft liegt) aufgehoben, das geschilderte Leben Mannheims kritisch hinterfragt, besonders, da die Diskrepanz zwischen dem vom Erzähler geschilderten Landprediger Mannheim und dem sich aus den brieflichen Aussagen darstellenden zu groß ist. Die Authentizität der Figur Mannheims wird in Zweifel gezogen. Das literarische Konstrukt Mannheim tritt dem glaubwürdigeren Mannheim des Briefes gegenüber.

Lenz arbeitet mit einer komplexen Zeitstruktur, wenn er die Aktualität des Erzählten beständig evoziert, indem er der Beschreibung des Lebens Mannheims noch die seines Sohnes folgen lässt, um dann mit einem Brief abzuschließen, der kurz nach Amtsantritt Mannheims geschrieben wurde. Damit hat Lenz die gegenwärtige Situation beschrieben, der ein Blick in die Zukunft folgt. Dass die Biographie, auf die sich der Erzähler bezieht, zum Zeitpunkt der Niederschrift seines Textes 1777 noch gar nicht existiert, lässt die Erzählung schließlich als Paradoxon erscheinen: Voit hat unter Hinweis auf „datierbare Angaben" in der Erzählung nachgerechnet, dass die Quelle der Biographie „erst einige Jahrzehnte nach" dem Erscheinen der Erzählung geschrieben wurde.[259] Danach findet der

---

257 Winter, *Erinnerungstext*, S. 120.
258 Cf. Voit, Nachwort, S. 160.
259 Voit, Nachwort, S. 160.

Besuch des jungen Ehepaares im Hause des Dorfherrn um 1777 statt,[260] die Visitation davor, vermutlich um 1772.[261] Die Erzählung endet mit der Beschreibung dieser Visitation in einem Brief Mannheims an seinen Freund, also um 1772/73. Vom Zeitpunkt der Niederschrift der Erzählung durch Lenz aus gesehen also in der unmittelbaren Vergangenheit, die einen Blick in die Zukunft wirft.[262]

Die Erzählung vom Leben des Geistlichen Mannheim schildert einen zwar tätigen, aber letztlich vergeblich agierenden Landprediger, da die Fortführung seiner Projekte nach seinem Tode nicht erwähnt wird, die humanitären Ideen aber vergänglich sind. Dieses negative Beispiel, die Besinnung des Sohnes auf mystisches Zeremoniell, die Waffengewalt, mit der weiterhin politische Schranken gelten, sprechen Mannheim den ohnehin fragwürdigen Erfolg ab. Die Konzentration auf christliche Werte dagegen, wie er sie im Gespräch mit dem Superintendenten offenbart, zeigt den Weg in eine vernünftige Zukunft. Der Anhang gewinnt damit Appellcharakter,[263] der durch die größere Authentizität suggerierende Form des Briefes noch betont wird. Während die literarischen Mittel der Dekonstruktion[264] der literarischen Figur des Landpredigers Johannes Mannheim dienen, wird der Nutzen sachlicher Literatur betont. So wie die exemplarischen Einschübe im Anhang illustrieren sollen, so illustriert das „auf den Flügeln der Dichtkunst" geschilderte Leben des Landgeistlichen Johannes Mannheim, dass Literatur nicht glaubwürdig ist. Damit hat Lenz den Exempelcharakter seiner Erzählung zum Ausdruck gebracht.

---

260 Cf. Voit.
261 Die Visitation erfolgt sechs Monate nach Amtsantritt; bis zur Ehe mit Albertine vergehen einige Jahre, auch darüber gibt der Text keine konkrete Auskunft. Die Umsetzung seiner Ideen kann Mannheim aber in weniger als fünf Jahren gelungen sein, so dass die Visitation *frühestens* um 1772/73 erfolgt.
262 Zur Einordnung der Erzählung als Utopie cf. u.a. Pautler, *Weltdeutung*, S. 443 ff. und auch Stötzer, *Pathos*, S. 148 ff. Nach Pautler liege eine „utopische Vorwegnahme einer harmonisierten Gesellschaft" (443 f.) vor, Lenz kennzeichne den Text aber nicht als Utopie: er suggeriere, Modelle wie Schlossers Haushaltung, die entsprechende Reformprogramme umsetzten, in der Realität gefunden zu haben. Zum Rückgriff auf reale Beispiele führt er aus: In der Abwehr der Fiktionalität der Romane könne Lenz davon ausgehen, dass der *Landprediger* dem Realismusanspruch der Komödie entspreche. (444 f.) Gibbons, *Adaption*, S. 219, dagegen lehnt eine Deutung als Utopie ab: „Utopian visions may form the focus of *Über die Soldatenehen*, but it is their ironic subversion that is the focus of *Der Landprediger*, as a rigorous analysis of the work's narrative structure will illustrate."
263 Dedert, *Erzählung*, S. 92, weist auf die Geschichte Mannheims im Anhang hin, mit der er in der Gemeinde Erfolge erzielt; die Erzählung selbst verstehe sich „als Beispielgeschichte mit Modellcharakter". Er führt weiter aus: „Worauf das Werk seiner Intention nach zielt, ist offenkundig konkrete Handlungsanweisung."
264 Auch Wurst, *Erzählstrategien*, S. 41, weist darauf hin, dass der Autor den Leser „zur Dekonstruktion seines Textes" auffordert durch in den Text integrierte „Zweifel an der 'Ernsthaftigkeit' seines Entwurfs". Sie nennt als „weitere Verweisungsstrategien" neben der Enttäuschung der Rezipientenerwartung die Montage diverser Romanformen und der Auswahl der dargestellten Lebensphasen.

Wenn also der Anhang die literarische Konzeption der Erzählung verdeutlicht und die zeitliche Einordnung der Gesellschaftskritik erst ermöglicht, dann bestätigt sich die Annahme einer formal komplexen Erzählstrategie,[265] und die Korrelation von Form und Inhalt wird deutlich, denn der inhaltlichen Absage an Literatur entspricht die formale Zerstörung der Erzählung.[266]

5.5 Figurenkonzeption

Dem Landprediger Johannes Mannheim scheint alles auf Anhieb zu gelingen, sieht man einmal von seinen Heiratsplänen ab. Mannheim wechselt schon kurz nach Aufnahme seiner Studien die Fächer, absolviert eine Bildungsreise, die ihn mit allen Gesellschaftskreisen vertraut werden lässt, erhält nach seiner Rückkehr eine „mittelmäßig gute Stelle" und sorgt als Pastor nicht nur für das Seelenheil der Menschen, sondern für den Wohlstand der gesamten Gegend. (422 ff.) Sein Mitgefühl seiner Frau gegenüber lässt ihn ihre Einsamkeit spüren und heimlich ihre Freundin einladen. (437) Als gebildeter Bürger ist er im Umgang mit Bauern und höfischer Gesellschaft geübt[267] und trägt mit „der Akademie" auch zur Bildung junger Männer aller Gesellschaftsschichten bei. Sogar seine literarischen Ambitionen lebt er aus, wenn auch in pragmatischer und nicht unterhaltender Weise. Mannheim entwickelt sich von einem altklugen Jungen zum Landprediger, der von den Bauern wie ein König geehrt wird, deutlich wird aber auch das Ausmaß an „Gewalt", mit dem Mannheim wie ein „König" regiert.

Pautler stellt mit Blick auf die Erzählung *Der Landprediger* fest: „Lenz hat einmal die Utopie einer gelungenen Individualität, bei der die Autonomie der sittlichen Persönlichkeit ins Ziel gekommen scheint, im fiktionalen Experiment gestaltet."[268] Auch Dedert beurteilt die Entwicklung Mannheims als „Modellfall bürgerlicher Selbstverwirklichung par excellence".[269] Über Mannheim und die Motivationen seiner Handlungen erfährt der Leser wenig, der Erzähler wählt aus dem ihm vorliegenden Material aus.[270] Im Verlauf der an einen Bildungsroman[271] erinnernden Lebensbeschreibung Mannheims werden Liebesgeschichten, physiokratische Projekte, ökonomische Pläne, theologische Grundlagen und literarische Kritiken auf jeweils spezifische Weise

---

265 Auch Gibbons, *Adaption*, hat auf die komplexe Erzählstruktur hingewiesen.
266 Darauf hat auch Dedert, *Erzählung*, S. 94, schon hingewiesen.
267 Winter, *Erinnerungstext*, S. 123, hat auf die soziale Zwischenstellung des Landpredigers hingewiesen.
268 Pautler, *Weltdeutung*, S. 15.
269 Dedert, *Erzählung*, S. 65. Dieser Interpretation ist auch von anderer Seite widersprochen worden. Cf. u.a. Gibbons, *Adaption*.
270 Stötzer, *Pathos*, S. 138, hat darauf hingewiesen, dass der Erzähler auswählt, dann auch Winter.
271 Cf. auch Wurst, *Erzählstrategien*, S. 40.

thematisiert,[272] die Hauptfigur, jener Landprediger Mannheim, wird dem Leser mehrfach als literarisches Konstrukt vorgeführt. Dabei soll vor bestimmten Formen der Literatur und dem Bedeutungsverlust der Religion gewarnt werden. Ähnlich sieht es auch Pautler, wenn er auf die „Wirkungsstrategie" verweist, allerdings auf die Kritik an Literatur und deren zunehmenden Einfluss auf gesellschaftliche Werte nicht eingeht, sondern sich auf das Reformprogramm konzentriert:

> Eine zeitgenössische Rezension des 'Landpredigers' in den 'Neuen Hallischen Gelehrten Anzeigen' verdeutlicht die neue Wirkungsstrategie von Lenz, der in dieser Erzählung gängige literarische Darstellungsarten benutzt, um sich appellativ mit neuen Inhalten – der Forderung eines gesellschaftlichen Reformprogramms – an die Leser zu wenden.[273]

An der Universität distanziert sich Mannheim von der ihm vom Vater vorgegebenen Richtung und geht „den Gang seines Herzens". (416) Als eine Begründung gibt der Erzähler den Einfluss eines väterlichen Freundes, ebenfalls Landprediger, an, und relativiert auf diese Weise die Diskrepanz zwischen Gehorsam und sanftem Widerstand, denn Mannheim folgt der väterlichen Generation. Neben dem orthodoxen Einfluss seines Vaters erhält Mannheim hier die Grundlage seiner späteren Praxis „vom verjüngten Maßstab". (415)

Im Anhang, einem Briefauszug Mannheims, überlässt der Erzähler Mannheim die Erzählerrolle, indem er diesen Auszug mit nur wenigen Unterbrechungen zitiert. Die hier vertretenen Ideen stellen Mannheim als Vertreter einer vernünftigen, moralischen und ökonomischen Richtung der Landprediger dar; noch immer vertritt Mannheim rigorose Ansichten, diese aber stehen im Kontext einer moralischen Erziehung und unterscheiden sich damit von den vorhergehenden Ansätzen. Die Darstellung des Landpredigers als autoritär, gewaltsam und grausam einerseits und als intelligent, aufmerksam und zielstrebig andererseits lässt den Text inkohärent erscheinen. Erst die Annahme, Lenz habe mit der Figur des Landpredigers eine bewusst künstliche, literarische Figur erschaffen, die dem Leser das literarische Moment auf spielerische Weise vorhält, verdichtet die Landprediger-Gestalt zu einer Figur mit stimmiger Konzeption.

Der Vergleich mit einem König und Mannheims Dominanz zeigen eine deutliche Beschränkung der „Idylle", in der das Gemeinwohl einzig von einer Person abhängt. Lenz entwirft ein Gesellschaftsmodell, in dem patriarchale Strukturen Grundlage des Wohlergehens sind, in dem sich diese Vormachtstellung, die Mannheim für sich in Anspruch nimmt, als Garant des Wohlergehens herausstellt, in dem die Gesellschaftsentwürfe autoritär sind.[274] Die literarische Beschreibung des Lebensweges vom Landprediger Mannheim

---

272 Wurst, *Contradictionary*, S. 37 weist z.B. auf die Gleichzeitigkeit diverser Projekte hin.
273 Pautler, *Weltdeutung*, S. 447.
274 Cf. u.a. Pautler, *Weltdeutung*, S. 465.

stellt keineswegs die literarische „Wunschbiographie" des Autors oder ein utopisches Konzept dar, sondern ein literarisches Spiel mit Literatur, den Lesern und ihren Erwartungen. Gibbons hat es so formuliert: „He is not presented as a model character, but rather he is presented as ridiculous and inadequate."[275]

5.5.1 Zwischen Affirmation und Subversion

Lenz hat in der Erzählung diverse literarische Themen seiner Zeit reflektiert. Die Ausrichtung an Ideen Spaldings und an der physiokratischen Wirtschaftstheorie ist in der Forschungsliteratur bereits mehrfach erläutert worden.[276] Lenz stellt auch diese, insbesondere die Physiokratie, kritisch dar, wenn Mannheim sehr schnell Erfolge erzielt – wie ja auch Dr. Primrose im Gefängnis. Die „Kunstfigur"[277] Mannheim und seine Umwelt werden beständig an literarischen Vorbildern gemessen – auch dieses im Dienste einer Distanzierung des Lesers. Diese erfolgt nicht allein durch Enttäuschung der Lesererwartungen, formale Gestaltung, komplexe narrative Strukturen, Ironie und literarische Anspielungen, sondern auch durch eine widersprüchliche Figurenkonzeption.

Ganz im Sinne der „Abstraktion von realen Problemen"[278] werden die Aufgaben des Landpredigers Mannheim nicht näher thematisiert, sondern stellen normale Tätigkeiten im Rahmen des Amtes dar, in dem Mannheim sich selbst als „Seelsorger" und „Verwalter" (462) seiner Gemeinde versteht und auf diese Weise der Armut des Dorfes begegnen will. Lenz verdeutlicht aber, dass der größte Teil der Aufgaben nicht mit seelsorgerischen, sondern mit wirtschaftlichen Tätigkeiten ausgefüllt ist.[279]

Der Berliner Neologe Johann Joachim Spalding veröffentliche 1772 seine Schrift *Ueber die Nutzbarkeit des Predigtamtes und deren Beförderung*. Für ihn bestand der Hauptzweck der Religionslehre darin, die „Tugenden des bürgerlichen Lebens" zu predigen.[280] In der Forschungsliteratur besteht Konsens dahingehend, dass die Konzeption des Geistlichen Mannheim sich mit den Vorstellungen aufklärerischer Theologie im Sinne Spaldings deckt.[281]

---

275 Gibbons, *Adaption*, S. 228. Cf. auch S. 220: Mannheim sei von Anfang an ein „would-be rather than genuine hero", und S. 222, im Zusammenhang mit der Suche nach einer „Königin": „The quest for love shows him to be a parody of a sentimental hero." Auch ist seine Reaktion auf Albertines Vorwürfe nicht heroisch, S. 224.
276 Cf. u.a. Pautler, *Weltdeutung*.
277 Cf. Müller, *Wunschwelt*, S. 152.
278 Dedert, *Erzählung*, S. 67: „In seiner perspektivischen Verengung auf den Standpunkt des Bürgers kann Lenz auch der Gefahr nicht entgehen, den bäuerlichen Alltag durch Abstraktion von den realen Problemen zu idealisieren."
279 Dabei entspricht Mannheim den Vorstellungen Spaldings, cf. Pautler, *Weltdeutung*, S. 344.
280 Spalding, S. 76, 100. Pautler, *Weltdeutung*, S. 343.
281 Cf. Pautler: *Weltdeutung*, S. 344, der auch auf Dedert *Erzählung*, S. 63 ff. verweist. Auf S. 342 formuliert Pautler in einer Fußnote: „Um einer genauen Einordnung Lenzens zu Spalding zu entgehen, wird in der Forschung meist nur von einer zeitweiligen Annäherung Lenz' an Spalding gesprochen (vgl. exemplarisch Hans-Gerd Winter: J.M.R. Lenz, S. 28), ohne auszuführen, in

Pautler vergleicht in seiner Arbeit den Ansatz des Landpredigers Johannes Mannheim mit dem Spaldings und verweist auf das Postulat, dass Religion Teil des täglichen Lebens werden müsse, auf die „gemeine Verständlichkeit" oder das Weglassen „unfruchtbarer speculativer Lehrmeinungen", den „Vorstellungsarten". Entsprechend klärt Johannes Mannheim seine Gemeinde nicht über die Geheimnisse des Abendmahls auf, erzählt ihr nichts über die Vereinigung der beiden Naturen.

Beide sprechen sich dafür aus, dass Theologie „verständlich" sein müsse. Mannheim richtet, wie auch Pautler in diesem Zusammenhang festhält, seine Predigten nach dem „Fassungsvermögen" seiner Gemeinde. Pautler macht aber auch auf einen Unterschied zwischen Spalding und dem Landprediger in Lenz' Erzählung Text aufmerksam:

> Im Unterschied zu Spalding wird jedoch im „Landprediger" eine Volksaufklärung angestrebt, die ihren Schwerpunkt in einer Verbesserung der materiellen Zustände hat. Bei Spalding ist von einer solchen sozialpolitischen Motivation mit dem Ziel der Beendigung der Armut noch keine Rede. So will er die „hohen Redensarten" nur deshalb dem Volk faßlich machen, damit es „in Verfassung" gesetzt werde, „die zum Glücklichwerden nöthig ist". [...] Wenn damit auch wie bei Lenz Religion auf menschliche Glückseligkeit bezogen wird, so meint dies bei Spalding noch keineswegs soziale Zustände. Glückseligkeit wird hier traditionell als individuelle Bildungsanstrengung verstanden; „Besserung" und „Beruhigung" des Gewissens mache sie erreichbar. [...]²⁸²

Während Spalding juristische, medizinische und weitere nicht theologische Kenntnisse dem Prestige des Geistlichen zurechnet, geht Lenz „im 'Landprediger' eindeutig weiter, wenn er Mannheim ausführen läßt, daß er es als seine Aufgabe ansieht, den Bauern konkret 'zeitlichen Wohlstand' [...] zu verschaffen." Auch wenn Mannheims „Beschäftigung mit der Landwirtschaft umfassender motiviert ist" als die Spaldings, so ist er dessen Vorstellungen doch verpflichtet.²⁸³

> Mannheim bemüht sich primär um eine allgemeine Agrarreform in seiner Gemeinde, um „sowohl durch Mitteilen und Vorschuß meiner Güter als meiner Kenntnisse und Erfahrungen" die Bauern „glücklicher" zu machen. [...] Glückseligkeit beinhaltet damit explizit die Befriedigung „der ersten und notwendigsten Bedürfnisse" [...]. So macht Mannheim denn auch konsequent agrarökonomische Themen zum Inhalt seiner Predigten.²⁸⁴

Spalding erkannte zwar den Zweck dieser Predigten, hielt es aber für „schicklicher", diese anders als von der Kanzel zu verbreiten²⁸⁵.

---

welchen Inhalten sie übereinstimmten und warum Lenz sich wieder von Spalding entfernte. Letzteres ist offenbar ein Mißverständnis, da, wie zu zeigen sein wird, Lenz sich im 'Landprediger', der ja eines seiner letzten größeren Werke ist, eng an Spalding anschließt. Diese postulierte Entfernung ist wohl darauf zurückzuführen, daß Lenz sich lediglich in seiner Straßburger Zeit auf Spalding beruft, [...] Lenz ab 1775 keine größeren theologischen Überlegungen angestellt" habe.
282 Pautler, *Weltdeutung*, S. 346. Hinweise auf Spalding 158 f.; 158 und 162.
283 Pautler, *Weltdeutung*, S. 347.
284 Pautler, *Weltdeutung*, S. 347.
285 Pautler, *Weltdeutung*, S. 347.

Pautler beschreibt Lenz' Stellung als eine zwischen Spalding und Herder, der sich mit seinen Einwänden „nicht gegen die theologischen Inhalte der Neologie" auflehne, wohl aber „den naiven eudämonistischen Optimismus Spaldings" kritisiere[286], und stimmt mit Federlin darin überein, dass

> Herder mit seinen Einwänden gegen Spaldings optimistische Tugendlehre diesem in erster Linie vorwirft, daß er zu keiner uneingeschränkten Berücksichtigung der Wirklichkeit des geistlichen Amtes finde und sich unkritisch dem Zeitgeist anpasse. [...] Bemerkenswert an dieser Kritik ist, daß Herder davon ausgeht, Prediger könnten mit „blosser Moral" „wenig ausrichte[n]" [...].[287]

Herder wehrt sich „gegen eine Überbewertung der rationalen Fähigkeiten".[288] Weiterhin macht Herder Spalding den „Vorwurf der unkritischen politischen Indienstnahme des Predigtamtes durch den Staat". Nach Spaldings Verständnis ist der Prediger „Diener des Staates"[289], während Herder sich von dieser Indienstnahme distanziert. Pautler setzt sich mit Schriften und Predigerkonzeption bei Herder und auch den *Bestimmungen* Spaldings auseinander.

Pautler weist auf die „mehrdimensionale Bildungskonzeption" bei Lenz hin:

> Lenz' Ansatz läßt sich [...] als eine mehrdimensionale Bildungskonzeption kennzeichnen, bei der individuelle Subjektivitätsbildung einhergeht mit gesellschaftlicher Aktivität, wobei Lenz es nicht gelingt, dieses aktionistische Element zu einer tabufreien Selbstwahrnehmung individueller Lebenswirklichkeit auszuweiten. Die aktive gesellschaftsreformerische Ausprägung dieser neuen Subjektivität wird – wie schon in den moralphilosophischen Abhandlungen entwickelt wurde [...] – durch eine theologische Legitimationsebene unterstützt. Die eudämonistische Funktionalisierung von Religion ('Religion soll uns glücklicher machen, sonst nehmen wir sie nicht an' [...]) wird im 'Landprediger' zitiert. Mannheims Religion 'nach seinem Herzen' ist aus 'einfachen Religionsbegriffen' zusammengesetzt; sie geht analog zu Lenzens theologischem Ansatz davon aus, 'daß Gott litte, wenn wir sündigten und daß er auferstünde und gen Himmel führe, wenn wir andere glücklich machten." [...]
>
> Herders Bildungsprogramm findet im 'Landprediger' keine Explikation. Die Themenstellung, wie eine von Herder eingeforderte Totalität individuellen Lebens herstellbar ist, wird ausgeblendet. Im Vordergrund steht vielmehr die Vorstellung einer sozialreformerischen Konzeption, der es primär um die materielle Besserstellung der Bauern geht.[290]

Lenz sei mit diesem „konkreten sozialpolitischen Impetus [...] einen eigenständigen Weg [gegangen], der ihn sowohl von Herder [...] als auch von Spalding unterscheidet."[291]

---

286 Pautler, *Weltdeutung*, S. 353. Pautler stellt auch Herders Ansichten ausführlich dar und verweist auf die Zwischenstellung Lenz', die „keineswegs nur eine entlegene fachspezifische Theologendiskussion" bezeichne, sondern Rückschlüsse zulasse „auf Lenz' allgemeines theologisch-moralphilosophisches und anthropologisches Konzept [...], das sich ebenfalls zwischen den Polen einer moderaten Aufklärungsphilosophie in der Tradition der moral-sense-Theorie und den kulturkritischen, vielfach rousseauistisch geprägten Gegenbewegungen der jungen Gebildeten der 1770er Jahre bewegt." Pautler, *Weltdeutung*, S. 342.
287 Pautler, *Weltdeutung*, S. 354, gestützt auf Federlin, *Vom Nutzen*, S. 84.
288 Pautler, *Weltdeutung*, S. 354.
289 Pautler, *Weltdeutung*, S. 355, Spalding, *Nutzbarkeit*, S. 64.
290 Pautler, *Weltdeutung*, S. 364 f.
291 Pautler, *Weltdeutung*, S. 365.

5.5.1 Zwischen Affirmation und Subversion

Die sozialreformerischen Projekte Lenz' gingen von einer individuellen Bildungsthematik aus, so Pautler. Vor dem Hintergrund eines säkularisierten pietistischen Denkstils, der sich in moralphilosophischen und literaturtheoretischen Diskursen ausforme, formuliere Lenz ein „subjektutopisches Lebensmodell": Dieses Modell eines ganzheitlichen „Handelns" solle in einem selbstreflexiven Bildungsprozess individuelle „Vollkommenheit" befördern und gleichzeitig durch gesellschaftliche Aktivität „Glückseligkeit", verstanden als gelungene Vermittlung individuellen Vollkommenheitsstrebens mit sozialen „Zuständen", ermöglichen.[292]

Auch Johannes Mannheim geht einen eigenen Weg, der die Affirmation und Subversion bestehender Werte impliziert. Mit seiner dem Praktischen verpflichteten Einstellung in Amt und Würden gelangt, kann Mannheim mit seiner Tätigkeit als Landprediger in seiner Heimat „im Thüringischen" (413) die väterliche Tradition fortsetzen und gleichzeitig als Volksaufklärer fungieren, der mit neuen Ideen den Bauern nicht nur wirtschaftliche Grundkenntnisse vermittelt und so eine Änderung sozialer Verhältnisse herbeiführt. Dabei geht es Mannheim nicht um die revolutionäre Umgestaltung des Staates oder die Etablierung einer neuen Gesellschaftsordnung[293], sondern um die „Ordnung" innerhalb der bestehenden. Mannheims praktische Arbeit basiert auf der Synthese aus Affirmation und Subversion. In diesem Sinne will er die Schranken der Gesellschaft nicht einreißen, sondern die einzelnen Stände stärken.[294] Johannes Mannheim versteht sich als „Seelsorger und Verwalter" (462) seiner Gemeinde und kann durch seine Aktivitäten Wohlstand und Sittlichkeit des ganzen Königreiches fördern. Neben der Ausbildung nützlicher Fähigkeiten spielt auch die innere Motivation der Bildungsanstrengung, jener „Gang seines Herzens" (416), eine wichtige Rolle. Das Ziel dieser Mannheimschen Bildungsanstrengung ist nicht „Stubengelehrsamkeit, sondern eine durch individuelle Erfahrung ermöglichte gesellschaftliche Aktivität."[295] Mannheims Interesse an wirtschaftlichen Fragestellungen setzt eine Synthese von Tradition und neuen Ideen voraus.[296]

Das kindliche Spiel mit den väterlichen Amtsinsignien weist auf die Strategie Mannheims hin: Er trägt Perücke und Talar des Vaters. Das Anziehen des Talars und das Aufsetzen der Perücke stellen eine Affirmation bestehender Werte und Traditionen dar, während sie gleichzeitig eine Grenzüberschreitung offenbaren, denn das Spiel mit den väterlichen Amtsinsignien dürfte kaum erlaubt gewesen sein. Eine komische Deutung überzeugt nicht, denn Mannheim wird als ernstes,

---

292 Pautler, *Weltdeutung*, S. 461.
293 Cf. auch Pautler, *Weltdeutung*, S. 419 ff.
294 Cf u.a. Pautler, *Weltdeutung*, S. 419 zur Diskussion der Gleichheit.
295 Pautler, *Weltdeutung*, S. 16.
296 Cf. Diskussion mit dem Superintendenten, der den alten Geistlichentypus repräsentiert.

altkluges Kind beschrieben, so dass die Predigt vor dem Perückenstock in erster Linie als eine Adaption väterlicher Werte zu verstehen ist – die Komik liegt eher in der Überraschung durch den Vater und dessen Gäste.

Zu offener Opposition ist Mannheim nicht fähig (Dr. Primrose übrigens auch nicht immer). Zwar hat er als lernbegieriges Kind eines orthodoxen Geistlichen Theologie studiert, aber „nicht sowohl um seinem Vater eine Freude zu machen, als weil er sich dazu geboren fühlte." (413) Die Distanzierung bei gleichzeitiger Nähe wird auch in dieser Formulierung deutlich, denn Mannheim studiert freiwillig Theologie, der Erzähler hält es aber für nötig, einen eventuellen Zwang zum Studium dennoch auszuschließen. Allerdings muss Mannheim an der Universität feststellen, dass das Bild, das sich seine Einbildungskraft von den Lehrern gemacht hatte, von den tatsächlichen Verhältnissen abweicht, und dass die Spitzfindigkeiten, die an der Universität gelehrt werden, nicht seinen Vorstellungen entsprechen. Diese Vorstellungen wurden in den Übungen mit seinem Vater geprägt, und Mannheim hat sich eine Religion entwickelt, an der er auch als Geistlicher noch festhält.

Keinen Bestand dagegen haben für ihn die alten Lehren, wie sie schon seinem Vater an der Universität vermittelt worden sind; Mannheim wendet sich, von allen Gegenbestrebungen seitens seiner Lehrer und seines Vaters unbeeindruckt, von den orthodoxen Lehrern ab und modernen Wissenschaften zu. (416) Diese Abwendung kann aber erst aus der Distanz zum Vater, nämlich am Studienort, erfolgen; auch die „Strafen" an der Universität „schrecken" Mannheim nicht, da es zu keiner direkten Konfrontation kommt: Die Professoren bedienen sich der „Amanuenses", die ihrerseits Briefe schreiben, „Erinnerungen am schwarzen Brett und in den Programmen" veröffentlichen, und die „Hand des unermüdeten Pedellen" ängstigt Mannheim ebenfalls nicht. (416) Von diesem hat Mannheim so wenig zu befürchten wie vom „Bannstrahl in den Briefen seines Vaters selbst, so innig er ihn verehrte", da er sich außerhalb der unmittelbaren Reichweite seines Vaters befindet. (416)

Statt sich also „in den Prolegomenen seiner dogmatischen Feldherrn gegen die Religionsspötter" (416) seiner „einfachen Religionsbegriffe" (415) berauben zu lassen, konzentriert Mannheim sich auf nützlichere Themen, belässt es aber nicht bei der theoretischen Auseinandersetzung. Im Hause des Amtmannes, mit dem er eben jene „Ausschweifungen aufs Land machte und die Ausübung dessen studierte, wovon ihm die Theorie der Ökonomisten doch nur sehr dunkle Vorstellungen gab", lernt Mannheim auch „bürgerliche" Werte kennen. (417) Der Sinn für das Pragmatische verhilft ihm schließlich zu seiner Anstellung als Landpfarrer, denn auch den notwendigen symbolischen Eid legt Mannheim in pragmatischer Deutung ab und „ließ es sich aber auch nur nicht einfallen, sich aus dem Eide einen Gewissensskrupel zu machen". (422)

Der Eid zeigt in pointierter Form die Synthese aus Affirmation und Subversion, die zu einem neuen „Wertekanon" führt, dessen Ziel der wirtschaftliche Aufschwung mit sittlicher Besserung ist. Auch dabei folgt Mannheim dem Prinzip des väterlichen Freundes, also einer „Tradition": „Das ewige Anspornen des allgemeinen Wohls machte ihn desto aufmerksamer auf sein Privatwohl, welches er als den verjüngten Maßstab ansah, nach welchem er jenes allein übersehen und beurteilen konnte." (415) Diese Änderungen im „kleinen Rahmen"[297] zielen durchaus auf eine Änderung gesellschaftlicher Verhältnisse.

Mannheims Auflehnung gegen Autoritäten und Traditionen ähnelt keinesfalls revolutionären Taten, denn zu echter Konfrontation kommt es gar nicht. Erst im Anhang widersetzt sich Mannheim den Bestrebungen des Superintendenten, in der *Geschichte* bleibt Mannheims Opposition farblos. Der Generationenkonflikt deutet sich an, ohne allerdings näher ausgeführt zu werden.

Lenz kritisiert mit den ironischen Bemerkungen über das Alltagsleben an Universitäten nicht nur die allgemeinen Verhältnisse,[298] sondern stellt insbesondere die theologische Fakultät als rückständig und zu philosophisch – und damit von realen Anforderungen entfernt – dar. Die theologischen Fakultäten, die an althergebrachten Dogmen festhalten, statt sich um eine praxisorientierte Ausbildung der künftigen Geistlichen zu kümmern, werden auch hinsichtlich des Niveaus angegriffen, denn die Institution Kirche ist letztlich mit einer einfachen Ausbildung der Landprediger zufrieden, denn „[s]chon eh er ausreiste, hatte er so viele Theologie mitgenommen, daß er sich zur Not hätte können examinieren lassen." (422)

5.5.2 Johannes Mannheim als Volksaufklärer?

Johannes Mannheim fungiert als Vermittler zwischen den Ständen,[299] eine Funktion, die die besondere Stellung des Landgeistlichen hervorhebt. „Der Mann hatte sein Amt; er hatte vor allen Dingen seine wirtschaftlichen Angelegenheiten, die ihn oft den ganzen Tag foderten, so daß er nur wenige Abendstunden der Erholung in dem Schoße seines Weibes widmen konnte". (437) Mannheim vermittelt seinen Bauern nicht unreflektiert religiöse und weltliche Dinge: „Aber er lehrte sie ihre Pflichten gegen ihre Herrschaft, gegen ihre Kinder, gegen sie selbst." (423) Die religiösen Grundlagen werden entsprechend einfach gehalten[300] und korrespondieren mit der „Religion" des kleinen Johannes:

---

297 Dedert,*Erzählung*, S. 78.
298 Cf. Studentenliteratur, Studentenleben etc., *Meppen Bocksbart*.
299 Cf. u.a. Winter, *Erinnerungstext*, S. 123.
300 Auch diese Ideen stehen, wie Pautler nachgewiesen hat, in der Tradition Spaldings.

> Diese war, um von der glücklichen Simplizität der Empfindungen unsers Lieblings eine Idee zu geben, in wenig Worten folgende: daß Gott litte, wenn wir sündigten und daß er auferstünde und gen Himmel führe, wenn wir andere glücklich machten. Wie sein Freund aber, der kameralistische Landpfarrer, nahm er immer sein eigenes Glück zum verjüngten Maßstabe desjenigen an, das er andern verschaffen wollte. (415)

Statt seinen Bauern etwas über die „Ewigkeit der Höllenstrafen", die „Vereinigung der beiden Naturen" oder die „Geheimnisse des Abendmahls" zu erzählen, lässt er sie von alleine auf religiöse Fragen kommen, die er ihnen individuell beantwortet. (422 f.)

Die Einsicht in moralisches Handeln wird durch die Aussicht auf wirtschaftlichen Erfolg attraktiv: „Er warnte sie eben sowohl vor Ausschweifungen und Lüderlichkeiten als vor den frühen Heiraten und den Zerstückelungen ihrer Grundstücke, welches alles Verwirrung und Armseligkeit in ihre Haushaltungen brächte." (423) In wirtschaftlichen Angelegenheiten geht Mannheim mit eigenem Beispiel voran, indem er ein landwirtschaftliches Unternehmen in Kooperation mit anderen gründet. Das eigene Glück wird zur Voraussetzung des Glücks der anderen, ganz im Sinne des „verjüngten Maßstabes".

Solchermaßen Vorbild, fungiert Mannheim als der ideale Landgeistliche, der neben einer für die Bauern verständlichen Seelsorge auch Volksaufklärung betreibt. Pautler ordnet Lenz' Landprediger zwischen Spaldings und Herders Konzeptionen als Vermittlungsversuch ein,

> der im Dienste der Propagierung volksaufklärerischer Ziele Herders Kritik an der 'absolutistischen Religionspolizei' [...] zurücknimmt. In seinem sozialpädagogischen Programm wird der Prediger stringent auf die neue Berufsrolle als 'Volkslehrer' hin ausgerichtet, der als 'beamteter Sitten- und Tugendlehrer [...] die zur Förderung des allgemeinen Glücks dienenden Gebote der Obrigkeit' [...] verkündet.[301]

Entsprechend konzentriere sich Mannheim „auf die zwei primären Zielsetzungen der Volksaufklärung, wie sie von Jürgen Voss herausgearbeitet worden sind", nämlich die Vermittlung elementarer Grundkenntnisse wie Lesen, Schreiben und Rechnen, und die Vermittlung einer „umfassende[n] Berufsausbildung".[302]

Tatsächlich aber setzt sich Mannheim dafür gar nicht ein. Mannheim setzt Ideen der physiokratischen Wirtschaftstheorie um,[303] Lenz widerspricht mit dem Thema der Abgaben aber „klassischen physiokratischen Prinzipien".[304] Insgesamt könne, trotz Bedenken und zeitgenössischer Distanzierungen von den

---

301 Pautler, *Weltdeutung*, S. 373.
302 Pautler, *Weltdeutung*, S. 373, stützt sich auf Voss, *Der Gemeine Mann und die Volksaufklärung im 18. Jahrhundert*, in: Vom Elend der Handarbeit. Probleme historischer Unterschichtenforschung. Hg. v. Hans Mommsen, Winfried Schulze. Stuttgart, 1981, S. 208 – 233; auch: Jürgen Voss, Deutsch-französische Beziehungen im Spannungsfeld von Absolutismus, Aufklärung und Revolution. Ausgewählte Beiträge, Bonn 1992, S. 187 – 214.
303 Pautler, *Weltdeutung*, S. 408, weist auf Dedert *Erzählung*, S. 67 und Stötzer, *Pathos*, S. 153 ff. hin. Auch Pautler führt einige Ideen aus, an dieser Stelle wird darauf verzichtet.
304 Pautler, *Weltdeutung*, S. 409. Zu der Abgabenproblematik cf. Pautler, *Weltdeutung*, S. 409 ff.

5.5.2 Johannes Mannheim als Volksaufklärer?

Theorien, „doch davon ausgegangen werden, daß er prinzipiell der physiokratischen Logik folgt."[305] Mannheim bestimmt die Lernziele der Bauern trotz der von ihnen gemachten Erfahrungen und bleibt in der ihnen übergeordneten Stellung, statt mit ihnen in partnerschaftlichem Miteinander Kenntnisse auszutauschen, wie es nach Dedert sein sollte:

> An seiner Überlegenheit selbst im agronomischen Bereich besteht zu keinem Zeitpunkt ein Zweifel; die Chance gleichberechtigter, partnerschaftlicher Diskussion unter Berücksichtigung der schließlich auch von den Bauern gemachten Erfahrungen bleibt weithin ungenutzt, anders als eine faktisch übergeordnete Vermittlungsinstanz agrarökonomischer Kenntnisse scheint der Bürger Mannheim dem Bürger Lenz nicht denkbar. In dieser Konstellation bleibt der Landprediger zumeist der gebende, der Bauer der nehmende Teil: [...][306]

Die vermittelten Kenntnisse beschränken sich dabei nicht auf den landwirtschaftlichen Bereich, der Landprediger ermöglicht es den Bauern, auch „an einer höheren bürgerlichen Bildungskultur" teilzunehmen, indem er ihnen beschränkt entsprechendes Wissen vermittelt.[307] Diese Beschränkung ist das Resultat der Orientierung an der praktischen Aufklärung: „Dies bedeutet, daß die hohen Ideale der Bildung pragmatisiert und in den konkreten ländlichen Lebenszusammenhang gestellt werden."[308] Mannheim geht es aber weniger um Grundkenntnisse als vielmehr um „Sitten und Geschmack". (463) Dennoch kann er dem Vorwurf der Verbauerung nicht entgehen.

Johannes Mannheim ist also kein Volksaufklärer im Sinne des Helfers der Landbevölkerung, sondern ein Vermittler von „Sitten und Geschmack". (463) Das zeigt sich auch in seiner „Akademie".

5.5.3 Das Pfarrhaus als Akademie

Über die Tätigkeit des Volksaufklärers im herkömmlichen Sinne geht Mannheim auch hinaus, wenn er im Pfarrhaus junge Männer nicht bäuerlicher Herkunft erzieht. War Albertines Einsamkeit[309] als Pfarrfrau auf dem Lande ursächlich für die Idee, ihr mit Liesgen Gesellschaft in das Pfarrhaus zu holen, so entdeckt Mannheim ein gleiches Bedürfnis für sich und sucht sich junge Männer zu gegenseitigem Nutzen:

> Er wußte, welch eine unangenehme Epoche im menschlichen Leben der Übergang vom Jünglingsalter zu männlichern Geschäften macht, und wie nötig jungen Leuten, die von

---

305 Pautler, *Weltdeutung*, S. 412. Cf. auch Wurst, *Contradictory*, S. 37.
306 Dedert, *Erzählung*, S. 67. Auch Pautler, *Weltdeutung*, S. 375, weist unter Rückgriff auf Walter Hartmann und Gabriele Bersier darauf hin, dass „die Konzeption eines Dorfpfarrers als Mentor der Aufklärung, den Bauern praktischen Unterricht gibt, wie sie schon von Spalding entwickelt wurde [...]", für volkspädagogische Literatur charakteristisch sei. Böning dagegen weist darauf hin, dass schon Mitte des 18. Jahrhunderts Aufklärer auch durch die zu Aufzuklärenden belehrt werden können. Böning, Nachwort zu Greiling, S. 188*.
307 Pautler, *Weltdeutung*, S. 374.
308 Pautler, *Weltdeutung*, S. 374.
309 Zur Bedrohung der Idylle cf. Osborne, *Idyll*.

5.5.3 Das Pfarrhaus als Akademie

der Akademie kommen, oder sonst in dem Vorbereitungsstande zu wichtigern Geschäften stehen, ein Hafen sei, in welchem sie ihr Schiff takeln, kalfatern und segelfertig machen können, ehe sie es wagen dürfen, es vom Stapel abzulassen. Er machte also seine Spekulationen auf diese Vorbereitungsjahre edler Jünglinge, die nicht durch Kriechen, oder sich an Schürzen hängen, sondern durch das Bewußtsein innrer Kräfte, in Ämter, oder zu Künsten aufgenommen zu werden strebten, und öffnete ihnen, sobald er diesen Funken in ihnen entdeckte, sein Haus ohne Ausnahme, gegen keine andere Entschädigung, als daß sie einige Stunden von ihren täglichen Beschäftigungen zu dem Umgange mit ihm und seinem Hause abbrächen, der ihnen in allen Rücksichten nicht anders als höchst vorteilhaft sein konnte. [...]

So ward sein Haus in gewisser Art eine Akademie der Künste und Wissenschaften, weil sich Künstler und Gelehrte zu ihm flüchteten. (438)

Mannheims Wunsch nach Gesellschaft verweist nicht nur auf die soziale Isolation der Landgeistlichen, die weder mit den Bauern noch dem Adel gesellschaftlich verkehren können, sondern dokumentiert auch Mannheims Bestreben zu wirken, denn er macht „Spekulationen", wählt bestimmte junge Männer aus, die durch die „Erkenntlichkeit", die sie „von ihm mitnahmen", ihm in ihren späteren Positionen behilflich sind, „wodurch denn seine Korrespondenz und sein Wirkungskreis einer der angesehensten im Königreich war." (438) Auch Dedert hat auf Mannheims Wirken hingewiesen, deutet es aber im Rahmen der Mannheimschen Theorie vom „verjüngten Maßstab", wodurch die „Befriedigung individueller Bedürfnisse" stärker betont werde als die sozialpolitische Bedeutung, die das Pfarrhaus für die Bildung des Bürgertums hatte. So verdeutliche die Akademie „ihren vornehmlich privaten Charakter":

Dem Bürger Mannheim geht es nicht um den umfassenden, auf die radikale Änderung sozialpolitischer Verhältnisse abzielenden Gesellschaftsentwurf, sondern eher um konstantes Wirken im kleinen Rahmen. Selbst wenn 'seine Korrespondenz und sein Wirkungskreis einer der angesehensten im Königreich' [...] genannt werden können, bleibt die Basis seines Schaffens das Theorem vom 'verjüngten Maßstab'.[310]

Mannheim zielt nicht auf eine „radikale Änderung", sein Wirken beschränkt sich aber auch nicht auf den „kleinen Rahmen". Ganz im Sinne des Spekulanten wählt Mannheim jene, die sich noch im „Vorbereitungsstand" befinden und deshalb geprägt werden können, dem eigenen Glück und schließlich dem Gemeinwohl dienlich zu sein.

Der Hinweis des Erzählers, dass eine „Abweichung einer halben Sekunde von dem vorgezeichneten Wege in der Kindheit oft im Alter eine Entfernung von mehr als 90 Graden"[311] nach sich ziehe, verdeutlicht, dass Lenz der Erziehung großen Einfluss zubilligt, auch wenn dieser erst im jungen Erwachsenenalter erfolgt. Wie groß Mannheims Einfluss ist, beweist ihre „Erkenntlichkeit", da die jungen Männer „seiner weder in Briefen noch in Aufträgen, die er an sie hatte, jemals vergessen konnten," was letztlich zum Ausmaß seines Wirkungskreises

---

310 Dedert, *Erzählung*, S. 78.
311 Lenz, *Landprediger*, S. 414. Der Erzähler erklärt, wie Mannheim trotz der Erziehung durch seinen orthodoxen Vater Ideen nach Shaftesbury rezipiert.

beiträgt. (438) Mit diesen Aufträgen überschreitet Mannheim jenen „kleinen Rahmen" und zielt auf eine Prägung der Gesellschaft, die er, wie schon den symbolischen Eid, nicht völlig ändern, wo aber möglich, seinen Vorstellungen entsprechend formen will.

Zu diesem Zwecke wählt Mannheim junge Männer mit dem „Bewußtsein innrer Kräfte" aus, für die ihrerseits das Pfarrhaus als *Asyl* fungiert. Das Pfarrhaus wird ja erst deshalb zu einer Akademie, weil sich Künstler und Gelehrte ins Pfarrhaus „flüchten", (438) so miteinander in Kontakt treten und sich untereinander austauschen; als Hausherr bleibt Mannheim freilich der Lehrer. Damit hat das Pfarrhaus nicht allein sozialpolitische Bedeutung „durch die Garantie einer vom Staat und seinen Organen unabhängigen Bildung für das Bürgertum"[312]; es tritt stärker noch als Ort hervor, an dem kulturelle und wissenschaftliche Werte tradiert werden.

Pautler sieht in der Akademie „eine Art Keimzelle für einen späteren Zusammenschluß der neuen bürgerlichen Elite"; die Korrespondenz, die Mannheim mit den jungen Leuten aufrecht erhält, lasse die

> Akademie auch als eine Vorform einer neuen politischen Öffentlichkeit beschreiben, die sich in Abgrenzung von der repräsentativen Öffentlichkeit des Adels als neuer Machtfaktor, den die privilegierten Schichten zwangsläufig anerkennen müssen, entwickelt. [...][313]

Entsprechend wird Mannheims Einfluss auf die *gesamte* Gesellschaft evident, denn so, wie „sein Genie, das nie rastete," „sich nach einigem Widerstande allen" mitteilt, (424) so wirkt er auch auf die jungen Männer, die in wichtigen Positionen in Wissenschaft und Kunst sitzen werden. Das Resultat seines Wirkens in der Erziehung und der Vermittlung nützlicher Kenntnisse aller Stände schlägt sich in der gesamten Gesellschaft nieder und verdeutlicht die zentrale Rolle, die Mannheim in dieser einnimmt. Fast scheint es, als liefen alle Fäden durch seine Hand. Das Pfarrhaus ist kultureller, politischer, wirtschaftlicher und geistiger Mittelpunkt der Gesellschaft und Mannheim Initiator aller positiven Entwicklungen im Königreich. Mannheim ist nicht mehr das altkluge, von sozialen Kontakten abgeschnittene Kind, sondern ein Landgeistlicher, der aufgrund seiner Erfolge mit einem König verglichen wird, der „nicht inniger geehrt" werden könnte. (424) Die Auswirkung auf das gesamte Königreich, die jungen Männer vergessen Mannheim ja nicht, sei „als eine quasi natürliche Folge der erworbenen Tüchtigkeit und entstandenen bürgerlichen Öffentlichkeit dargestellt."[314] Damit habe Lenz verdeutlicht, dass Wohltäter wie Schlosser notwendig sind, um bürgerliche Selbstsicherheit zu fördern.[315]

---

312 Dedert, *Erzählung*, S. 78.
313 Pautler, *Weltdeutung*, S. 432 und 433.
314 Pautler, *Weltdeutung*, S. 434.
315 Pautler, *Weltdeutung*, S. 434.

5.5.4 Der Landprediger als Vermittler zwischen den Ständen

Die angestrebte Gesellschaftsordnung setzt standesspezifische Erziehungsziele voraus, und so werden die Bauern zur Pflichterfüllung erzogen, nachrangig bildet Mannheim ihre Sitten und ihren Geschmack aus, (463) für die „edlen" Jünglinge dagegen besteht die Bildung in der Vorbereitung auf wichtigere Geschäfte. Auch vor der Maßregelung der ihm sozial Übergeordneten schreckt Mannheim nicht zurück, seine Stellung als Geistlicher und seine „moderne" Ausbildung geben ihm diese Rechtfertigung. So gelingt es ihm bei einem Besuch im Hause des Dorfherrn, der Missachtung durch die Hausherrin in geschickter Art zu begegnen; sie wird schließlich „so geschmeidig und freundlich gegen ihren Beisitzer, den Pfarrer Mannheim, daß es einem Zuschauer, der von ungefähr dazugekommen wäre, das Werk eines halben Wunders geschienen haben müßte." (432 f.) Den Höfling schlägt Mannheim mit dessen eigener Waffe, der Ignoranz; eine weitergehende Auseinandersetzung mit ihm ist nicht nötig, da er zur Welt des Hofes gehört, mit der Mannheim, wie bei seinen literarischen Ambitionen deutlich wird, keine Gemeinsamkeiten hat. Das von Mannheim angestrebte Bildungsziel der höheren Stände besteht in der Vermittlung angemessener Umgangsformen den unteren gegenüber.

Die Szene im Hause des Dorfherrn zeigt laut Dedert sowohl Gemeinsamkeiten als auch Unterschiede zwischen Pastoren- und Dorfherrnfamilie.[316] Nachdem Mannheim und Albertine mit „bürgerlichem Selbstbewusstsein" ihren Platz in der Gesellschaft behauptet haben, können alle Anwesenden über gemeinsame kulturelle Werte diskutieren, bis der Höfling erscheint und durch seine Art des Auftretens die sich gefundene gesellschaftliche Konstellation zerbricht, die ohnehin eine untypische ist. Der Hausherr stellt Mannheim dem Herrn vom Hofe vor:

> Das ist der berühmte wunderbare Herr Pfarrer Mannheim, sagte der Hausherr, um diese Reibung der Gesellschaft zu maskieren, der aus seinen Bauren Edelleute und aus seiner Kirche eine Akademie der ökonomischen Wissenschaften machen will.
>
> Diese hohe Ankündigung sollte auf einer Seite dem neuen Gast alle Befremdung, einen Prediger in dieser Gesellschaft zu finden, ersparen, auf der andern dem Pfarrer Mannheim auf eine sehr subtile Art eine Erinnerung geben. (434)[317]

Zwar nimmt Mannheim als Geistlicher eine soziale Zwischenstellung ein, die es ihm, auch und gerade aufgrund seiner Bildung und seines Umganges mit Adligen, erlaubt, Kontakte mit dem Übergeordneten zu pflegen, dieser aber gehört gesellschaftlich eher noch zum Hof/Adel als zur Gesellschaft des Landes, zu der ein Pfarrer eben nicht gehört. Nicht nur die Ironie, mit der der Dorfherr das volksaufklärerische Engagement Mannheims vorstellt, auch sein wahres Interesse am Besuch des Pfarrers weisen auf die gesellschaftliche Distanz hin:

---

316 Dedert, *Erzählung*, S. 74 – 77 zur „Konfrontation mit dem Adel".
317 Dies wird bei Dedert eben nicht erwähnt.

5.5.4 Der Landprediger als Vermittler zwischen den Ständen

> Nun hatte die Höflichkeit des gnädigen Herrn, der ohnedem eine Zeitlang in französischen Diensten gestanden war, noch eine besondere Springfeder, die war, daß Mannheim mit ihm im Handel wegen einer seiner Zehenden stund, mit deren Einfoderung er, weil er die Kniffe der Bauren nicht kannte, viele Mühe hatte. (431)

Aufgrund mangelnder Kenntnisse im Umgang mit seinen Bauern muss der Dorfherr auf den Landpastor als Vermittler zurückgreifen. Dedert sieht hierin eine „Gefahr vorschneller Versöhnung zwischen Bürger und Fürst zu Lasten der Bauern und über Klassenantagonismen hinweg [...], hält doch zumindest der Herr des Dorfes eine Kollaboration Mannheims mit dem Adel und gegen die Bauern für möglich", da seine „Höflichkeit" eben jene weitere „Springfeder" habe.[318] Tatsächlich aber lässt Mannheim sich weder für wirtschaftlichen Missbrauch einspannen, noch steht er mit dem Dorfherrn auf gleicher Stufe.[319] Dem Vorwurf der Verbauerung aber kann auch Mannheim trotz der Aufklärungsaktivitäten nicht entgehen.

5.5.5 Der Landprediger als Familienvater

Am Beispiel der gegenseitigen Erziehung der Eheleute wird das affektive Potenzial Mannheims deutlich. Albertines Versuchen, ihm das Rauchen abzugewöhnen, begegnet er bewusst aggressiv: er „nahm seine Tabaksdose, sie zu quälen, auf ihr Zimmer und rauchte ihr beim Vorlesen den ganzen Abend vor." (439) Wie zur Vergeltung will er ihr schließlich nach ihrem Erfolg sowohl das Kaffeetrinken als auch das Dichten abgewöhnen, wobei er aber zu drastischen Maßnahmen greift. Seine Lüge ist mit ihrem Spiel mit der Pfeife für den Sohn vergleichbar, aber Mannheim beruft sich dabei auf „eine landesfürstliche Verordnung" (440), um seine Interessen durchzusetzen. Autorität und Macht sind korreliert, zur Stärkung der eigenen Macht greift Mannheim auf die des Landesfürsten zurück. Ungeachtet der „verschiedenen Empfindungen, die diese Neuigkeit" bei den Frauen verursacht, führt er die Diskussionen „mit einem seiner jungen Freunde" weiter und kümmert sich erst nach dem Essen um Albertine. (440 f.) Seine Argumentation ähnelt dabei der seiner Frau, Rauchen und Kaffee sind modische Genussmittel, die von natürlicher Lebensweise abhalten. Die Beziehung zwischen Stadt und Kaffee bringt der Erzähler auf den Punkt, wenn er Albertine und Liesgen als „wahre Stadtweiber, die Schale in der Hand" beschreibt. (440)

Mannheims Kälte, die Ignoranz hinsichtlich der unmittelbaren Wirkung seiner Worte, die Berufung auf eine höhere Autorität und die Wiederholung der Argumente, mit denen schon Albertine ihm begegnet ist, stehen stärker im Dienste der Machtausübung als einer didaktischen Maßnahme. Ähnlich lassen

---
318 Dedert, *Erzählung*, S. 76.
319 Es zeigt sich, dass das ökonomische Wissen Macht für die Bürger bedeutet, cf. Pautler, *Weltdeutung*, S. 434, auch S. 422; Maaß, *Erzählungen*.

5.5.5 Der Landprediger als Familienvater

sich seine Aktionen hinsichtlich ihrer Dichtung verstehen, die Mannheim ablehnt. Statt ihr Mut zuzusprechen, rät er ihr, mit dem Schreiben aufzuhören:

> Ich will' s behalten, sagte er; „aber da, da und da, hast du dieselben Gedanken wieder gebracht, die im ersten waren, nur unter einem andern Kleide und du merkst wohl, daß das bei weitem nicht so herzlich ist. -
> Wenn ich dir raten kann, mach keine Verse mehr.
> Wenn es dir keine Freude macht, sagte sie mit einem etwas finstern Gesicht -
> Nein, es macht mir keine, versetzte er mit einem ungewöhnlichen Ton. Sie ging fort. (448)

Der Dialog wird durch Albertines Weggang abgebrochen, so dass eine vernünftige Auseinandersetzung nicht möglich ist. Mannheim verurteilt die Wiederholung gleicher Ideen ohne rechtes Gefühl. Er lehnt die Arbeiten nicht vollständig ab, denn ihr erstes Gedicht hat er zurückgelegt; auch finden sich, obwohl später „keine Verse mehr gemacht" (451) werden, in Mannheims Unterlagen „einige herzliche Gedichte" Albertines. (456)

Mit der Szene am Abgrund überschreitet Mannheim die Grenzen des für seine Frau und deren Freundin Zumutbaren, die beiden Frauen sind emotional überwältigt, Albertine schließlich bittet ihn auf Knien um Verzeihung. (451) Der Erzähler selbst bezeichnet dieses Ereignis als „Katastrophe", der eine Besinnung auf traditionelle Literatur und die Phantasie anregende Schauspiele folgt. (451) Aber auch Lenz überschreitet die Grenze des den Lesern Zumutbaren, indem er die Szene theatralisch überzeichnet und Mannheim als unglaubwürdige Figur darstellt, denn dieser schwankt zwischen Zorn und Spiel. Auf die Frage, ob er keine Verzeihung kenne, antwortet er „nachdrücklich" mit Nein. Wieder (wie schon in der Luzilla-Szene und im Gespräch über Albertines Gedichte) ist die szenische Gestaltung unmittelbar, der Leser betroffen – und er wird in seiner Erwartungshaltung wieder enttäuscht, da Mannheim nicht verzeihen kann, weil er „niemals gezürnt" hat. (450) Danach werden eben traditionelle Texte gelesen und kleine Stücke gespielt.

Schon die Akademie, die Erziehung junger Männer, die er später nach eigenem Gutdünken zu verwenden weiß, verrät den langfristig planenden Mannheim, der seinen Herrschaftsraum auszudehnen versteht. In Dialogen profiliert sich Mannheim als selbstbewusst, geradezu dominant. Die Eroberung seines Platzes in der städtischen Gesellschaft, die Besänftigung der gnädigen Frau, auch das Hinweggehen über die Einladung zum Kaffee durch seine Aussage, er werde „die Gnade haben", seine Zeichnungen zu zeigen, verweisen auf Mannheims Selbstbewusstsein. Auch die Erziehung des Sohnes erfolgt nach strikten Regeln, die Mannheims Vorherrschaft erkennen lassen.

Probleme hat Mannheim in seinen Liebesbeziehungen, überhaupt mit der Gefühlswelt. In der Forschungsliteratur wird mehrfach auf die Verdrängung des Gefühlslebens in der Figur des Landpredigers Mannheim oder auch dessen mangelnde emotionale Entwicklung hingewiesen. In diesen Kontext gehört u.a. die „Einbildung", Luzilla, an die er über Jahre nicht gedacht hat, bei seiner für sie unvermuteten Rückkehr für sich einnehmen zu können.[320] Die Realitätsferne dieser Annahme korrespondiert mit der affektierten und hypochondrischen Werbung um Albertine – eine Parodie auf fiktionale Liebesgeschichten, die die jungen Leser mit unrealistischen Erwartungen erfüllen. Gerade weil der Erzähler an diesen Stellen den Leser zur Imagination aufruft, er sich dem Vorgang des Erzählens verweigert, enttäuscht er die Lesererwartungen und ruft somit zur eigenen Vorstellungswelt auf. Die Figurenkonzeption zeigt also einen Bruch: Der einfühlsame Ehemann, erziehende Vater und aufgeklärte Landprediger ist emotional unterentwickelt, herrsch- und rachsüchtig.

5.6 Weitere Geistliche

Mit Mannheim Senior, seinem Freund, dem Superintendenten und dem Standprediger schildert Lenz vier weitere Geistliche. Mannheim Senior verkörpert einen orthodoxen Geistlichen. Sein Freund, der „kameralistische" Pfarrer, steht mit seinen staatswirtschaftlichen Verbesserungsprojekten und der Mischung des Privatwohls mit dem Gemeinwohl in der Tradition Spaldings. Vom geistig trägen Mannheim Senior unterscheidet er sich auch durch seine breite Bildung, die dem Erzähler allerdings auch Anlass zur Ironie ist: „Dieser glückliche Mensch, der mit allen diesen kameralistischen Grillen auch einige angenehme Talente besaß, in verschiedenen modernen Sprachen las, zeichnete und die Harfe spielte, [...]." (415) Er fühlt sich glücklich in der Annahme, unerkannt zum Gemeinwohl beizutragen, indem er anonym seine Verbesserungsvorschläge, jene Grillen, die an Dr. Primroses Steckenpferd erinnern, an die zuständigen Stellen leitet, ohne jemals zu erfahren, ob diese auch umgesetzt werden.[321] Sein Einfluss auf Mannheim manifestiert sich in dessen „Wirtschaftsmoral" und seiner Haushaltführung mit der Anleitung der akademischen Jugend.

Der Probst, Luzillas Vater und spätererer Spezialsuperintendent, sucht sich aufgrund seines Alters, Zähnemangels und der „Liebe zur Ruhe" einen Nachfolger, den er in Mannheim gefunden zu haben glaubt. Damit entspricht er

---

320 Cf. u.a. Gibbons, *Adaption*, S. 221, der Mannheims „lack of emotional insight" erwähnt und auf die Kritik am Gefühlskult hinweist, die in der Rückkehrszene zum Ausdruck gebracht werde.
321 Wurst, *Contradictory*, S: 36 f., weist darauf hin, dass eine Antwort auf anonym eingereichte Schreiben wohl nicht wirklich erwartet werden kann: „The non -integrated commentary provides a link wich [sic] is based on tropes rather than logic in this self-problematizing episode. It is one of the resisting elements that provokes the reader to question its function. Why should one expect answers to anonymous letters? Why does the passage attract specific attention to itself by emphasizing this unnamed paternal friend' s influence on the young Mannheim? The passage further derails the master discourse and establishes distrust in the progressive vision presented in the narrative. The text itself dismissingly refers to the ambitions of young Mannheim' s mentor as 'kameralistische Grillen.' (415) Is this verdict also to qualify Johannes Mannheim' s position?"

dem Klischee vom Landgeistlichen, der sich ein bequemes Leben erhofft.[322] Seine mangelnde Durchsetzungsfähigkeit beweist er schon in der Erziehung seiner Tochter, die sich lieber mit Romanen die Zeit vertreibt, als sich von ihrem Vater Wolffs Logik und die Metaphysik beibringen zu lassen, was diesem wiederum vorschwebt, um so zur Moral zu kommen. Dieser Geistliche erinnert an den Typus des Pedanten, mit seiner umständlichen Moralvermittlung auch an den des Sonderlings.

Mit dem Gespräch zwischen Mannheim und dem Superintendenten im Anhang werden zwei religiöse Auffassungen einander gegenüber gestellt, die den Status quo und das Erwünschte repräsentieren. Der Superintendent, vom Erzähler unter Rekurs auf den Brief als „sehr guter braver Mann" beschrieben, verdankt sein Ansehen „eingerosteten Kirchengebräuchen". (457) Dieses Ansehen kann er aufgrund seines Alters, seines Eigensinnes und wegen mangelnder Kräfte nicht aufopfern gegen eines, dass sich aus seiner das Gemeinwohl fördernden Tätigkeit ableiten würde. (457) Damit bestätigt der Erzähler im Anhang den Eindruck, den er im ersten Teil nur angedeutet hat. Diesem Amtsverständnis werden die Anforderungen an die nächste Generation gegenübergestellt; demnach resultiert das Ansehen der Alten noch aus dem Amt selbst, während die Jüngeren sich ihr Ansehen erst verdienen müssen:

> Er erschrak sehr, heißt es in demselben vom Spezialsuperintendenten, der übrigens als ein sehr guter braver Mann drin geschildert wird, der aber vielleicht eben sowohl wegen Alters und Eigensinn, als weil er nicht Kraft genug hatte ein Ansehn, welches er bloß eingerosteten Kirchengebräuchen zu danken hatte, gegen eines aufzuopfern, das, weil es dem Wohl des Ganzen ungleich zuträglicher war, freilich erst im Glauben und Hoffnung einer bessern Zukunft eingeerntet werden mußte, er erschrak sehr [...]. (457)

Hinter dieser Formulierung verbirgt sich ein leistungsorientiertes Amtsverständnis, das sich von dem der Orthodoxie verpflichteten unterscheidet. Dieser Unterschied liegt nicht in den Geistlichen begründet, sondern in einer auf Autorität und alten Traditionen beharrenden Kirchenpolitik, die kein Interesse am Gemeinwohl hat und entsprechend keine Fördermaßnahmen ergreift. Der Text zeigt auf, dass das Engagement (Privatengagement) der Geistlichen eine der Voraussetzungen für gesellschaftliche Verbesserungen ist; gleichzeitig wird deutlich, dass dieses Engagement erfolgreich sein kann: Immerhin überzeugt Mannheim den Superintendenten von seinen Ansichten und bahnt sich auf diese Weise den Weg für seinen künftigen Erfolg.

Der Abbé, ein Stadtprediger und Luzillas Bräutigam, gehört zur selben Generation wie Mannheim, repräsentiert aber nicht das in der Stadt agierende Pendant zum Landprediger, sondern einen durch die negativen Einflüsse der Stadt korrumpierten jungen Mann. Dabei erscheint er nicht roh und ungesittet, vielmehr wird er durch weibliche Attribute als „verzärtelt" dargestellt und somit

---

322 Auch der Magister bei Thümmel sucht ja eine ruhige, einträgliche Stelle.

zum Objekt der Lächerlichkeit. Dedert verweist auf Martens und den Begriff „moralischer Realismus"; danach hat jede Einzelheit ihren „moralisch charakterisierenden Aussagewert", der beim Hofkaplan die unnatürliche Rokokomode kritisiert.[323] Mit dem Interesse an Mode scheint Oberflächlichkeit einher zu gehen, wie Mannheim auf die Frage nach seinem Vater erleben muss: „Ach, der Dorfpfarrer, versetzte der Abbé mitleidig. Ja, ich erinnere mich. Ist er Ihnen nicht gleichgültig, mein Herr?" (421) Mitleid und Gleichgültigkeit schließen sich aus, an dieser Stelle manifestiert sich das Bewusstsein der übergeordneten Stellung dem Landgeistlichen gegenüber.

---

323 Dedert, *Erzählung*, S. 70. Cf. Mode der Geistlichen, besonders auch bei Nicolai.

6 Zusammenfassung

> Ein protestantischer Landgeistlicher ist vielleicht der schönste Gegenstand einer modernen Idylle; er erscheint, wie Melchisedech, als Priester und König in Einer Person. An den unschuldigsten Zustand, der sich auf Erden denken läßt, an den des Ackermanns, ist er meistens durch gleiche Beschäftigung, so wie durch gleiche Familienverhältnisse geknüpft; er ist Vater, Hausherr, Landmann und so vollkommen ein Glied der Gemeine. Auf diesem reinen, schönen, irdischen Grunde ruht sein höherer Beruf; ihm ist übergeben, die Menschen ins Leben zu führen, für ihre geistige Erziehung zu sorgen, sie bei allen Hauptepochen ihres Daseins zu segnen, sie zu belehren, zu kräftigen, zu trösten, und, wenn der Trost für die Gegenwart nicht ausreicht, die Hoffnung einer glücklicheren Zukunft heranzurufen und zu verbürgen.[1]

Heute kaum noch bekannt, war Thümmels Epyllion zu Lebzeiten des Autors äußerst beliebt, so dass Nicolai seinen Roman *Sebaldus Nothanker* als „Fortführung" der Abenteuer des komischen Helden niederschrieb – mit Erfolg für beide Autoren. In der Zwischenzeit war auch Goldsmiths Roman *The Vicar of Wakefield* in Deutschland erschienen und ebenfalls populär geworden. Als Lenz 1777 seine Erzählung *Der Landprediger* veröffentlichte, war dem Lesepublikum die Figur des evangelischen Landpredigers mithin bekannt. Der Landprediger wird nicht immer als „Gegenstand einer modernen Idylle" geschildert, wie die vorliegende Arbeit aufzuzeigen versucht.

In den Ausführungen zum Stand der Geistlichen ist dargelegt worden, dass evangelische Geistliche auf dem Lande dem Vorwurf der Verbauerung ausgesetzt waren, ihr Ansehen im Kreise der Kollegen in der Stadt und auch der Gemeindemitglieder mitunter gering war. Die hier analysierten Werke thematisieren diesen Verlust sozialen Ansehens auf unterschiedliche Weise. Weder in Thümmels scherzhaftem Epos *Willhelmine*, erschienen 1762, noch in Lenz' Erzählung *Der Landprediger* wird ein idyllischer Landprediger beschrieben. In beiden Texten fungiert der Landprediger als Medium der Kritik - gemeinsam ist den Werken die kritische Auseinandersetzung mit dem Wandel auf dem Literaturmarkt. Der Anteil unterhaltsamer Literatur am Gesamtaufkommen literarischer Produkte nahm im Laufe des 18. Jahrhunderts zu, eine Tatsache, der die Autoren auf unterschiedliche Weise Rechnung tragen; gleichzeitig wird der Befürchtung, Religion nähme an Bedeutung ab, Ausdruck verliehen.

In Thümmels Epyllion ist die Gesellschaft abergläubisch, die Geistlichen sind defizitär, Aufklärung kann nicht alle erreichen. Der inhaltlichen Aussage entspricht die Form: Thümmel hat ein Epyllion geschrieben, das durch stilistische Feinheiten auch heute noch unterhält. Die heute fehlende Kenntnis dieser Gedichtform allerdings erschwert das Verständnis, wie sich auch in der Zuordnung zeigt. Die Einbindung der

---

1 Goethe, *Dichtung und Wahrheit*, Zweiter Teil, Zehntes Buch, S. 457.

Stilmittel und Motive erfolgt bei Thümmel so subtil, dass bisher eine Kategorisierung schwer fällt: Überwiegt der ästhetische Anteil oder die Satire? Liegt ein Epyllion vor? Ist es eine „idyllische Variante"[2]? Wie ist dann die Satire zu bewerten? Die Stilmittel sind funktional eingebunden, über diese ästhetische Funktion hinaus tragen sie aber eine tiefere Bedeutung.

Die Annahme eines rein ästhetischen „Charakters" des Epyllions überzeugt nicht, denn gerade die Abweichungen hinsichtlich der Verwendung der Stilmittel könnte auf eine Parodie auch des komischen Heldengedichts hinweisen. Ein Vergleich des Epyllions mit Werken anderer Autoren unter besonderer Berücksichtigung der von Thümmel verwendeten Stilmittel kann Aufschluss darüber geben, ob sie „ornamentalen"[3] Charakter haben, oder ob sie in den Dienst einer subtilen Kritik am komischen Heldengedicht gestellt werden. Diese Literaturkritik wäre dann Mittel zum Zweck, denn Gesellschaftskritik übt Thümmel allemal: Am Beispiel der sozialen Stellung der Landprediger ist aufgezeigt worden, dass Thümmel zeitgenössische Diskussionen thematisiert.

Goldsmith übt ebenfalls Literaturkritik; er äußert die Bedenken durch entsprechende narrative Techniken. Dr. Primrose macht sich über seine Familie und ihre Gutgläubigkeit lustig: Da wird im Kaffeesatz und in den Händen gelesen, alltägliche Begebenheiten werden im Sinne erwünschter Ereignisse gedeutet. Das Erstaunliche: die Vorhersagen treten tatsächlich ein, wenn auch in anderer Form als zunächst erwartet. Dieses märchenhafte Element rückt den Roman in die Nähe der Parodie. Die vorliegende Arbeit schließt sich der Interpretation des Romans von Goldsmith „in the context of parody" an.[4] Der „antiromantische" Inhalt (eine Handlung, die sich kritisch mit Liebesgeschichten auseinander setzt) und die narrative Technik weisen den Roman als ein mit Blick auf zeitgenössische Unterhaltungsliteratur kritisches Werk aus.

Die Texte Nicolais und Lenz' greifen das Thema *Literatur* auf, beide Autoren bedienen sich der von ihnen kritisierten Motive. Friedrich Nicolai hat Thümmels Epyllion *Willhelmine* als Grundlage für seinen 13 Jahre später erschienenen Roman *Sebaldus Nothanker* gewählt, weicht aber in der Figurenkonzeption von Thümmels Magister ab. Auffallend ist die zeitliche Einordnung durch Nicolai, da er die von Thümmel erzählte Geschichte korrigiert und so Kritik an *zeitgenössischen* Ideen erst möglich macht.

Auf diesen Roman bezieht sich der Erzähler in Lenz' Erzählung. Wichtiger als der Realitätsanspruch der Projekte Mannheims sind narrative Techniken, die erst in der jüngsten Forschung mehr und mehr in das Zentrum des Interesses rücken. Die Widersprüchlichkeit einzelner Aussagen, die Montage diverser

---

2 Maler, *Held*, S. 41.
3 Maler, *Held*, S. 87, cf. auch S. 33 und Hess-Lüttich, *Degradation*, S. 252.
4 Didicher, *Parody*.

„Versatzstücke"[5], die Abweichung von Lesererwartungen stützen die Annahme, Lenz habe mit seiner Erzählung Kritik an literarischen Entwicklungen geübt, die Lenz in einen religiösen Kontext gebettet sieht.

Johannes Mannheim scheint in einer dörflicher Idylle zu leben, die sich durch seine Tätigkeit zu einem wohlhabenden Ort mit wirtschaftlichem Niveau ähnlich einer Stadt entwickelt. Das Bürgerliche wird Teil des Dorflebens, so wie auch Literatur mehr und mehr das Leben auf Kosten der Religion bestimmt. Lenz ironisiert zeitgenössische Idyllendichtung, indem er am Beispiel der Gedichte von Albertine seine Kritik verdeutlicht; er ironisiert aber auch durch die ambivalente Darstellung des Landlebens, die von tatsächlichen Verhältnissen abstrahiert. Nicolai kritisiert diese schwärmerische Literaturaneignung vor einem sozialpolitischen Hintergrund, Lenz richtet sein Augenmerk stärker auf Literatur und die Folgen unreflektierten Lesens besonders der schlechten Literatur.

Im 18. Jahrhundert verschiebt sich der literarische Markt, religiöse Literatur nimmt ab zu Gunsten unterhaltender Literatur; einige der Texte reflektieren diesen Prozess selbstkritisch. Dabei geht es weniger um ein religiöses als vielmehr um ein moralisches und pädagogisches Anliegen.

---

5   Zum Begriff cf. u.a. Schmalhaus, *Anspielung*, S. 160 und Pautler, *Weltdeutung*, S. 457.

7 Literaturverzeichnis

7.1 Zitierte Quellen

Behr, Christian August: Kilian Pips, eine Kandidatengeschichte. Leipzig 1781.
Collected Works of Oliver Goldsmith. Ed. by Arthur Friedman. Vol. IV. Oxford 1966.
Cramer, Carl Gottlob: Meppen Bocksbart, oder wundersame Abentheuer eines peregrinierenden Kandidaten. Leipzig 1783/85.
Goethe, Johann Wolfgang: Dichtung und Wahrheit. Hg. von Walter Hettche. Durchgesehene und bibliographisch ergänzte Ausgabe. Stuttgart 1998.
Jacob Michael Reinhold Lenz: Werke und Briefe in drei Bänden. Hg. von Sigrid Damm. München, Wien: Carl Hanser Verlag 1987.
Lenz, Jacob Michael Reinhold: Der Landprediger. Eine Erzählung. In: Deutsches Museum. Hg. von Heinrich Christian Boie. Jahrgang 1777. Viertes Stück (April) S. 289 – 307. Fünftes Stück (Mai) S. 409 – 439. Sechstes Stück (Juni) S. 567 – 574.
Nicolai, Friedrich: Das Leben und die Meinungen des Herrn Magister Sebaldus Nothanker. Kritische Ausgabe. Hg. v. Bernd Witte. Stuttgart: Reclam 1991 (= Universal-Bibliothek Nr. 8694 [8]).
Thümmel, Moritz August von: Wilhelmine oder der vermählte Pedant. Ein prosaisch-comisches Gedicht. 1764. [Anonym erschienen.]
Thümmel, Moritz August von: Wilhelmine oder der vermählte Pedant. Ein prosaisch-comisches Gedicht. In: Deutsche Litteraturdenkmale des 18. und 19. Jahrhunderts. Band 48. Hg. v. R. Rosenbaum. Stuttgart: 1894. [Folgt dem Druck von 1764.]
Thümmel, Moritz August von: Wilhelmine. Ein prosaisch-komisches Gedicht. In: Deutsche National-Litteratur. Historisch-kritische Ausgabe. Band 136. Hg. v. Joseph Kürschner. Erster Teil hg. v. Felix Bobertag. Berlin und Stuttgart: Spemann 1888.
Uz, Johann Peter: Sieg des Liebesgottes. Eine Nachahmung des Popischen Lockenraubes. Stralsund, Greifswald und Leipzig bey Johann Jacob Weitbrecht 1753.

7.2 Forschungsliteratur

Einige kurze Vorbemerkungen:

Die Bibliographie verzeichnet nicht alle herangezogenen Werke, zusätzlich übernommen wurden die Texte, die vor dem Hintergrund dieser Arbeit interessante Perspektiven für weitere Forschungen bieten. Nicht zugänglich war *The Role of the Parson in the Literature of the 18th Century in England and Germany*. Thesis London 1937. (Masch.). von M.E. Daw.

Albrecht, Wolfgang: Literaturkritik und Öffentlichkeit im Kontext der Aufklärungsdebatte. Fünf Thesen. In: Öffentlichkeit im 18. Jahrhundert. Hg. v. Hans-Wolf Jäger. Göttingen 1997 (= Das achtzehnte Jahrhundert. Supplementa 4). S. 277 – 294.
Allerdissen, Rolf: Moritz August von Thümmel. In: Benno von Wiese (ed.): Deutsche Dichter des 18. Jahrhunderts. Ihr Leben und Werk. Berlin 1977. S. 412 – 428.
Altmayer, Claus: Bloß ein vorübergehendes Meteor am Horizont der Literaturgeschichte? Zur Lenz-Forschung der neunziger Jahre. In: Der Ginkgo-Baum 12 (1993). S. 149 – 161.
The Art of Oliver Goldsmith. Edited by Andrew Swarbrick. Vision Press Ltd. 1984.
Bäckman, Sven: This Singular Tale. A Study of *The Vicar of Wakefield* and Its Literary Backgrounds. Lund 1971.
Bamberger, Uta: Ein solch unerträgliches Gemisch von helldunkel: Krankheit und tragikomisches Genie bei J.M.R. Lenz. Phil. Diss. masch. Ann Arbor Michigan 1999.
Battestin, Martin C.: The Providence of Wit. Aspects of Form in Augustan Literature and the Arts. Oxford 1974.
Becker, Eva. D.: Der deutsche Roman um 1780. Stuttgart 1964.

Beeken, Lüder: Das Prinzip der Desillusionierung im komischen Epos des achtzehnten Jahrhunderts. Hamburg 1954.
Beruf und Arbeit in deutscher Erzählung. Ein literarisches Lexikon. Bearbeitet von Franz Anselm Schmitt. Stuttgart 1952.
Böning, Holger: Das Ringen um „Volkston" und „Volksbeifall": Johann Christoph Greilings Beitrag zur Theorie der Popularität. Nachwort in: Johann Christoph Greiling. Theorie der Popularität. Neudruck der Erstausgabe Magdeburg 1805. Mit einem Nachwort von Holger Böning. Stuttgart – Bad Cannstatt 2001 (= Volksaufklärung – Ausgewählte Schriften. Hg. v. Holger Böning und Reinhart Siegert 13). S. 183* – 198*.
Broich, Ulrich: Studien zum komischen Epos. Ein Beitrag zur Deutung, Typologie und Geschichte des komischen Epos im englischen Klassizismus 1680 – 1800. Tübingen 1968 (= Buchreihe der Anglia. Zeitschrift für englische Philologie 13).
Broich, Ulrich: The eighteenth-century mock-heroic poem. Translated from the German by David Henry Wilson. Cambridge 1990 (= European studies in English literature).
Cowan, Robert L.: Empire and Absolutism: Representations of the German Fatherland in Friedrich Nicolai' s Sebaldus Nothanker. Phil. Diss. masch. University of California, Irvine 1990.
Damm, Sigrid: Vögel, die verkünden Land. Das Leben des Jakob Michael Reinhold Lenz. Berlin und Weimar 1985.
Dedert, Hartmut: Die Erzählung im Sturm und Drang. Studien zur Prosa des achtzehnten Jahrhunderts. Stuttgart 1990.
Dedner, Burghard: Topos, Ideal und Realitätspostulat. Studien zur Darstellung des Landlebens im Roman im 18. Jahrhundert. Tübingen 1969.
Dedner, Burghard: Vom Schäferleben zur Agrarwirtschaft. Poesie und Ideologie des „Landlebens" in der deutschen Literatur des 18. Jahrhunderts. In: Jahrbuch der Jean-Paul-Gesellschaft 7 (1972). S. 40 – 83.
Demuth, Volker: Realität als Geschichte: Biographie, Historie und Dichtung bei J.M.R.Lenz. Würzburg 1994 (= Epistemata. Reihe Literaturwissenschaft 123).
Didicher, Nicole: Goldsmith in The Context of Parody. Diss. masch. Ann Arbor Michigan 1991.
Duncan, Jeffrey L.: The Rural Ideal in Eighteenth-Century Fiction. In: The Country Myth. Motifs in the British Novel from Defoe to Smollett. Hg. v. H.-George Hahn (ed. and preface). Frankfurt am Main 1990. S. 255 – 272.
Dykstal, Timothy: The Story of O: Politics and Pleasure in *The Vicar of Wakefield*. In: ELH 62 (1995). S. 329 – 346.
Evangelische Pfarrer. Zur sozialen und politischen Rolle einer bürgerlichen Gruppe in der deutschen Gesellschaft des 18. bis 20. Jahrhunderts. Hg. v. Luise Schorn-Schütte und Walter Sparn. Stuttgart 1997 (= Konfession und Gesellschaft 12).
Das evangelische Pfarrhaus. Eine Kultur- und Sozialgeschichte. Hg. v. Martin Greiffenhagen. Stuttgart 1984.
Friedrich Nicolai. 1733 – 1811. Die Verlagswerke eines preußischen Buchhändlers der Aufklärung 1759 – 1811. Hg. v. Paul Raabe. Braunschweig 1983 (= Ausstellungskataloge der Herzog August Bibliothek 38).
Geschichte der deutschen Literaturkritik (1730-1980). Hg. v. Peter Uwe Hohendahl. Stuttgart: Metzler 1985.
Gestrich, Andreas: Vom Barock zur Aufklärung. In: Die Kirchen in der deutschen Geschichte. Von der Christianisierung der Germanen bis zur Gegenwart. Hg. v. Winfried Becker, Günter Christ, Andreas Gestrich, Lothar Kolmer. Stuttgart 1996 (= Kröners Taschenausgabe Band 439). S. 383 – 465.
Gibbons, James: J.M.R. Lenz' s *Der Landprediger*: An Adaption of *The Vicar of Wakefield* „Tradition". In: Colloquia Germanica. Internationale Zeitschrift für Germanistik 34 (2001). S. 213 – 236.
Göbel, Rudolfine: Das deutsche komische Epos im 18. Jahrhundert. Diss. masch. Wien 1932.
Graber, Paul Albert: Religious Types in some Representative German Novels of The Age of

Enlightenment. Diss. masch. State University of Iowa 1953.
Graf, Emma. Die Pfarrgestalt in der deutschen Erzählungsliteratur des 19. Jahrhunderts. Eine ideengeschichtliche Studie. Konstanz 1922.
Gruner, Johann Ernst von: Leben M.A. von Thümmels. Leipzig: Göschen 1819. (M.A. von Thümmels sämtliche Werke 7).
Hämmerling, Gerhard: Die Idylle von Geßner bis Voß. Theorie, Kritik und allgemeine geschichtliche Bedeutung. Frankfurt am Main 1981.
Harkin, Maureen Anne: Disturbing Sympathy. Smith, Aesthetics and the Sentimental Novel. Diss. masch. Baltimore Maryland 1993.
Haußmann, Balthasar: Zwischen Verbauerung und Volksaufklärung. Kurmärkische Landprediger in der zweiten Hälfte des 18. Jahrhunderts. Diss. masch. Potsdam 1999.
Heldmann, Horst: Thümmel. Sein Leben – sein Werk – seine Zeit. Neustadt/Aisch 1964.
Herboth, Franziska: Satiren des Sturm und Drang: Innenansichten des literarischen Feldes zwischen 1770 und 1780. Hannover 2002.
Hess-Lüttich, Ernest W.B.: Degradation und Découverte. Zur Semiotik der Satire in Thümmels WILHELMINE. In: Ernest W.B. Hess-Lüttich Kommunikation als ästhetisches Problem. Vorlesungen zur Angewandten Textwissenschaft. Tübingen 1984. S. 241 – 267.
Heussi, Karl: Kompendium der Kirchengeschichte. 9. Auflage. Tübingen 1937.
Hilliard, Raymond F.: The Redemption of Fatherhood in *The Vicar of Wakefield*. In: SEL 23 (1983). S. 465 – 480.
Homrichhausen, Christian: Evangelische Pfarrer in Deutschland. In: Bildungsbürgertum im 19. Jahrhundert. Teil I. Bildungssystem und Professionalisierung in internationalen Vergleichen. Hg. von Werner Conze und Jürgen Kocka. Stuttgart 1985. S. 248 – 278.
Hopkins, Robert H.: The True Genius of Oliver Goldsmith. Baltimore Maryland 1969.
„Ich aber werde dunkel sein". Ein Buch zur Ausstellung Jakob Michael Reinhold Lenz. Hg. v. Ulrich Kaufmann, Wolfgang Albrecht und Helmut Stadeler. Im Auftrag des Mercurius e.V. und der Kulturstiftung der deutschen Vertriebenen. Jena 1996.
Jakob Michael Reinhold Lenz. Studien zum Gesamtwerk. Hg. v. David Hill. Opladen 1994.
Jakob Michael Reinhold Lenz im Spiegel der Forschung. Hg. v. Matthias Luserke. Hildesheim 1995.
Jacobs, Jürgen: Prosa der Aufklärung. Moralische Wochenschriften, Autobiographie, Satire, Roman. Kommentar zu einer Epoche. München 1976.
Jacobs, Jürgen: Die deutsche Erzählung im Zeitalter der Aufklärung. In: Handbuch der deutschen Erzählung. Hg. v. Karl Konrad Polheim. Düsseldorf 1981. S. 56 – 71, 564 – 566.
Jefferson, D.W.: Observations on „The Vicar of Wakefield". In: Cambridge Journal 3. S. 621 – 628.
Jefferson, D.W.: *The Vicar of Wakefield* and Other Prose Writings: A Reconsideration. In: The Art of Oliver Goldsmith. Ed. by Andrew Swarbrick. London and Toronto 1984. S. 17 – 32.
Kagel, Martin: Strafgericht und Kriegstheater: Studien zur Ästhetik von Jakob Michael Reinhold Lenz. St. Ingbert 1997 (= Saarbrücker Beiträge zur Literaturwissenschaft 56).
Kimpel, Dieter: Der Roman der Aufklärung (1640 – 1744). Zweite Auflage Stuttgart 1977.
Kindermann, Heinz: J.M.R. Lenz und die deutsche Romantik. Ein Kapitel aus der Entwicklungsgeschichte romantischen Wesens und Schaffens. Wien und Leipzig 1925.
Kreutzer, Leo: Literatur als Einmischung: Jakob Michael Reinhold Lenz. In: Sturm und Drang. Ein literaturwissenschaftliches Studienbuch. Hg. v. Walter Hinck. Kronberg/Ts. 1978. S. 213 – 229.
Lenz als Alternative? Positionsanalysen zum 200. Todestag. Hg. v. Karin A. Wurst. Köln 1992.
Leidner, Alan C.: Zur Selbstunterbrechung in den Werken von Jakob Michael Reinhold Lenz. In: Lenz als Alternative? Positionsanalysen zum 200. Todestag. Hg. v. Karin A. Wurst. Köln 1992. S. 46 – 63.
Luserke, Matthias: Lenz-Studien. Literaturgeschichte, Werke, Themen. St. Ingbert 2001.

Maaß, Niina [!] Johanna: J. M. R. Lenz' Erzählungen „Zerbin" und „Der Landprediger". Eine Analyse. Wissenschaftliche Hausarbeit zur Erlangung des akademischen Grades eines Magister Artium der Universität Hamburg 1986.
Madland, Helga Stipa: Lenzens Sprachwahrnehmung in Theorie und Praxis. In: Lenz als Alternative? Positionsanalysen zum 200. Todestag. Hg. v. Karin A. Wurst. Köln 1992. S. 92 – 111.
Madland, Helga Stipa: Image and Text: J.M.R. Lenz. Amsterdam-Atlanta GA 1994.
Maler, Anselm: Der Held im Salon. Zum antiheroischen Programm deutscher Rokoko-Epik. Tübingen 1973.
Martens, Wolfgang: Die Botschaft der Tugend. Die Aufklärung im Spiegel der deutschen Moralischen Wochenschriften. Stuttgart 1971.
Martin, Ariane: Die kranke Jugend. J.M.R. Lenz und Goethes *Werther* in der Rezeption des Sturm und Drang bis zum Naturalismus. Würzburg 2002.
Martini, Fritz: Nachhaltig geprägt durch „Luise". „Vom Vicar of Wakefield" über Raabes „Hungerpastor" bis zu Seidels „Lennacker". In: Börsenblatt 18/5.3.85. S. 536 – 544.
Minder, Robert: Das Bild des Pfarrhauses in der deutschen Literatur von Jean Paul bis Gottfried Benn. In: Kultur und Literatur in Deutschland und Frankreich. Fünf Essays von Robert Minder. Insel-Verlag 1962.
Moennighoff, Burkhard: Intertextualität im scherzhaften Epos des 18. Jahrhunderts. Göttingen: Vandenhoeck und Ruprecht 1991 (= Palaestra 293).
Müller, Maria E.: Die Wunschwelt des Tantalus. Kritische Bemerkungen zu sozial-utopischen Entwürfen im Werk von J.M.R. Lenz. In: Literatur für Leser (1984). S. 148 – 161.
Neumann, Edith: Probleme des deutsch-Protestantischen Pfarrerstandes im Spiegel des Pfarrerromans. Diss. Freiburg im Breisgau 1938.
Nelles, Jürgen: Bücher über Bücher. Das Medium Buch in Romanen des 18. und 19. Jahrhunderts. Würzburg 2002.
Öffentlichkeit im 18. Jahrhundert. Hg. v. Hans-Wolf Jäger. Göttingen 1997 (= Das achtzehnte Jahrhundert. Supplementa 4).
Order from Confusion. Essays presented to Edward McInnes on the Occasion of his Sixtieth Birthday. New German Studies Texts & Monographs Volume X 1995.
Osborne, John: From Pygmalion to Dibutade: Introversion in the prose writings of J.M.R. Lenz. In: Oxford German Studies 8 (1973). S. 23 – 46.
Osborne, John: The Postponed Idyll. In: The Renunciation of Heroism. Göttingen 1975 (= Palaestra Band 262). S. 84 – 99.
Osborne, John: Zwei Märchen von J.M.R. Lenz oder „Anmerkungen über die Erzählung". In: „Unaufhörlich Lenz gelesen..." Studien zu Leben und Werk von J.M.R. Lenz. Hg. v. Inge Stephan und Hans-Gerd Winter. Stuttgart, Weimar 1994. S. 325 – 336.
Pache, Walter: Idylle und Utopie: Zur Rezeption Oliver Goldsmiths in der Goethezeit. In: Klassik und Moderne. Die Weimarer Klassik als historisches Ereignis und Herausforderung im kulturgeschichtlichen Prozeß. Hg. v. Karl Richter und Jörg Schönert. Walter Müller-Seidel zum 65. Geburtstag. Stuttgart 1983. S. 135 – 159.
Paulson, Ronald: Satire and the Novel in Eighteenth-Century England. New Haven & London 1967.
Pautler, Stephan: Jakob Michael Reinhold Lenz. Pietistische Weltdeutung und bürgerliche Sozialreform im Sturm und Drang. Gütersloh 1999 (= Religiöse Kulturen der Moderne 8).
Petzet, Erich: Die deutschen Nachahmungen des Popeschen „Lockenraubes". Ein Beitrag zur Geschichte des komischen Epos in Deutschland. In: Zeitschrift für vergleichende Literaturgeschichte. N.F. 4 (1891). S. 409 – 433.
Preuß, Werner Hermann: Selbstkastration oder Zeugung neuer Kreatur. Zum Problem der moralischen Freiheit in Leben und Werk von J.M.R. Lenz. Bonn: Bouvier Verlag Herbert Grundmann 1983 (= Abhandlungen zur Kunst-, Musik- und Literaturwissenschaft 344).
Quintana Ricardo: Oliver Goldsmith. A Georgian Study. New York 1967 (Masters of World Literature).
Rabelhofer, Bettina: Das verborgene Elend der Lächler. Die Ambivalenz im Spiel mit der

eigenen Identität bei J.M.R.Lenz. In: Literatur des Ich. Hg. v. Eduard Beutner und Ulrike Tanzer. Würzburg 2000. S. 34 – 46.

O'Reagan, Brigitta: Self and existence: J.M.R. Lenz's subjective point of view. New York, Frankfurt am Main 1997.

Reed, Sheila Anne: The Search For Self Through Unreliable Narrators in Two Eighteenth-Century British Novels: *The Vicar of Wakefield* and *Caleb Williams*. Dissertation Athens Georgia 1994.

Rochocz, Hans: Moritz August von Thümmels „Wilhelmine". Diss. masch. Leipzig 1921.

Rösch, Lydia: Der Einfluß des evangelischen Pfarrhauses auf die Literatur des 18. Jahrhunderts. Diss. Tübingen 1932.

Rozanov, Matvej, N.: Jakob M. R. Lenz, der Dichter der Sturm- und Drangperiode. Sein Leben und seine Werke. Von M.N. Rosanow dt. v. C.v. Gütschow. Leipzig 1909. Unveränderter fotomechanischer Nachdruck der Originalausgabe 1909 nach dem Exemplar der Universitätsbibliothek Leipzig. Leipzig 1972.

Rothstein, Eric, Howard D. Weinbrot.: The Vicar of Wakefield, Mr. Wilmot, and the „Whistonean Controversy". In: Philological Quarterly 55 (1976). S. 225 – 240.

Rudolf, Ottomar: Jacob Michael Reinhold Lenz. Moralist und Aufklärer. Bad Homburg v.d.H., Berlin, Zürich 1970.

Sauder, Gerhard: Der reisende Epikureer. Studien zu Moritz August von Thümmels Reise in die mittägliche Provinz von Frankreich. Heidelberg: Carl Winter Universitätsverlag 1968.

Sichelschmidt, Gustav: Friedrich Nicolai. Geschichte seines Lebens. Herford 1971.

Siegert, Reinhart: Die „Volkslehrer". Zur Trägerschicht aufklärerischer Privatinitiative und ihren Medien. In: Jahrbuch für Kommunikationsgeschichte. Hg. von Holger Böning, Arnulf Kutsch und Rudolf Stöber. Stuttgart (1999). S. 62 – 86.

Sinnreich, Maria: Das gesellschaftskritische Element im Schaffen von J.M.R. Lenz. Diss. masch. Wien 1936.

Sollas, Hertha: Goldsmiths Einfluss in Deutschland im 18. Jahrhundert. Diss. Heidelberg 1903.

Sommerfeld, Martin: Friedrich und Nicolai und der Sturm und Drang. Ein Beitrag zur Geschichte der deutschen Aufklärung. Halle an der Saale 1921.

Sutherland, W.O.S., Jr.: Satiric Ambiguity. *The Vicar of Wakefield* and the Kindly Satirist. In: The Art of The Satirist. Essays on the Satire of Augustan England. The University of Texas 1965. S. 84 – 91.

Schacht, Heinrich: Der gute Pfarrer in der englischen Literatur bis zu Goldsmiths Vicar of Wakefield. Berlin 1904.

Scherpe, Klaus R.: Dichterische Erkenntnis und „Projektemacherei". Widersprüche im Werk von J.M.R. Lenz. In: Jakob Michael Reinhold Lenz im Spiegel der Forschung. Hg. v. Matthias Luserke. Hildesheim 1995. S. 313 – 342.

Schlieske, Jörg: Lenz und die Mimesis. Eine Untersuchung der Nachahmungsproblematik bei Jakob Michael Reinhold Lenz (1751 – 1792). Frankfurt am Main, Berlin, Bern u.a. 2000 (= Europäische Hochschulschriften 1777).

Schmalhaus, Stefan: Literarische Anspielungen als Darstellungsprinzip. Studien zur Schreibmethodik von Jakob Michael Reinhold Lenz. Münster, Hamburg 1994 (= Germanistik 8).

Schmidt, Karlernst: Vorstudien zu einer Geschichte des komischen Epos. Halle (Saale) 1952.

Schöffler, Herbert: Protestantismus und Literatur. Neue Wege zur englischen Literatur des achtzehnten Jahrhunderts. Leipzig 1922 (= Englische Bibliothek).

Schön, Erich: Publikum und Roman im 18. Jahrhundert. In: Öffentlichkeit im 18. Jahrhundert. Hg. v. Hans-Wolf Jäger. Göttingen 1997 (= Das achtzehnte Jahrhundert. Supplementa 4). S. 295 – 326.

Schöne, Albrecht: Säkularisation als sprachbildende Kraft. Studien zur Dichtung deutscher Pfarrersöhne. Zweite, überarbeitete und ergänzte Auflage Göttingen 1968.

Schorn-Schütte, Luise: Zwischen „Amt" und „Beruf": Der Prediger als Wächter, „Seelenhirt" oder Volkslehrer. Evangelische Geistlichkeit im Alten Reich und in der Schweizerischen Eidgenossenschaft im 18. Jahrhundert. In: Evangelische Pfarrer. Zur sozialen und politischen Rolle einer bürgerlichen Gruppe in der deutschen Gesellschaft des 18. bis 20. Jahrhunderts. Hg. v. Luise Schorn-Schütte und Walter Sparn. Stuttgart 1997 (= Konfession und Gesellschaft 12). S. 1 – 35.

Schorn-Schütte, Luise: Evangelische Geistlichkeit. Deren Anteil an der Entfaltung frühmoderner Staatlichkeit und Gesellschaft. Dargestellt am Beispiel des Fürstentums Braunschweig-Wolfenbüttel, der Landgrafschaft Hessen-Kassel und der Stadt Braunschweig. Gütersloh 1996 (= Quellen und Forschungen zur Reformationsgeschichte, 62).

Schüsseler, Matti: Unbeschwert aufgeklärt. Scherzhafte Literatur im 18. Jahrhundert. Tübingen 1990 (= Studien zur deutschen Literatur 109).

Schütz, Werner: Die Kanzel als Katheder der Aufklärung. In: Wolfenbütteler Studien zur Aufklärung 1 (1974). S. 137 – 171.

Schulte, Andrea: „Urtheilet selbst ob die Vernunft eine Feindin der Religion heißen könne". – Überlegungen zum Selbstverständnis des Predigers in der Aufklärungszeit. In: Theologie und Aufklärung. Festschrift für Gottfried Hornig zum 65. Geburtstag. Hg. v. Wolfgang Erich Müller, Harmut H.R. Schulz. Würzburg 1992. S. 205-225.

Schulz, Georg Michael: Jakob Michael Reinhold Lenz. Stuttgart 2001.

Schwinger, Richard: Friedrich Nicolais Roman „Sebaldus Nothanker". Ein Beitrag zur Geschichte der Aufklärung. Weimar 1897 (= Literarhistorische Forschungen II. Heft.)

Stephan, Inge, Winter, Gerd: Ein vorübergehendes Meteor? J.M.R. Lenz und seine Rezeption in Deutschland. Stuttgart 1984.

Stevenson, Lionel: The English Novel. A Panorama. Cambridge Massachusetts 1960.

Stötzer, Jürgen: Das vom Pathos der Zerrissenheit geprägte Subjekt. Eigenwert und Stellung der epischen Texte im Gesamtwerk von Jakob Michael Reinhold Lenz. Frankfurt am Main, Bern, New York, Paris 1992 (= Europäische Hochschulschriften: Reihe 1, Deutsche Sprache und Literatur 1283).

Stolpe, Heinz: Friedrich Nicolais „Leben und Meinungen des Herrn Magisters Sebaldus Nothanker". In: Aufklärung, Fortschritt, Humanität. Studien und Kritiken. Heinz Stolpe, hg. v. Hans-Günther Thalheim. Berlin und Weimar 1989. S. 104 – 147.

Stoff- und Motivgeschichte der deutschen Literatur: eine Bibliographie. Hg. v. Franz Anselm Schmitt. Dritte, völlig neu bearbeitete und erweiterte Auflage. Berlin u.a. 1976.

Tommek, Heribert: J.M.R. Lenz. Sozioanalyse einer literarischen Laufbahn. Heidelberg 2003.

Torggler, Joseph: Sozialbewußtsein und Gesellschaftskritik bei J.M.R. Lenz. Diss. phil. Innsbruck 1967.

Tronskaja, Maria: Die deutsche Prosasatire der Aufklärung. Aus dem Russischen übersetzt von Brigitta Schröder. Berlin 1969.

„Unaufhörlich Lenz gelesen..." Studien zu Leben und Werk von J.M.R. Lenz. Hg. v. Inge Stephan und Hans-Gerd Winter. Stuttgart 1994.

Unpopular Virtues. The Critical Reception of J.M.R. Lenz. By Alan C. Leidner and Karin A. Wurst. Camden House 1999 (= Literary Criticism in Perspective).

Voit, Friedrich: Nachwort. In: Jakob Michael Reinhold Lenz. Erzählungen. *Zerbin, Der Waldbruder, Der Landprediger.* Hg. v. Friedrich Voit. Stuttgart: Reclam 1988 (= Universalbibliothek 8468). S. 145 – 163.

Wallmann, Johannes: Kirchengeschichte Deutschlands seit der Reformation. 5., verb. und erw. Auflage. Tübingen 2000 (= UTB für Wissenschaft: Uni Taschenbücher 1355).

Weinert, Gesa: „... und ich, ich sey Jacob." Der Taufeintrag von J.M.R. Lenz im Kirchenbuch von Seßwegen. In: Lenz-Jahrbuch 8/9 (1998/1999). S. 83 – 97.

Werner, Franz: Soziale Unfreiheit und „bürgerliche Intelligenz" im 18. Jahrhundert.

Winter, Hans-Gerd: „Denken heißt nicht vertauben." Lenz als Kritiker der Aufklärung. In: Jakob Michael Reinhold Lenz. Studien zum Gesamtwerk. Hg. v. David Hill. Opladen 1994, S. 81 – 96.

Winter, Hand-Gerd: Jakob Michael Reinhold Lenz. Zweite, überarb. und aktualisierte Auflage. Stuttgart, Weimar 2000. (= Sammlung Metzler 233).

Winter, Hans-Gerd: „Andern Leuten Brillen zu schleifen, wodurch sie sehen können". „Der

Landprediger", gelesen als ambivalenter Erinnerungstext. In: „Die Wunde Lenz". J.M.R. Lenz. Leben, Werk und Rezeption. Hg. v. Inge Stephan und Hans-Gerd Winter. Bern, Berlin u.a 2003 (= Publikationen zur Zeitschrift für Germanistik. N.F. 7). S. 109 – 127.

Woods, Samuel H. Jr.: Oliver Goldsmith, a reference guide. Boston 1982.

„Die Wunde Lenz". J.M.R. Lenz. Leben, Werk und Rezeption. Hg. von Inge Stephan und Hans-Gerd Winter. Bern, Berlin u.a. 2003 (= Publikationen zur Zeitschrift für Germanistik. N.F. 7).

Wurst, Karin, A.: Contradictory Concepts? The Artist as Reformer. J.M.R. Lenz' s *Der Landprediger*. In: Order from Confusion. Essays presented to Edward McInnes on the Occasion of his Sixtieth Birthday. New German Studies Texts & Monographs Volume X 1995. S. 28 – 53.

Wurst, Karin: Überlegungen zur ästhetischen Struktur von J.M.R. Lenz' Der Waldbruder: Ein Pedant zu Werthers Leiden? Neophilologus 74 (1990) S. 70 – 86.

Wurst, Karin A.: Lenz' Poetik der Bedingungsverhältnisse: „Werther", die „Werther-Briefe" und „Der Waldbruder, ein Pedant zu Werthers Leiden". In: Karin A. Wurst: Lenz als Alternative? 1992. Positionsanalysen zum 200 Todestag. Köln 1992. S. 198 – 219.

Wurst, Karin A.: Von der Unmöglichkeit, die Quadratur des Zirkels zu finden. Lenz' narrative Strategien in Zerbin. Lenz-Jahrbuch 3 (1993). S. 64 – 86.

Wurst, Karin A.: „Der gekreuzigte Prometheus" J.M.R. Lenz: Wirkungsgeschichte in Literaturwissenschaft und -kritik. In: „Ich aber werde dunkel sein". Ein Buch zur Ausstellung Jakob Michael Reinhold Lenz. Hg. v. Ulrich Kaufmann, Wolfgang Albrecht und Helmut Stadeler. Im Auftrag des Mercurius e.V. und der Kulturstiftung der deutschen Vertriebenen. Jena 1996. S. 109 – 116.

Wurst, Karin A.: Erzählstrategien im Prosawerk von J.M.R. Lenz. Eine Leseanleitung. In: Text und Kritik. Zeitschrift für Literatur. Hg. v. Heinz Ludwig Arnold. München 2000. S. 36 – 42.

www.ingramcontent.com/pod-product-compliance
Lightning Source LLC
Chambersburg PA
CBHW030441300426
44112CB00009B/1108